广州市哲学社会科学"十二五"规划课题
《潜在财力标准下公共物品供给的边际可及性研究》（15G101）研究成果

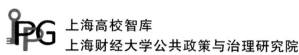

上海高校智库
上海财经大学公共政策与治理研究院

公共政策与治理智库论丛

陈旭佳　著

JUNDENGHUA SHIYUXIA

GONGGONG WUPIN YOUXIAO

GONGJI

均等化视阈下
公共物品有效供给

——理论与实践

中国财经出版传媒集团

经济科学出版社
Economic Science Press

图书在版编目（CIP）数据

均等化视阈下公共物品有效供给：理论与实践/陈旭佳著．
—北京：经济科学出版社，2017.1
（公共政策与治理智库论丛）
ISBN 978 - 7 - 5141 - 7737 - 4

Ⅰ.①均…　Ⅱ.①陈…　Ⅲ.①公共物品 - 供给制 - 研究 -
中国　Ⅳ.①F20

中国版本图书馆 CIP 数据核字（2017）第 020239 号

责任编辑：周秀霞
责任校对：王苗苗
责任印制：潘泽新

均等化视阈下公共物品有效供给
——理论与实践
陈旭佳　著
经济科学出版社出版、发行　新华书店经销
社址：北京市海淀区阜成路甲 28 号　邮编：100142
总编部电话：010 - 88191217　发行部电话：010 - 88191522
网址：www. esp. com. cn
电子邮件：esp@ esp. com. cn
天猫网店：经济科学出版社旗舰店
网址：http：//jjkxcbs. tmall. com
北京汉德鼎印刷有限公司印刷
三河市华玉装订厂装订
787 × 1092　16 开　17. 25 印张　360000 字
2017 年 9 月第 1 版　2017 年 9 月第 1 次印刷
ISBN 978 - 7 - 5141 - 7737 - 4　定价：58. 00 元
（图书出现印装问题，本社负责调换。电话：010 - 88191510）
（版权所有　侵权必究　举报电话：010 - 88191586
电子邮箱：dbts@ esp. com. cn）

总　序

　　成立于 2013 年 9 月的上海财经大学公共政策与治理研究院，是由上海市教委重点建设的十大高校智库之一。通过建立多学科融合、协同研究、机制创新的科研平台，围绕财政、税收、医疗、教育、土地、社会保障、行政管理、公共治理等领域，组织专家开展政策咨询和决策研究，致力于以问题为导向，破解中国经济社会发展中的难题，服务政府决策和社会需求，为政府提供公共政策与治理咨询报告，向社会传播公共政策与治理知识，在中国经济改革与社会发展中发挥"咨政启民"的"思想库"作用。

　　作为公共政策与治理研究智库，在开展政策咨询和决策研究中，沉淀和积累了大量研究成果，这些成果以决策咨询研究报告为主，也包括论文、专著、评论等多种成果形式，为使研究成果得到及时传播，让社会分享研究成果，我们将把研究成果以系列丛书方式出版。

　　现在，呈现在我们面前的"公共政策与治理智库论丛"是整个公共政策与治理研究丛书的一个系列。本论丛是由研究院专职和兼职研究人员，围绕我国经济发展、社会进步、体制改革所涉及的重大理论和实践问题，进行长期跟踪研究积累，完成的政策与治理研究报告或专著。

　　推进公共政策与治理研究成果出版是公共政策与治理研究院的一项重点工程，我们将以努力打造政策研究精品和研究院品牌为己任，提升理论和政策研究水平，引领社会，服务人民。

胡怡建

目　　录

第一章

导　言

第一节　选题的背景

理论界认为，公共服务均等化水平的制约因素，很大程度上取决于提供公共服务基层政府的财政能力，而城乡之间、区域之间基层政府在经济社会发展方面的巨大差距，是造成城乡区域之间政府财政能力的严重失衡的重要因素之一。上海市 2010 年人均财政收入[①]高达 20 346 元/人，而河南省仅达到 1 246 元/人的标准，两者相差接近 16 倍，2011 年上海市与河南省的人均财政收入差距达到了 15 倍，2012 年上海市人均财政收入高出河南省近 14 倍。应该指出的是，在现有的财政体制背景下，地方政府成为地方公共物品最为重要的供给主体，而各级地方政府由于自身资源禀赋以及财政级次过多的原因，导致不同区域之间、城乡之间的地方政府在提供公共服务方面的财政能力相差过大，整个社会的居民由于居住地区的不同而享受到的公共服务有所区别，不利于不同地区的居民享用到标准化、均等化的公共服务，从而使得整个社会的福利效应与居民幸福感有所下降。为实现公共服务在区域之间、城乡之间的均衡供给，中央政府需要通过设计均等化的转移支付制度，通过上级政府向下级政府的拨款弥补边远落后地区地方政府的财力缺口，但是受制于整个国家财政能力弱小的客观现实，难以从根本上实现区域之间、城乡之间地方政府的公共服务均等化。更为重要的是，公共服务的非均衡供给不能体现出公共服务供给过程的机会均等原则，弱势群体的正当权利不能得到应有的保障，削弱了中央政府和地方政府的执政能力，不利于和谐社会建设中的繁荣与稳定，更不利于政府执政过程共享理念的实现，进一步加剧社会发

---

① 人均财政收入指包含地方政府本级财政收入的政府自有财政能力，数据来源于历年《中国统计年鉴》《中国财政年鉴》《中国人口和就业统计年鉴》。

展过程中区域之间、城乡之间差距的不断扩大。

在区域之间、城乡之间地方政府经济社会发展不均衡的趋势与背景下，造成地方政府财政能力的非均衡性的主要原因可以归纳如下：第一，地方政府财政能力在区域内部的非均衡性是导致各级地方政府财力差距过大的主要原因，而区域之间的非均衡性对此的贡献程度相对较小（曾红颖，2012；胡祖铨、黄夏岚、刘怡，2013；宋小宁、陈斌、梁若冰，2012；李丹、刘小川，2014；赵玉红，2013；吴俊培、陈思霞，2013；解垩，2013；孙德超，2013；胡祖铨，2013；周业安、冯兴元、赵坚毅，2004；丁菊红、邓可斌，2008；赵农、刘小鲁，2008；王玮，2012；迟福林，2008；贾康、白景明，2002；林万龙，2005；高培勇，2006；贾康、孙洁，2006；祁毓，2010；汤学兵，2009；孙得超，2013；龚金保，2007；吕炜、王伟同，2008；郑浩生、查建平，2012；王守坤，2012；刘大帅、甘行琼，2013）。第二，考虑到各级政府在自然资源禀赋差异、税源规模和集中程度、城市化发展程度、经济社会发展差异等方面的制约因素，各级政府在区域之间、城乡之间财力差距过大已是不争的事实（陈思霞、田丹，2013；贾晓俊，2011；冯海波、陈旭佳，2009；尹恒、朱虹，2011；傅勇、张晏，2007；平新乔、白洁，2006；乔宝云、范剑勇、冯兴元，2005；吕炜、王伟同，2010；方元子，2014；陈旭佳、冯海波，2014；王祖强、郑剑锋、包浩斌，2009；陈旭佳，2014；陈旭佳，2015；安体富，2012；陈旭佳，2015；陈旭佳，2016；范子英、刘甲炎，2015；黄潇，2014；贾康，2012；贾康，2013；蒋震、高培勇，2014；况伟大、朱勇、刘江涛，2012；任强，2015；徐滇庆，2013；陈昌盛、蔡跃洲，2007）。第三，现行转移支付制度的设计不够科学，尚且存在增值税、所得税、消费税税基返还等维护地方政府既得财力的方式，是造成各级政府在区域之间、城乡之间财力差距过大的重要原因之一（高培勇，2006；中国（海南）改革发展研究院，2008；中国（海南）改革发展研究院，2009；安体富、任强，2008；安体富、任强，2007；安体富，2007；安体富，2007；迟福林，2008；吕炜、王伟同，2008；吕炜、赵佳佳，2009；王伟同，2009；贾康，2009；贾康，2007；马国贤，2007；马国贤，2008；郭庆旺、贾俊雪，2008；乔宝云、范剑勇、彭骥鸣，2006；王雍君，2006；张雷宝，2009；中国财政学会"公共服务均等化问题研究"课题组，2007；王国华，2008；朱柏铭，2008；孙开，2009；尹恒、康琳琳、王丽娟，2007；王晓洁，2009；曹俊文、罗良清，2006；谷成，2009；江新昶，2007；李华，2005；刘尚希，2007）。第四，由于地方政府财政级次的独立性，各级政府在财政包干体制具体运作过程的差异性，以及地方税收优惠政策在执行过程的封闭独立，也会造成各级政府在区域之间、城乡之间财力差距过大（邓国胜、肖明超，2006；李军鹏，2004；楼继伟，2006；宋洪远，2004；王一鸣，1998；胡德仁、武根启；蒋洪，2009；李静毅，2009；甘肃省财政科学研究所课题组，2008；李建平、李敏榕、高燕京，2007；袁卫、彭非，2007；黄小平、方齐云，2008；冯秀华、郑永福，1999；李文星，2000；李文星、蒋瑛，2002；刘黎明，2000；刘溶沧、焦国华，2002；马骏，1997；吴湘玲、邓晓婴，2006）。很显然，中国财政体制在设计过程存在的制度缺陷，是造成各级政府在区域之间、城乡之间财力差距不均衡的根本性原因。

更为重要的是，各级政府在区域之间、城乡之间财力差距的非均衡性，会造成一系列影响社会繁荣稳定的重大问题：第一，不同区域之间、城乡之间居民的福利水平，由于各级政府在财政能力上存在的差异而有所区别，违反了居民在享用公共服务的机会均等原则（辛波，2005；杨之刚，2006；张伦伦，2006；曾军平，2000；朱玲，1997；张恒龙、陈宪，2007；尹恒、朱虹，2009；尹恒、王丽娟、康琳琳，2007；刘亮，2006；倪红日、洪婷，2005；Buchanan，1950、1952）。第二，边远落后地区的地方政府与沿海经济发达地区地方政府财政能力相差较大，导致两者之间在义务教育、社会保障、公共卫生、环境保护等公共服务的供给方面存在巨大的差异，不利于整体社会的稳定发展（葛乃旭，2005；黄解宇、常云昆，2005；陈旭佳、冯海波，2009；冯海波、陈旭佳，2011；胡德仁、刘亮，2007；江庆，2009；田发，2010；陶勇，2010；尹恒、王文斌、沈拓彬，2010；卢洪友、智莲，2009；Flatters et al.，1974）。第三，由于存在居民的"用脚投票"现象，人口资源和生产要素会自然流向公共水平相对较高、税率较低的地方政府，而人口资源和生产要素流失的地方政府必须承当资源和要素流动所导致的社会成本，这将进一步导致资源和要素流出地方政府在经济社会效率方面的损失（王绍光、胡鞍钢，1993；刘汉屏，2002；谷成，2007；周黎安，2004；黄佩华，2003；田发、周琛影，2007；高培勇，2008；张通、许宏才、张宏安，1997；李晓茜，2002；李克平，1996；张启春，2009；汤玉刚、赵大平，2007；王伟同，2012；张晓波、樊胜根、张林秀、黄季，2003；吴亚卓，2008；刘佐，2006；吕冰洋，2013；李香菊，2002；朱大旗，2007；程瑶，2012）。显而易见的是，作为社会经济发展差距在现实中的反映，各级政府在区域之间、城乡之间财力差距必将影响到社会整体发展的稳定性和持续性。为了从体制上避免由于人口资源和生产要素流失所造成各级政府在区域之间、城乡之间的经济效益损失，中央政府可以通过均等化的转移支付安排消除各级政府之间的财力差异性，从而保证不同区域之间、城乡之间居民享用到的福利水平与公共服务水平的均等性。

事实上，在经济社会实现快速发展、整个国家财力不断提升的背景下，中央政府能够利用手中掌握的财政能力缩小各级政府在区域之间、城乡之间的财力差距，实现各级政府之间的财政能力均衡性。为促使不同区域之间、城乡之间各级政府财政能力的均衡性，上级政府可以通过财政激励的约束机制的设计得以实现，而这种机制的顺利实现得益于上级政府手中掌握的财力规模。更为重要的是，各级政府在区域之间、城乡之间虽然存在着明显的财力差距，但是通过设计科学合理的委托代理机制，能够充分调动下级政府的财政激励，而上级政府的政治战略在下级政府贯彻落实的过程中，有利于在提高各级政府财政能力的基础上，在不同地区和城乡之间实现公共物品的有效供给，从财政能力的制度方面去保障各级政府提供公共服务的财政能力，实现不同地区之间和城乡之间整个社会公共服务的均等化。[①] 但不可置疑的是，当前中国财政级次过多的现状，导致了各级政府在区域之间、城乡之间财政能力和社会发展差距过大，成为公共服务均等化实现过程最大的制约因素。可以说，不同区域之间、城乡之间公共服务的覆盖范围在未来相当长的时间内将是相当有限的，而各级政府的财政能力均等化水平也相应会是低水平的。

毋庸讳言，应该进行怎样的财政制度设计，才能改变不同区域之间、城乡之间公共服务的低水平覆盖，以及各级政府经济社会发展存在的巨大差异？对于这个问题的解释，我们必须通过科学的研究范式测算不同区域之间、城乡之间各级政府的财力差距，对各级政府的财政能力进行深入剖析，在此基础上提出实现公共服务均衡供给所应该坚持的基本原则，提出实现公共物品有效供给的制度设计。鉴于此，对于公共物品有效供给的研究构成了本书的研究主题。

第二节　研究思路与内容

本书的研究目的是要建立一个关于潜在财政能力和公共物品供给可及性的完整分析体系，在这个理论体系中，如何提高公共物品供给过程的可及性是我们要解决的核心问题。因此，在界定公共物品供给可及性所涉及的基本概念的基础上，我们的研究选择建立均等化视角下公共物品供给可及性的理论模型为切入点，为进一步的分析打下基础。依据我们的研究思路，各级政府的潜在财政能力是制约公共物品供给的客观因素，所以对各级政府潜在财政能力进行分析是不可或缺的。在这里，我们要交代潜在财政能力的真实含义、影响潜在财政能力的因素、潜在财政能力的测算方法、潜在财政能力不均等程度的测算方法、潜在财政

---

① 2005 年 10 月 11 日中共十六届五中全会通过的《中共中央关于制定国民经济和社会发展第十一个五年规划的建议》首次提出了公共服务均等化的概念；此后，2006 年 10 月 11 日中共中央十六届六中全会通过的《中共中央关于构建社会主义和谐社会若干重大问题的决定》，2007 年 10 月 15 日胡锦涛的中共十七大报告，2010 年 3 月 5 日温家宝在十一届全国人民代表大会第三次会议上的政府工作报告，以及 2010 年 10 月 18 日十七届五中全会胡锦涛的会议公报，均指出实现公共服务均等化的途径在于完善公共财政制度。可见，公共服务均等化已成为我国当前经济社会发展的热点问题（安体富、任强，2008）。

能力与公共物品供给之间的作用机理。在完成客观因素分析后，我们选择同时考虑城乡和区域二维均等的双变量泰尔指数作为分析工具，分别从公共教育、医疗卫生、社会保险、基本社会服务四个方面，来分析各级政府潜在财政能力对城乡和区域之间各项公共服务供给边际可及性的影响。在这部分的分析中，我们将提供公共教育、医疗卫生、社会保险、基本社会服务各项公共服务供给边际可及性的测算方法。接下来，我们对公共服务均等化的实施效果从时间维度进行分析，重点研究每个区域内部公共服务不均等程度动态变化的主要趋势。在这一章里面，我们研究的内容包括公共服务均等化战略的提出、公共服务均等化水平测量工具、公共服务均等化水平的测量结果以及推进公共服务均等化的战略思考。在此基础上，我们对现行转移支付的基本原理、制度设计、国际经验、均等效应进行深入研究，在时间序列泰尔指数的基础上构建科学严谨的测算体系，测算转移支付制度对不同区域之间、城乡之间各级政府的财力均衡效应与收敛性进行实证分析。在本书最后一章，我们在对研究得到的基础性结论进行系统性归纳的基础上，提出各级政府如何在潜在财政能力的标准下，如何去实现不同区域之间、城乡之间各级政府公共服务的均衡有效供给。

按照上述的研究思路，本书的主要内容可分为七章，其中第一章为本书的引言部分，主要对本书的选题依据、研究方法、主要内容等进行介绍，其余六章为本书理论研究的主体部分。我们将各章主要内容进行简要介绍：

第一章作为本书的导言部分，是对本书的选题依据、研究方法、主要内容、创新之处、有待探索的问题进行详细的介绍，对学术界本领域研究的主要研究方向与研究成果进行系统系的研究，对本书的研究内容进行概括性的描述。

第二章将多级政府框架下中央政府和地方政府公共物品有效供给的一般性基础理论作为本书的逻辑起点进行深入探讨。众所周知的是，如何在多级政府框架下研究公共物品的有效供给问题，应该需要在中央政府和地方政府多级政府系统的假设下，在考虑中央政府和地方政府不同类型的经济行为和最大限度满足居民消费偏好等约束条件的前提下，研究如何同时实现中央性和地方性公共物品的最优供给问题。在上述研究的基础上，我们通过相互替代弹性的分析方法，研究当中央政府和地方政府提供不同的公共物品互为完全替代品、替代品、互补品、完全互补品的情况下，中央性和地方性公共物品最优供给的融资模式问题。本书探讨多级政府框架下公共物品有效供给的理论基础，研究的主要内容包括：（1）多级政府框架下公共物品有效供给的概念界定；（2）多级政府框架下公共物品有效供给的分析框架；（3）多级政府框架下公共物品供给的替代弹性分析。通过本书的分析表明，当居民将中央政府和地方政府提供的公共物品视为互补品时，更容易接受以中央政府征税为主、地方政府征税为辅的征税形式；而居民将中央政府和地方政府提供的视为替代品时，更容易接受以地方政府征税为主、中央政府征税为辅的征税形式。

第三章运用代表性收入方法（Representative Revenue System）测算各级政府的潜在财政能力标准。在这一章，我们将地方政府潜在财政能力分别划分为第一产业、第二产业、第三产业的标准税收收入能力，在计算出各级政府国内生产总值第一产业、第二产业、第三产业的代表性税率的基础上，分别用各个行业的代表性税率乘以基层政府第一产业、第二产业、第三产业的税基，得出各级政府第一产业、第二产业、第三产业的潜在税收收入，最后汇总不同区域之间、城乡之间各级政府的潜在税收收入①。

第四章测算公共教育、医疗卫生、社会保险、基本社会服务各项公共物品供给过程的边际可及性。本书通过双变量泰尔指数模型（Bivariate Theil Index）分析，在同时考虑城乡和区域二维均等的研究视角下，构造出地方政府潜在财政能力影响公共教育、医疗卫生、社会保险、基本社会服务供给可及性的测算指标，通过同时考虑城乡维度和区域维度的双变量泰尔指数层级分析，优先考虑城乡维度的双变量泰尔指数层级分析，优先考虑区域维度的双变量泰尔指数层级分析三种不同的泰尔指数分析方法，分析不同区域之间、城乡之间各级政府不同公共服务项目的均等程度与可及性，主要包括：第一种分析方法——同时考虑城乡维度和区域维度的双变量泰尔指数层级分析方法。所谓同时考虑城乡维度和区域维度的双变量泰尔指数层级分析，就是在利用双变量泰尔指数分析各级政府提供公共服务均等化的分析过程，将不同区域之间、城乡之间公共服务的非均衡性，按照城乡维度的非均等性、区域维度的非均衡性、城乡—区域内部的非均衡性、城乡——区域非均衡性的交互作用的顺序依次进行层层分解。第二种分析方法——优先考虑城乡维度的双变量泰尔指数层级分析。所谓优先考虑城乡维度的双变量泰尔指数层级分析，就是在利用双变量泰尔指数分析各级政府提供的公共服务均等化的分析过程中，优先从城乡维度对各级政府提供的公共服务均等化水平进行层层分解，再对城市内部和农村内部各级政府提供的公共服务均等化水平进行区域维度分解，通过对公共服务攻击过程各个维度非均衡性进行汇总，得到不同区域之间、城乡之间各级政府提供公共服务的均等化水平。在这里，第一个层次的非均衡性可以分解为各级政府公共服务在城乡之间的非均衡性和城乡内部的非均衡性，第二个层次的非均衡性可以分解为城市和农村内部区域之间的非均衡性和区域内部的非均衡性。第三种分析方法——优先考虑区域维度的双变量泰尔指数层

---

① 按照我国现有的税收法律制度，我们可以将各级政府的潜在税收收入均分为十四项潜在税收收入能力，具体包括：潜在增值税收入能力、潜在营业税收入能力、潜在企业所得税收入能力、潜在个人所得税收入能力、潜在资源税收入能力、潜在城市维护建设税收入能力、潜在房产税收入能力、潜在印花税收入能力、潜在城镇土地使用税收入能力、潜在土地增值税收入能力、潜在契税收入能力和潜在其他税收收入能力。

级分析。所谓优先考虑区域维度的双变量泰尔指数层级分析，就是在利用双变量泰尔指数分析各级政府提供的公共服务均等化的分析过程中，优先从区域维度对各级政府提供的公共服务均等化水平进行层层分解，再对各个区域内部各级政府提供的公共服务均等化水平进行城乡维度的分解，通过对公共服务供给过程各个维度非均衡性进行汇总，得到不同区域之间、城乡之间各级政府提供公共服务的均等化水平。在这里，第一个层次的非均衡性可以分解为各级政府公共服务在区域之间的非均衡性和区域内部的非均衡性，第二个层次的非均衡性可以分解为各个区域内部城乡之间的非均衡性和城乡内部的非均衡性。在这一章中，公共教育的测算范围涵盖普通中学数、小学数、普通中学在校学生数、小学在校学生数、普通中学专任教师数、小学专任教师数等数据；医疗卫生的测算范围涵盖医院和卫生院数、医院和卫生院床位数、医生数；社会保险的测算范围涵盖基本养老保险参保人数、基本医疗保险参保人数、工伤保险参保人数；基本社会服务的测算范围包括居民最低生活保障人数、医疗救助人数、抚恤和补助优抚对象总人数。

第五章我们开始对中国公共服务均等化战略实施效果在时间维度的基础上分析总体均等化程度的动态变化趋势，特别是分析不同区域之间和区域内部公共服务均等化的动态变化。我们运用时间序列泰尔指数法测算中国公共服务均等化水平，发现中国公共服务均等化水平处于稳步提高阶段，但在各个区域维度的表现有所不同：公共服务不均等程度在东部区域显著下降，但在中、西部区域不均等程度仍然较高，特别体现为区域之间和区域内部的不均等。通过我们的研究发现，不同区域公共服务投入要素成本对公共服务产出数量会产生重要的影响，公共服务均等化的实施要更加注重中、西部区域内部的不均等问题，将公共服务资源更多地倾向于中、西部边远落后地区，这应该作为下一阶段公共服务均等化战略所要关注的重点。

第六章通过时间序列泰尔指数构建科学的测算体系分析现行转移支付对不同区域之间、城乡之间各级政府财政能力的均等化效应及其收敛性特征，结果发现：第一，现行转移支付对不同区域之间、城乡之间各级政府财政能力的均等化效应逐渐趋弱，对不同区域之间、城乡之间各级政府财政支出的均等化效应也呈现出同样的特征，两者表出现较为相似的收敛性特征。之所以出现这样的测算结果，主要的原因在于：现行的转移支付制度在制度设计方面，不但缺乏对不同区域之间、城乡之间各级政府财政能力差异的考量，同时也缺乏对不同区域之间、城乡之间各级政府公共物品供给成本约束的考量。第二，现行转移支付对不同区域之间、城乡之间各级政府财政能力的均等化效应较为明显，但现行转移支付对不同区域之间、城乡之间各级政府财政支出的均等化效应未能达到预期目标，这种测算结果的主要原因在于：转移支付的均等性侧重于不同区域之间、城乡之间各级政府财政能力的均衡效应，缺乏对不同区域之间、城乡之间各级政府公共物品支出需求和成本约束的深入分析。显而易见的是，上级政府对下级政府的转移支付制度设计，需要考虑不同区域之间、城乡之间各级政府公共物品支出需求的不同标准，同时更要考虑不同区域之间、城乡之间各级政府财政收入能力的不同标准，这种趋势应该作为深化财税体制改革进程中完善均等化转移支付制度的改革重点。

第七章，我们在对研究得到的基础性结论进行系统性归纳的基础上，提出各级政府如何在潜在财政能力的标准下，如何实现不同区域之间、城乡之间各级政府公共服务的均衡有效供给，以及如何提高各级政府的提供公共物品的可及性问题，主要思路可以概括为：第一，增强落后地区基层政府提供公共物品能力；第二，按照潜在财政能力标准测算各级政府的财政能力；第三，重点考虑区域成本约束测算公共物品支出需求；第四，推进省以下地方政府财政体制改革；第五，强调居民享受公共服务的权利平等和机会均等。根据上述思路，提高潜在财力标准下的公共物品供给的边际可及性的政策建议，主要包括：提高地方政府特别是边远地区基层政府的财政自给能力，建立均等化的财政转移支付制度有效均衡地方政府的财政能力，减少省以下地方政府的财政级次乃至行政级次，强化中央政府和地方政府的财政预算约束，建立多元化的公共物品有效供给策略。

通过本书的研究难点主要在于：第一，如何从国家层面提出不同区域之间、城乡之间各级政府提供公共服务的均等化标准，统一按照标准提供居民享用的公共服务，不因为居民居住区域的不同而有所不同。第二，在分析不同区域之间、城乡之间各级政府提供公共服务的财政支出需求方面，不同区域之间、城乡之间公共服务投入要素的成本约束应该是重点考察的因素之一，适当增加对幅员辽阔、人口稀少、边远落后地区地方政府的财政支持力度，使得居民无论位居何地均等享用到标准化、均等化的公共服务，提升居民整体的幸福感指数与整个社会的福利水平。第三，不同区域之间、城乡之间各级政府的财力差距问题是公共服务均等化的客观制约因素，如何在保持经济稳定增长的前提下通过完善各级政府间的财政分权体制，增加不同区域之间、城乡之间各级政府在提供公共服务过程的财政能力，重点解决各级政府在不同区域之间、不同城乡内部的公共服务联合供给问题，实现不同区域之间、城乡之间各级政府公共服务的均等化战略。第四，要继续推动更多的财政资源向经济落后地区尤其是农村地区倾斜，增加对老少边穷地区和城乡结合部的公共财政投入力度，增强不同区域之间、城乡之间各级政府提供均等化公共服务的财政能力，在财政能力均等化方面要重点解决区域内部、城乡内部公共服务非均衡性逐渐扩大的趋势，还需要对区域之间、城乡之间公共服务的非均衡供给给予重视，从制度上保障不同区域之间、城乡之间各级政府提供统一标准的公共服务。第五，针对不同区域之间、城乡之间各级政府的财政能力标准，需要按照潜在财政能力的标准设计出符合财政能力标准的、有利于公共服务均等化战略顺利实施的财政激励机制，有利于上级政府按照下级政府的实际财政努力程度进行合理的公共财政资源配置，通过这种模式来提高不同区域之间、城乡之间各级政府的财政努力水平。

第三节 创新之处及有待探索的问题

毋庸讳言，公共服务均等化是社会发展到特定历史阶段的必然选择，其根本目标是要解决不同区域之间、城乡之间各级政府的公共服务非均衡供给问题，这种战略选择符合了十八届五中全会的"共享发展"理念，具有较强的现实意义。可以说，新中国成立以来经济社会持续快速的发展，各级政府所拥有的实际财政能力已经能够逐步地实现公共服务的均等化战略。应该指出的是，公共服务均等化是中国经济社会发展到特定历史阶段的国家发展战略，从根本上确保居民享用公共服务的机会均等与公平公正，显而易见，公共服务的均等化战略满足广大人民群众对于公共服务的基本诉求，这使得政府在更为深刻的范围取得居民的政治支持。需要强调的是，基层政府在推动公共服务均等化战略过程起到了至关重要的作用，这是因为居民所享用到的义务教育、公共医疗卫生、社会保障等公共服务其最大的供给主体主要是基层政府，从而基层政府财政能力对于公共物品的供给水平和供给数量起到了决定性的作用。以上几点说明，本书选择研究地方政府财政能力如何影响公共物品供给可及性，更能满足当前推进公共服务均等化战略的现实需要。

本书研究的创新点主要在于：第一，本书选择潜在财政能力标准研究公共物品供给边际可及性问题，有利于建立一个完整的关于政府潜在财政能力和公共物品供给可及性的理论分析体系，丰富和发展传统的公共经济学理论。第二，提出政府的公共物品供给战略不应该是"一刀切"式的财政配置平均化，而要侧重于社会民众公平享受公益性服务的权利与机会，所强调的效果均等标准要更具有现实意义。第三，综合代表性收入方法、双变量维度分解方法、熵权值综合指数法对中国区域和城乡视角下公共教育、医疗卫生、社会保险、基本社会服务各项公共物品的边际可及性及收敛性问题进行实证研究。

本书试图对均等化视阈下公共物品有效供给问题进行全方位深入的研究，但是在如下方面依然存在可以进一步深入拓展的空间：一是对于影响不同区域之间、城乡之间各级政府财政能力的约束因素，相互之间的影响因素是如何实现传递的？如何建立这种影响机制的理论分析框架？二是对于潜在财政能力标准下时间序列的泰尔指数测算过程，如何进一步深入分析潜在财政能力影响公共物品供给可及性的动态推导过程？三是如何建立科学规范的测算体系，研究不同区域之间、城乡之间各级政府标准财政收入能力的影响因素，以及标准财政支出需求的约束机制？在此基础上，又如何进一步确定不同区域之间、城乡之间各级政府转移支付的实际支出规模，以此不同区域之间、城乡之间各级政府之间建立均等化、标准化的转移支付制度。

第二章

多级政府框架下公共物品
有效供给的理论基础

本章作为本书的逻辑分析起点，将对多级政府框架下中央政府和地方政府公共物品有效供给的一般性基础理论进行探讨。众所周知的是，多级政府框架下公共物品有效供给的实现，需要在中央政府和地方政府多级政府系统的假设下，在考虑中央政府和地方政府不同类型的经济行为和最大限度满足居民消费偏好等约束条件的前提下，研究如何同时实现中央性和地方性公共物品的最优供给问题。在上述研究的基础上，我们进一步提出通过相互替代弹性的分析方法，研究当中央政府和地方政府提供不同的公共物品互为完全替代品、替代品、互补品、完全互补品的情况下，中央性和地方性公共物品最优供给的融资模式问题。本书探讨多级政府框架下公共物品有效供给的理论基础，研究的主要内容包括：（1）多级政府框架下公共物品有效供给的主要概念界定和近年国内外研究综述分析；（2）多级政府框架下公共物品有效供给的理论分析框架建立；（3）多级政府框架下公共物品供给的替代弹性分析。通过本书的分析表明，当居民将中央政府和地方政府提供的公共物品视为互补品时，更容易接受以中央政府征税为主、地方政府征税为辅的征税形式；而居民将中央政府和地方政府提供的视为替代品时，更容易接受以地方政府征税为主、中央政府征税为辅的征税形式。

第一节 多级政府框架下公共物品有效供给的概念界定

在均等化视阈下如何去实现公共物品有效供给问题，一直以来都是公共经济学领域的研究热点，其研究内容主要围绕如何在不同层级的政府之间分配责任，以及使这些责任得以实施的财政手段，同时保证财政手段与不同级别政府职责的一致性，体现中央、地方政府之间的经济利益分配关系（李晖、荣耀康，2010；李子彬，2011；高凌江、夏杰长，2012；杨春玲，2009；周天勇，2009；孙永正，2007；邓珩，2003；刘畅，2012；郑思齐、任荣荣、符育明，2012；冯海波，2012；陈旭佳，2014；王晓洁，2012；张桂琳，2009；方堃、冷向明，2013；马雪松，2013；曹爱军，2009；谭志雄、张阳阳，2015；罗比良，2010；刘成奎、王朝才，2011；冯海波，2009；丁菊红、邓可斌，2008）。毋庸讳言，西方联邦主义学派指出，财政分权概念的提出，主要是基于以下的理论假设：第一，地方政府相对于中央政府而言更能了解地方政府本辖区的居民需求，在提供公共服务的过程中更能够满足居民的效用；第二，不同地区的居民有权利对地方政府提供公共产品和公共服务的种类和数量进行选择。基于上述考虑，由地方政府提供居民所需要的公共物品，从更广泛的角度考虑更有利于实现公共财政资源的合理配置（冯海波，2006；沈满洪、谢慧明，2009；贺雪峰、罗兴佐，2006；张林秀、罗仁福、刘承芳，2005；李秉龙、张立承、曹暕，2003；臧旭恒、曲创，2003；向静林、张翔，2014；朱京安、宋阳，2015；王廷惠，2007；王雪梅，2005；马纾，2005；刘佳、吴建南、吴佳顺，2012；陈潭、刘建义，2010；李伯华、刘传明、曾菊新，2007；陈永安、张舒宜，2005；Stigler，1957）。很显然，财政分权理论与公共物品的供给问题，两者互为前提，紧密关联。应该指出的是，财政分权在许多国家得以实现，包括美国、欧盟等西方发达国家，也包括阿根廷、巴西、南非、印度等发展中国家，但是同样值得关注的问题是：基于多级政府并行财政体制的客观事实，如何实现不同层级政府公共物品的有效供给？要想对此做出回答，就必须深入分析多级政府框架下公共物品供给和中央与地方政府财政分权之间的关系。

毋庸讳言，纯粹意义上的公共物品具有非竞争性和非排他性的特征，但是这种公共物品往往较少，而现实生活的公共物品却是：具有非竞争性某些特征的准公共物品，或者是具有非排他性的某些特征的准公共物品。应该指出的是，这些准公共物品或多或少地具备了某些私人物品的特殊属性，是介于私人物品和纯公共物品之间的一种产品或服务形态。准公共物品具有外部性的特征，即一个消费者在消费这类型的公共物品时会产生正的或负的外部效应，同时其他消费者不能排除这一个消费者在消费过程中所带来的外部性；与此同时，这种准公共物品可以由某个或某些消费者单独占用，因此这类公共物品又同时具有竞争性的特征。西方学者对公共物品的定义进行了大量的研究，归纳起来主要分为两大流派：一部分学者认为政府不一定是公共物品的最优供给者，认为公共物品或准公共物品可以采取除政府外多元化的供给方式，他们将研究的重点集中在各种公共物品供给方式得以实施的前提条件及效率条件；另外一部分学者重点研究如何通过最优的征税结构来实现政府公共物品的有效供给，研究哪一种类型的征税结构对公共物品有效供给造成的扭曲成本最小，同时分析公共物品是如何在政府、厂商、消费者之间实现最优的供给。在这些学者的研究中，萨缪尔森被认为是西方公共经济学中公共物品理论最为重要的贡献者，这主要是萨缪尔森1954年在《经济学与统计学评论》（*Review of Economics and Statistics*）发表的《公共支出的纯理论》（The Pure Theory of Public Expenditure）一文，第一次对公共物品的概念进行详细的论述，同时提到公共物品和准公共物品的区别，以及对公共物品和准公共物品的界定范围进行分析。萨缪尔森认为公共物品具有的一个非常明显的特征，就是在消费过程的非排他性特征，也就是说消费者无法排除其他消费的参与这种产品和服务的共享过程；第二个特征是消费的非竞争性，也就是说消费者在消费这类物品或服务时，将其效用扩展于到其他消费者的成本为零。在萨缪尔森以后，西方学者对于公共服务的研究重点集中在社会福利水平损失、政府在公共物品的供给过程如何去体现"中位选民"（median voter）的偏好问题、公共物品在供给过程如何实现均等化的资源配置、不同区域和城乡之间公共物品的供给成本约束等方面，在这些领域对公共物品理论进行拓展和深化。

在西方国家，公共物品的有效供给取决于"中位选民"（median voter）偏好取向，而政府提供公共物品的过程可作为政府与居民之间的一种政治博弈与政治均衡。一般而言，公共物品的有效供给会受到多种各种因素的制约，而这恰恰成为非基本公共服务市场化供给的主要趋势所在。学者们认为，政府提供公共服务的效率往往不高，并带有明显的官僚主义特征，其原因主要在于：一是政府机构公共物品的供给过程有别于厂商私人物品的供给过程，不存在追求利润最大化的有效动机。对于政府而言，政府提供公共物品主要是为了有效满足"中位选民"（median voter）的偏好需求，而区别于厂商以效益最大化为主要目标，因此政府公共物品供给过程一般都不考虑成本，所考虑的是如何满足社会各方的政治诉求与政治均衡。二是缺乏对政府的有效监督。由于政府是非市场组织，政府提供公共产品的政治行为并没有受到市场经济中对于各类市场主体的有效约束，"政府失灵"在理论上解释了政府提供公共物品也会存在效率上损失，需要引入市场的力量提供公共物品。三是政府在确定公共物品的收费标准存在一定程度的困难。应该指出的是，政府公共物品的供给过程更多考虑的是公共物品的社会效益，但是对于社会效益的评价往往带有主观性，很难对社会效益进行科学精确的评估，对公共物品的评价相对也比较困难。四是公共物品的供给过程缺乏有效的竞争机制。从西方国家公共物品供给的经验看，政府或公共事业机构几乎垄断纯公共物品的供给，但是公共物品的某些特性决定了一些企业或是非政府机构在提供准公共物品主要效率，一般而言是高于政府在提供准公共物品的效率。

准公共物品具有的某些私人物品的特征，决定了由企业或是非政府机构提供准公共物品在理论和实践上都具有可操作性，这是因为这种方式能够有效解决政府在公共物品供给过程中存在的诸多不足，使得不同层面的公共物品在供给过程能够达到最优的供给效率。从理论上讲，单一的公共物品供给机制对于实现公共物品的最优供给往往是不利的，这主要是由于公共物品在供给过程存在的"政府失灵"问题。基于上述考虑，如何根据"中位选民"（median voter）不同的偏好取向制定不同的公共物品供给方式，以及在公共物品的供给过程如何满足"中位选民"（median voter）的有效需求，一直以来是国内外理论界研究的重点。近年来西方国家致力于公共物品的供给机制体制创新，对于解决公共物品供给过程的"政府失灵"问题，提供比较好的解决方案。在公共物品的供给方面，可以考虑由企业或是非政府机构作为准公共物品的主要供给主体之一。由企业或是非政府机构提供准公共物品的供给模式，能够有效地弥补了公共物品由政府实现单一供给的缺陷。在公共物品供给侧改革的主要趋势下，我们可以借鉴西方国家的主要经验，将竞争机制引入公共物品的供给领域，鼓励企业或是非政府机构通过市场化的方式，实现非基本公共服务领域的有效供给，可以适当地授予非政府机构经营某些领域公共物品的特权，这种体制上的创新往往有助于实现公共物品的多元化供给模式。例如，在具有自然垄断性质的燃气供应、电力供应、通讯供应、铁路运输等领域，可以逐渐引入市场力量进行有效供给，一方面有利于公共物品有效供给在竞争机制的创新与完善，另一方面有利于政府满足"中位选民"（median voter）的需求偏好，从整体上提高公共物品的供给效率。

实现公共物品的均衡供给是政府应履行的主要职责，但政府提供的公共物品也应该是界定在一定的合理范围之内。在这种趋势和背景下，政府提供的公共物品，应该界定在什么样的范围内呢？西方的学者认为，政府提供的公共物品从严格意义上讲应该界定在纯公共物品的领域，如国防、国家重大基础设施建设等涉及国家主权、国家战略的重大事务，在这一个领域内履行政府职责提供公共物品；但是，对于国家内部涉及经济发展、社会民生等公共社会事务，可以通过设计科学合理的激励机制，委托企业或是非政府机构来提供。政府提供的公共服务应该主要集中在为全体社会成员提供基本的公共服务，而对于非基本公共服务则可以采取市场化的方式委托给第三方进行供给，实现公共物品多元化的供给格局。曾国安（2006）认为[①]，归纳起来，政府提供的公共物品应该主要体现在如下四个领域：第一，公共性程度相对较高。从理论上分析，公共服务的公共性可以通过公共物品的受益范围这一指标来确定。一般而言，如果一种公共物品的受益范围、覆盖范围越大，那么这种公共物品的公共性程度就越高；反而言之，如果一种公共物品的受益范围、覆盖范围越小，那么这种公共物品的公共性程度越低。公共物品的公共性越高，则意味着这类公共物品对社会经济发展或是民生福利产生的影响力度越大，那么就必须由政府层面保证这类公共物品的有效供给。鉴于此，政府所供应的公共物品应该主要界定在基本公共物品的范围之内，这是

----

① 曾国安、吴琼：《关于国际公共物品供应的几个问题》，载《经济评论》2006 年第 1 期。

由于这类公共物品对基本的民生福祉能够产生比较大的影响；而非基本公共物品由于具有某些私人物品的特征，政府部门可以采取委托方式交由第三方进行提供，因为通过这个方式更能满足不同居民对这类公共物品的不同偏好。可以说，公共物品的公共性是决定这类公共物品是否由政府来提供的这一个最主要的因素。从公共物品发展历程来看，政府所提供的公共物品越来越重视这类公共物品是否具有公共性的特征。从历史的演变判断，国防、基础设施等公共物品一般是由政府优先供给的，接下来是提供诸如公共秩序之类的公共物品，最后是才是涉及民生和社会发展类的公共物品。第二，消费过程具有一定的垄断性。从理论上讲，正是由于公共物品的供给需要考虑这类产品所具有的社会公共利益，而非像厂商一样过多地去考虑所提供产品的经济效益，所以由企业或是非政府机构去提供公共物品，可能会导致整个社会公共利益的损失。诸如环境保护之类的公共物品，如果由企业或是非政府机构来提供，在经济人的前提假设下那么可能会倾向于企业的利润；诸如公共秩序类的公共物品，如果由企业或是非政府机构来提供，则极有可能会成为一小部分人牟取私利、损害社会公众利益的工具。应该指出的是，针对上述基本的公共物品基层政府应对居民承担起主要的供给责任，这主要是由于公共物品所具有的外部性特征，而提供这些公共物品也能在较大范围内满足社会上大多数人的公共利益。第三，具有较好的外部性的公共物品。从理论上讲，公共物品具有非排他性的自然属性，一般情况下会产生搭便车的经济行为，企业或非政府机构不愿意提供这类型的物品。例如科学技术研究、公共卫生等社会事务，对社会经济发展能够产生较大的贡献，但同时也是具有非排他性的特征，企业或非政府机构也不愿意提供这类型的物品。如果由企业或是非政府机构来提供这种类型的物品，由于企业或是非政府机构在利润最大化的前提假设下，可能会出现供给不足等市场失灵的情况。第四，具有较好的非竞争性的公共物品。诸如跨地区的重大基础设施的互联互通、环境整治与生态保护等公共物品，若是由企业或是非政府机构来提供，很有可能会出现供给不足的情况，但是由政府来提供则可以体现非竞争性的主要特征。综上所述，政府所要提供的公共物品具有较为明显的边界，而在特定领域和范围内的公共物品却一定需要地方政府负担起主要的供给职责。另一方面，提供给居民公共物品的数量和质量，则受牵制于政府的财政能力。很多边远地区之所以出现公共物品供给不足的情况，主要是由于当地的政府财力薄弱的原因所致。

从理论上讲，市场机制的本质在于通过价格来调节市场供需关系、约束市场主体行为、有效地配置经济资源。贾明德、雷晓康（2002）认为由非政府的第三方提供公共物品理论依据主要在于公共物品内涵与外延的不断变化所致。由于经济社会环境的不断变化，政府提供的公共物品在非竞争性和非排他性的特征会随着经济的发展而不断变化，私人物品与公共物品的边界也相应处于变化之中。我们将公共物品的供给者如果只是限定在政府或者公共事业单位，那么对于公共物品供给者的理解就势必局限在一定的范围之内，不利于公共物品多元化供给模式的发展，也不容易在理论上有新的尝试与突破。此外，对于由非政府第三方主要供应的公共物品，除了要考虑公共物品本身的属性外，如何考虑消费者的需求也是政策研究者需要考虑的问题之一。根据国外的经验，通过非政府的第三方提供公共物品已经成为国外公共物品的主要供给模式，通过与非政府的第三方签订相应的合同后，由非政府第三方根据合同约定提供符合规定和标准的公共物品，同时政府负责对非政府第三方提供的公共产品进行定期考核和检查。这种公共物品的供给模式可以采取由政府购买的模式提供，也可以通过政府授予第三方特许经营，或者采取其他模式进行提供。如果采取由政府参股的方式提供公共物品，则由非政府的第三方负责具体经营同时自负盈亏；如果在政府采用公开投标方式，由第三方来竞标取得政府的特许经营权，那么政府要对第三方提供的公共物品进行监督；此外，政府也可以采取专项资金补助的方式来支持非政府的第三方提供公共物品。从西方联邦主义的财政实践可以看出，纯公共物品理论上是应该由政府来提供，但是对于具有部分私人物品特征的准公共物品而言，在设定科学的管理体制下，则可以采取非政府的第三方进行提供，实现公共物品多元化供给的主要模式，如职业教育、社区养老、卫生医疗、家庭服务等情况，在某些范围内可以由市场的第三方实现供给。可以指出的是，公共物品供给的理论会随着经济社会的发展而相应得到发展，这是政府在一定范围内退出准公共物品的供给模式、依靠非政府的第三方实现公共物品供给的主要依据所在①。鉴于此，随着公共物品供给主体和供给模式的不断拓展，公共物品供给机制也是出于不断的动态变化之中，根据不同的情况有条件的选择主要的供给主体。

上述分析表明，要实现多级政府框架下公共物品的有效供给，理论界和实践部门首先要解决的一个问题是分析政府提供的公共物品如何有效地满足居民偏好。哈耶克（Hayek，1945）认为，相对于中央政府而言，地方政府在获取地方性信息方面更有优势，因而地方政府能够有效地满足当地居民的偏好。蒂伯特（Tiebout，1956）强调，通过居民自由流动所构成的"用脚投票"机制，居民偏好能够得到更好的显示，同时提高地方政府提供公共物品的效率。奥茨（Oates，1972）认为，在居民偏好具有异质性的情况下，假设公共物品不存在外溢性，采用分层级的公共物品供给模式比较有效率。特里西（Tresch，1981）对中央政府判断居民偏好的准确性上提出疑问，结果认为由地方政府来提供公共物品更有优势。马斯格雷夫（Musgrave，1959）最早对地方税种的选择与配置进行了系统性论述。在马斯格雷夫构建的联邦制三级政府预算模型中，稳定经济和公平分配是

① 王名：《中国社团改革：从政府选择到社会选择》，社会科学文献出版社2001年版。

中央政府的职能，中央层级以下的政府（sub-national government）——包括区域政府（regional government）和地方政府（local government）的职能是配置资源。由于各层级政府职能不同，所以各层级政府选择的税种应有利于自身功能的实现。在这样的思路指导下，马斯格雷夫在原来研究的基础上提出了税种配置的原则：第一，高度流动性税基的非收益税种可能导致对经济活动空间配置的人为扭曲，应归属于中央政府；第二，稳定经济和实现再分配的税种，应归属于中央政府；第三，为避免地区之间的非均衡性，基于自然资源储藏的税种应归属于中央政府；基于土地和资本等固定资产的税收，如财产税和用户费，应该归属于地方政府。从马斯格雷夫的税种配置原则可以看出，适于作为地方政府税种的范围要远小于适于作为中央税种的范围，由此带来的结果是：地方税收的规模会小于中央政府的收入规模，导致中央和地方财政能力纵向失衡。另外，马斯格雷夫的税收分配原则与现实世界的情况并不一致。针对这一情况，马斯格雷夫给出了进一步的解释，在他看来，许多国家政府间的税种配置之所以不符合他的财政逻辑，原因在于每个国家都有自己独特的地理和历史状况。很显然，这种加入国情因素的分析，将使研究结论更接近现实。通过对现实世界的观察，马斯格雷夫发现，地区之间的税收负担输出（export of tax burden）将会破坏公平和效率。为克服地区间税收负担输出，马斯格雷夫又提出了税收配置的新原则：中间层次和低层次的政府应课征税基在辖区间流动性弱的税收；以分配为目标的具有累进性的税收应属于中央政府；以稳定为目标的税收应属于中央政府；地区间税基分布高度不均衡的税收应属于中央政府；受益税和使用者收费适用于所有层级的政府。在马斯格雷夫的税收配置新原则中，地方税应该是税基流动性弱的税种。在他看来，财产税无疑是地方政府的理想之选；工资税（payroll tax）也可以成为地方政府的收入来源之一；对于自然资源，既可由中央政府征税，也可由区域政府来征税；销售税（sale tax）可由区域政府来征收。在马斯格雷夫之后，伴随着第一代财政分权理论的诞生，经济学家对地方税种选择与配置的研究有了新的进展。奥茨在细节方面发展了马斯格雷夫的判定方法，他的财政联邦主义理论阐述了地方税确立的标准：地方政府应该尽可能地依赖受益税取得收入；即使地方政府通过非受益税取得收入，那么这些非受益税的税基也应该具有流动性相对较弱的特征。这种观点意味着，在多重政府结构下，地方税被限定在非生产性税收领域，非生产性税收可以减少资源配置的扭曲性。特尔·米纳西安（Ter-Minassian，1997）稍稍扩展了奥茨的标准：地方税应该具有相对不流动的税基，税基分布应相对均衡，产生的税收收入应相对稳定。在这样的标准下，地方政府除了征收财产税和有限的消费税外，几乎没有其他的课税空间。然而，后来的学者逐渐认识到，如果财政分权是一个现实考量，那么地方政府必须控制自己的收入来源，应该拥有更多的自主性收入满足支出需要。基于这样一个判断，马丁内兹等（Martinez et al.，2006）给出了区域性政府和地方政府的税收清单，具体税种包括：受益税、消费税（排除那些对酒精和烟草的课税）、财产税以及零售销售税等。在众多学者的不懈努力下，第一代财政分权理论下的税收分配原则在学术界至今仍居于主流地位。尽管如此，这些税收分配原则并非完美无缺。伯德（Bird，2008）从以下三个方面对这些准则提出了批评：（1）这些标准模型通常会在各层级政府产生收入和支出的非均衡安排；（2）对理解现实世界各国地方政府的税收结构所能提供的帮助甚少；（3）也很少能够对各国地方税体系的改变提供有用的指导。基于第一代财政分权理论下税收分配原则存在的问题，第二代财政分权理论下的税收分配原则更加关注现实世界的真实情况。在布罗西亚诺和博尔迪坤（Ambrosiano & Bordigon，2006）看来，对于不同层级的政府而言相互之间不存在最优的税收分配，但是区域之间同一层级的政府则存在明显的税收自治水平，这就要求需要设计出一种动态的财政激烈体制。即通过使地方政府拥有一定程度的税收自治权，以实现财政均等化的理念。通过对现实世界的观察，赫蒂奇和温纳（Hettich & Winer，1999）认识到各级政府更多的是基于政治而非经济的计算来课征税收。这种政治视角在相当程度上解释了理论上合理的税收配置在实际中却没有付诸实施的原因。布伦南和布坎南（Brennan & Buchanan，1980）在他们的"利维坦"（Leviathan）模型中，给出了区别于传统模型的政府间税收分配原则。在他们看来，地方税应该是对流动性因素的课税。原因在于：由于地方政府间税收竞争的存在，对流动性税基征税会限制政府规模的膨胀。这个结论与第一代财政分权理论中倡导的"地方政府应主要对非流动性税基征税"完全相反。在这里，税收竞争发挥着约束政府行为的作用，如何限制政府规模成为地方税设置的首要目标。迈克罗（McLure，2000）进一步对地方税存在的合理性进行了分析：地方政府需要掌握一定规模收入以便于履行其支出责任，这里的"掌握"是指地方政府能够通过政策选择在边际上显著地影响收入规模，根据自己的需要选择税率是地方政府影响收入规模的重要政策工具。伯德对地方政府税收收入确立的基本原则进行了总结：（1）在理想化状态下，地方政府的收入来源应该是充足的，至少能够满足富裕地区的政府为本辖区居民提供基本公共服务的需要。（2）地方税的税收负担应该仅仅由本辖区居民负担，居民的税收负担应该与他们从地方政府获得的公共服务收益相匹配。（3）地方税的设置不应该扭曲资源配置。显而易见，无论是由中央政府还是由地方政府来提供公共物品，都要以满足居民的有效需求作为前提，这成为该理论学科研究过程不得不考虑的重要因素。基于上述考虑，本书对于多级政府框架下公共物品有效供给的理论研究，也建立在满足居民有效需求的基础上。

应该指出的是，以奥茨为代表的传统税收竞争理论研究，忽略了居民在参与政治选举和投票等行为对地方政府税率确定、税制选择的影响，所以此后学者们对税收竞争的研究更多地集中于地方政治选举领域（Frey & Eichenberger，1996）。近些年来，西方主要国家地方政府地方税制构建的出发点，不再以实现地方财政效益最大化为目标，而侧重于如何提高选民对政府的评价，最大限度争取居民选票的支持。应该指出的是，国内外学者研究则主要集中在以下三个方面：一是标杆式竞争的视角。一些学者（Salmon，1987；Besley & Case，1995；Bivand & Szymanski，1997）认为辖区内居民在政府选举投票过程中会将相邻政府的税率水平和公共物品供给水平作为参照物判断当地政府的行政绩效水平，当地政府为获得选民最大程度的支持，以相邻政府所选择政策导向为标杆相互模仿，制定大致相同的税率水平和提供大致相同公共物品。以此为前提政策取向自然是如何确立地方政府的最优税率水平及公共物品供给标准，实现经济社会福利水平的最大化。二是交互性影响的视角。还有学者（Brueckner & Saavedra，2001；Revelli，2002；Wilson & Wildasin，2004）认为地方政府在税率确定过程中存在交互性影响的因素，在最大限度争取选民选票支持的前提下，将相邻政府所确定的税率作为当地政府税率确定反应函数（Reaction Function）的重要影响因素之一。以此为前提政策取向则是在考虑不同地方政府税收竞争模式、地方税收政策交互影响、争取选民选票支持最大化等基础上选择当地税收制度的最优安排。三是政治性支持的视角。贝斯利和凯斯（Besley & Case，1995）分析了美国地方行政长官的选举过程，认为在行政长官连任情况下当地和相邻政府在税收政策的选择方面存在明显联系。阿勒斯和埃洛斯特（Allers & Elhorst，2005）分析荷兰地方政府委派的行政长官获得政党的支持力度，认为行政长官的支持率与当地和相邻政府选择财产税税率方面存在重要关联。这些研究成果使人们注意到，当前地方政府之间存在的税收竞争行为，不仅仅是标杆式竞争所带来的结果，地方政府是否寻求政治性支持也是重要的影响因素之一。

接下来需要解决的问题，是如何通过居民消费的配置效应、福利效应的变化，来研究公共物品最优供给的决定过程。贝斯利和朱伊特（Besley & Jewitt，1991）研究分权下公共物品的最优供给，强调了在预算分配下公共物品的供给通常不能达到最优，这是由于公共和私人支出存在替代和互补效应。赵农、刘小鲁（2008）根据公共品之间是否存在替代性区分了替代性公共品与非替代性公共品，分析了这两种不同性质的公共品受区位性因素影响而在最优质量与最优供给数量上所呈现出的差异。孙翠清、林万龙（2009）认为在考虑公共物品与私人物品存在替代性的情况下，利用间接显示偏好法来研究我国农村公共产品需求问题，通过消费者的支出结构来分析其对各种产品的需求，得出公共物品的最优供给。应该指出的是，通过居民消费过程中的配置效应和福利效应，研究公共物品的有效供给如何去增加整个社会居民的幸福感问题，在近年来研究中逐渐成为理论研究的一种新的趋势。

通过对上述文献分析，我们注意到，目前学术界对于多级政府框架下公共物品供给的理论研究主要有两个特点：其一，对于居民消费过程中配置效应、福利效应的研究，主要集中对私人物品、公共物品方面的研究，或是集中对同一层级政府所提供的公共物品方面的研究，尚无从多层级政府提供多层级公共物品的视角进行深入分析，或者从中央政府和地方政府存在的不同类型经济行为进行研究，特别是基于财政分权框架研究多级政府行为对不同类型公共物品有效供给的影响。其二，对于公共物品供给过程中居民偏好的研究，主要考察居民对公共物品的偏好的唯一性问题，但是却忽略了居民对中央政府提供的公共物品的偏好不同于地方政府提供公共物品的客观事实，以此为基础研究多层级政府框架下公共物品最优供给的决定。基于以上判断，本书的研究将集中在分析政府行为与多层级公共物品的有效供给方面。本书所涉及的公共物品，均为可以由中央政府或是由地方政府共同提供的公共物品，或是由中央政府或是由地方政府均可以独立提供的公共物品，如公路交通运输、电信、电力、自来水等公共事业物品，它们通常可以由多级政府根据自身所承担的不同责任进行提供。社会保障、基础教育、环境保护、医疗卫生等公益物品，也可以考虑纳入本书的研究对象。在具体的分析中，我们可以将公共物品供给的最优数量和质量相对应进行系统性分析。但是，诸如国防外交和公共安全类型的公共物品，则不大适合纳入本书的研究范围，这是因为这些公共物品仅能由中央政府从国家战略的角度出发进行提供，而这无法归诸多层级的政府。基于此，本书通过相互替代弹性的分析方法，研究当中央政府和地方政府提供的公共物品互为完全替代品、替代品、互补品、完全互补品的情况下，中央性和地方性公共物品最优供给的融资模式问题。我们假设，如果居民在消费公共物品时，既可以选择公共物品，也可以选择另一种公共物品，则这两种公共物品可以称之为完全替代的公共物品；另一方面，如果居民在消费公共物品时，通常与另外一种公共物品搭配共同消费时，我们将这两种公共物品称之为完全互补或互补的公共物品。应该指出的是，不同的公共物品的最优供给水平，与其对应的政府融资模式也是不尽相同的。本书以下部分的内容考虑如下：第二节严格界定多级政府框架下公共物品有效供给理论模型建立的前提假设：通过对中央政府和地方政府政府层级的界定，分析不同层级政府间不同类型的经济行为假定，居民的效用函数的具体表现方式，以及公共物品最优配置的实现过程。第三节在中央政府和地方政府提供不同的公共物品互为完全替代品、替代品、互补品、完全互补品的情况下，通过偏好相互替代弹性的分析工具分析不同层级政府之间政府行为是如何影响公共物品的供给，在此基础上进行一个简短的小结。

第二节　多级政府框架下公共物品有效供给的分析框架

遵循费鲁乔（Ferruccio，2005）的基本建模思路，我们对本书多级政府框架下公共物品有效供给模型的基本假设和政府行为进行描述：

假设1：假设存在一个多级政府系统，不同级别的政府提供了不同类型的公共产品。一个国家的政府级别分为两个级别：地方政府 L 和中央政府 C。[①]

假设2：假设中央政府和地方政府的政府之间存在相互之间的竞争。我们将不同级别政府间存在的竞争称之为政府间的垂直竞争，用 φ 表示；而将同一层次地方政府之间存在的竞争，则称之为水平竞争，用 θ 表示。当这两个参数的数值为1时，代表中央政府与地方政府、地方政府之间的竞争处于完全竞争状态；当这两个参数的数值大于1时，则代表中央政府与地方政府、地方政府之间的竞争处于不完全竞争的状态。此外，不同程度的政府竞争水平，决定着不同政治主体的财政收入状况。更高的 θ 值，意味着地方政府能够获取更高的财政收入。相似地，更高的 φ 值，代表着中央政府能够获取更高的财政收入。

假设3：我们设定了以下的两个公式，解释了中央政府与地方政府、地方政府之间的竞争是如何影响中央性和地方性公共物品的供给情况的。我们假定：

$$G_L = (W_L \cdot \tau_L)^{1/\theta} \qquad W_L \cdot \tau_L > 1 \qquad (2-1)$$

$$G_c = (W_c \cdot \tau_c)^{1/\varphi} \qquad W_c \cdot \tau_c > 1 \qquad (2-2)$$

在这里，G_i 代表着某一层级政府提供本层级公共物品的数量，τ_i 代表着某一层级政府所征收实际税率，W_i 则代表某一地区的国民经济生产总值。

假设4：我们在模型中引入居民的消费行为。居民充分了解中央政府与地方政府之间的水平竞争程度 φ，以及地方政府之间的垂直竞争程度 θ，可以通过自身的消费决策，决定中央政府与地方政府、地方政府之间的公共物品最优供给量。

在模型中，居民消费了三种物品：私人物品 x，地方政府提供的公共物品 G_L，中央政府提供的公共物品 G_c。我们用 U_m 来表示居民的效用函数，用 ω 来表示居民的可支配收入。我们将 U_m 定义如下：

$$U_m = (x, G_L, G_c) \qquad (2-3)$$

在这里，x 表示居民消费私人产品的数量，G_L 表示地方政府提供的公共物品，G_c 表示中央政府提供的公共物品。

我们采用了科普－道格拉斯的函数形式设定居民效用函数。具体的表达式如

[①]　地方政府 L 提供公共物品 G_L，而中央政府 C 提供公共物品 G_C。

下所示：

$$U_m = x^\alpha \cdot G_L^\beta \cdot G_c^\gamma \qquad (2-4)$$

其中，α 表示居民在消费时对私人物品的偏好系数，β 表示居民在消费时对地方公共物品的偏好系数，γ 表示居民在消费时对中央公共物品的偏好系数。

为了得到居民的效用函数 U_m，我们将公式（2-1）和（2-2）代入公式（2-4）中，如公式（2-5）所示：

$$U_m = x^\alpha \cdot (W_L \cdot \tau_L)^{\beta/\theta} \cdot (W_c \cdot \tau_c)^{\gamma/\varphi} \qquad (2-5)$$

在这里，我们假设居民的效用函数 U_m 是单调的，并且是固定不变的。

如公式（2-5）所示，我们定义居民可支配收入 ω 的表达方式：

$$\omega = x/(1-\tau_L-\tau_c) \qquad (2-6)$$

其中，τ_L 表示地方政府向居民在消费过程征收的税率，ω 表示居民在实际消费过程中能够支配的收入，x 表示居民在消费过程中消费的私人物品，τ_c 表示中央政府向居民征收的实际税率。其中，居民在实际消费过程中将自身能够支配的收入 w 通过一定比例配置到私人物品 x、公共物品 G_L 和公共物品 G_c 三种物品，在每种物品上消费者的消费支出可以分为：在私人物品 x 方面的个人支出为 x，在公共物品 G_L 方面的个人支出为 $W_L \cdot \tau_L$，在公共物品 G_c 方面的个人支出为 $W_c \cdot \tau_c$。

为了推导出效用不变的需求函数，我们考虑了以下的一个过程：首先，消费品的价格下降，居民可以从中得到效用 U_m 的增加。我们假设将居民的收入 ω 减少一个相应的份额，使居民的效用 U_m 保持原有的水平。此时，居民的消费选择会发生什么样的变化呢？面临消费物品价格的上升，居民面临着效用 U_m 的损失。同样，我们假设将居民的收入 ω 增加一个相应的份额，对此做出补偿，使居民的效用 U_m 保持在原有的水平。

在这种分析过程中，我们通过由价格变化引起的效用增减，与由一个假设的收入变化所产生的效用增减互相匹配。如果，居民将所有的收入用于消费品的支出，上述假设性收入变化问题，也就成为支出变化的问题。因此，由此推导出来的居民最优抉择，就是在保持效用不变的情况下，如何达到支出最小化的问题。

我们可以将支出最小化问题描述为：

$$\text{Min}_{x,\tau L,\tau c} \quad \omega(U, \varphi, \theta) = x/(1-\tau_L-\tau_c)$$
$$\text{S. T.} \quad U_m = x^\alpha \cdot (W_L \cdot \tau_L)^{\beta/\theta} \cdot (W_c \cdot \tau_c)^{\gamma/\varphi} \qquad (2-7)$$

在解决此问题时，我们首先构造拉格朗日函数：

$$L = x/(1-\tau_L-\tau_c) - \lambda \cdot [x^\alpha \cdot (W_L \cdot \tau_L)^{\beta/\theta} \cdot (W_c \cdot \tau_c)^{\gamma/\varphi} - U_m] \qquad (2-8)$$

我们假设，居民消费的三个物品均是内点解。因此，受约束限制的最小化问题的一阶条件确保存在 x、τ_L、τ_c 与 λ 的数值满足公式：

$$\partial L/\partial x = 0 : 1/(1-\tau_L-\tau_c) - \lambda \cdot \alpha \cdot x^{\alpha-1} \cdot$$
$$(W_L \cdot \tau_L)^{\beta/\theta} \cdot (W_c \cdot \tau_c)^{\gamma/\varphi} = 0 \qquad (2-9)$$

$$\partial L / \partial \tau_L = 0: x / (1 - \tau_L - \tau_c)^2 - \lambda \cdot (\beta / \theta) \cdot x^\alpha \cdot (W_L)^{\beta / \theta} \cdot$$
$$(\tau_L)^{(\beta / \theta - 1)} \cdot (W_c \cdot \tau_c)^{\gamma / \varphi} = 0 \qquad (2-10)$$

$$\partial L / \partial \tau_c = 0: x / (1 - \tau_L - \tau_c)^2 - \lambda \cdot (\gamma / \varphi) \cdot x^\alpha \cdot (W_L \cdot \tau_L)^{\beta / \theta} \cdot$$
$$(W_c)^{\gamma / \varphi} \tau_c^{(\gamma / \varphi - 1)} = 0 \qquad (2-11)$$

$$\partial L / \partial \lambda = 0: x^\alpha \cdot (W_L \cdot \tau_L)^{\beta / \theta} \cdot (W_c \cdot \tau_c)^{\gamma / \varphi} - U_m = 0 \qquad (2-12)$$

在上述公式中，通过消除 λ，我们得到：

$$\tau_c = 1 - [(\alpha \cdot \theta / \beta) + 1] \cdot \tau_L \qquad (2-13)$$

代入以上公式，我们得到 x、τ_L 和 τ_c 的最优解 x^*、τ_L^* 和 τ_c^*：

$$x^* = U_m^{(1/\alpha)} \cdot (\alpha \varphi \theta + \beta \theta + \theta \gamma)^{[(\beta / \theta \alpha) + (\gamma / \varphi \alpha)]} / [(W_L \beta \alpha)^{(\beta / \theta \alpha)} \cdot (W_C \gamma \theta)^{(\gamma / \varphi \alpha)}]$$
$$(2-14)$$

$$\tau_L^* = (\beta \varphi) / (\alpha \varphi \theta + \beta \theta + \theta \gamma) \qquad (2-15)$$

$$\tau_C^* = (\gamma \theta) / (\alpha \varphi \theta + \beta \theta + \theta \gamma) \qquad (2-16)$$

将公式（2-15）与（2-16）的计算结果，代入公式（2-1）与（2-2）中，我们得到 G_L 和 G_C 的最优供给量 G_L^* 和 G_C^*：

$$G_L^* = [(W_L \beta \varphi) / (\alpha \varphi \theta + \beta \theta + \theta \gamma)]^{1/\theta} \qquad (2-17)$$

$$G_C^* = [(W_C \gamma \theta) / (\alpha \varphi \theta + \beta \theta + \theta \gamma)]^{1/\varphi} \qquad (2-18)$$

通过以上的推导，我们得到了在居民实现消费最优抉择的情况下，所对应的最优税率 τ_L^* 和 τ_C^*，以及公共物品的最优供给量 G_L^* 和 G_C^*。从而可以得出以下结论：

结论1：当参数 θ 与 φ 数值为1时，中央政府与地方政府、地方政府之间的竞争达到完全竞争的状态；此时，中央政府与地方政府所提供的公共物品，达到最优的供给量 G_L^* 和 G_C^*。当参数 θ 与 φ 数值大于1时，中央政府与地方政府、地方政府之间的竞争程度越小；此时，地方政府与中央政府提供的公共物品分别为 G_L 与 G_C，并且 $G_L < G_L^*$，$G_C < G_C^*$。因此，地方性和中央性公共物品 G_L 与 G_C 的供给量，不仅与居民对公共物品 G_L 与 G_C 的偏好系数 β 和 γ 有关，而且与中央政府与地方政府、地方政府之间的竞争程度 θ 与 φ 有关。从这个意义上讲，地方性和中央性公共物品 G_L 与 G_C 之间存在着一种相互替代的弹性。

第三节 多级政府框架下公共物品供给的替代弹性分析

在中央政府与地方政府公共物品最优供给的决定过程中，我们运用相互替代弹性来研究最优供给过程出现的居民配置效应、福利效应的变化。对居民的效用函数 $U_m = (x, G_L, G_c)$ 而言，在点 τ 处，地方性和中央性公共物品 G_L 与 G_C 之

间的替代弹性 σ_{LC} 可被定义为：

$$\sigma_{LC} = d[\ln(\tau_C/\tau_L)]/d[\ln(U_C/U_L)] \qquad (2-19)$$

根据公式（2-5）中所定义的效用函数 $U_m = (x, G_L, G_c)$，我们分别计算出 $d[\ln(\tau_C/\tau_L)]$ 和 $d[\ln(U_C/U_L)]$ 的结果，得到：

$$d[\ln(\tau_C/\tau_L)] = d\tau_C/\tau_C - d\tau_L/\tau_L \qquad (2-20)$$

$$d[\ln(U_C/U_L)] = (\gamma/\varphi) \cdot (d\tau_C/\tau_C) - (\beta/\theta) \cdot (d\tau_L/\tau_L) \qquad (2-21)$$

我们将公式（2-20）与（2-21）的计算结果代入公式（2-19）中，经计算得到：

$$\sigma_{LC} = [(d\tau_C/d\tau_L)/(\tau_C/\tau_L) - 1]/[(\gamma \cdot d\tau_C/d\tau_L)/(\varphi \cdot \tau_C/\tau_L) - (\beta/\theta)]$$

$$(2-22)$$

我们将 $(d\tau_C/d\tau_L)/(\tau_C/\tau_L)$ 定义为 τ_C 与 τ_L 的弹性系数 $\sigma_{\tau C\tau L}$，并将其代入公式（2-22）中，得到：

$$\sigma_{LC} = (\sigma\tau_C\tau_L - 1)/[(\gamma/\varphi) \cdot \sigma\tau_C\tau_L - (\beta/\theta)] \qquad (2-23)$$

从公式（2-23）可以看出，σ_{LC} 的取值范围，与居民的偏好系数，中央政府与地方政府、地方政府之间的竞争程度，中央、地方税率弹性系数等因素，均存在着一定的关系。

我们根据居民消费公共物品替代偏好的不同，将地方性和中央性公共物品 G_L 与 G_C 划分为完全互补品、互补品、替代品、完全替代品等四种情况。此时，其相应的 σ_{LC} 的取值范围如图2-1所示：

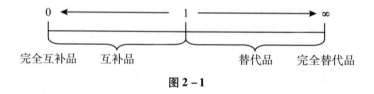

图2-1

如图2-1所示，我们对 σ_{LC} 的取值范围进行界定：当 $|\sigma_{LC}| = 0$ 时，地方性和中央性公共物品 G_L 与 G_C 为完全互补品；当 $0 < |\sigma_{LC}| < 1$ 时，地方性和中央性公共物品 G_L 与 G_C 之间为互补品；当 $1 < |\sigma_{LC}| < \infty$ 时，地方性和中央性公共物品 G_L 与 G_C 为替代品；而当 $|\sigma_{LC}| = \infty$ 时，地方性和中央性公共物品 G_L 与 G_C 为完全替代品。接下来，我们可以进一步分析在不同的多级政府竞争水平情况下，政府公共物品最优供给的融资模式。

假设一：G_L 与 G_C 为完全互补品、完全替代品的极端情况。

首先，我们分析两种极端的情况：两种公共物品 G_L 与 G_C 之间为完全互补品、完全替代品的关系。

公共物品 G_L 与 G_C 为完全互补品，意味着居民在消费公共物品 G_c 的同时，必须消费另外一种公共物品 G_L。若只消费其中的一种公共物品 G_C，而不消费另外一种公共物品 G_L 的情况是不可能的。这是因为居民在消费此类型的公共物品时，单单拥有 G_C 并不会提高他的满足程度，除非他能够获得相配套的 G_L。根据上述分析，我们可以得出以下结论：

结论 2：若居民将地方性和中央性公共物品 G_L 与 G_C 视为完全互补品，中央政府和地方政府在提供公共物品时，必须完全采取中央、地方两级政府同时配套的方式进行提供，才能满足居民的需求。

在这种情形下，$\sigma_{LC}=0$，得出 $\sigma\tau_C\tau_L=1$。也就是说，居民在接受 $\sigma\tau_C\tau_L=1$ 的情况下，接受政府所提供的公共物品 G_L 与 G_C。

公共物品 G_L 与 G_C 为完全替代品，意味着居民在进行消费时，既可以选择公共物品 G_C，也可以选择公共物品 G_L。从某种意义上讲，居民在消费时，将公共物品 G_L 与 G_C 视为是同质的，可以进行相互替代。这是因为居民在消费此类型的公共物品时，任意选择其中一种类型的公共物品，都能够提高他的满足程度。相应地，我们可以得出以下结论：

结论 3：若居民将地方性和中央性公共物品 G_L 与 G_C 视为完全替代品，中央政府和地方政府在提供公共物品时，既可以完全由中央政府来提供，也可以完全由地方政府来提供，均可以满足居民的需求。

在这种情况下，$\sigma_{LC}=\infty$，得出 $\sigma\tau_C\tau_L=(\beta/\theta)/(\gamma/\varphi)$。也就是说，居民在接受 $\sigma\tau_C\tau_L=(\beta/\theta)/(\gamma/\varphi)$ 的情况下，接受了完全替代品的公共物品 G_L 与 G_C。

我们必须承认，当假定居民将公共物品 G_L 与 G_C 视为完全互补品、完全替代品时，中央政府和地方政府提供的公共物品，要么由中央政府和地方政府严格进行配套供给，要么可完全由中央政府或地方政府其中的一方进行提供。在现实的经济生活中，这两种情况都是极端的情况，是不可能存在的。

下面，我们来讨论一下两种更加接近现实的情况，即讨论当居民将地方性和中央性公共物品 G_L 与 G_C 视为互补品、替代品时的情况。

假设二：G_L 与 G_C 为互补品的情况。

公共物品 G_L 与 G_C 为互补品，意味着居民在消费公共物品 G_C 时，常常与另外一种公共物品 G_L 搭配共同消费。这是因为居民在消费时，只将两种公共物品配套起来共同消费，才能提高自身的满足程度。中央政府和地方政府在提供此类型的公共物品时，应该指出的是，可以采用由中央政府和地方政府共同配套提供的方式满足居民的需求。

在这种情况下，$0<|\sigma_{LC}|<1$，我们得出公式（2-24）和公式（2-25）

$$0<|(\sigma\tau_C\tau_L-1)/[(\gamma/\varphi)\cdot\sigma\tau_C\tau_L-(\beta/\theta)]|<1 \qquad (2-24)$$

$$0<|(\sigma\tau_C\tau_L-1)|<|[(\gamma/\varphi)\cdot\sigma\tau_C\tau_L-(\beta/\theta)]| \qquad (2-25)$$

经过计算，我们得到以下结果：

$$0 < |\sigma\tau_C\tau_L| < |[1 - (\beta/\theta)]/[1 - (\gamma/\varphi)]| \qquad (2-26)$$

下面，我们分析在不同类型政府竞争的条件下，居民可以接受的税率变化率是如何变化的。

首先，当中央政府与地方政府、地方政府之间的垂直竞争、水平竞争达到完全竞争，$\theta = 1$，且 $\varphi = 1$。我们将其代入公式（2-26）中，得到公式（2-27）：

$$0 < |\sigma\tau_C\tau_L| < |(1 - \beta)/(1 - \gamma)| \qquad (2-27)$$

可以看出，$\sigma\tau_C\tau_L$ 的取值范围与 β 成正比的关系，与 γ 成反比的关系。

其次，我们逐渐放松上文的关于不同层级政府竞争的假设。当中央政府与地方政府的垂直竞争达到完全竞争，而地方政府之间水平竞争为不完全竞争时，$\theta > 1$，$\varphi = 1$。我们将其代入公式（2-26）中，得到公式（2-28）：

$$0 < |\sigma\tau_C\tau_L| < |[1 - (\beta/\theta)]/(1 - \gamma)| \qquad (2-28)$$

可以看出，$\sigma\tau_C\tau_L$ 的取值范围，与地方政府之间的水平竞争程度 θ 成正比，还与 β 和 γ 存在同样的关系。可以说，地方政府之间的水平竞争程度越小，θ 的数值越大，$\sigma\tau_C\tau_L$ 的取值范围越大。$\sigma\tau_C\tau_L$ 的数值越大，代表居民可以接受 τ_C 的变化率，要比可以接受的 τ_L 变化率大。也就是说，居民更容易接受以中央政府的征税，作为互补品公共物品的融资方式。

同理，当中央政府与地方政府之间的垂直竞争为不完全竞争、而地方政府之间水平竞争为完全竞争时，$\theta = 1$，$\varphi > 1$。我们得到公式（2-29）：

$$0 < |\sigma\tau_C\tau_L| < |(1 - \beta)/[1 - (\gamma/\varphi)]| \qquad (2-29)$$

在这种情况下，$\sigma\tau_C\tau_L$ 的取值范围，除与 β 和 γ 存在同样的关系外，还与地方政府之间垂直竞争程度 φ 成反比关系。可以说，中央政府与地方政府垂直竞争的程度越大，φ 的数值越小，$\sigma\tau_C\tau_L$ 的取值范围却相应变大。$\sigma\tau_C\tau_L$ 的数值越大，代表居民可以接受 τ_C 的变化率，要比可以接受的 τ_L 变化率大。也就是说，居民更容易接受以中央政府的征税，作为互补品公共物品的融资方式。

最后，当 $\theta > 1$，且 $\varphi > 1$。我们得到 $\sigma\tau_C\tau_L$ 的取值范围仍为公式（2-26）。

可以看出，在中央政府和地方政府之间、地方政府之间的竞争都处于不完全竞争条件下，$\sigma\tau_C\tau_L$ 的取值范围，与参数 β 和参数 θ 成正比关系，与参数 γ 和参数 φ 则成反比的关系。我们得到以下的结论：

结论4：居民将地方性和中央性公共物品 G_L 与 G_C 视为互补品，搭配起来共同消费，以提高自身的满意程度，居民更容易接受以中央政府征税为主、地方政府征税为辅的公共物品融资方式。应该指出的是，当中央和地方两级政府配套地提供互补品的公共物品时，为了满足居民的偏好，应该采取以中央供给为主、地方供给为辅的方式。

假设三：当 G_L 与 G_C 为替代品时。

地方性和中央性公共物品 G_L 与 G_C 为替代品，意味着地方性和中央性公共物

品 G_L 与 G_C 之间是同质的。居民在进行消费时，既可以选择中央性公共物品 G_C，也可以选择地方性公共物品 G_L。选择地方性和中央性公共物品 G_L 与 G_C 进行消费，都不会影响居民的满意程度。另一方面，政府在提供替代品的公共物品时，既可以由中央政府来提供，也可以由地方政府来提供。在这种情况下，$|\sigma_{LC}| > 1$，我们得出公式（2-30）和公式（2-31）：

$$|(\sigma\tau_C\tau_L - 1)/[(\gamma/\varphi) \cdot \sigma\tau_C\tau_L - (\beta/\theta)]| > 1 \qquad (2-30)$$

$$|\sigma\tau_C\tau_L - 1| > |(\gamma/\varphi) \cdot \sigma\tau_C\tau_L - (\beta/\theta)| \qquad (2-31)$$

经计算，我们得出公式（2-32），如下所示：

$$|\sigma\tau_C\tau_L| > |[1 - (\beta/\theta)]/[1 - (\gamma/\varphi)]| \qquad (2-32)$$

下面，我们分析在不同的政府竞争情况下，居民可以接受的税率变化率是如何变化的。

首先，当 $\theta = 1$，且 $\varphi = 1$ 时，我们将其代入公式（2-32）中，得到公式（2-33）：

$$|\sigma\tau_C\tau_L| > |(1-\beta)/(1-\gamma)| \qquad (2-33)$$

其次，我们逐渐放松上文的关于政府竞争的假设。当中央政府与地方政府之间的垂直竞争达到完全竞争，而地方政府之间水平竞争为不完全竞争时，$\theta > 1$，$\varphi = 1$。我们将其代入公式（2-32）中，得到公式（2-34）：

$$|\sigma\tau_C\tau_L| > |[1 - (\beta/\theta)]/(1-\gamma)| \qquad (2-34)$$

可以看出，$\sigma\tau_C\tau_L$ 的取值范围，除与 β 和 γ 存在同样的关系外，还与地方政府之间水平竞争程度 θ 成反比关系。可以说，地方政府之间的水平竞争越小，θ 的数值越大，$\sigma\tau_C\tau_L$ 的取值范围越小。$\sigma\tau_C\tau_L$ 的数值越小，代表居民可以接受 τ_C 的变化率，要比可以接受的 τ_L 变化率小。也就是说，居民更容易接受以地方政府的征税，作为互补品公共物品的融资方式。

同理，当 $\theta = 1$，$\varphi > 1$，我们得到公式（2-35）：

$$|\sigma\tau_C\tau_L| > |(1-\beta)/[1 - (\gamma/\varphi)]| \qquad (2-35)$$

在这种情况下，$\sigma\tau_C\tau_L$ 的取值范围，除与 β 和 γ 存在同样的关系外，还与中央政府与地方政府之间垂直竞争程度 φ 成正比关系。可以说，中央政府与地方政府之间垂直竞争越大，φ 的数值越小，$\sigma\tau_C\tau_L$ 的取值范围越小。$\sigma\tau_C\tau_L$ 的数值越小，代表居民可以接受 τ_C 的变化率，要比可以接受的 τ_L 变化率小。也就是说，居民更容易接受以地方政府的征税，作为互补品公共物品的融资方式。

最后，当 $\theta > 1$，且 $\varphi > 1$，我们得到 $\sigma\tau_C\tau_L$ 的取值范围仍为公式（2-32）：

$$|\sigma\tau_C\tau_L| > |[1 - (\beta/\theta)]/[1 - (\gamma/\varphi)]| \qquad (2-32)$$

可以看出，在中央政府与地方政府之间的垂直竞争处于不完全的竞争条件下，$\sigma\tau_C\tau_L$ 的取值范围，与参数 β、θ 成反比关系，与参数 γ、φ 则成正比的关系。

我们得到以下结论：

结论5：居民将地方性和中央性公共物品 G_L 与 G_C 视为替代品，既可以消费 G_C，又可以消费 G_L，均不会影响自身满意程度的提高。这时，在公共物品的融资方式上，居民更容易接受以地方政府征税为主、中央政府征税为辅的公共物品融资方式。相应地，为了满足居民的偏好，应该采取以地方供给为主、中央供给为辅的方式进行提供。

应该指出的是，本书的理论分析实际上考虑的是一个静态的逻辑框架，而如何在动态的分析框架下去拓展本书研究得到的结论，应该是本研究未来可供拓展的一个重要的方向，如对于不同年龄的居民在代际公共物品消费方面等。通过本书的分析说明中央和地方政府由于政绩考核的差异具有不同性质的经济行为，这种差异将引导居民接受不同类型的公共物品融资模式，而与此相联系的是，这又反过来指导政府的经济行为。而对于涉及两代或多代人投资与收益关系的代际公共物品，通过建立多代交叠的一般均衡模型，研究不同层级政府经济行为对代际公共品供给的作用机制，或许可以作为本书今后研究的主流方向。另一个可以拓展的领域主要是：对于多层级地方政府提供的公共物品进行进一步深入的详细分析。本书的研究假定存在一个多个级别的政府，并将将政府分为中央政府、地方政府两个级别。如果将地方政府的政府机构进行分解，多层级地方政府公共物品的最优供给量的决定机制将会有所不同。这可以作为本书今后的研究加以拓展。此外，本书的模型通过设定具体的效用函数的形式，得到了公共物品最优供给与影响因素的量化指标，这为相关的计量分析提供了一个可供选择的分析基础。与此同时，居民对于公共物品的偏好程度则可以通过抽样调研方法获得。

第三章

潜在财力标准下政府财政能力分析

上一章在界定多级政府框架下公共物品有效供给理论模型建立的前提假设下，通过对中央政府和地方政府政府层级的界定，分析不同层级政府间不同类型的经济行为假定，居民的效用函数的具体表现方式，以及公共物品最优配置的实现过程。此外，在偏好相互替代弹性的分析框架下，分析在中央政府和地方政府提供不同的公共物品互为完全替代品、替代品、互补品、完全互补品的情况下，中央政府和地方政府公共物品最优供给的融资模式，以及中央政府和地方政府不同层级政府之间的行为表现。从这一章开始，我们开始分析潜在财力标准下各级政府财政能力的构成与具体测算过程，以及政府潜在财政能力的均等化现状。在本章，我们要交代潜在财政能力的真实含义、影响潜在财政能力的因素、潜在财政能力的测算方法、潜在财政能力不均等程度的测算方法、政府潜在财政能力的均等化现状。需要指出的是，本书将地方政府潜在财政能力分别划分为第一产业、第二产业、第三产业的标准税收收入能力，在计算出各级政府国内生产总值第一产业、第二产业、第三产业的代表性税率的基础上，分别用各个行业的代表性税率乘以基层政府第一产业、第二产业、第三产业的税基，得出各级政府第一产业、第二产业、第三产业的潜在税收收入，最后汇总不同区域之间、城乡之间各级政府的潜在税收收入①。

第一节　潜在财力标准下政府财政能力的具体构成

事实上，公共服务均等化水平的制约因素，很大程度上取决于提供公共服务

---

① 按照我国现有的税收法律制度，我们可以将各级政府的潜在税收收入均分为十四项潜在税收收入能力，具体包括：潜在增值税收入能力、潜在营业税收入能力、潜在企业所得税收入能力、潜在个人所得税收入能力、潜在资源税收入能力、潜在城市维护建设税收入能力、潜在房产税收入能力、潜在印花税收入能力、潜在城镇土地使用税收入能力、潜在土地增值税收入能力、潜在契税收入能力和潜在其他税收收入能力。

基层政府的财政能力，而城乡之间、区域之间基层政府在经济社会发展方面的巨大差距，是造成城乡区域之间政府财政能力的严重失衡的重要因素之一。显而易见，不同层级的基层政府在不同区域和城乡之间的整个经济社会各个层面存在较大差异，造成区域之间地方政府财政能力的巨大差距。应该指出的是，公共财政体制要求地方政府的公共服务采取地方政府本级财政实现自我供给的方式，各级地方政府的财政能力在区域之间的不均衡，是造成各级地方政府公共服务不均等供给的客观约束因素之一。为了实现公共服务在区域之间、城乡之间的均衡供给，中央政府则可以利用手中掌握的财力，通过均等性转移支付制度安排来弥补边远落后基层政府的财力缺口，但是受制于整个国家财政能力弱小的客观现实，难以从根本上实现区域之间、城乡之间地方政府的公共服务均等化。更为重要的是，公共服务的非均衡供给不能体现出公共服务供给过程的机会均等原则，弱势群体的正当权利不能得到应有的保障，削弱了中央政府和地方政府的执政能力，不利于和谐社会建设中的繁荣与稳定，更不利于政府执政过程共享理念的实现，进一步加剧社会发展过程中区域之间、城乡之间差距的不断扩大。

考察财政能力的具体构成首先要观察和考虑的问题，主要如何在学术上界定地方政府财政能力应包括的主要范围。纵观国内外学术界的主要文献，对于地方政府财政能力的研究，可以遵循以下三个脉络去研究。第一个方面的研究主要集中在从实际财政能力的角度去研究地方政府的财政能力，认为地方政府的财政能力应该包括地方政府的本级财政收入，以及中央政府对地方政府的转移支付收入两个部分（吴俊培、陈思霞，2013；解垩，2013；孙德超，2013；胡祖铨，2013；周业安、冯兴元、赵坚毅，2004；丁菊红、邓可斌，2008；赵农、刘小鲁，2008；王玮，2012；迟福林，2008；贾康、白景明，2002；林万龙，2005；高培勇，2006；贾康、孙洁，2006；祁毓，2010；汤学兵，2009；孙得超，2013；龚金保，2007；吕炜、王伟同，2008；郑浩生、查建平，2012；王守坤，2012；刘大帅、甘行琼，2013；陈思霞、田丹，2013；贾晓俊，2011；冯海波、陈旭佳，2009）；第二个方面的研究主要集中在从自有财政能力的角度去研究地方政府的财政能力，认为地方政府的财政能力仅仅涵盖了地方政府的本级财政收入，而没有包括中央政府对地方政府的转移支付收入这一部分（胡鞍钢、张新、高宇宁，2016；杨永森、宋丽丽、赵伟，2016；戴平生、陈壮，2015；胡洪曙、亓寿伟，2015；陈都、陈志勇，2016；刘书明，2015；张俊伟，2014；李国平、刘倩、张文彬，2014；田侃、亓寿伟，2013；卢洪友、田丹，2013）；第三个方面的研究主要集中在同时从实际财政能力和自有财政能力的角度去研究地方政府的财政能力（崔治文、周平录、杨洁，2015；宋旭、李冀，2015；于国安，2015；郭玉清、袁静、李永宁，2015；李一花、张冬玉、李雪妍，2015；蒋雪梅、黄艳杰、王松，2015；周武星、田发，2015；徐盈之、赵永平，2015；孙伟增、王定云、郑思齐，2015；陈永正、马永妍，2013；王明慧、陆广春、李玉英、吴爽，2013；审计署贸易审计局课题组，2013；储德银、赵飞，2013；湖南省财政科学研究所课题组，2013；杨中文、刘虹利、许新宜、王红瑞、刘和鑫，2013；张超，2012；赵桂芝、寇铁军，2012；贾俊雪、高立、秦聪，2012）。通过对上述学者的分析与归纳可以看出，学者们在研究财政能力标准选择上主要选择的标准主要集中在第三个方面的研究，这是由于：其一，假设我们的研究仅仅集中在从实际财政能力的角度去研究地方政府的财政能力，则忽略了地方政府由于客观原因所导致的财政能力差距问题，不利于深入分析地方政府间由于客观因素所导致的财政能力差异；其二，假设我们的研究仅仅集中在从自有财政能力的角度去研究地方政府的财政能力，则忽略了中央政府通过转移支付制度对地方政府财政能力的改善情况，不利于考察现行转移支付制度对于地方政府财政能力的均衡效应。有鉴于此，本书的研究也将集中在同时从实际财政能力和自有财政能力的角度去研究地方政府的财政能力均等化问题。显而易见的是，综合运用地方政府财政能力的双重标准来考量财政能力均等化问题，更符合研究财政能力均等化的实际需求。在政府自有财力与实际财力的双重标准下，综合运用双重财政能力标准进行考察成为国内理论界研究财政能力的均等化效用的主流研究方法之一。有鉴于此，本书对财政能力的均等化效应研究与国内学术界对地方政府的研究大致相同，同时从实际财政能力和自有财政能力的角度去研究地方政府的财政能力均等化问题。

接下来在研究地方政府财政能力所要观察和考虑的问题，是如何去考虑中央政府对地方政府的转移支付制度与地方政府财政能力均等化之间的问题。通过对国内外研究地方政府财政能力的文献归纳，学者们对中央政府和地方政府之间的转移支付原理进行系统性的研究，得到比较统一的结论是：中央政府对地方政府的转移支付制度要符合均衡各级地方政府财政能力的基本原则，消除不同地方政府之间由于人口资源以及生产要素流动所导致的社会经济效益水平的损失，提高不同区域和城乡之间居民福利水平和幸福感（胡鞍钢、张新、高宇宁，2016；杨永淼、宋丽丽、赵伟，2016；戴平生、陈壮，2015；胡洪曙、亓寿伟，2015；陈都、陈志勇，2016；刘书明，2015；Searle，2004；Boadway，2004；Smart，2005），这在许多国家的制度安排中得以体现：澳大利亚、加拿大、瑞士、德国等国家公共财政预算法规定，在政府运作效率相似及财政努力程度相同情况下，各级地方政府在接受转移支付资金扶持后拥有了较为接近的财政能力，用于提供标准化的公共服务（崔治文、周平录、杨洁，2015；宋旭、李冀，2015；于国安，2015；郭玉清、袁静、李永宁，2015；李一花、张冬玉、李雪妍，2015；蒋雪梅、黄艳杰、王松，2015；Petchey & Levtchenkova，2004），所以此后学者们对转移支付的研究主要集中在如何均等化地方政府的财政能力方面。西方财政联邦体制国家在近年来已经完成转移支付的制度建设，而转移支付的制度运行也经历了相当长的一段时间，所以对于均等化转移支付制度的设计理念以及原则已经不是西方学者的研究重点，国外的研究者在现阶段的研究更关注的是中央政府对地方政府的转移支付是否对整个社会的资源配置产生了较为负面的影响（周武星、田发，2015；徐盈之、赵永平，2015；孙伟增、王定云、郑思齐，2015；陈永正、马永妍，2013；王明慧、陆广春、李玉英、吴爽，2013；Robert，2008；Werner，2008；Martinez & Barrios，2013）。通过上述的研究可以发现，西方财政联邦财政体制下的转移支付设计原则，是要在科学地测算地方政府潜在财政能力和财政支出需求的基础上，通过中央政府对地方政府的转移支付制度缩小由于不同区域的地方政府客观原因所导致的财政能力差距问题。在借鉴国外学术界研究的基础上，国内学者们开始研究具有中国国情的中央政府对地方政府的转移支付制度与地方政府财政能力均等化问题。曾红颖（2012）认为中国现行的转移支付能够有效地均衡地方政府提供标准化公共服务的财政能力，对于各个区域实施不同层面的转移支付有利于提高不同区域和不同城乡之间地方政府公共服务均等化水平的提高。宋小宁等（2012）认为，转移支付对于公共服务供给程度的影响可以从两个方面来考虑：一般性转移支付对不同区域和不同城乡之间地方政府公共服务的影响程度相对较小，而转项转移支付对不同区域和城乡之间地方政府公共服务的影响程度相对较大，中央政府对于现行转移支付制度的扶持政策应该，侧重于对于专项转移支付资金的扶持，因为专项的转移支付对公共服务的影响程度相对较大，而一般转移支付制度对公共服务的影响程度相对较小。刘大帅和甘行琼（2013）认为，转移支付制度对于不同区域和城乡之间各级地方政府财政能力的均等化效应，应充分考虑人口流动因素以及户籍制度所造成的福利分配功能的影响，这在很大程度上是由于现行户籍制度对转移支付制度的影响力可能导致的激励倾向。可以看到的是，上述研究在研究视角方面有所不同，但是这些研究都强调的共同点就是：都考虑到中央政府对地方政府的转移支付制度与地方政府财政能力均等化之间始终是存在一定程度的联系。

除此以外，对于均等化测量标准的研究和判断无可置疑地成为公共经济学近年来的研究重点之一。在国内外学者的大量研究中，泰尔指数成为衡量地方政府财政能力和公共服务均等化水平的主要方法之一，国内外主要的研究大致包括：黄小平、方齐云（2008）运用泰尔指数（Theil Index）法，研究全国及不同区域之间各地方政府用于公共卫生财政支出的公平性，进而分析不同地区之间公共财政卫生支出的均等化问题；王晓洁（2009）运用泰尔指数（Theil Index）法测量中国公共卫生支出均等化水平，分析基本医疗卫生资源在我国东部、中部、西部之间配置的均衡情况；张雷宝（2009）运用泰尔指数（Theil Index）法测量浙江省公共基础设施服务均等化水平，分析公共基础设施服务在浙江省内东北、西南的区域差距；冯海波（2009）运用双变量的泰尔指数（Bivariate Theil Index）法，同时区域—城乡两个维度来考察广东省公共医疗卫生支出水平。尹恒、王丽娟、康琳琳（2007）在运用泰尔指数法考察不同层级地方政府的财政能力差距过程中，发现在县级政府层面不同区域的县级政府财力悬殊，县级政府层面的政府财力非均衡状况存在不断加剧的趋势。可见，运用泰尔指数法对我国基本公共服务水平进行测算，已成为国内理论界研究公共服务均等化问题的主流研究方法之一。鉴于此，本书对财政能力均等化现状的分析，也建立在运用泰尔指数法实证考察的基础上。

国内学者对政府财政能力的研究已经比较深入，但是也存在着重要的缺憾，主要是：第一，所有研究（田发、周武星，2016；陈都、陈志勇，2016；崔治文、周平录、杨洁，2015；宋旭、李冀，2015；于国安，2015；郭玉清、袁静、李永宁，2015；李一花、张冬玉、李雪妍，2015；蒋雪梅、黄艳杰、王松，2015；周武星、田发，2015；徐盈之、赵永平，2015；孙伟增、王定云、郑思齐，2015；陈永正、马永妍，2013；王明慧、陆广春、李玉英，吴爽，2013）都只涉及省际或县级政府财政能力的研究，对于不同地区和城乡之间地级市和县级市的政府财政能力的研究几乎是空白。第二，已有使用泰尔指数（审计署贸易审计局课题组，2013；储德银、赵飞，2013；湖南省财政科学研究所课题组，2013；杨中文、刘虹利、许新宜、王红瑞、刘和鑫，2013；张超，2012；赵桂芝、寇铁军，2012；贾俊雪、高立、秦聪，2012；陈永正、马永妍，2013；王明慧、陆广春、李玉英、吴爽，2013；吴湘玲、邓晓婴，2006；刘亮，2006；张恒龙、陈宪，2007）研究均等化政府财政能力程度问题，仅停留于城乡或区域视角的单一维度，忽略城乡和区域双视角下的政府财政能力测算；第三，对政府财政能力均等化程度的实证考察，仅局限于政府自有财政能力或实际财政能力的标准（胡鞍钢、张新、高宇宁，2016；杨永淼、宋丽丽、赵伟，2016；戴平生、陈壮，2015；胡洪曙、亢寿伟，2015；陈都、陈志勇，2016；刘书明，2015；张俊伟，2014；李国平、刘倩、张文彬，2014；田侃、亢寿伟，2013；卢洪友、田丹，2013），对政府潜在财政能力的测算与均等化测算未有人进行研究；更为重要的是，目前学术界对于财政能力均等化水平的实证研究主要有两个特点：其一，已有使用泰尔指数的研究大都建立在静态的经济分析框架下，比如张雷宝（2009）使用泰尔指数对浙江省公共基础设施服务均等化水平进行的实证分析，王晓洁（2009）使用泰尔指数对中国公共卫生支出均等化水平进行了测算，冯海波（2009）使用双变量的泰尔指数同时从区域—城乡两个维度来考察广东省公共医疗卫生支出水平。其二，对于现有财政能力均等化机制的研究，大多数学者（陈都、陈志勇，2016；崔治文、周平录、杨洁，2015；宋旭、李冀，2015；于国安，2015；郭玉清、袁静、李永宁，2015；李一花、张冬玉、李雪妍，2015；蒋雪梅、黄艳杰、王松，2015；葛乃旭，2005；曹俊文、罗良清，2006；陈颂东，2008；宋旭、李冀，2015；于国安，2015；郭玉清、袁静、李永宁，2015；李一花、张冬玉、李雪妍，2015）的研究思路，主要是通过比较实施财政转移支付前后基本公共服务均等化程度的变化来研究财政均等化机制的。从第一个特点看，只考察静态经济分析框架下的泰尔指数，无法从时间序列的动态角度出发，对于基本公共服务均等化水平进行动态考察；从第二个特点看，在考察均等化机制的过程中，通过比较转移支付前后的公共服务均等化程度，在均等化机制中忽略了转移支付制度本身离散程度的影响以及引入转移支付前均等化机制离散程度的影响，同时也忽略了对于均等化机制本身的分布影响。综合来看，已有的中央政府对地方政府的转移支付制度与地方政府财政能力均等化之间的研究，大多偏向于对中国的现实情况进行客观论述，但是这些学者不能针对中国目前的国情，提出有利于解决不同区域和城乡之间各级政府财政能力差距过大的改革方案。我们应当看到，公共服务在不同区域和不同城乡之间各级地方政府的非均衡供给问题，产生于中国特有的政治体制与财政体制，同时与不同区域和不同城乡之间经济社会发展差距过大的社会现实息息相关。基于此，如何对政府潜在财政能力进行洗头测算的基础上，提出改善政府财政能力所应遵循的原则，探讨现有国情下如何完善政府财政能力的制度设计的基本设想。基于以上判断，本书在描述基本公共服务均等化程度时，首先运用动态的泰尔指数衡量方法，采用时间序列的动态分解方法分析均等化程度的动态变化；其次，对于财政均等化机制的研究，集中于转移支付机制的动态均等化影响，并对于这种动态的影响结果进行稳健性检验；最后，根据不同区域之间和城乡之间地方政府的潜在财政收入能力、居民实际支出需要，以及不同区域和城乡之间公共物品供给成本的差异性，测算出理论的财政均等化机制规模，对我国财政转移支付机制的规模合适与否进行判断，并提出相应的政策建议。应当看到的是，如何完善政府的财政能力，需要有一个符合中国体制环境的理论来支撑，而不是完全照搬产生于不同体制环境的理论指导中国的改革。以上几点说明：在现有中央政府对地方政府的转移支付制度与地方政府财政能力均等化的研究基础上进行进一步的拓展和探索，是具有较强的现实意义的。

第二节　地方政府潜在财政能力水平的测算

　　研究公共物品供给的可及性，首先需要考虑和解决的一个问题，是如何判断地方政府在公共服务供给过程中，应该使用怎样的财力标准问题。在国内外现有文献中，相当多的研究将公共物品供给财力标准等同于政府实际取得的财政收入，但是这种思路忽略了潜在财力和实际财力的本质区别：地方政府在公共服务供给过程所体现财政能力主要是指在平均税收努力条件下从自身税源中取得潜在收入的能力，而非现实中财政收入的汲取能力（陈都、陈志勇，2016；崔治文、周平录、杨洁，2015；宋旭、李冀，2015；于国安，2015；郭玉清、袁静、李永宁，2015；李华、2005；刘尚希，2007；邓国胜、肖明超，2006；李军鹏，2004；楼继伟，2006；宋洪远，2004；王一鸣，1998；胡德仁、武根启、蒋洪，2009；李静毅，2009；甘肃省财政科学研究所课题组，2008；李建平、李敏榕、高燕京，2007；袁卫、彭非，2007；黄小平、方齐云，2008；冯秀华、郑永福，1999；Boex & Martinez-Vazquez，2005）。一些学者对此进行深入探讨，得到比较一致结论是，在宏观环境大致相似的情况下，地方政府拥有了相似的潜在财力，但实际财力却往往大不相同，这是由于地方政府实际征税努力水平的不同所致（李一花、张冬玉、李雪妍，2015；蒋雪梅、黄艳杰、王松，2015；尹恒、王丽娟、康琳琳，2007；刘亮，2006；倪红日、洪婷，2005；葛乃旭，2005；黄解宇、常云昆，2005；陈旭佳、冯海波，2009；冯海波、陈旭佳，2011；胡德仁、刘亮，2007；江庆，2009；田发，2010；陶勇，2010；尹恒、王文斌、沈拓彬，2010；卢洪友、智莲，2009；Manvel，1971）。在公共物品供给过程的财力标准选择方面，国内外学者倾向于使用潜在财力标准，这是由于在地方政府无法保证公共物品供给的前提下，中央政府对地方政府实施均等化转移支付，如果按照实际财力标准确定转移支付资金规模，可能会造成这样的一种不符合财政均等化思想的现实情况：征税努力程度高的基层政府获得较少的转移支付资金，而征税努力程度较低的基层政府获得更多的转移支付资金，明显有悖于西方财政联邦体制的财政均等化思想。考虑到现实研究的客观需求，我们认为对地方性公共物品供给可及性的分析，也需要选择潜在财力的衡量标准。

接下来需要解决的问题是公共物品的供给机制问题。虽然十六届五中全会提出实现公共服务均等化的目标，但时至今日也并未形成令人满意的公共物品供给机制。应该指出的是，长期以来公共物品在城乡区域之间呈现出一种非均衡的供给格局（田发、周武星，2016；陈都、陈志勇，2016；崔治文、周平录、杨洁，2015；宋旭、李冀，2015；于国安，2015；郭玉清、袁静、李永宁，2015；李一花、张冬玉、李雪妍，2015；审计署贸易审计局课题组，2013；储德银、赵飞，2013；湖南省财政科学研究所课题组，2013；杨中文、刘虹利、许新宜、王红瑞、刘和鑫，2013；张超，2012；赵桂芝、寇铁军，2012；贾俊雪、高立、秦聪，2012），这样的事实决定了学术界必然将研究的重点放在公共物品的供给机制上。粗略地归纳起来，国内外学者对公共物品供给机制的研究集中在如下方面：一是公共物品供给中的公平与效率冲突问题。巴克利（Barkely，1974）第一次对公共物品供给中存在的公平与效率冲突问题进行了全面的论述。他认为，与城市相比，农村公共品供给不足，原因在于将公共资源投入到城市要比投入农村产生的效率高；然而，公共物品在城乡之间的非均衡供给违背了福利经济学的公平原则，这样就产生了效率与公平的矛盾。应该说，巴克利对公共物品供给问题的研究具有开创性的贡献，他的观点对于我们研究地方性公共物品供给机制具有启示意义。二是公共物品供给中的多中心治理问题。奥斯特罗姆等（Ostrom et al.，1993）对发展中国家不同区域和城乡之间的基础设施建设问题进行深入研究，提出了公共物品供给多中心治理的理论。罗等（Luo et al.，2007）通过分析中国农村2400个村庄的调查数据得出结论，村庄直接选举导致了农村公共物品供给的增加。三是公共物品供给与贫困的关系问题。布朗和帕克（Brown & Park，2002）对中国6个省份贫困县的调查显示，贫困是制约农村教育可及性的重要因素。海伦克（Heerink，2009）通过实证研究发现，中国地方政府增加对水土保护的投资，不仅是服务于环境保护的目标，而且有助于生态保护区的经济发展和减少贫困。可以看到的是，有些学者也开始关注公共物品供给可及性问题，但在理论解释上仍存在歧义且未能说明它的测算方法。针对公共物品供给机制的研究，国内外已有的成果都存在可供提升和改进的空间。首先，现有文献的研究大都是对现状的直观描述，没有建立完整的均等化分析框架研究公共物品供给机制，在理论剖析层面仍有待加强。其次，现有研究公共物品供给机制的文献，并没有同时考虑城乡和区域二维均等的研究视角，因而会在相当程度上降低其对现实的解释能力。最后，无论是国内的研究还是国外的研究都没有注意到公共物品供给过程可及性的边际效应问题。以上几点说明：在已有成果基础上做进一步探索是具有理论价值的。

一、测量工具

在本章，我们将地方政府潜在财政能力分别划分为第一产业、第二产业、第三产业的标准税收收入能力，在计算出各级政府国内生产总值第一产业、第二产业、第三产业的代表性税率的基础上，分别用各个行业的代表性税率乘以基层政府第一产业、第二产业、第三产业的税基，得出各级政府第一产业、第二产业、第三产业的潜在税收收入，最后汇总不同区域之间、城乡之间各级政府的潜在税收收入①。具体计算过程如下：

---

① 按照我国现有的税收法律制度，我们可以将各级政府的潜在税收收入均分为十四项潜在税收收入能力，具体包括：潜在增值税收入能力、潜在营业税收入能力、潜在企业所得税收入能力、潜在个人所得税收入能力、潜在资源税收入能力、潜在城市维护建设税收入能力、潜在房产税收入能力、潜在印花税收入能力、潜在城镇土地使用税收入能力、潜在土地增值税收入能力、潜在契税收入能力和潜在其他税收收入能力。

第一，需要计算政府国内生产总值第一产业、第二产业、第三产业的代表性税率。根据潜在财政能力的基本测算原理，我们将计算公式表示为如下公式：

$$政府第一产业代表性税率 = 全国第一产业税收收入总和 ÷ 全国第一产业税收税基 \qquad (3-1)$$

其中，第一产业税收收入涵盖了包括国内增值税、国内消费税、营业税、内资企业所得税、外资企业所得税、个人所得税、城市维护建设税、房产税、印花税、城镇土地使用税、土地增值税、车辆购置税、车船税、耕地占用税、契税和其他各税等各项收入。

$$政府第二产业代表性税率 = 全国第二产业税收收入总和 ÷ 全国第二产业税收税基 \qquad (3-2)$$

其中，第二产业税收收入涵盖了采矿业（包括煤炭开采和洗选业、石油和天然气开采业、黑色金属矿采选业、有色金属矿采选业、非金属矿采选业和其他采矿业）、制造业（包括农副食品加工业、食品制造业、酒水、饮料和精制茶制造业、烟草制品业、纺织业、纺织服装·服饰业、皮革·毛皮·羽毛及其制品和制鞋业、木材加工和木竹藤棕草制品业、家具制造业、造纸和纸制品业、印刷和记录媒介复制业、文教和体育和娱乐用品制造业、石油加工·炼焦和核燃料加工业、化学原料和化学制品制造业、医药制造业、化学纤维制造业、橡胶和塑料制品业、非金属矿物制品业、黑色金属冶炼和压延加工业、有色金属冶炼和压延加工业、金属制品业、通用设备制造业、专用设备制造业、汽车制造业、铁路·船舶·航空航天和其他运输设备制造业、电气机械和器材制造业、计算机·通信和其他电子设备制造业、仪表仪器制造业和其他制造业）、电力、热力、燃气及水的生产和供应业（包括电力、热力生产和供应业、燃气生产和供应业和水的生产和供应业）、建筑业（包括房屋建筑业、土木工程建筑业、建筑安装业、建筑装饰和其他建筑业）等行业的国地税税收收入总额[①]。

$$政府第三产业代表性税率 = 全国第三产业税收收入总和 ÷ 全国第三产业税收税基 \qquad (3-3)$$

其中，第三产业税收收入涵盖了批发和零售业（包括烟草制品批发、煤炭及制品批发、石油及其制品批发、汽车及零配件批发等行业），交通运输、仓储和邮政业（包括交通运输业、仓储业、邮政业等行业），卫生和社会工作、租赁和商务服务业，住宿和餐饮业、教育、信息传输、软件和信息技术服务业（包括电信、广播电视和卫星传输服务业、互联网和相关服务、软件和信息技术服务业），居民服务、修理和其他服务业，金融业（包括银行、金融租赁、资本市场服务、保

---

① 包括国内增值税、国内消费税、营业税、企业所得税、个人所得税、城市维护建设税、房产税、印花税、城镇土地使用税、土地增值税、车辆购置税、车船税、耕地占用税、契税和其他各税等各项收入。

险业和其他金融业)、房地产业,科学研究和技术服务业,公共管理、社会保障和社会组织、文化、体育和娱乐业(包括广播、电视、电影和影视录音制作业、新闻和出版业、娱乐业、体育等行业)和其他行业的国地税税收收入总额。[①]

其次,我们用代表性税率乘以政府第一、第二和第三产业的税基,得出地方政府在一、第二和第三产业的潜在税收收入,可表示为公式(3-4)~(3-6):

$$政府第一产业潜在税收收入 = 政府第一产业经济增加值 \times$$
$$政府第一产业代表性税率 \qquad (3-4)$$

$$政府第二产业潜在税收收入 = 政府第二产业经济增加值 \times$$
$$政府第二产业代表性税率 \qquad (3-5)$$

$$政府第三产业潜在税收收入 = 政府第三产业经济增加值 \times$$
$$政府第三产业代表性税率 \qquad (3-6)$$

最后,本书将所有产业的潜在税收收入,表示为公式(3-7):

$$政府潜在税收收入能力 = 政府第一产业潜在税收收入 +$$
$$政府第二产业潜在税收收入 +$$
$$政府第三产业潜在税收收入 \qquad (3-7)$$

二、测量结果

根据《中国城市统计年鉴2013》《中国税务年鉴2013》《中国统计年鉴2013》等各项数据的整理,再根据上述公式,我们测算出全国各地级市和县级市的政府潜在财政能力。计算结果如表3-1和表3-2所示。

表3-1 　　　　　　　　地方政府潜在财政能力测算——地级市

城市	第一产业潜在财政能力(万元)	所占比重(%)	第二产业潜在财政能力(万元)	所占比重(%)	第三产业潜在财政能力(万元)	所占比重(%)	潜在财政能力(万元)
北京市	3 451	0.008	9 464 007	22.302	32 969 166	77.690	42 436 625
天津市	3 941	0.013	15 538 261	51.529	14 612 005	48.458	30 154 206
河北省	74 306	0.133	33 192 009	59.483	22 534 507	40.384	55 800 821
石家庄市	10 393	0.108	5 224 818	54.460	4 358 602	45.431	9 593 813

---

① 包括国内增值税、国内消费税、营业税、内资企业所得税、外资企业所得税、个人所得税、城市维护建设税、房产税、印花税、城镇土地使用税、土地增值税、车辆购置税、车船税、耕地占用税、契税和其他各税等各项收入。

续表

城市	第一产业潜在财政能力（万元）	所占比重（%）	第二产业潜在财政能力（万元）	所占比重（%）	第三产业潜在财政能力（万元）	所占比重（%）	潜在财政能力（万元）
唐山市	12 150	0.096	8 099 846	64.305	4 484 074	35.599	12 596 071
秦皇岛市	3 503	0.149	1 043 859	44.459	1 300 531	55.391	2 347 893
邯郸市	8 819	0.141	3 779 227	60.499	2 458 682	39.360	6 246 728
邢台市	5 524	0.181	1 934 510	63.335	1 114 367	36.484	3 054 402
保定市	8 691	0.157	3 488 298	62.976	2 042 081	36.867	5 539 070
张家口市	4 728	0.194	1 233 702	50.537	1 202 769	49.270	2 441 199
承德市	4 256	0.180	1 458 218	61.839	895 603	37.980	2 358 077
沧州市	7 335	0.124	3 448 894	58.435	2 445 833	41.440	5 902 062
廊坊市	4 560	0.121	2 258 558	59.814	1 512 844	40.065	3 775 963
衡水市	4 345	0.223	1 219 319	62.693	721 243	37.084	1 944 906
山西省	15 997	0.058	16 364 810	59.528	11 110 175	40.414	27 490 982
太原市	829	0.015	2 414 657	44.669	2 990 135	55.315	5 405 621
大同市	1 143	0.055	1 101 120	52.693	987 436	47.253	2 089 699
阳泉市	212	0.015	826 608	58.978	574 736	41.007	1 401 555
长治市	1 227	0.041	2 086 872	69.443	917 039	30.516	3 005 138
晋城市	982	0.043	1 524 481	66.621	762 820	33.336	2 288 283
朔州市	1 171	0.052	1 389 800	61.508	868 559	38.440	2 259 530
晋中市	1 925	0.090	1 255 605	58.778	878 665	41.132	2 136 195
运城市	4 067	0.192	1 148 021	54.275	963 117	45.533	2 115 205
忻州市	1 316	0.099	747 279	55.969	586 579	43.933	1 335 173
临汾市	1 863	0.069	1 769 342	65.760	919 386	34.170	2 690 591
吕梁市	1 264	0.046	2 101 054	76.014	661 725	23.940	2 764 043
内蒙古自治区	29 584	0.083	20 728 705	58.365	14 757 467	41.552	35 515 756
呼和浩特市	2 770	0.049	2 104 113	37.505	3 503 370	62.446	5 610 254
包头市	2 061	0.026	4 396 602	55.951	3 459 306	44.023	7 857 969

续表

城市	第一产业潜在财政能力（万元）	所占比重（%）	第二产业潜在财政能力（万元）	所占比重（%）	第三产业潜在财政能力（万元）	所占比重（%）	潜在财政能力（万元）
乌海市	111	0.008	963 530	73.429	348 548	26.562	1 312 189
赤峰市	5 460	0.173	2 026 244	64.362	1 116 513	35.465	3 148 217
通辽市	5 350	0.156	2 491 726	72.451	942 121	27.394	3 439 196
鄂尔多斯市	2 067	0.025	5 160 555	61.242	3 263 931	38.734	8 426 554
呼伦贝尔市	5 495	0.211	1 468 676	56.485	1 125 942	43.304	2 600 112
巴彦淖尔市	3 475	0.222	1 116 496	71.474	442 121	28.303	1 562 092
乌兰察布市	2 793	0.179	1 001 672	64.231	555 008	35.589	1 559 473
辽宁省	51 965	0.087	34 095 632	57.193	25 467 954	42.720	59 615 552
沈阳市	7 237	0.049	7 888 955	52.943	7 004 688	47.009	14 900 881
大连市	10 380	0.067	8 474 952	54.609	7 034 113	45.325	15 519 445
鞍山市	2 858	0.052	3 015 343	55.243	2 440 168	44.705	5 458 370
抚顺市	1 955	0.072	1 717 978	63.168	999 775	36.760	2 719 708
本溪市	1 383	0.056	1 573 154	63.305	910 493	36.639	2 485 030
丹东市	3 218	0.155	1 185 731	57.180	884 737	42.665	2 073 687
锦州市	4 372	0.175	1 437 011	57.634	1 051 956	42.191	2 493 339
营口市	2 380	0.079	1 723 061	56.970	1 299 080	42.952	3 024 521
阜新市	2 881	0.280	596 461	57.886	431 066	41.834	1 030 408
辽阳市	1 453	0.066	1 473 967	66.655	735 923	33.279	2 211 343
盘锦市	2 492	0.093	1 967 088	73.507	706 475	26.400	2 676 055
铁岭市	4 442	0.240	1 178 083	63.678	667 549	36.082	1 850 073
朝阳市	4 711	0.278	1 062 430	62.712	627 006	37.010	1 694 148
葫芦岛市	2 203	0.149	799 597	54.086	676 574	45.765	1 478 374
吉林省	32 265	0.124	14 684 143	56.578	11 237 514	43.298	25 953 922
长春市	7 282	0.074	5 344 669	54.492	4 456 132	45.433	9 808 082
吉林市	5 579	0.108	2 815 681	54.312	2 362 977	45.580	5 184 237
四平市	6 523	0.328	1 197 817	60.228	784 463	39.444	1 988 802

城市	第一产业潜在财政能力（万元）	所占比重（%）	第二产业潜在财政能力（万元）	所占比重（%）	第三产业潜在财政能力（万元）	所占比重（%）	潜在财政能力（万元）
辽源市	1 236	0.095	832 097	63.891	469 044	36.014	1 302 377
通化市	2 003	0.107	1 088 952	57.931	788 797	41.963	1 879 752
白山市	1 231	0.088	905 346	65.055	485 079	34.856	1 391 656
松原市	5 859	0.183	1 819 746	56.859	1 374 866	42.958	3 200 470
白城市	2 542	0.212	678 582	56.693	515 827	43.095	1 196 951
黑龙江省	58 006	0.198	16 735 915	57.226	12 451 207	42.575	29 245 128
哈尔滨市	11 648	0.121	3 821 835	39.679	5 798 498	60.200	9 631 981
齐齐哈尔市	6 543	0.308	1 024 289	48.290	1 090 284	51.401	2 121 117
鸡西市	3 797	0.383	555 522	56.079	431 296	43.538	990 614
鹤岗市	2 424	0.405	391 362	65.376	204 845	34.219	598 631
双鸭山市	4 248	0.471	601 494	66.720	295 774	32.809	901 516
大庆市	3 540	0.039	7 545 943	83.631	1 473 452	16.330	9 022 934
伊春市	2 106	0.525	205 007	51.098	194 093	48.377	401 206
佳木斯市	4 636	0.415	402 209	36.035	709 316	63.550	1 116 162
七台河市	703	0.111	405 795	64.012	227 435	35.877	633 932
牡丹江市	4 331	0.230	985 517	52.357	892 451	47.413	1 882 298
黑河市	4 197	0.950	145 973	33.055	291 437	65.995	441 607
绥化市	9 837	0.653	653 268	43.359	843 531	55.988	1 506 636
上海市	2 922	0.006	18 315 859	38.365	29 422 205	61.629	47 740 985
江苏省	69 448	0.056	66 205 329	52.971	58 710 090	46.974	124 984 866
南京市	4 253	0.026	7 393 876	44.347	9 274 472	55.627	16 672 600
无锡市	3 148	0.018	9 355 000	53.146	8 244 428	46.836	1 760 2577
徐州市	8 787	0.102	4 590 261	53.275	4 017 087	46.623	8 616 135
常州市	2 901	0.032	4 898 830	53.805	4 203 021	46.163	9 104 752
苏州市	4 472	0.016	15 161 318	54.184	12 815 588	45.800	27 981 378
南通市	7 333	0.073	5 629 663	56.078	4 402 030	43.849	10 039 026

续表

城市	第一产业潜在财政能力（万元）	所占比重（%）	第二产业潜在财政能力（万元）	所占比重（%）	第三产业潜在财政能力（万元）	所占比重（%）	潜在财政能力（万元）
连云港市	5 339	0.164	1 716 528	52.765	1 531 310	47.071	3 253 177
淮安市	5 699	0.144	2 073 435	52.237	1 890 114	47.619	3 969 248
盐城市	10 482	0.166	3 434 669	54.370	2 872 086	45.464	6 317 237
扬州市	4 718	0.073	3 625 048	56.115	2 830 290	43.812	6 460 057
镇江市	2 660	0.045	3 310 349	55.600	2 640 902	44.356	5 953 910
泰州市	4 408	0.074	3 345 208	56.290	2 593 201	43.636	5 942 816
宿迁市	5 211	0.170	1 671 631	54.421	1 394 850	45.410	3 071 692
浙江省	38 487	0.049	40 821 178	52.298	37 195 290	47.653	78 054 955
杭州市	5 863	0.033	8 330 541	46.484	9 584 864	53.483	17 921 267
宁波市	6 171	0.041	8 200 738	54.848	6 744 954	45.111	14 951 863
温州市	2 622	0.031	4 320 730	51.264	4 105 014	48.705	8 428 366
嘉兴市	3 481	0.054	3 738 179	57.676	2 739 664	42.270	6 481 323
湖州市	2 819	0.077	2 066 951	56.629	1 580 225	43.294	3 649 995
绍兴市	4 249	0.052	4 576 398	55.709	3 634 224	44.240	8 214 871
金华市	3 090	0.051	3 135 868	51.332	2 969 995	48.617	6 108 953
衢州市	1 832	0.087	1 204 062	56.981	907 185	42.932	2 113 078
舟山市	1 910	0.104	892 870	48.830	933 736	51.065	1 828 516
台州市	4 616	0.072	3 310 101	51.496	3 113 133	48.432	6 427 850
丽水市	1 825	0.095	1 048 078	54.283	880 848	45.622	1 930 751
安徽省	50 062	0.137	22 670 411	62.065	13 806 246	37.798	36 526 719
合肥市	5 263	0.057	5 371 859	57.694	3 933 874	42.250	9 310 997
芜湖市	2 704	0.065	2 877 853	69.530	1 258 435	30.404	4 138 992
蚌埠市	3 652	0.211	1 037 915	59.925	690 450	39.864	1 732 017
淮南市	1 392	0.082	1 168 302	68.699	530 911	31.219	1 700 605
马鞍山市	1 642	0.060	1 909 557	69.816	823 913	30.124	2 735 112

续表

城市	第一产业潜在财政能力（万元）	所占比重（%）	第二产业潜在财政能力（万元）	所占比重（%）	第三产业潜在财政能力（万元）	所占比重（%）	潜在财政能力（万元）
淮北市	1 182	0.088	956 895	71.363	382 816	28.549	1 340 893
铜陵市	271	0.019	1 063 974	74.209	369 501	25.772	1 433 746
安庆市	4 509	0.164	1 770 775	64.395	974 571	35.441	2 749 855
黄山市	1 115	0.125	458 291	51.308	433 812	48.567	893 218
滁州市	4 430	0.241	1 183 637	64.326	652 003	35.434	1 840 070
阜阳市	5 731	0.338	926 928	54.725	761 136	44.937	1 693 795
宿州市	5 454	0.339	883 700	54.909	720 227	44.752	1 609 382
六安市	4 568	0.268	987 254	57.878	713 926	41.854	1 705 747
亳州市	4 162	0.328	673 523	53.025	592 515	46.647	1 270 201
池州市	1 428	0.170	476 194	56.557	364 343	43.273	841 965
宣城市	2 566	0.168	921 296	60.273	604 664	39.559	1 528 526
福建省	41 117	0.097	24 037 696	56.448	18 505 035	43.456	42 583 848
福州市	8 453	0.092	4 469 623	48.894	4 663 389	51.014	9 141 465
厦门市	576	0.009	3 203 661	48.367	34 193 63	51.624	6 623 601
莆田市	2 465	0.095	1 632 612	63.070	953 475	36.834	2 588 553
三明市	4 847	0.181	1 591 160	59.559	1 075 569	40.260	2 671 577
泉州市	3 693	0.034	6 857 495	63.606	3 920 055	36.360	10 781 243
潭州市	7 363	0.183	2 256 591	56.084	1 759 651	43.733	4 023 606
南平市	5 390	0.298	994 786	54.974	809 382	44.728	1 809 558
龙岩市	3 721	0.130	1 829 027	63.823	1 033 024	36.047	2 865 772
宁德市	4 629	0.223	1 202 253	57.882	870 191	41.895	2 077 073
江西省	33 025	0.121	16 719 587	61.433	10 463 368	38.446	27 215 980
南昌市	3 386	0.050	3 949 638	58.514	2 796 838	41.435	6 749 861
景德镇市	1 126	0.082	871 514	63.696	495 605	36.222	1 368 245
萍乡市	1 221	0.076	1 039 296	64.732	565 024	35.192	1 605 541
九江市	2 718	0.088	1 886 195	61.286	1 188 764	38.625	3 077 677

续表

城市	第一产业潜在财政能力（万元）	所占比重（%）	第二产业潜在财政能力（万元）	所占比重（%）	第三产业潜在财政能力（万元）	所占比重（%）	潜在财政能力（万元）
新余市	1 109	0.060	1 223 466	66.300	620 768	33.640	1 845 343
鹰潭市	953	0.092	713 399	68.630	325 134	31.278	1 039 486
赣州市	5 799	0.195	1 624 745	54.531	1 348 967	45.275	2 979 512
吉安市	4 148	0.212	1 213 806	62.119	736 044	37.669	1 953 999
宜春市	4 656	0.189	1 637 290	66.328	826 523	33.483	2 468 469
抚州市	3 492	0.219	1 016 563	63.858	571 850	35.922	1 591 905
上饶市	4 432	0.175	1 544 971	60.870	988 758	38.956	2 538 160
山东省	89 101	0.080	62 707 700	56.338	48 509 540	43.582	111 306 342
济南市	5 817	0.054	4 519 741	41.747	6 301 059	58.200	10 826 617
青岛市	7 450	0.045	7 932 998	47.897	8 622 050	52.058	16 562 498
淄博市·	2 845	0.035	4 899 737	60.376	3 212 788	39.589	8 115 369
枣庄市	3 056	0.082	2 311 470	62.303	1 395 528	37.615	3 710 054
东营市	2 400	0.035	4 957 388	72.716	1 857 648	27.248	6 817 436
烟台市	8 666	0.075	6 960 587	60.023	4 627 363	39.903	11 596 615
潍坊市	8 972	0.105	5 051 462	58.936	3 510 714	40.960	8 571 148
济宁市	8 546	0.128	3 902 224	58.506	2 759 034	41.366	6 669 804
泰安市	5 356	0.098	3 009 386	54.887	2 468 092	45.015	5 482 833
威海市	4 137	0.081	2 913 273	57.029	2 190 998	42.890	5 108 408
日照市	2 704	0.093	1 688 314	57.758	1 232 048	42.149	2 923 066
莱芜市	1 016	0.073	851 601	61.354	535 403	38.573	1 388 020
临沂市	6 695	0.104	3 412 213	52.877	3 034 261	47.020	6 453 169
德州市	5 618	0.120	2 818 573	59.977	1 875 262	39.904	4 699 454
聊城市	5 925	0.133	2 766 232	61.930	1 694 526	37.937	4 466 683
滨州市	4 353	0.102	2 438 027	57.267	1 814 922	42.631	4 257 302
菏泽市	5 537	0.151	2 271 870	62.120	1 379 804	37.728	3 657 211
河南省	86 184	0.143	38 477 863	63.887	21 663 769	35.970	60 227 816
郑州市	3 278	0.026	7 305 274	57.102	5 484 904	42.873	12 793 455
开封市	5 922	0.263	1 243 508	55.197	1 003 434	44.540	2 252 865

续表

城市	第一产业潜在财政能力（万元）	所占比重（%）	第二产业潜在财政能力（万元）	所占比重（%）	第三产业潜在财政能力（万元）	所占比重（%）	潜在财政能力（万元）
洛阳市	5 145	0.079	4 169 488	64.028	2 337 317	35.893	6 511 950
平顶山市	3 351	0.105	2 123 805	66.655	1 059 130	33.240	3 186 287
安阳市	4 306	0.132	2 100 531	64.448	1 154 443	35.420	3 259 280
鹤壁市	1 336	0.117	896 848	78.212	248 508	21.672	1 146 692
新乡市	4 604	0.137	2 158 570	64.361	1 190 665	35.502	3 353 839
焦作市	2 813	0.084	2 440 347	72.513	922 246	27.404	3 365 405
濮阳市	3 166	0.158	1 502 843	74.907	500 282	24.936	2 006 291
许昌市	4 086	0.113	2 682 044	74.042	936 221	25.846	3 622 351
漯河市	2 253	0.137	1 273 061	77.399	369 488	22.464	1 644 802
三门峡市	2 080	0.085	1 787 264	73.210	651 954	26.705	2 441 299
南阳市	9 736	0.215	2 846 980	62.770	1 678 851	37.015	4 535 568
商丘市	7 427	0.292	1 523 210	59.837	1 014 980	39.872	2 545 617
信阳市	8 679	0.358	1 302 020	53.726	1 112 740	45.916	2 423 440
周口市	9 597	0.350	1 747 490	63.770	983 231	35.880	2 740 318
驻马店市	8 409	0.352	1 371 470	57.347	1 011 656	42.302	2 391 535
湖北省	58 109	0.129	25 721 897	57.241	19 156 095	42.630	44 936 102
武汉市	6 916	0.038	9 023 813	49.378	9 244 063	50.584	18 274 791
黄石市	1 973	0.088	1 503 964	66.730	747 861	33.182	2 253 799
十堰市	2 785	0.141	1 143 210	57.849	830 189	42.010	1 976 184
宜昌市	7 011	0.135	3 528 314	67.838	1 665 745	32.027	5 201 070
襄阳市	8 210	0.162	3 330 125	65.729	1 728 121	34.109	5 066 457
鄂州市	1 590	0.137	784 431	67.672	373 145	32.191	1 159 167
荆门市	4 107	0.192	1 370 088	63.913	769 488	35.896	2 143 683
孝感市	5 171	0.248	1 232 599	59.100	847 832	40.652	2 085 601
荆州市	6 728	0.314	1 218 475	56.850	918 112	42.836	2 143 316
黄冈市	7 648	0.374	1 083 985	53.013	953 101	46.612	2 044 734
咸宁市	3 338	0.229	838 805	57.471	617 384	42.300	1 459 527
随州市	2 626	0.233	663 159	58.765	462 706	41.002	1 128 490

续表

城市	第一产业潜在财政能力（万元）	所占比重（％）	第二产业潜在财政能力（万元）	所占比重（％）	第三产业潜在财政能力（万元）	所占比重（％）	潜在财政能力（万元）
湖南省	59 850	0.126	27 592 574	58.265	19 704 758	41.609	47 357 182
长沙市	6 250	0.043	8 376 550	57.784	6 113 634	42.173	14 496 434
株洲市	3 323	0.087	2 478 223	64.925	1 335 494	34.988	3 817 040
湘潭市	2 540	0.092	1 785 220	64.513	979 467	35.395	2 767 227
衡阳市	7 419	0.191	2 214 035	57.145	1 652 949	42.663	3 874 403
邵阳市	5 809	0.315	928 296	50.319	910 732	49.367	1 844 837
岳阳市	5 895	0.128	2 849 105	62.002	1 740 207	37.870	4 595 206
常德市	6 952	0.169	2 351 526	57.172	1 754 603	42.659	4 113 080
张家界市	971	0.137	199 195	28.066	509 564	71.797	709 730
益阳市	4 684	0.242	1 069 648	55.221	862 682	44.537	1 937 015
郴州市	3 609	0.112	2 049 567	63.773	1 160 690	36.115	3 213 865
永州市	5 610	0.289	957 432	49.366	976 422	50.345	1 939 464
怀化市	3 338	0.164	1 047 407	51.560	980 672	48.275	2 031 418
娄底市	3 445	0.171	1 287 308	63.857	725 183	35.973	2 015 936
广东省	66 662	0.049	65 064 655	47.634	71 461 415	52.317	136 592 733
广州市	4 920	0.015	11 009 115	34.624	20 782 010	65.360	31 796 045
韶关市	2 829	0.152	885 025	47.542	973 705	52.306	1 861 559
深圳市	149	0.000	13 380 422	43.498	17 380 317	56.501	30 760 887
珠海市	895	0.026	1 810 415	52.150	1 660 261	47.824	3 471 571
汕头市	1 850	0.058	1 725 907	54.184	1 457 498	45.758	3 185 255
佛山市	2 994	0.020	9 591 503	62.653	5 714 359	37.327	15 308 855
江门市	3 435	0.084	2 240 609	54.634	1 857 050	45.282	4 101 094
湛江市	8 845	0.252	1 686 069	48.054	1 813 798	51.694	3 508 711
茂名市	7 906	0.209	1 841 149	48.649	1 935 489	51.142	3 784 544
肇庆市	5 484	0.189	1 560 733	53.759	1 336 983	46.052	2 903 200
惠州市	2 862	0.054	3 211 401	60.566	2 088 069	39.380	5 302 331
梅州市	3 657	0.262	632 481	45.264	761 186	54.475	1 397 324
汕尾市	2 281	0.188	662 719	54.665	547 331	45.147	1 212 331

续表

城市	第一产业潜在财政能力（万元）	所占比重（%）	第二产业潜在财政能力（万元）	所占比重（%）	第三产业潜在财政能力（万元）	所占比重（%）	潜在财政能力（万元）
河源市	1 804	0.142	744 024	58.548	524 973	41.310	1 270 801
阳江市	4 044	0.240	953 536	56.549	728 627	43.211	1 686 207
清远市	3 510	0.169	971 376	46.837	1 099 076	52.994	2 073 962
东莞市	426	0.004	5 540 010	46.755	6 308 515	53.241	11 848 950
中山市	1 430	0.025	3 156 264	56.059	2 472 552	43.916	5 630 246
潮州市	1 137	0.073	906 452	58.292	647 436	41.635	1 555 025
揭阳市	3 223	0.109	2 003 758	67.580	958 038	32.311	2 965 019
云浮市	2 968	0.304	556 772	57.059	416 043	42.637	975 783
广西壮族自治区	50 537	0.200	14 327 432	56.618	10 927 270	43.182	25 305 239
南宁市	7 420	0.143	2 240 235	43.174	2 941 171	56.683	5 188 826
柳州市	3 389	0.086	2 675 413	67.786	1 268 043	32.128	3 946 845
桂林市	6 248	0.217	1 626 483	56.543	1 243 822	43.240	2 876 553
梧州市	2 409	0.140	1 224 654	71.392	488 326	28.467	1 715 389
北海市	2 943	0.247	722 947	60.719	464 749	39.034	1 190 638
防城港市	1 405	0.155	544 576	60.109	359 994	39.736	905 975
钦州市	3 833	0.308	674 317	54.132	567 532	45.560	1 245 683
贵港市	3 417	0.271	637 454	50.551	620 138	49.178	1 261 008
玉林市	5 268	0.254	1 124 828	54.286	941 949	45.460	2 072 045
百色市	3 152	0.216	965 783	66.117	491 779	33.667	1 460 714
贺州市	1 963	0.268	427 998	58.469	302 044	41.263	732 005
河池市	2 903	0.333	406 485	46.591	463 064	53.076	872 452
来宾市	2 919	0.318	550 454	59.961	364 653	39.721	918 026
崇左市	3 285	0.357	505 953	54.953	411 460	44.690	920 698
海南省	2 359	0.094	629 217	25.109	1 874 384	74.797	2 505 960
海口市	1 285	0.070	470 235	25.768	1 353 377	74.162	1 824 897
三亚市	1 074	0.158	158 980	23.342	521 050	76.501	681 104
重庆市	21 605	0.087	13 933 148	56.197	10 838 698	43.716	24 793 452

续表

城市	第一产业潜在财政能力（万元）	所占比重（%）	第二产业潜在财政能力（万元）	所占比重（%）	第三产业潜在财政能力（万元）	所占比重（%）	潜在财政能力（万元）
四川省	67 028	0.138	29 300 036	60.311	19 214 639	39.551	48 581 703
成都市	8 005	0.043	8 781 401	47.473	9 708 293	52.484	18 497 700
自贡市	2 513	0.137	1 234 202	67.430	593 638	32.433	1 830 353
攀枝花市	592	0.035	1 309 065	77.996	368 726	21.969	1 678 382
泸州市	3 301	0.158	1 455 160	69.544	633 957	30.298	2 092 418
德阳市	4 460	0.174	1 796 204	70.100	761 674	29.726	2 562 338
绵阳市	5 037	0.189	1 646 732	61.741	1 015 383	38.070	2 667 152
广元市	2 110	0.236	513 629	57.494	377 618	42.270	893 357
遂宁市	3 456	0.275	837 640	66.587	416 870	33.138	1 257 967
内江市	3 754	0.196	1 422 628	74.090	493 752	25.714	1 920 134
乐山市	2 843	0.132	1 501 519	69.650	651 460	30.219	2 155 821
南充市	6 214	0.289	1 421 612	66.060	724 190	33.652	2 152 016
眉山市	3 123	0.207	1 033 805	68.484	472 629	31.309	1 509 557
宜宾市	4 181	0.167	1 804 810	72.171	691 740	27.662	2 500 732
广安市	3 217	0.222	915 616	63.217	529 543	36.561	1 448 376
达州市	5 722	0.273	1 411 225	67.354	678 296	32.373	2 095 243
雅安市	1 388	0.174	544 661	68.332	251 034	31.494	797 083
巴中市	2 137	0.303	390 447	55.303	313 433	44.395	706 017
资阳市	4 967	0.274	1 278 981	70.469	531 013	29.258	1 814 960
贵州省	14 573	0.127	5 701 091	49.785	5 735 769	50.088	11 451 432
贵阳市	1 661	0.043	1 672 756	43.216	2 196 282	56.741	3 870 698
六盘水市	995	0.061	1 052 909	64.126	588 039	35.814	1 641 943
遵义市	4 166	0.151	1 413 657	51.220	1 342 150	48.629	2 759 973
安顺市	1 222	0.172	319 523	44.849	391 695	54.979	712 440
毕节市	3 678	0.216	946 653	55.599	752 302	44.185	1 702 633
铜仁市	2 848	0.373	295 631	38.675	465 913	60.952	764 391
云南省	23 032	0.155	8 216 318	55.130	6 664 212	44.716	14 903 561
昆明市	3 660	0.054	3 214 426	47.471	3 553 263	52.475	6 771 350

续表

城市	第一产业潜在财政能力（万元）	所占比重（%）	第二产业潜在财政能力（万元）	所占比重（%）	第三产业潜在财政能力（万元）	所占比重（%）	潜在财政能力（万元）
曲靖市	6 027	0.224	1 732 379	64.377	952 584	35.399	2 690 989
玉溪市	2 239	0.105	1 454 848	68.324	672 254	31.571	2 129 341
保山市	2 595	0.393	312 257	47.312	345 146	52.295	659 998
昭通市	2 605	0.249	631 065	60.241	413 903	39.511	1 047 572
丽江市	841	0.202	209 246	50.151	207 147	49.648	417 234
思茅市	2 594	0.429	311 465	51.530	290 370	48.040	604 430
临沧市	2 474	0.425	351 044	60.308	228 566	39.267	582 084
西藏自治区	249	0.042	211 397	35.572	382 630	64.386	594 276
拉萨市	249	0.042	211 397	35.572	382 630	64.386	594 276
陕西省	31 342	0.102	18 804 481	61.208	11 886 532	38.690	30 722 356
西安市	4 495	0.045	4 388 006	44.269	5 519 649	55.686	9 912 150
铜川市	447	0.075	412 335	68.892	185 742	31.033	598 524
宝鸡市	3 291	0.113	2 089 141	72.019	808 394	27.868	2 900 825
咸阳市	6 506	0.213	2 044 669	67.062	997 762	32.725	3 048 936
渭南市	4 136	0.180	1 424 059	61.811	875 684	38.009	2 303 879
延安市	2 231	0.081	2 179 874	79.019	576 583	20.901	2 758 688
汉中市	3 664	0.259	747 097	52.867	662 404	46.874	1 413 165
榆林市	2 890	0.048	4 496 821	75.149	1 484 169	24.803	5 983 880
安康市	1 860	0.189	567 765	57.607	415 960	42.204	985 585
商洛市	1 825	0.224	455 046	55.792	358 741	43.984	815 612
甘肃省	15 847	0.141	6 376 296	56.729	4 847 710	43.130	11 239 854
兰州市	1 024	0.028	1 736 488	48.162	1 867 993	51.809	3 605 506
嘉峪关市	86	0.014	513 504	82.481	108 983	17.505	62 2573
金昌市	308	0.057	430 195	79.626	109 765	20.317	540 267
白银市	1 116	0.123	579 671	63.686	329 419	36.192	910 206
天水市	1 801	0.226	379 132	47.656	414 620	52.117	795 552
武威市	1 901	0.310	350 742	57.116	261 440	42.574	614 083
张掖市	1 882	0.376	241 794	48.337	256 552	51.287	500 227

续表

城市	第一产业潜在财政能力（万元）	所占比重（%）	第二产业潜在财政能力（万元）	所占比重（%）	第三产业潜在财政能力（万元）	所占比重（%）	潜在财政能力（万元）
平凉市	1 575	0.260	358 902	59.165	246 132	40.575	606 608
酒泉市	1 604	0.134	716 655	60.002	476 119	39.863	1 194 379
庆阳市	1 678	0.156	768 281	71.403	306 015	28.441	1 075 974
定西市	1 556	0.418	140 362	37.737	230 030	61.845	371 947
陇南市	1 318	0.327	161 137	40.038	240 010	59.635	402 465
青海省	716	0.037	1 024 839	52.744	917 490	47.219	1 943 046
西宁市	716	0.037	1 024 839	52.744	917 490	47.219	1 943 046
宁夏回族自治区	4 584	0.093	2 817 533	57.062	2 115 534	42.845	4 937 651
银川市	1 172	0.045	1 443 605	55.422	1 159 962	44.533	2 604 738
石嘴山市	514	0.056	617 847	67.584	295 824	32.359	914 186
吴忠市	1 077	0.170	398 736	62.888	234 231	36.942	634 044
固原市	876	0.304	98 616	34.273	188 243	65.422	287 736
中卫市	944	0.190	258 974	52.069	237 445	47.741	497 363
新疆维吾尔自治区	679	0.010	3 596 183	54.532	2 997 740	45.457	6 594 602
乌鲁木齐市	576	0.012	1 933 282	41.067	2 773 770	58.921	4 707 628
克拉玛依市	106	0.006	1 662 817	88.111	224 258	11.883	1 887 181

表 3—2 　　　　　　　　地方政府潜在财政能力测算——县级市

城市	第一产业潜在财政能力（万元）	所占比重（%）	第二产业潜在财政能力（万元）	所占比重（%）	第三产业潜在财政能力（万元）	所占比重（%）	潜在财政能力（万元）
河北省	13 881	0.099	9 099 910	65.158	4 852 098	34.742	13 965 889
辛集市	1 031	0.147	512 898	73.376	185 074	26.477	699 003
藁城市	1 444	0.149	741 275	76.355	228 104	23.496	970 824
晋州市	614	0.149	254 852	61.856	156 539	37.994	412 006

续表

城市	第一产业潜在财政能力（万元）	所占比重（%）	第二产业潜在财政能力（万元）	所占比重（%）	第三产业潜在财政能力（万元）	所占比重（%）	潜在财政能力（万元）
新乐市	595	0.194	206 768	67.245	100 121	32.561	307 484
鹿泉市	482	0.076	400 508	63.015	234 590	36.910	635 580
遵化市	882	0.077	648 756	56.923	490 068	43.000	1 139 706
迁安市	877	0.043	1 392 754	68.479	640 218	31.478	2 033 849
武安市	419	0.032	905 594	68.334	419 240	31.635	1 325 252
南宫市	339	0.224	89 638	59.102	61 690	40.675	151 666
沙河市	139	0.030	319 971	68.327	148 186	31.644	468 296
涿州市	457	0.102	184 998	41.420	261 186	58.478	446 641
定州市	1 516	0.369	283 844	69.104	125 391	30.527	410 751
安国市	476	0.279	105 001	61.598	64 986	38.123	170 463
高碑店市	330	0.135	168 510	69.169	74 779	30.695	243 619
泊头市	463	0.140	195 354	58.976	135 424	40.884	331 242
任丘市	425	0.034	886 456	71.690	349 628	28.275	1 236 509
黄骅市	593	0.120	235 627	47.631	258 472	52.249	494 692
河间市	527	0.107	229 506	46.610	262 364	53.283	492 396
霸州市	429	0.060	508 673	71.565	201 688	28.375	710 789
三河市	812	0.088	584 902	63.515	335 173	36.397	920 887
冀州市	315	0.203	102 000	65.826	52 638	33.970	154 953
深州市	714	0.341	142 027	67.865	66 540	31.795	209 280
山西省	2 013	0.056	2 438 491	68.000	1 145 516	31.944	3 586 020
古交市	40	0.055	37 642	51.802	34 983	48.143	72 665
潞城市	86	0.039	171 342	78.158	47 796	21.802	219 224
高平市	282	0.054	399 526	76.392	123 184	23.554	522 992
介休市	111	0.032	234 650	68.073	109 941	31.895	344 702
永济市	431	0.181	167 451	70.175	70 736	29.644	238 619
河津市	170	0.041	285 121	68.226	132 614	31.733	417 905
原平市	265	0.120	129 019	58.182	92 466	41.698	221 750
侯马市	70	0.034	98 043	46.942	110 748	53.025	208 861

续表

城市	第一产业潜在财政能力（万元）	所占比重（%）	第二产业潜在财政能力（万元）	所占比重（%）	第三产业潜在财政能力（万元）	所占比重（%）	潜在财政能力（万元）
霍州市	77	0.039	150 334	76.834	45 249	23.126	195 660
孝义市	287	0.032	607 652	68.187	283 213	31.781	891 151
汾阳市	194	0.077	157 712	62.462	94 587	37.461	252 493
内蒙古自治区	3 221	0.107	1 762 907	58.484	1 248 230	41.409	3 014 358
霍林郭勒市	62	0.009	516 914	75.203	170 382	24.788	687 358
满洲里市	77	0.019	113 871	27.615	298 398	72.366	412 346
牙克石市	785	0.212	213 376	57.725	155 479	42.062	369 641
扎兰屯市	885	0.340	179 601	68.991	79 840	30.669	260 326
额尔古纳市	305	0.538	24 517	43.264	31 846	56.198	56 668
根河市	223	0.370	23 000	38.193	36 997	61.436	60 220
丰镇市	349	0.132	184 700	70.119	78 360	29.748	263 410
乌兰浩特市	230	0.081	145 879	51.252	138 521	48.667	284 630
阿尔山市	59	0.242	7 933	32.587	16 352	67.171	24 344
二连浩特市	11	0.007	58 580	36.451	102 118	63.543	160 708
锡林浩特市	234	0.054	294 536	67.755	139 936	32.191	434 707
辽宁省	20 108	0.140	9 249 764	64.234	5 130 309	35.627	14 400 181
新民市	1 713	0.213	547 383	67.928	256 738	31.860	805 834
瓦房店市	2 160	0.106	1 460 392	71.792	571 647	28.102	2 034 199
普兰店市	2 224	0.152	1 008 420	69.041	449 970	30.807	1 460 615
庄河市	2 642	0.175	1 043 109	69.060	464 694	30.765	1 510 445
海城市	1 009	0.056	914 624	50.763	886 137	49.181	1 801 770
东港市	1 589	0.165	530 675	55.164	429 737	44.671	962 001
凤城市	665	0.071	565 554	60.634	366 520	39.295	932 739
凌海市	1 145	0.248	341 065	73.933	119 109	25.819	461 319
北镇市	1 056	0.493	113 130	52.830	99 954	46.677	214 141
盖州市	811	0.186	247 421	56.745	187 789	43.069	436 021
大石桥市	969	0.090	734 371	68.009	344 477	31.901	1 079 817
灯塔市	595	0.128	349 460	75.022	115 756	24.850	465 811

续表

城市	第一产业潜在财政能力（万元）	所占比重（%）	第二产业潜在财政能力（万元）	所占比重（%）	第三产业潜在财政能力（万元）	所占比重（%）	潜在财政能力（万元）
调兵山市	168	0.046	253 788	69.882	109 207	30.071	363 164
开原市	1 028	0.119	530 382	61.351	333 101	38.531	864 511
北票市	996	0.241	280 385	67.849	131 870	31.910	413 251
凌源市	914	0.271	189 710	56.183	147 037	43.546	337 662
兴城市	422	0.164	139 895	54.459	116 563	45.376	256 880
吉林省	14 738	0.194	4 140 949	54.535	3 437 565	45.271	7 593 252
九台市	864	0.124	399 282	57.082	299 341	42.794	699 487
榆树市	2 211	0.376	203 758	34.672	381 708	64.952	587 677
德惠市	1 503	0.227	315 471	47.723	344 074	52.050	661 048
蛟河市	789	0.206	231 770	60.405	151 133	39.389	383 692
桦甸市	947	0.174	372 309	68.468	170 514	31.358	543 770
舒兰市	1 199	0.377	133 823	42.049	183 232	57.574	318 255
磐石市	1 037	0.182	324 508	57.062	243 149	42.756	568 694
公主岭市	2 239	0.381	302 965	51.568	282 298	48.050	587 503
双辽市	867	0.256	224 954	66.515	112 377	33.228	338 198
梅河口市	572	0.108	282 063	53.377	245 801	46.515	528 436
集安市	195	0.110	79 062	44.602	98 003	55.288	177 260
临江市	161	0.089	102 804	56.744	78 207	43.167	181 172
洮南市	595	0.296	107 764	53.584	92 754	46.120	201 113
大安市	406	0.166	157 561	64.268	87 196	35.566	245 164
延吉市	120	0.017	346 266	49.371	354 973	50.612	701 359
图们市	38	0.043	54 113	61.129	34 371	38.828	88 522
敦化市	641	0.210	176 447	57.736	128 520	42.054	305 608
珲春市	120	0.043	209 447	74.276	72 418	25.682	281 984
龙井市	102	0.129	38 787	49.203	39 942	50.668	78 831
和龙市	130	0.113	77 795	67.368	37 553	32.520	115 478
黑龙江省	18 208	0.359	2 445 937	48.189	2 611 571	51.452	5 075 716
双城市	2 517	0.404	238 088	38.196	382 735	61.401	623 340

续表

城市	第一产业潜在财政能力（万元）	所占比重（%）	第二产业潜在财政能力（万元）	所占比重（%）	第三产业潜在财政能力（万元）	所占比重（%）	潜在财政能力（万元）
尚志市	1 015	0.243	195 287	46.721	221 683	53.036	417 986
五常市	1 845	0.390	189 629	40.076	281 694	59.534	473 168
讷河市	854	0.504	79 188	46.775	89 255	52.721	169 297
虎林市	702	0.873	27 010	33.589	52 702	65.538	80 414
密山市	686	0.428	77 448	48.346	82 062	51.226	160 196
铁力市	704	0.809	39 628	45.542	46 683	53.650	87 014
同江市	426	0.794	18 971	35.338	34 287	63.868	53 684
富锦市	1 196	0.679	91 197	51.782	83 724	47.539	176 116
绥芬河市	15	0.006	37 284	14.034	228 380	85.961	265 678
海林市	715	0.250	182 073	63.710	102 996	36.040	285 785
宁安市	1 048	0.408	133 788	52.104	121 935	47.488	256 771
穆棱市	599	0.210	197 835	69.259	87 210	30.531	285 644
北安市	424	0.385	32 631	29.599	77 187	70.016	110 242
五大连池市	606	1.321	12 074	26.318	33 199	72.364	45 878
安达市	1 396	0.215	389 975	60.027	258 297	39.758	649 668
肇东市	2 124	0.253	449 431	53.512	388 321	46.235	839 877
海伦市	1 336	1.407	54 400	57.289	39 221	41.304	94 957
江苏省	24 186	0.054	25 398 557	56.454	19 567 322	43.493	44 990 065
江阴市	1 096	0.019	3 366 948	57.209	2 517 269	42.772	5 885 313
宜兴市	1 096	0.045	1 355 304	55.122	1 102 333	44.833	2 458 733
新沂市	1 101	0.153	348 468	48.526	368 530	51.320	718 099
邳州市	1 823	0.177	521 490	50.579	507 732	49.244	1 031 045
溧阳市	897	0.073	714 891	58.078	515 136	41.850	1 230 924
金坛市	635	0.077	461 235	56.269	357 822	43.653	819 692
常熟市	851	0.020	2 324 715	53.537	2 016 700	46.444	4 342 265
张家港市	633	0.013	2 741 086	57.276	2 044 000	42.710	4 785 718
昆山市	562	0.009	3 803 792	59.584	2 579 563	40.407	6 383 918
太仓市	772	0.035	1 213 389	55.619	967 448	44.346	2 181 609

续表

城市	第一产业潜在财政能力（万元）	所占比重（%）	第二产业潜在财政能力（万元）	所占比重（%）	第三产业潜在财政能力（万元）	所占比重（%）	潜在财政能力（万元）
启东市	1 413	0.113	713 745	57.122	534 353	42.765	1 249 511
如皋市	1 213	0.095	742 670	58.395	527 922	41.510	1 271 805
海门市	1 069	0.073	880 492	60.392	576 392	39.534	1 457 953
东台市	1 800	0.177	540 727	53.203	473 824	46.620	1 016 351
大丰市	1 456	0.186	405 318	51.733	376 705	48.081	783 479
仪征市	444	0.054	496 353	59.811	333 078	40.136	829 874
高邮市	1 286	0.194	363 882	54.786	299 025	45.021	664 192
丹阳市	1 029	0.055	1 044 099	56.129	815 042	43.815	1 860 171
扬中市	264	0.032	472 638	57.287	352 130	42.681	825 032
句容市	729	0.101	414 809	57.417	306 911	42.482	722 448
兴化市	1 874	0.183	518 831	50.711	502 402	49.105	1 023 108
靖江市	434	0.032	783 214	56.873	593 492	43.096	1 377 140
泰兴市	984	0.083	678 911	57.274	505 489	42.643	1 185 384
姜堰市	728	0.082	491 549	55.461	394 021	44.457	886 298
浙江省	14 689	0.061	13 629 525	56.997	10 268 655	42.942	23 912 870
建德市	593	0.113	320 230	61.018	203 988	38.869	524 811
富阳市	827	0.069	751 548	62.890	442 647	37.041	1 195 022
临安市	773	0.094	509 334	61.973	311 757	37.933	821 864
余姚市	999	0.064	984 811	62.627	586 698	37.310	1 572 508
慈溪市	1 069	0.050	1 305 917	60.599	848 026	39.351	2 155 013
奉化市	636	0.109	303 851	51.950	280 406	47.941	584 893
瑞安市	432	0.034	644 423	50.270	637 069	49.696	1 281 923
乐清市	452	0.033	813 737	59.365	556 546	40.602	1 370 736
海宁市	581	0.044	791 950	60.259	521 717	39.697	1 314 248
平湖市	411	0.043	611 806	63.988	343 912	35.969	956 128
桐乡市	733	0.063	646 536	55.149	525 070	44.788	1 172 339
诸暨市	1 073	0.059	1 072 491	58.481	760 339	41.460	1 833 902
上虞市	902	0.071	749 611	58.874	522 735	41.055	1 273 248

续表

城市	第一产业潜在财政能力（万元）	所占比重（%）	第二产业潜在财政能力（万元）	所占比重（%）	第三产业潜在财政能力（万元）	所占比重（%）	潜在财政能力（万元）
嵊州市	811	0.104	433 509	55.673	344 356	44.223	778 676
兰溪市	512	0.104	309 284	62.660	183 797	37.236	493 594
义乌市	492	0.026	777 192	41.647	1 088 445	58.326	1 866 130
东阳市	413	0.049	434 888	51.581	407 819	48.370	843 121
永康市	201	0.022	571 976	63.195	332 914	36.782	905 091
江山市	457	0.098	284 721	61.341	178 984	38.561	464 161
温岭市	1 230	0.082	756 638	50.597	737 555	49.321	1 495 424
临海市	827	0.099	460 412	55.242	372 207	44.659	833 446
龙泉市	264	0.149	94 660	53.604	81 668	46.247	176 592
安徽省	3 316	0.165	1 393 501	69.508	607 998	30.327	2 004 815
巢湖市	561	0.128	277 695	63.357	160 048	36.515	438 305
桐城市	555	0.137	307 390	75.730	97 959	24.133	405 905
天长市	635	0.147	328 449	75.983	103 181	23.870	432 265
明光市	663	0.437	74 239	48.980	76 669	50.583	151 571
界首市	475	0.251	128 529	67.869	60 374	31.880	189 378
宁国市	427	0.110	277 197	71.555	109 766	28.335	387 391
福建省	10 562	0.093	7 194 635	63.411	4 140 872	36.496	11 346 069
福清市	1 885	0.152	714 192	57.406	528 039	42.443	1 244 115
长乐市	865	0.092	670 633	71.617	264 924	28.291	936 422
永安市	565	0.108	329 991	62.945	193 694	36.947	524 250
石狮市	419	0.037	685 715	60.196	453 009	39.768	1 139 143
晋江市	418	0.015	1 900 556	67.421	917 967	32.564	2 818 942
南安市	517	0.034	975 532	64.943	526 084	35.022	1 502 133
龙海市	1 240	0.123	628 951	62.167	381 515	37.710	1 011 706
邵武市	611	0.215	166 042	58.345	117 932	41.440	284 585
武夷山市	475	0.257	81 297	44.071	102 696	55.671	184 468
建瓯市	977	0.417	115 042	49.048	118 532	50.536	234 551
建阳市	647	0.327	121 950	61.713	75 010	37.959	197 607

续表

城市	第一产业潜在财政能力（万元）	所占比重（%）	第二产业潜在财政能力（万元）	所占比重（%）	第三产业潜在财政能力（万元）	所占比重（%）	潜在财政能力（万元）
漳平市	452	0.156	152 120	52.539	136 964	47.305	289 536
福安市	791	0.143	374 101	67.652	178 083	32.205	552 975
福鼎市	701	0.165	278 512	65.434	146 422	34.401	425 635
江西省	4 925	0.138	2 389 716	66.835	1 180 895	33.027	3 575 537
乐平市	673	0.160	291 225	69.243	128 688	30.597	420 586
瑞昌市	264	0.118	178 394	79.453	45 871	20.430	224 529
共青城市	45	0.034	113 197	84.671	20 448	15.295	133 690
贵溪市	351	0.057	476 489	77.326	139 368	22.617	616 208
瑞金市	341	0.193	73 570	41.679	102 603	58.127	176 514
南康市	480	0.199	149 204	61.816	91 683	37.985	241 367
井冈山市	97	0.102	38 271	40.375	56 419	59.521	94 788
丰城市	1 203	0.194	388 887	62.670	230 439	37.136	620 528
樟树市	608	0.124	324 153	66.136	165 367	33.740	490 128
高安市	661	0.228	183 193	63.213	105 948	36.559	289 801
德兴市	204	0.076	173 133	64.747	94 061	35.176	267 398
山东省	31 645	0.095	19 818 715	59.491	13 463 229	40.414	33 313 589
章丘市	1 572	0.109	954 132	66.219	485 166	33.672	1 440 869
胶州市	1 096	0.066	976 686	58.423	693 963	41.511	1 671 744
即墨市	1 305	0.075	973 887	56.252	756 112	43.673	1 731 304
平度市	2 046	0.140	824 184	56.527	631 799	43.332	1 458 029
莱西市	1 206	0.107	604 946	53.451	525 627	46.443	1 131 779
滕州市	1 497	0.083	1 057 367	58.356	753 073	41.562	1 811 937
龙口市	671	0.035	1 223 785	63.530	701 859	36.435	1 926 315
莱阳市	851	0.147	348 862	60.299	228 838	39.554	578 550
莱州市	1 347	0.110	754 820	61.373	473 726	38.518	1 229 892
蓬莱市	576	0.061	557 412	58.854	389 116	41.085	947 105
招远市	723	0.059	744 218	60.583	483 496	39.359	1 228 437
栖霞市	943	0.248	213 620	56.198	165 556	43.554	380 119

续表

城市	第一产业潜在财政能力（万元）	所占比重（%）	第二产业潜在财政能力（万元）	所占比重（%）	第三产业潜在财政能力（万元）	所占比重（%）	潜在财政能力（万元）
海阳市	1 176	0.219	296 341	55.223	239 113	44.558	536 630
青州市	965	0.100	557 170	57.810	405 656	42.090	963 790
诸城市	1 208	0.097	803 125	64.275	445 175	35.628	1 249 509
寿光市	1 804	0.141	729 108	57.041	547 312	42.818	1 278 224
安丘市	942	0.221	245 482	57.478	180 663	42.301	427 087
高密市	1 038	0.110	609 257	64.377	336 100	35.514	946 396
昌邑市	719	0.114	409 878	65.083	219 182	34.803	629 779
曲阜市	641	0.100	274 946	42.711	368 144	57.189	643 730
兖州市	908	0.082	697 613	63.274	404 010	36.644	1 102 530
邹城市	999	0.067	940 426	63.416	541 515	36.516	1 482 940
新泰市	1 195	0.072	988 228	59.773	663 889	40.155	1 653 312
肥城市	1 006	0.074	811 709	59.681	547 358	40.245	1 360 073
文登市	1 149	0.074	873 099	56.328	675 791	43.598	1 550 039
荣成市	1 614	0.093	979 447	56.674	747 167	43.233	1 728 227
乳山市	717	0.090	469 155	58.644	330 127	41.266	800 000
乐陵市	626	0.166	231 923	61.411	145 111	38.424	377 660
禹城市	646	0.153	254 496	60.355	166 527	39.492	421 668
临清市	461	0.074	413 396	66.047	212 060	33.880	625 916
河南省	12 728	0.080	11 593 875	73.096	4 254 624	26.824	15 861 227
巩义市	233	0.019	871 385	71.496	347 178	28.485	1 218 796
荥阳市	565	0.055	743 580	72.869	276 282	27.075	1 020 427
新密市	358	0.031	812 477	69.327	359 116	30.643	1 171 951
新郑市	459	0.038	853 409	70.846	350 731	29.116	1 204 599
登封市	279	0.028	727 761	73.810	257 955	26.162	985 995
偃师市	611	0.064	630 740	65.901	325 755	34.035	957 106
舞钢市	234	0.107	133 785	61.101	84 940	38.793	218 958
汝州市	806	0.120	430 558	63.852	242 938	36.028	674 301
林州市	483	0.054	635 579	70.478	265 750	29.468	901 813

续表

城市	第一产业潜在财政能力（万元）	所占比重（%）	第二产业潜在财政能力（万元）	所占比重（%）	第三产业潜在财政能力（万元）	所占比重（%）	潜在财政能力（万元）
卫辉市	474	0.241	108 794	55.224	87 738	44.536	197 006
辉县市	811	0.143	466 631	82.339	99 277	17.518	566 720
沁阳市	381	0.057	503 303	75.344	164 325	24.599	668 010
孟州市	402	0.081	415 526	84.069	78 337	15.849	494 265
禹州市	686	0.078	656 863	74.716	221 595	25.206	879 144
长葛市	538	0.066	665 409	81.694	148 570	18.240	814 516
义马市	19	0.005	330 790	87.778	46 039	12.217	376 848
灵宝市	883	0.093	752 843	79.532	192 863	20.375	946 589
邓州市	1 948	0.413	292 419	62.070	176 742	37.516	471 109
永城市	1 257	0.172	522 793	71.579	206 317	28.248	730 367
项城市	851	0.227	257 796	68.784	116 142	30.989	374 789
济源市	449	0.045	781 433	79.099	206 034	20.855	987 917
湖北省	24 704	0.223	7 063 784	63.704	3 999 984	36.073	11 088 473
大冶市	903	0.103	632 240	72.351	240 710	27.546	873 853
丹江口市	478	0.185	155 894	60.297	102 172	39.518	258 544
宜都市	807	0.110	496 073	67.909	233 620	31.981	730 500
当阳市	1 432	0.253	377 861	66.628	187 826	33.119	567 118
枝江市	1 403	0.257	398 509	72.905	146 703	26.838	546 615
老河口市	847	0.209	256 470	63.281	147 968	36.510	405 285
枣阳市	1 883	0.270	423 253	60.781	271 225	38.949	696 361
宜城市	996	0.266	256 300	68.398	117 424	31.336	374 720
钟祥市	1 069	0.180	371 810	62.632	220 766	37.188	593 644
应城市	827	0.252	225 744	68.828	101 411	30.920	327 983
安陆市	700	0.310	115 495	51.220	109 293	48.469	225 489
汉川市	1 131	0.200	399 826	70.731	164 316	29.068	565 273
石首市	632	0.327	108 098	55.943	84 499	43.730	193 229
洪湖市	1 064	0.456	113 244	48.550	118 944	50.994	233 252
松滋市	744	0.259	165 252	57.621	120 796	42.120	286 791

续表

城市	第一产业潜在财政能力（万元）	所占比重（%）	第二产业潜在财政能力（万元）	所占比重（%）	第三产业潜在财政能力（万元）	所占比重（%）	潜在财政能力（万元）
麻城市	1 222	0.389	181 055	57.594	132 085	42.017	314 362
武穴市	1 049	0.327	203 685	63.529	115 882	36.144	320 615
赤壁市	760	0.152	282 874	56.465	217 341	43.384	500 975
广水市	960	0.275	211 986	60.697	136 308	39.028	349 255
恩施市	523	0.219	110 518	46.294	127 688	53.487	238 729
利川市	614	0.550	43 885	39.335	67 069	60.115	111 568
仙桃市	1 690	0.193	543 572	61.985	331 679	37.822	876 942
潜江市	1 386	0.154	606 741	67.373	292 441	32.473	900 568
天门市	1 585	0.266	383 399	64.242	211 818	35.492	596 802
湖南省	11 172	0.153	4 832 037	65.997	2 478 366	33.850	7 321 574
浏阳市	1 646	0.095	1 341 675	77.147	395 783	22.758	1 739 104
醴陵市	882	0.105	603 146	71.666	237 585	28.230	841 612
湘乡市	974	0.217	282 055	62.965	164 923	36.817	447 953
韶山市	99	0.093	67 720	63.319	39 132	36.589	106 951
耒阳市	1 170	0.196	306 739	51.416	288 669	48.388	59 6577
常宁市	888	0.234	211 838	55.744	167 292	44.022	380 018
武冈市	827	0.633	45 066	34.484	84 793	64.883	130 686
汨罗市	891	0.147	428 518	70.787	175 952	29.066	605 361
临湘市	527	0.163	210 074	65.006	112 563	34.832	323 163
津市市	365	0.216	98 144	58.195	70 138	41.589	168 647
沅江市	975	0.307	171 075	53.918	145 239	45.775	317 289
资兴市	402	0.083	363 982	75.418	118 233	24.498	482 617
洪江市	344	0.247	64 743	46.447	74 304	53.306	139 391
冷水江市	180	0.037	351 226	72.932	130 174	27.031	481 579
涟源市	885	0.258	208 487	60.748	133 828	38.994	343 200
吉首市	117	0.054	77 551	35.668	139 757	64.278	217 426
广东省	24 234	0.213	6 391 198	56.107	4 975 700	43.680	11 391 132
增城市	1 127	0.060	1 198 681	63.348	692 404	36.592	1 892 212

续表

城市	第一产业潜在财政能力（万元）	所占比重（%）	第二产业潜在财政能力（万元）	所占比重（%）	第三产业潜在财政能力（万元）	所占比重（%）	潜在财政能力（万元）
从化市	482	0.091	262 646	49.380	268 762	50.530	531 891
乐昌市	421	0.276	66 182	43.451	85 711	56.273	152 314
南雄市	503	0.325	67 939	43.931	86 210	55.745	154 651
台山市	1 089	0.175	427 753	68.858	192 372	30.967	621 214
开平市	569	0.112	318 995	62.513	190 725	37.376	510 288
鹤山市	363	0.084	260 373	60.255	171 385	39.661	432 120
恩平市	401	0.161	109 779	44.088	138 820	55.751	249 000
廉江市	1 824	0.429	226 580	53.286	196 810	46.285	425 215
雷州市	1 923	0.776	67 668	27.309	178 198	71.916	247 788
吴川市	1 824	0.598	149 518	49.012	153 718	50.389	305 061
高州市	2 056	0.306	294 927	43.859	375 457	55.835	672 439
化州市	1 613	0.266	248 936	40.985	356 831	58.749	607 380
信宜市	1 674	0.312	249 143	46.367	286 517	53.322	537 334
高要市	1 383	0.242	388 764	68.060	181 064	31.698	571 211
四会市	929	0.113	562 931	68.197	261 591	31.691	825 451
兴宁市	779	0.365	92 193	43.156	120 656	56.479	213 628
陆丰市	985	0.298	183 419	55.506	146 046	44.196	330 450
阳春市	1 355	0.290	280 745	60.144	184 691	39.566	466 791
英德市	951	0.279	139 988	41.077	199 858	58.644	340 797
连州市	548	0.312	61 424	34.957	113 739	64.731	175 711
普宁市	698	0.076	627 749	68.240	291 471	31.684	919 918
罗定市	736	0.353	104 867	50.352	102 665	49.295	208 268
广西壮族自治区	3 850	0.244	994 751	62.970	581 129	36.787	1 579 730
岑溪市	663	0.176	303 423	80.577	72 474	19.246	376 561
东兴市	247	0.201	59 231	48.176	63 469	51.623	122 947
桂平市	1 132	0.285	254 550	64.024	141 904	35.691	397 585
北流市	848	0.208	255 401	62.735	150 859	37.056	407 109

续表

城市	第一产业潜在财政能力（万元）	所占比重（%）	第二产业潜在财政能力（万元）	所占比重（%）	第三产业潜在财政能力（万元）	所占比重（%）	潜在财政能力（万元）
宜州市	781	0.607	53 820	41.829	74 067	57.564	128 668
合山市	79	0.112	41 576	58.689	29 187	41.201	70 841
凭祥市	100	0.132	26 750	35.189	49 169	64.680	76 019
海南省	6 640	0.608	434 441	39.758	651 630	59.634	1 092 711
五指山市	112	0.399	6 853	24.420	21 097	75.177	28 063
琼海市	1 390	0.684	58 197	28.626	143 716	70.691	203 303
儋州市	2 068	0.993	59 817	28.734	146 287	70.272	208 172
文昌市	1 431	0.621	88 989	38.592	140 168	60.787	230 588
万宁市	940	0.418	84 301	37.474	139 718	62.108	224 959
东方市	699	0.354	136 284	68.961	60 643	30.686	197 626
四川省	9 276	0.169	3 428 873	62.337	2 062 437	37.495	5 500 585
都江堰市	509	0.115	177 618	40.089	264 934	59.796	443 061
彭州市	908	0.221	254 358	61.911	155 576	37.868	410 842
邛崃市	655	0.226	160 947	55.654	127 591	44.120	289 193
崇州市	634	0.197	182 910	56.800	138 483	43.004	322 027
广汉市	724	0.139	358 211	68.870	161 188	30.990	520 123
什邡市	491	0.125	279 976	71.020	113 752	28.855	394 219
绵竹市	485	0.144	246 645	73.474	88 562	26.382	335 692
江油市	777	0.157	284 793	57.709	207 927	42.133	493 497
峨眉山市	336	0.095	228 925	65.063	122 592	34.842	351 853
阆中市	788	0.320	160 590	65.316	84 488	34.363	245 866
华蓥市	228	0.107	154 658	72.588	58 176	27.305	213 062
万源市	543	0.298	130 062	71.354	51 671	28.348	182 276
简阳市	1 408	0.239	414 846	70.427	172 792	29.334	589 046
西昌市	792	0.112	394 333	55.553	314 706	44.335	709 831
贵州省	1 835	0.081	1 221 302	54.089	1 034 818	45.830	2 257 954
清镇市	297	0.095	163 590	52.565	147 330	47.340	311 217
赤水市	192	0.197	52 376	53.704	44 960	46.100	97 528

续表

城市	第一产业潜在财政能力（万元）	所占比重（%）	第二产业潜在财政能力（万元）	所占比重（%）	第三产业潜在财政能力（万元）	所占比重（%）	潜在财政能力（万元）
仁怀市	319	0.043	519 643	69.881	223 644	30.076	743 606
兴义市	473	0.111	187 471	43.942	238 691	55.947	426 635
凯里市	197	0.074	99 819	37.643	165 160	62.283	265 175
都匀市	183	0.075	104 141	42.842	138 758	57.083	243 083
福泉市	174	0.102	94 261	55.217	76 275	44.681	170 710
云南省	4 742	0.138	1 978 695	57.519	1 456 663	42.344	3 440 100
安宁市	241	0.050	297 318	62.108	181 149	37.841	478 708
宣威市	1 015	0.265	224 236	58.464	158 291	41.271	383 543
楚雄市	508	0.108	298 717	63.596	170 482	36.295	469 707
个旧市	218	0.059	265 072	71.199	107 008	28.743	372 298
开远市	315	0.120	146 870	55.997	115 098	43.883	262 283
蒙自市	411	0.204	123 515	61.434	77 128	38.362	201 054
文山市	345	0.116	162 984	54.730	134 468	45.154	297 796
景洪市	673	0.295	95 134	41.725	132 194	57.980	228 001
大理市	447	0.080	299 177	53.552	259 047	46.368	558 671
瑞丽市	178	0.233	18 070	23.635	58 205	76.132	76 453
芒市	391	0.350	47 602	42.659	63 594	56.991	111 586
西藏自治区	89	0.099	42 309	46.874	47 864	53.028	90 261
日喀则市	89	0.099	42 309	46.874	47 864	53.028	90 261
陕西省	896	0.093	690 657	72.022	267 400	27.885	958 953
兴平市	483	0.164	184 389	62.784	108 818	37.052	293 689
韩城市	297	0.057	415 471	80.314	101 539	19.628	517 307
华阴市	116	0.078	90 797	61.368	57 044	38.555	147 956
甘肃省	598	0.103	292 364	50.484	286 155	49.412	579 117
玉门市	182	0.063	199 812	69.283	88 408	30.655	288 401
敦煌市	306	0.197	59 190	38.201	95 447	61.601	154 943
临夏市	74	0.089	19 823	23.785	63 446	76.126	83 343
合作市	36	0.069	13 539	25.823	38 854	74.106	52 430

续表

城市	第一产业潜在财政能力（万元）	所占比重（％）	第二产业潜在财政能力（万元）	所占比重（％）	第三产业潜在财政能力（万元）	所占比重（％）	潜在财政能力（万元）
青海省	124	0.016	589 486	75.532	190 835	24.452	780 446
格尔木市	58	0.009	528 771	78.310	146 403	21.682	675 232
德令哈市	66	0.063	60 715	57.706	44 433	42.231	105 214
宁夏回族自治区	527	0.065	682 904	83.791	131 581	16.145	815 012
灵武市	202	0.036	499 207	87.978	68 016	11.987	567 425
青铜峡市	325	0.131	183 697	74.195	63 565	25.674	247 587
新疆维吾尔自治区	8 844	0.166	3 109 978	58.242	2 220 917	41.592	5 339 739
吐鲁番市	330	0.266	56 354	45.396	67 454	54.338	124 138
哈密市	475	0.106	239 469	53.507	207 600	46.387	447 544
昌吉市	763	0.142	303 741	56.461	233 460	43.397	537 964
阜康市	514	0.221	173 448	74.645	58 403	25.134	232 364
博乐市	379	0.336	41 684	36.956	70 730	62.708	112 793
库尔勒市	813	0.062	1 094 253	83.789	210 894	16.149	1 305 960
阿克苏市	382	0.149	88 655	34.593	167 244	65.258	256 280
阿图什市	102	0.181	15 295	27.174	40 887	72.643	56 285
喀什市	119	0.039	106 118	35.062	196 420	64.898	302 658
和田市	83	0.093	29 428	32.900	59 935	67.007	89 446
伊宁市	146	0.047	84 778	27.188	226 898	72.765	311 822
奎屯市	132	0.056	131 828	55.594	105 166	44.350	237 125
塔城市	249	0.217	38 276	33.416	76 019	66.367	114 544
乌苏市	578	0.246	179 822	76.687	54 089	23.067	234 489
阿勒泰市	164	0.179	21 146	23.068	70 358	76.753	91 668
石河子市	1 632	0.313	292 429	56.155	226 693	43.532	520 753
阿拉尔市	1 354	1.665	38 820	47.726	41 166	50.610	81 340
图木舒克市	377	0.798	25 414	53.827	21 424	45.376	47 214
五家渠市	176	0.086	130 973	63.965	73 608	35.949	204 757
北屯市	78	0.255	18 048	58.990	12 469	40.755	30 595

事实上，在经济社会实现快速发展、整个国家财力不断提升的背景下，中央政府能够利用手中掌握的财政能力缩小各级政府在区域之间、城乡之间的财力差距，实现各级政府之间的财政能力均衡性。从理论上讲，上级政府和下级政府之间客观上是一种委托代理的关系，为促使不同区域之间、城乡之间各级政府财政能力的均衡性，上级政府可以通过财政激励的约束机制的设计得以实现，而这种机制的顺利实现得益于上级政府手中掌握的财力规模。更为重要的是，各级政府在区域之间、城乡之间虽然存在着明显的财力差距，但是通过设计科学合理的委托代理机制，能够充分调动下级政府的财政激励，而上级政府的政治战略在下级政府的贯彻落实，有利于提高各级政府的财政能力，保障了各级政府实现公共服务均等化的财政能力，从而提高了整个社会公共服务均等化的实现程度。[①] 但不可置疑的是，当前中国财政级次过多的现状，导致了各级政府在区域之间、城乡之间财政能力和社会发展差距过大，成为公共服务均等化实现过程最大的制约因素。[②] 可以说，不同区域之间、城乡之间公共服务的覆盖范围在未来相当长的时间内将是相当有限的，而各级政府的财政能力均等化水平也相应会是低水平的。毋庸讳言，应该进行怎样的财政制度设计，才能改变不同区域之间、城乡之间公共服务的低水平覆盖，以及各级政府经济社会发展存在的巨大差异？众所周知的是，中国经济社会体制在新中国成立以来发生了翻天覆地的变化。伴随着这种社会体制机制的变化，中国的财政体制也经历了曲折漫长的变迁过程。无可置疑的是，在财政体制的变迁过程中，财政体制的变化会在最大限度上推动整个经济社会发展，推动经济社会体制其他部分的变革。从而形成整个经济社会发展的主要动力。基于上述分析，这种变化过程使得两者互为前提。归纳起来，自中华人民共和国成立以来，伴随着经济社会体制的不断演变，财政体制经历的发展阶段大致可以分为如下几个阶段：第一阶段：1949～1979年建立起与计划经济体制相适应的财政体制。1949年新中国成立初期，为了尽快恢复解放战争后的千疮百孔

---

① 2005年10月11日中共十六届五中全会通过的《中共中央关于制定国民经济和社会发展第十一个五年规划的建议》首次提出了公共服务均等化的概念；此后，2006年10月11日中共中央十六届六中全会通过的《中共中央关于构建社会主义和谐社会若干重大问题的决定》，2007年10月15日胡锦涛的中共十七大报告，2010年3月5日温家宝在十一届全国人民代表大会第三次会议上的政府工作报告，以及2010年10月18日十七届五中全会胡锦涛的会议公报，均指出实现公共服务均等化的途径在于完善公共财政制度。可见，公共服务均等化已成为我国当前经济社会发展的热点问题（安体富、任source，2008）。

② 冯海波：《委托—代理关系视角下的农村公共物品供给》，载《财经科学》2005年第3期。冯海波认为，中央政府在推行财政能力均等化战略过程中，地方政府的作用是不能被忽视的。现行公共服务供给体制下，地方政府是公共服务的最主要提供主体，公共服务将主要依靠当地政府的财政能力进行自我供给，也就是说，政府间财政能力均等化战略只有依托地方政府才能得以实现。事实上，中央政府和地方政府之间客观上存在着委托—代理关系，即中央政府是委托人，地方政府是代理人。中央政府要通过设计合理的激励约束机制，促使地方政府代表中央政府的意愿贡献出最优的努力水平，实现政府财政能力均等化的目标。在中央政府能够观测到地方政府努力水平的前提下，通过对地方政府设计激励约束合同，政府间财政能力均等化战略在理论上是可以实现的。

的国民经济，尽可能聚集可以用于国民经济建设的各种社会资源，在短期内快速摆脱解放战争后一穷二白的社会状态，中央政府在新中国成立之初的特殊历史背景下实行高度统一的统收统支的制度，在财政体制的管理上实行自上而下的强制性财政体制。在当时特定的历史背景下，高度集中的国家政权是整个国民经济得以快速重建和恢复的制度保障，而相应建立起高度统一、统收统支的财政体制，保障新中国成立初期国民经济的快速重建。应该指出的是，创立于1949年新中国成立初期统收统支的财政体制安排，在特定的历史背景环境下政府在国民经济中所扮演的角色是：有别于公共财政体制政府主要依靠税收收入获得财政收入的主要手段，政府取得财政收入的手段主要是国有企业上缴的企业利润，而不依靠国家的政治权力通过税务部分向企业征收税收取得财政收入，而是凭借国家对整个社会生产资料的占有权，通过在整个国民生产活动中通过压低农产品原料、粮食等第一产业产品的销售价格获得超额利润，将第一产业的剩余价值转移到第二产业，特别是重工业产业领域，通过国有企业将企业利润上缴到地方政府，再由地方政府上缴到中央政府的方式，将所有的国民经济全部剩余价值纳入政府高度统一、统收统支的财政预算体制之中。这种财政体制所造成的结果是：中央政府的财政预算收入主要依赖工业部分特别是重工业部门上缴的国有企业利润。从历史上讲，中国是一个有着中央集权传统的国家，这种特殊的政治体制在新中国成立初期快速恢复国民经济的宏观背景下得以很好的保留，而对于中国的政治体制、国民经济运行体制和财政体制的建立而言都有着相当大的影响。在这种政治体制的设计下各项国民经济活动的核心所在，主要的讨论重点围绕在如何运用中央政府手中的政治权力去激励国民经济各个部门如何去发展重工业经济，或者是如何将整个社会的经济社会资源尽可能地倾斜到重工业领域，而这种经济发展的思路成为这段时期中国经济社会发展的基本逻辑。"重工业优先发展"自然而然地成为新中国成立初期整个国家的发展战略，而这种国家战略所倡导的政府职能应该尽可能地集中在经济建设方面，以重工业发展为中心的政府职能得以异化，各级地方政府尽可能地将自身可以支配的财政资源集中在重工业领域，通过推动重工业领域的发展提高各类企业的销售收入与营业利润，从而促使各级政府的财政收入得以较快地增长。在这种政治逻辑的设计下，优先发展重工业行业的地方政府，政府的财政收入快速增长，财力日益雄厚；而优先发展其他行业的地方政府，政府的财政收入增长缓慢，财力捉襟见肘，需要中央政府的财政支持才能得以维持。问题还不止于此，中央政府通过高度统一、统收统支的财政体制将整个社会创造的剩余价值掌握在手中，这种政治逻辑决定了中央政府会将手上所掌握的财政资源尽可能地投入有利于拉动重工业发展的领域，而对于其他领域诸如公共服务领域的财政资源反倒是尽可能地缩减，这种体制决定了不同区域之间居民享用到的公共服务差距进一步加剧。综上所述，新中国成立初期计划经济体制下整个国家所确定的"重工业优先发展"战略，决定整个国民经济的资本原始积累来源于第一产业和第三产业，这种政治逻辑会导致优先发展非重工业的地方政府财政能力存在较大的缺口，不利于地区之间居民公共服务的均等化。第二阶段：1979～1994年建立起与改革开放经济体制相适应的财政体制。无可置疑的是，计划经济体制在新中国成立初期能够尽可能聚集可以用于国民经济建设的各种社会资源，在短期内尽快摆脱解放战争后一穷二白的社会状态，但是这种经济体制将第一产业和第二产业的国民经济剩余价值转化到重工业领域，整个经济社会财政资源过多地倾斜到重工业领域，不利于国民经济的长期健康稳定发展。基于上述原因，自1979年改革开放以来，中国将国家发展战略重点由原来的"重工业优先发展"转变到"以经济建设为中心"的方向，通过市场化方式加快经济增长迅速增加整个国家的经济实力。可以看到的是，这种发展战略强调的是通过市场化的方式激发市场主体发展经济，有别于计划经济时期通过行政命令的方式来发展经济。政府主要的职责是制定公平的市场交易规则和进行宏观调控，不从事具体的经济活动，通过市场主体的经营活动去发展市场经济。但是，这种增长模式过多地强调GDP的增长速度，中央政府对于地方政府的政绩考核也是集中在对于地方政府GDP的增长速度方面，使得各级地方政府将手头上拥有的财政资金过多地投入经济建设领域，而对于公共服务领域的资金投入依然太少。可以指出的是，这一阶段的公共服务水平与计划经济时代相比较大为提高，但是公共服务水平尚且处于供不应求的短缺阶段，公共服务的数量与质量未能满足本地居民的实际需求。值得一提的是，地方政府对于中央政府是一种高度负责的政治体制，中央政府通过行政任命的形式决定了地方政府的政治晋升，而这种政治晋升的考核机制主要是中央政府对地方政府形成的政绩考核机制，考核机制的核心主要是地方政府的GDP增长。在这种政绩考核的体制下，地方政府也会将自己所拥有的财政资源尽可能地倾斜到经济建设领域，忽略了在公共服务领域的资金投入，因为在公共服务领域的投入和财政资源倾斜，不能在短期内有效地提高地方政府的政绩考核。可以想象，GDP增长较快的地方政府能够获得中央政府较大的经济资源倾斜，而GDP增长较慢的地方政府获得中央政府的经济资源反而较少。东部沿海地区由于属于改革开放的前沿地方政府的经济增长较快，从而获得较多的中央政府的资金政策资源倾斜，而中部地区和西部地区由于经济发展速度不如东部沿海地区，获得中央政府资金政策资源倾斜反倒较少，客观上形成了东部、中部和西部三个区域发展不平衡的三大区域，而这种政绩考核机制又从制度上加剧了三大区域之间地方政府的财政能力差距，同时相应的财政体制也是固化了三大区域之间地方政府财政能力非均衡发展的格局：在1979年的改革开放之初，中央政府为鼓励地方政府快速发展本地经济，在体制上推动"放权让利"的经济体制改革，从制度层面赋予地方政府发展本地经济的诸多自主权，在财政体制上相应推行以财政承包制为核心的财政体制改革，对地方政府形成了有效的激励机制。无可置疑的是，这种财政体制的优点在于能够有效地调动地方政府发展经济的积极性，但是缺点在于弱化了中央政府在掌握和控制整个社会经济资源的地位。可以预见的是，由于地方政府的财政权利未能得到有效的制约，地方政府的权力和利益日益膨胀，直接导致严重的不同区域之间各级地方政府的各自为政问题，强化了地方封锁、地区分割的"诸侯经济"倾向，不利于区域之间整个经济社会的和谐发展，造成了不同区域之间地方政府的财政能力不均等现状愈演愈烈。第三阶段：1994~2005年建立与社会主义市场经济相适应的财政体制。无可置疑的是，在改革开放的经济体制背景下，以"放权让利"为核心的政治体制改革，有效地激励了地方政府发展本地经济，以财政承包制为核心的财政体制改革同时也有利于各级地方政府迅速提高自身的财政能力，但是这种格局造成中央政府的财力日益减少，一些需要中央统筹的跨区域项目中央财力无法承担，客观上要求进行新一轮的财政体制改革。应该指出的是，1994年中央政府实施了较大规模的分税制财政体制改革，这次改革充分借鉴西方财政联邦体制下国家的财政体制，相对于原来中央政府与地方政府财政包干制度而言是一种财政体制制度的创新，在中央政府与地方政府之间建立起规范的分税制财政体制，同时建立国家税务系统负责中央税的征收工作，地方税务系统负责地方税的征收工作。可以指出的是，分税制体制改革的方向顺应十四大所确立的"建立社会主义市场经济体制"的战略目标，对于推动中国社会主义市场经济体制改革方向朝着市场化方向发展形成有利的制度安排，改革的目的在于完善和发展中国的市场化经济体制。通过这次改革，以制度的形式确定了中央和地方的财政关系，而中央政府财政收入的获取也不再依赖于与地方政府的讨价还价，规范了中央和地方的财政关系以及两者财政收入来源和征管，从制度的层面建立起中央财政稳定增长的机制。但是，这次财政体制在改革过程中还是存在或多或少的过渡时期特征：第一，转移支付存在较大范围的税收返还部分，这种转移支付不是以均等化地方政府财政能力为主要目的，而是为了顺利推动改革保护地方政府既得利益的现实需要；第二，通过这次改革基层政府的财政能力层层向上集中，但是财政支出责任却是由中央政府往下层层下沉，使得基层政府出现了事权与财权不匹配的状况，基层政府甚至没有充足的财力来履行自身最为基本的公共服务职能，造成基层地方政府的财政尤其是县乡级财政捉襟见肘；第三，分税制财政体制改革仅停留在中央和地方层面，但是中国的财政体制由中央到地方存在着五级财政，对于省以下的财政体制应该如何分配，分税制财政体制改革并没有做出明确的规定；第四，经济发展比较好的基层政府可以通过自身获取的税收来满足本辖区地方政府公共服务的供给职能，但是边缘落后地区的基层政府由于资源禀赋的原因造成财力日益吃紧，无法满足自身公共服务的供给职能，而转移支付资金由于配置过程的不到位更是加剧了不同地区地方政府财政能力的差距。应该指出的是，分税制体制改革存在的不彻底性，客观导致了不同地区和城乡之间各级地方政府的财政能力差距越来越大，而这种局面更是由于改革过程的诸多缺陷而得以固化。第四阶段：2005年以后建立实现经济社会可持续发展的公共财政体制。应该指出的是，1994年的分税制财政体制改革以制度的形式确定中央与地方的财政关系，从制度的层面确定中央政府本级财政的稳定增长机制，有别于以往中央政府在财政收入收取上与地方政府讨价还价的问题，同时也规范中央和地方的财政关系以及两者财政收入来源和征管，具有很强的现实意义。但是，1994年的分税制财政体制改革也不可避免地存在很多制度性的缺陷，这些缺陷不利于实现各级地方政府所在区域居民享用到公共服务的均等化，同时也不利于不同地区和城乡之间地方政府实现的财政能力均等化，从整体上降低了社会的福利水平以及居民的幸福感。为了实现整个国际经济社会的可持续发展，中央在进入2005年以后提出了以科学发展观的国家发展战略，这说明整个经济社会发展的政府偏好朝着经济社会可持续发展方向转变，有别于原来单纯依靠GDP增长的政绩考核标准和政府偏好。从历届政府的文件可以看出，科学发展观的国家发展战略最为核心的思想体现在"五项统筹"的发展理念，而统筹区域经济社会发展作为"五项统筹"一项重要的内容，统筹不同区域之间地方政府的财政能力如何协调发展也是其中重要的一个领域。党的十七届五中全会更是提出，各级政府在经济社会的发展要尽快贯彻落实区域发展总体战略和主体功能区战略，通过构建不同区域国土空间高效利用、区域经济优势互补、主体功能定位清晰、人与自然和谐相处的区域发展格局，实现不同区域之间经济发展与环境保护的协调，在这个基础上逐步实现区域之间居民公共服务的均等化。很显然，在今后相当长的一个历史时期内，整个中国经济社会体制改革，都必须围绕实现整个经济社会的可持续发展为最高目标，而财政体制的改革也要符合这样的一个改革背景。在这一个阶段，构建公共财政基本框架已成为新一轮财政体制的主要方向，这种财政体制改革方向对于完善社会主义市场经济体制显得尤为重要。与此同时，党的十六届五中全会提出基本公共服务均等化的概念，基本含义主要指的是各级地方政府应该使居住在不同区域的居民大致享有标准化、均等化的公共服务，从制度上去保障公民的基本生存权利和发展权利。基本公共服务均等化理念的提出主要是为了解决如何平衡政府在发展过程中由于国家战略的更改导致不同区域之间居民享用公共服务差距过大所形成区域协调发展巨大压力的问题，正是这一战略目标提出的根源所在。应该指出的是，如何设计完善的均等化机制，促进各级地方政府间公共服务的均等化，建立适合我国国情的公共服务供给制度，已成为我国共建和谐社会的重大任务。

第三节 区域城乡维度下政府潜在财政能力均等化测算

从国外的研究来看，基本公共服务均等化的理念，起源于国外财政分权理论中"财政均等化"的思想。蒂伯特和奥茨指出，地方政府所拥有信息优势及更低的行政成本，在与个人福利密切相关的公共服务供给上更能符合辖区内居民的偏好，因此要赋予辖区政府更大范围的财政职能（崔治文、周平录、杨洁，2015；宋旭、李冀，2015；于国安，2015；郭玉清、袁静、李永宁，2015；李一花、张冬玉、李雪妍，2015；审计署贸易审计局课题组，2013；储德银、赵飞，2013；湖南省财政科学研究所课题组，2013；Musgrave，1959）。但是，财政分权最终将会导致地方政府间财政能力、公共服务的非均衡性，这是由于地方政府在自然条件、生产要素、公共服务成本方面的非一致性（田发、周武星，2016；陈都、陈志勇，2016；刘大帅、甘行琼，2013；曾红颖，2012；王守坤，2012；张晓波、樊胜根、张林秀、黄季，2003；吴亚卓，2008；刘佐，2006；吕冰洋，2013；李香菊，2002；朱大旗，2007；程瑶，2012；李晖、荣耀康，2010；李子彬，2011；高凌江、夏杰长，2012；杨春玲，2009；Buchanan，1950，1952），不能从原则上符合"财政公平"的基本理念，因此需要平衡地区政府间财政能力的不均衡，从财政体制的层面去保障人均享有公共服务的机会均等（胡鞍钢、张新、高宇宁，2016；杨永森、宋丽丽、赵伟，2016；戴平生、陈壮，2015；胡洪曙、亓寿伟，2015；陈都、陈志勇，2016；刘书明，2015；张俊伟，2014；陈旭佳，2014；王晓洁，2012；张桂琳，2009；方堃、冷向明，2013；马雪松，2013；曹爱军，2009；谭志雄、张阳阳，2015；罗比良，2010；刘成奎、王朝才，2011；冯海波，2009；冯海波，2006；沈满洪、谢慧明，2009；贺雪峰、罗兴佐，2006；张林秀、罗仁福、刘承芳，2005；Boadway，2004）。由此可见，国外学者界定公共服务均等化标准时，更强调人均"财政公平"的概念。在借鉴国外研究的基础上，中国学者依据本国的实际情况，采用的是人均财力均等化口径来考察公共服务均等化问题，其主要的原因在于：与公共服务最低标准相比，人均财政能力均等化更能衡量真实的基本公共服务的均等化水平，不仅仅局限于最低标准的制约；另一方面，人均财力均等化在实际操作中更具有可操作性，而公共服务标准在实际操作中往往缺乏可操作性。

接下来需要探讨的问题是财政均等化的制度设计原理。在财政均等化制度设计理念下，马斯格雷夫和鲍德威（Boadway，2004）等人认为，中央政府对地方政府的转移支付制度主要政策目的是平衡不同地区和不同城乡之间各级地方政府由于客观因素差异而导致的财政能力不均等问题，通过财政体制使得不同地区和不同城乡之间人口和生产要素流动带来的经济效益损失，提高整个社会的福利效应与居民幸福感，这种财政均等化的理念主要体现到西方联邦体制国家转移支付制度的设计过程，例如澳大利亚的均等化财政转移支付体系设计主要目的在于保障地方政府在接受转移支付之后拥有大致相同的财政能力去提供均等化的公共服务（Smart，2005）。在借鉴国外研究的基础上，国内理论界也对此进行研究：王雍君（2006）认为我国的财政转移支付并不是纯粹意义上的西方政府财政均等化思想，这必然会削弱地方政府在执行中央政府推动财政均等化目标的努力和效果。乔宝云等人（2006），财政转移支付扩大了不同地区和城乡之间县级政府间的财力差异，并没有起到传统意义上的财政均等化作用，造成分税制改革体制后接近50%县级政府的财政能力差异。上述观点尽管表述各有不同，但有一点共性是：研究重点虽然集中在对于转移支付制度方面，但是这些研究必须建立在对财政能力均等化的研究基础上。基于上述考虑，本书的研究重点集中在区域城乡维度下政府潜在财政能力均等化效应之上。

一、测量工具

本书将采用泰尔指数法，与以往同类研究不同的是，我们将从区域和城乡两个维度同时进行测算。[①] 这样，在对财政能力均等化水平进行泰尔指数分析过程中，区域和城乡就成为两个变量。依据的卡姆（Kam，2007）的研究成果，双变量的泰尔指数分析实际上包括按层级分解的双变量（Hierarchical Bivariate）分析和非层级分解的双变量（Non-hierarchical Bivariate）分析两类方法。[②] 其中按层级分解的双变量分析中，可以分别以两个维度中的一个作为优先选择进行分解；而非层级分解的双变量分析，则可以同时选择两个维度进行分解。具体而言，我们可以采取如下三种测算手段。

第一种测算手段：优先考虑区域维度的双变量泰尔指数层级分析。

所谓优先考虑区域维度的双变量泰尔指数层级分析，就是在利用双变量泰尔指数分析各级政府提供的公共服务均等化的分析过程中，我们对于不均等的研究重点和研究重点，首先考虑的是如何从区域维度对各级政府提供的公共服务均等化水平进行层层分解，再对各个区域内部各级政府提供的公共服务均等化水平进

---

① 泰尔指数是在经济学研究中最普遍使用的信息熵测量工具，Henri Theil 首次将有关信息熵的理论应用到经济学的测量中，衡量维度内部和维度之间的非均等化程度对总体非均等化程度的贡献，进一步确认各种因素是如何影响总体不平等的。Kam K. 则进一步系统地介绍了泰尔指数的双变量层级分解和非层级分解方法。

② Kam K. and Dennis P.，"Non-Hierarchical Bivariate Decomposition of Theil Indexes". Centre for Efficiency and Productivity Analysis Working Paper，No. 3，2007.

行城乡维度的分解，通过对公共服务供给过程各个维度非均衡性进行汇总，得到不同区域之间、城乡之间各级政府提供公共服务的均等化水平。在这里，第一个层次的非均衡性可以分解为各级政府公共服务在区域之间的非均衡性和区域内部的非均衡性，第二个层次的非均衡性可以分解为各个区域内部城乡之间的非均衡性和城乡内部的非均衡性，可以被表示为公式（3 - 8）：

$$L = B_r + W_r B_c + W_{rc} \tag{3-8}$$

其中，
$$B_r = \sum_r \left(\frac{N_r}{N}\right) \log\left(\frac{N_r/N}{Y_r/Y}\right) \tag{3-9}$$

$$W_r B_c = \sum_r \left(\frac{N_r}{N}\right)\left[\sum_c \left(\frac{N_{rc}}{N_r}\right) \log\left(\frac{N_{rc}/N_r}{Y_{rc}/Y_r}\right)\right] \tag{3-10}$$

$$W_{rc} = \sum_r \sum_c \left(\frac{N_{rc}}{N}\right)\left[\sum_i \left(\frac{N_{rci}}{N_{rc}}\right) \log\left(\frac{N_{rci}/N_{rc}}{Y_{rci}/Y_{rc}}\right)\right] \tag{3-11}$$

L 为泰尔指数值，代表全部不均等，$1 \geqslant L \geqslant 0$。[①] $N_r = \sum_c N_{rc}$，$N_{rc} = \sum_i N_{rci}$，$Y_r = \sum_c Y_{rc}$。B_r 是用来衡量不同区域之间公共服务的不均等程度，$W_r B_c$ 是用来衡量区域内部城乡之间的不均等程度，W_{rc} 则是我们用来衡量区域和城乡内部不均等程度的指标。$W_r B_c$ 与 W_{rc} 之和等于 W_r。

第二种测算手段：优先考虑城乡维度的双变量泰尔指数层级分析。

所谓优先考虑城乡维度的双变量泰尔指数层级分析，就是在利用双变量泰尔指数分析各级政府提供的公共服务均等化的分析过程中，我们对于不均等的研究重点和研究重点，首先考虑的是如何从城乡维度对各级政府提供的公共服务均等化水平进行层层分解，再对城市内部和农村内部各级政府提供的公共服务均等化水平进行区域维度分解，通过对公共服务攻击过程各个维度非均衡性进行汇总，得到不同区域之间、城乡之间各级政府提供公共服务的均等化水平。在这里，第一个层次的非均衡性可以分解为各级政府公共服务在城乡之间的非均衡性和城乡内部的非均衡性，第二个层次的非均衡性可以分解为城市和农村内部区域之间的非均衡性和区域内部的非均衡性，可以被表示为公式（3 - 12）：

$$L = B_c + W_c B_r + W_{cr} \tag{3-12}$$

其中，
$$B_c = \sum_c \left(\frac{N_c}{N}\right) \log\left(\frac{N_c/N}{Y_c/Y}\right) \tag{3-13}$$

$$W_c B_r = \sum_c \left(\frac{N_c}{N}\right)\left[\sum_r \left(\frac{N_{cr}}{N_c}\right) \log\left(\frac{N_{cr}/N_c}{Y_{cr}/Y_c}\right)\right] \tag{3-14}$$

$$W_{cr} = \sum_c \sum_r \left(\frac{N_{cr}}{N}\right)\left[\sum_i \left(\frac{N_{cri}}{N_{cr}}\right) \log\left(\frac{N_{cri}/N_{cr}}{Y_{cri}/Y_{cr}}\right)\right] \tag{3-15}$$

[①] L 及其分解部分数值越大，意味着均等化水平越低；反之，则意味着均等化水平越高。

在这里，$N_c = \sum_r N_{cr}$，$N_{cr} = \sum_i N_{cri}$，$Y_c = \sum_r Y_{cr}$。B_c 是用来衡量城乡之间公共服务的不均等程度，$W_c B_r$ 是用来衡量城乡内部不同区域之间的不均等程度，W_{cr} 则用来衡量城乡—区域内部的不均等程度，W_{cr} 与 W_{rc} 相等。$W_c B_r$ 与 W_{cr} 之和等于 W_c。

第三种测算手段：同时考虑城乡维度和区域维度的双变量泰尔指数层级分析方法。

所谓同时考虑城乡维度和区域维度的双变量泰尔指数层级分析，就是在利用双变量泰尔指数分析各级政府提供公共服务均等化的分析过程，将不同区域之间、城乡之间公共服务的非均衡性，按照城乡维度的非均等性、区域维度的非均衡性、城乡—区域内部的非均衡性、城乡—区域非均衡性的交互作用的顺序依次进行层层分解，可以表示为公式（3 – 16）：

$$L = B_c + B_r + W_{rc} + I_{rc} \qquad (3-16)$$

其中，

$$I_{rc} = \sum_r \sum_c \left(\frac{N_{rc}}{N} \right) \log \left(\frac{Q_{Nrc}}{Q_{Yrc}} \right) \qquad (3-17)$$

在这里，$Q_{Nrc} = \dfrac{N_{rc}/N}{(N_r/N)(N_c/N)}$，$Q_{Yrc} = \dfrac{Y_{rc}/Y}{(Y_r/Y)(Y_c/Y)}$。如果某人属于区域组 r 的事件独立于属于城乡组 c 的事件，那么 $\log(Q_{Nrc})$ 将等于 0；否则，不等于 0。因此，$\log(Q_{Nrc})$ 是对两个事件相关性的测量，或者更明晰地说，是在人口分布方面对区域维度和城乡维度交互作用的测量。类似地，$\log(Q_{Yrc})$ 是在公共服务分配方面对区域维度和城乡维度交互作用的测量。所以，I_{rc} 是用来测量 $\log(Q_{Yrc})$ 对 $\log(Q_{Nrc})$ 的偏离程度，即用来衡量区域和城乡两个维度交互作用对全部不均等产生的影响，它既可以是正值也可以是负值。当 I_{rc} 为负值时，它表示 B_r 与 B_c 之间的重叠部分；当 I_{rc} 为正值时，它表示 B_r 与 B_c 之间的缺口。

比照以上三种手段，在全部不均等的泰尔指数分解过程中，它们各自所包含的内容既有彼此各不相同的部分，也有相互交叉重叠的部分。综合起来看，综合运用三种手段进行测算的内容将包括：公共服务在全国范围内的不均等程度、公共服务在区域之间的不均等程度、公共服务在城乡之间的不均等程度、公共服务在区域内部城乡之间的不均等程度、公共服务在城乡内部区域之间的不均等程度、公共服务在区域和城乡内部的不均等程度、公共服务在区域和城乡之间的交互作用。对政府财政能力均等化水平进行测算，需要考虑的是对区域和城乡两个变量的划分标准如何权衡取舍的问题。从传统意义上讲，中国被划分为华北地区、华东地区、华中地区、华南地区、西南地区、西北地区和东北地区七个区域。[①] 值得

---

① 其中，华北地区包括北京、天津、河北、山西、内蒙古；华东地区包括上海、山东、江苏、安徽、江西、浙江、福建；华中地区包括湖北、湖南、河南；华南地区包括广东、广西、海南；西南地区包括重庆、四川、贵州、云南、西藏；西北地区包括陕西、甘肃、宁夏、新疆、青海；东北地区包括黑龙江、吉林、辽宁。为研究所需，港澳台地区暂不纳入七大地区范围之内。

注意的是，关于城市和农村地区的划分标准问题，我们采取了传统的划分方式将县及县级市以下的基层政府划分为农村地区进行研究，而将其余层级的基层政府划分为城市地区进行研究。从整个国家的城镇化进程来看，这种"一刀切"式的城乡划分标准似乎不能与现实情况完全相符，但由于我们的研究也不可避免地会受到统计资料的限制，在这种情况下选择退而求其次的划分标准，可能是比较可行的一种研究方法。其次，本书进行测算的数据来源是 2013 年的《中国统计年鉴》《中国城市统计年鉴》和《中国劳动统计年鉴》。详细测算结果如表 3-3、表 3-4 和表 3-5 所示。

表 3-3　　　　　　　　政府第一产业潜在财政能力均等化水平测算

区域维度优先的双变量层级分析	泰尔指数值	占全部不均等比重
T1	0.021656	100.00%
Br1	0.006806	31.43%
WrBc1	0.001573	7.26%
WrBc1 华北	0.000052	0.24%
WrBc1 华东	0.000526	2.43%
WrBc1 华中	0.000084	0.39%
WrBc1 华南	0.000181	0.84%
WrBc1 西南	0.000079	0.36%
WrBc1 西北	0.000414	1.91%
WrBc1 东北	0.000238	1.10%
WrWc1	0.013276	61.30%
WrWc1 华北城市	0.005114	23.61%
WrWc1 华北农村	0.000288	1.33%
WrWc1 华东城市	0.003947	18.23%
WrWc1 华东农村	0.000381	1.76%
WrWc1 华中城市	0.000636	2.94%
WrWc1 华中农村	0.00034	1.57%

续表

区域维度优先的双变量层级分析	泰尔指数值	占全部不均等比重
WrWc1 华南城市	0.00021	0.97%
WrWc1 华南农村	0.000365	1.69%
WrWc1 西南城市	0.000882	4.07%
WrWc1 西南农村	0.000145	0.67%
WrWc1 西北城市	0.0006	2.77%
WrWc1 西北农村	0.000095	0.44%
WrWc1 东北城市	0.000175	0.81%
WrWc1 东北农村	0.000098	0.45%
城乡维度优先的双变量层级分析	泰尔指数值	占全部不均等比重
T1	0.021656	100.00%
Bc1	0.00194	8.96%
WcBr1	0.006439	29.73%
WcBr1 城市	0.004944	22.83%
WcBr1 农村	0.001496	6.91%
WrWc1	0.013276	61.30%
WrWc1 华北城市	0.005114	23.61%
WrWc1 华北农村	0.000288	1.33%
WrWc1 华东城市	0.003947	18.23%
WrWc1 华东农村	0.000381	1.76%
WrWc1 华中城市	0.000636	2.94%
WrWc1 华中农村	0.00034	1.57%
WrWc1 华南城市	0.00021	0.97%
WrWc1 华南农村	0.000365	1.69%
WrWc1 西南城市	0.000882	4.07%
WrWc1 西南农村	0.000145	0.67%
WrWc1 西北城市	0.0006	2.77%
WrWc1 西北农村	0.000095	0.44%
WrWc1 东北城市	0.000175	0.81%
WrWc1 东北农村	0.000098	0.45%

续表

区域维度和城乡维度同时考虑的双变量非层级分析	泰尔指数值	占全部不均等比重
T1	0.021656	100.00%
Br1	0.006806	31.43%
Bc1	0.00194	8.96%
WrWc1	0.013276	61.30%
WrWc1 华北城市	0.005114	23.61%
WrWc1 华北农村	0.000288	1.33%
WrWc1 华东城市	0.003947	18.23%
WrWc1 华东农村	0.000381	1.76%
WrWc1 华中城市	0.000636	2.94%
WrWc1 华中农村	0.00034	1.57%
WrWc1 华南城市	0.00021	0.97%
WrWc1 华南农村	0.000365	1.69%
WrWc1 西南城市	0.000882	4.07%
WrWc1 西南农村	0.000145	0.67%
WrWc1 西北城市	0.0006	2.77%
WrWc1 西北农村	0.000095	0.44%
WrWc1 东北城市	0.000175	0.81%
WrWc1 东北农村	0.000098	0.45%
Irc1	−0.000367	−1.69%
Irc1 城市	−0.00294	−13.58%
Irc1 农村	0.002573	11.88%
Irc1 华北	−0.000747	−3.45%
Irc1 华东	0.000553	2.55%
Irc1 华中	−0.000018	−0.08%
Irc1 华南	0.000314	1.45%
Irc1 西南	−0.001095	−5.06%
Irc1 西北	−0.000031	−0.14%
Irc1 东北	0.000657	3.03%
Irc1 华北城市	−0.001217	−5.62%
Irc1 华北农村	0.00047	2.17%

续表

区域维度和城乡维度同时考虑的 双变量非层级分析	泰尔指数值	占全部不均等比重
Irc1 华东城市	− 0.000054	− 0.25%
Irc1 华东农村	0.000606	2.80%
Irc1 华中城市	− 0.001551	− 7.16%
Irc1 华中农村	0.001533	7.08%
Irc1 华南城市	− 0.000037	− 0.17%
Irc1 华南农村	0.000351	1.62%
Irc1 西南城市	− 0.001345	− 6.21%
Irc1 西南农村	0.00025	1.15%
Irc1 西北城市	0.000679	3.14%
Irc1 西北农村	− 0.000709	− 3.27%
Irc1 东北城市	0.000586	2.71%
Irc1 东北农村	0.000071	0.33%

表 3 – 4　　　　　政府第二产业潜在财政能力均等化水平测算

区域维度优先的双变量层级分析	泰尔指数值	占全部不均等的比重
T2	0.042849	100.00%
Br2	0.014107	32.92%
WrBc2	0.003516	8.21%
WrBc2 华北	0.000012	0.03%
WrBc2 华东	0.000563	1.31%
WrBc2 华中	0.00022	0.51%
WrBc2 华南	0.002464	5.75%
WrBc2 西南	0.000023	0.05%
WrBc2 西北	0.000137	0.32%
WrBc2 东北	0.000097	0.23%
WrWc2	0.025226	58.87%
WrWc2 华北城市	0.003802	8.87%
WrWc2 华北农村	0.000021	0.05%
WrWc2 华东城市	0.00873	20.37%
WrWc2 华东农村	0.0013	3.03%

续表

区域维度优先的双变量层级分析	泰尔指数值	占全部不均等的比重
WrWc2 华中城市	0.000609	1.42%
WrWc2 华中农村	0.000608	1.42%
WrWc2 华南城市	0.004656	10.87%
WrWc2 华南农村	0.000197	0.46%
WrWc2 西南城市	0.001541	3.60%
WrWc2 西南农村	0.000003	0.01%
WrWc2 西北城市	0.001484	3.46%
WrWc2 西北农村	0.000224	0.52%
WrWc2 东北城市	0.00095	2.22%
WrWc2 东北农村	0.001101	2.57%
城乡维度优先的双变量层级分析	泰尔指数值	占全部不均等的比重
T2	0.042849	100.00%
Bc2	0.000242	0.56%
WcBr2	0.01738	40.56%
WcBr2 城市	0.011872	27.71%
WcBr2 农村	0.005508	12.85%
WrWc2	0.025226	58.87%
WrWc2 华北城市	0.003802	8.87%
WrWc2 华北农村	0.000021	0.05%
WrWc2 华东城市	0.00873	20.37%
WrWc2 华东农村	0.0013	3.03%
WrWc2 华中城市	0.000609	1.42%
WrWc2 华中农村	0.000608	1.42%
WrWc2 华南城市	0.004656	10.87%
WrWc2 华南农村	0.000197	0.46%
WrWc2 西南城市	0.001541	3.60%
WrWc2 西南农村	0.000003	0.01%
WrWc2 西北城市	0.001484	3.46%
WrWc2 西北农村	0.000224	0.52%
WrWc2 东北城市	0.00095	2.22%
WrWc2 东北农村	0.001101	2.57%

续表

区域维度和城乡维度同时考虑的 双变量非层级分析	泰尔指数值	占全部不均等的比重
T2	0.042849	100.00%
Br2	0.014107	32.92%
Bc2	0.000242	0.56%
WrWc2	0.025226	58.87%
WrWc2 华北城市	0.003802	8.87%
WrWc2 华北农村	0.000021	0.05%
WrWc2 华东城市	0.00873	20.37%
WrWc2 华东农村	0.0013	3.03%
WrWc2 华中城市	0.000609	1.42%
WrWc2 华中农村	0.000608	1.42%
WrWc2 华南城市	0.004656	10.87%
WrWc2 华南农村	0.000197	0.46%
WrWc2 西南城市	0.001541	3.60%
WrWc2 西南农村	0.000003	0.01%
WrWc2 西北城市	0.001484	3.46%
WrWc2 西北农村	0.000224	0.52%
WrWc2 东北城市	0.00095	2.22%
WrWc2 东北农村	0.001101	2.57%
Irc2	0.003274	7.64%
Irc2 城市	−0.002155	−5.03%
Irc2 农村	0.005429	12.67%
Irc2 华北	−0.000223	−0.52%
Irc2 华东	0.000714	1.67%
Irc2 华中	0.000268	0.63%
Irc2 华南	0.002565	5.99%
Irc2 西南	−0.000341	−0.80%
Irc2 西北	0.000003	0.01%
Irc2 东北	0.000288	0.67%
Irc2 华北城市	−0.000313	−0.73%
Irc2 华北农村	0.000089	0.21%

区域维度和城乡维度同时考虑的双变量非层级分析	泰尔指数值	占全部不均等的比重
Irc2 华东城市	0.00342	7.98%
Irc2 华东农村	− 0.002706	− 6.32%
Irc2 华中城市	0.001394	3.25%
Irc2 华中农村	− 0.001125	− 2.63%
Irc2 华南城市	− 0.005401	− 12.60%
Irc2 华南农村	0.007966	18.59%
Irc2 西南城市	− 0.000278	− 0.65%
Irc2 西南农村	− 0.000062	− 0.14%
Irc2 西北城市	0.000554	1.29%
Irc2 西北农村	− 0.000551	− 1.29%
Irc2 东北城市	− 0.001531	− 3.57%
Irc2 东北农村	0.001818	4.24%

表 3 – 5　　　　　　　　政府第三产业潜在财政能力均等化水平测算

区域维度优先的双变量层级分析	泰尔指数值	占全部不均等的比重
T3	0.083541	100.00%
Br3	0.027724	33.19%
WrBc3	0.005098	6.10%
WrBc3 华北	0.000663	0.79%
WrBc3 华东	0.00001	0.01%
WrBc3 华中	0.000175	0.21%
WrBc3 华南	0.00405	4.85%
WrBc3 西南	0.000001	0.00%
WrBc3 西北	0.000024	0.03%
WrBc3 东北	0.000175	0.21%
WrWc3	0.050719	60.71%
WrWc3 华北城市	0.0139	16.64%
WrWc3 华北农村	0.000116	0.14%
WrWc3 华东城市	0.020117	24.08%
WrWc3 华东农村	0.002468	2.95%

续表

区域维度优先的双变量层级分析	泰尔指数值	占全部不均等的比重
WrWc3 华中城市	0.002222	2.66%
WrWc3 华中农村	0.000065	0.08%
WrWc3 华南城市	0.007914	9.47%
WrWc3 华南农村	0.000205	0.25%
WrWc3 西南城市	0.000882	1.06%
WrWc3 西南农村	0.00005	0.06%
WrWc3 西北城市	0.001565	1.87%
WrWc3 西北农村	0.00009	0.11%
WrWc3 东北城市	0.000953	1.14%
WrWc3 东北农村	0.000173	0.21%
城乡维度优先的双变量层级分析	泰尔指数值	占全部不均等的比重
T3	0.083541	100.00%
Bc3	0.000908	1.09%
WcBr3	0.031913	38.20%
WcBr3 城市	0.025176	30.14%
WcBr3 农村	0.006738	8.07%
WrWc3	0.050719	60.71%
WrWc3 华北城市	0.0139	16.64%
WrWc3 华北农村	0.000116	0.14%
WrWc3 华东城市	0.020117	24.08%
WrWc3 华东农村	0.002468	2.95%
WrWc3 华中城市	0.002222	2.66%
WrWc3 华中农村	0.000065	0.08%
WrWc3 华南城市	0.007914	9.47%
WrWc3 华南农村	0.000205	0.25%
WrWc3 西南城市	0.000882	1.06%
WrWc3 西南农村	0.00005	0.06%
WrWc3 西北城市	0.001565	1.87%
WrWc3 西北农村	0.00009	0.11%
WrWc3 东北城市	0.000953	1.14%
WrWc3 东北农村	0.000173	0.21%

区域维度和城乡维度同时考虑的双变量非层级分析	泰尔指数值	占全部不均等的比重
T3	0.083541	100.00%
Br3	0.027724	33.19%
Bc3	0.000908	1.09%
WrWc3	0.050719	60.71%
WrWc3 华北城市	0.0139	16.64%
WrWc3 华北农村	0.000116	0.14%
WrWc3 华东城市	0.020117	24.08%
WrWc3 华东农村	0.002468	2.95%
WrWc3 华中城市	0.002222	2.66%
WrWc3 华中农村	0.000065	0.08%
WrWc3 华南城市	0.007914	9.47%
WrWc3 华南农村	0.000205	0.25%
WrWc3 西南城市	0.000882	1.06%
WrWc3 西南农村	0.00005	0.06%
WrWc3 西北城市	0.001565	1.87%
WrWc3 西北农村	0.00009	0.11%
WrWc3 东北城市	0.000953	1.14%
WrWc3 东北农村	0.000173	0.21%
Irc3	0.00419	5.02%
Irc3 城市	− 0.000368	− 0.44%
Irc3 农村	0.004558	5.46%
Irc3 华北	0.000973	1.16%
Irc3 华东	− 0.000724	− 0.87%
Irc3 华中	− 0.000181	− 0.22%
Irc3 华南	0.003689	4.42%
Irc3 西南	0.000547	0.65%
Irc3 西北	0.000216	0.26%
Irc3 东北	− 0.00033	− 0.40%
Irc3 华北城市	− 0.001014	− 1.21%
Irc3 华北农村	0.001986	2.38%

续表

区域维度和城乡维度同时考虑的 双变量非层级分析	泰尔指数值	占全部不均等的比重
Irc3 华东城市	0.003614	4.33%
Irc3 华东农村	−0.004338	−5.19%
Irc3 华中城市	−0.000118	−0.14%
Irc3 华中农村	−0.000063	−0.08%
Irc3 华南城市	−0.004594	−5.50%
Irc3 华南农村	0.008283	9.91%
Irc3 西南城市	0.001441	1.72%
Irc3 西南农村	−0.000894	−1.07%
Irc3 西北城市	0.000924	1.11%
Irc3 西北农村	−0.000707	−0.85%
Irc3 东北城市	−0.000621	−0.74%
Irc3 东北农村	0.000291	0.35%

二、测量结果

表 3-3 报告了政府第一产业潜在财政能力均等化水平测算结果。首先观察区域维度优先的双变量层级分析。通过全国总体不均等指标 T1 数值可以看到，第一产业潜在财政能力总体不均程度仅为 0.021656 水平，低于 0.1 的不均等水平，总体均等化水平较好。全国总体不均等指标 T1 数值的构成如下：区域之间不均等指标 Br1 为 0.006806，占全体不均等的比重为 31.43%；区域内部城乡之间不均等指标 WrBc1 为 0.001573，占全体不均等的比重为 7.26%；区域内部城乡内部不均等指标 WrWc1 为 0.001573，占全体不均等的比重为 61.30%。由此可见，政府第一产业潜在财政能力的不均等程度，主要由区域内部城乡内部的不均等所构成，其次为区域之间的不均等程度，而区域内部城乡之间不均等占比最小。对于区域内部城乡之间不均等指标而言，华东地区城乡之间不均等水平最高，不均等指标 WrBc1 华东为 0.000526；华北地区城乡之间不均等水平最低，不均等指标 WrBc1 华北为 0.000052。对于区域内部城乡内部不均等指标而言，华北城市不均等水平最高，不均等指标 WrWc1 华北城市为 0.005114；西南农村不均等水平最低，不均等指标 WrWc1 西南农村为 0.000145。

其次观察城乡维度优先的双变量层级分析。全国总体不均等指标 T1 数值的构成如下：城乡之间不均等指标 Bc1 为 0.00194，占全体不均等的比重为

8.96%；城乡内部区域之间不均等指标 WcBr1 为 0.001573，占全体不均等的比重为 29.73%；区域内部城乡内部不均等指标 WrWc1 为 0.006439，占全体不均等的比重为 61.30%。可以判断，政府第一产业潜在财政能力的不均等程度，主要由区域内部城乡内部的不均等所构成，其次为城乡内部区域之间的不均等程度，而城乡之间的不均等程度在总体不均等程度中贡献最小。对于城乡内部区域之间不均等指标而言，城市区域之间不均等指标水平较高，不均等指标 WcBr1 城市为 0.004944；农村区域之间不均等指标水平较低，不均等指标 WcBr1 农村为 0.001496。

最后观察区域维度和城乡维度同时考虑的双变量非层级分析。全国总体不均等指标 T1 数值的构成如下：区域之间不均等指标 Br1 为 0.006806，占全体不均等的比重为 31.43%；城乡之间不均等指标 Bc1 为 0.00194，占全体不均等的比重为 8.96%；区域内部城乡内部不均等指标 WrWc1 为 0.006439，占全体不均等的比重为 61.30%；区域—城乡交互作用指标 Irc1 为 -0.000367，占全体不均等的比重为 -1.69%。可以说，双变量泰尔指数在测算过程中，区域和城乡两个维度交互作用对全部不均等产生抵消作用，测算结果认为区域之间不均等指标 Br1 和城乡之间不均等指标 Bc1 交互影响后，对整体不均等程度产生显著的均等化作用。从城市和乡村两个维度看，城市地区的交互作用指标 Irc1 城市为 -0.00294，证明在区域和城乡两个维度的交互作用中，城市地区对整体不均等程度产生显著的均等化作用，农村地区目前是整体不均等产生的主要区域。

从七大区域的维度看，华北地区、华中地区、西南地区、西北地区的交互作用指标 Irc1 华北、Irc1 华中、Irc1 西南、Irc1 西北为 -0.000747、-0.000018、-0.001095、-0.000031，证明在区域和城乡两个维度的交互作用中，华北地区、华中地区、西南地区、西北地区对整体不均等程度产生显著的均等化作用，而华东地区、华南地区、华南地区对整体不均等则产生了逆向均等的作用。七大区域的详细情况如下：（1）在华北地区内部，华北城市地区的交互作用指标 Irc1 华北城市为 -0.001217，证明在华北地区内部，华北城市地区对整体不均等程度产生显著的均等化作用，而且城市地区的正向均等化作用大于农村地区的逆向均等化作用，因而华北地区对整体不均等产生了正向的均等化作用；（2）在华东地区内部，华东城市地区的交互作用指标 Irc1 华东城市为 -0.000054，证明在华东地区内部，华东城市地区对整体不均等程度产生显著的均等化作用，但由于城市地区的正向均等化作用小于农村地区的逆向均等化作用，因而华东地区整体而言产生了逆向的均等化作用；（3）在华中地区内部，华中城市地区的交互作用指标 Irc1 华中城市为 -0.001551，证明在华中地区内部，华中城市地区对整体不均等程度产生显著的均等化作用，但由于城市地区的正向均等化作用大于农村地区的逆向均等化作用，因而华中地区对整体不均等产生了正向的均等化作用；（4）在华南地区内部，华南中城市地区的交互作用指标 Irc1 华中城市为 −0.000037，证明在华南地区内部，华南城市地区对整体不均等程度产生显著的均等化作用，但由于城市地区的正向均等化作用小于农村地区的逆向均等化作用，因而华南地区对于整体不均等产生了逆向的均等化作用；（5）在西南地区内部，西南城市地区的交互作用指标 Irc1 西南城市为 −0.001345，证明在西南地区内部，西南城市地区对整体不均等程度产生显著的均等化作用，但由于城市地区的正向均等化作用大于农村地区的逆向均等化作用，因而西南地区对整体不均等产生了正向的均等化作用；（6）在西北地区内部，西北农村地区的交互作用指标 Irc1 西北农村为 −0.000709，证明在西北地区内部，西北农村地区对整体不均等程度产生显著的均等化作用，但由于农村地区的正向均等化作用大于城市地区的逆向均等化作用，因而西北地区对整体不均等产生了正向的均等化作用；（7）在东北地区内部，东北地区城市和农村的交互作用指标 Irc1 东北城市和 Irc1 东北农村均为 0.000586 和 0.000071，证明在东北地区内部，城市和农村地区整体不均等程度产生逆向均等化作用，因而东北地区对整体不均等程度产生了逆向的均等化作用。

表 3−4 报告了政府第二产业潜在财政能力均等化水平测算结果。首先观察区域维度优先的双变量层级分析。通过全国总体不均等指标 T2 数值可以看到，第二产业潜在财政能力总体不均程度仅为 0.042849 水平，虽高于第一产业潜在财政能力总体不均程度，但是仍低于 0.1 的不均等水平，总体均等化水平依旧较好。具体而言，全国总体不均等指标 T2 数值的构成如下：区域之间不均等指标 Br2 为 0.014107，占全体不均等的比重为 32.92%；区域内部城乡之间不均等指标 WrBc2 为 0.003516，占全体不均等的比重为 8.21%；区域内部城乡内部不均等指标 WrWc2 为 0.025226，占全体不均等的比重为 58.87%。由此可见，政府第二产业潜在财政能力的不均等程度，主要由区域内部城乡内部的不均等所构成，其次为区域之间的不均等程度，而区域内部城乡之间不均等占比最小，与政府第一产业潜在财政能力不均等程度的构成较为相似。对于区域内部城乡之间不均等指标而言，华南地区城乡之间不均等水平最高，不均等指标 WrBc2 华南为 0.002464；华北地区城乡之间不均等水平最低，不均等指标 WrBc2 华北为 0.000012。对于区域内部城乡内部不均等指标而言，华东城市不均等水平最高，不均等指标 WrWc2 华东城市为 0.00873；西南农村不均等水平最低，不均等指标 WrWc2 西南农村为 0.000003。

其次观察城乡维度优先的双变量层级分析。全国总体不均等指标 T2 数值的构成如下：城乡之间不均等指标 Bc2 为 0.000242，占全体不均等的比重为 0.56%；城乡内部区域之间不均等指标 WcBr2 为 0.01738，占全体不均等的比重为 40.56%；区域内部城乡内部不均等指标 WrWc2 为 0.025226，占全体不均等的比重为58.87%。可以说，政府第二产业潜在财政能力的不均等程度，主要由区域内部城乡内部的不均等所构成，其次为城乡内部区域之间不均等，而城乡之间不均等占比最小，与政府第二产业潜在财政能力不均等程度的构成较为类似。对于城乡内部区域之间不均等指标而言，城市区域之间不均等指标水平较高，不均等指标 WcBr2 城市为 0.011872；农村区域之间不均等指标水平较低，不均等指标 WcBr2 农村为 0.005508。

最后观察区域维度和城乡维度同时考虑的双变量非层级分析。全国总体不均等指标 T2 数值的构成如下：区域之间不均等指标 Br2 为 0.014107，占全体不均等的比重为32.92%；城乡之间不均等指标 Bc2 为 0.000242，占全体不均等的比重为 0.56%；区域内部城乡内部不均等指标 WrWc2 为 0.025226，占全体不均等的比重为58.87%；区域 – 城乡交互作用指标 Irc2 为 0.003274，占全体不均等的比重为7.64%。可以说，双变量泰尔指数在测算过程中，区域和城乡两个维度交互作用对全部不均等不产生抵消作用，测算结果认为区域之间不均等指标 Br2 和城乡之间不均等指标 Bc2 交互影响后，对整体不均等程度产生逆向均等化作用。从城市和乡村两个维度看，城市地区的交互作用指标 Irc2 城市为 – 0.002155，证明在区域和城乡两个维度的交互作用中，城市地区对整体不均等程度产生显著的均等化作用，农村地区目前是整体不均等产生的主要区域。

从七大区域的维度看，华北地区和西南地区的交互作用指标 Irc2 华北、Irc2 西南分别为 – 0.000223 和 – 0.000341，证明在区域和城乡两个维度的交互作用中，华北地区和西南地区对整体不均等程度产生显著的均等化作用，而其他区域对整体不均等则产生了逆向均等的作用。七大区域的详细情况如下：（1）在华北地区内部，华北城市地区的交互作用指标 Irc2 华北城市为 – 0.000313，证明在华北地区内部，华北城市地区对整体不均等程度产生显著的均等化作用，而且城市地区的正向均等化作用大于农村地区的逆向均等化作用，因而华北地区对整体不均等产生了正向的均等化作用；（2）在华东地区内部，华东农村地区的交互作用指标 Irc2 华东农村为 – 0.002706，证明在华东地区内部，华东农村地区对整体不均等程度产生显著的均等化作用，但由于农村地区的正向均等化作用小于城市地区的逆向均等化作用，因而华东地区对整体不均等产生逆向的均等化作用；（3）在华中地区内部，华中农村地区的交互作用指标 Irc2 华中农村为 – 0.001125，证明在华中地区内部，华中农村地区对整体不均等程度产生显著的均等化作用，但由于城市地区的逆向均等化作用大于农村地区的正向均等化作用，因而华中地区对整体不均等产生了逆向的均等化作用；（4）在华南地区内部，华南中城市地区的交互作用指标 Irc2 华南城市为 – 0.005401，证明在华南地区内部，华南城市地区对整体不均等程度产生显著的均等化作用，但由于城市地区的正向均等化作用小于农村地区的逆向均等化作用，因而华南地区对整体不均等产生了逆向的均等化作用；（5）在西南地区内部，西南地区城市和农村的交互作用指标 Irc2 西南城市和 Irc2 西南农村均为 -0.000278 和 -0.000062，证明在西南地区内部，城市和农村地区整体不均等程度产生正向均等化作用，因而西南地区对整体不均等程度产生了正向的均等化作用；（6）在西北地区内部，西北农村地区的交互作用指标 Irc2 西北农村为 -0.000551，证明在西北地区内部，西北农村地区对整体不均等程度产生显著的均等化作用，但由于农村地区的正向均等化作用小于城市地区的逆向均等化作用，因而西北地区对整体不均等产生了逆向的均等化作用；（7）在东北地区内部，东北城市地区的交互作用指标 Irc2 东北城市为 -0.001531，证明在东北地区内部，东北城市地区对整体不均等程度产生显著的均等化作用，但由于农村地区的逆向均等化作用大于城市地区的正向均等化作用，因而东北地区对整体不均等产生逆向的均等化作用。

表 3-5 报告了政府第三产业潜在财政能力均等化水平测算结果。首先观察区域维度优先的双变量层级分析。通过全国总体不均等指标 T3 数值可以看到，第三产业潜在财政能力总体不均程度仅为 0.083541 水平，虽高于第一产业、第二产业的潜在财政能力总体不均程度，但是仍低于 0.1 的不均等水平，总体均等化水平依旧较好。具体而言，全国总体不均等指标 T3 数值的构成如下：区域之间不均等指标 Br3 为 0.027724，占全体不均等的比重为 33.19%；区域内部城乡之间不均等指标 WrBc3 为 0.005098，占全体不均等的比重为 6.10%；区域内部城乡内部不均等指标 WrWc3 为 0.050719，占全体不均等的比重为 60.71%。由此可见，政府第三产业潜在财政能力的不均等程度，主要由区域内部城乡内部的不均等所构成，其次为区域之间的不均等程度，而区域内部城乡之间不均等占比最小，与政府第一产业、第二产业潜在财政能力不均等程度的构成较为相似。对于区域内部城乡之间不均等指标而言，华南地区城乡之间不均等水平最高，不均等指标 WrBc3 华南为 0.00405；西南地区城乡之间不均等水平最低，不均等指标 WrBc3 西南为 0.000001。对于区域内部城乡内部不均等指标而言，华东城市不均等水平最高，不均等指标 WrWc3 华东城市为 0.020117；华中农村不均等水平最低，不均等指标 WrWc3 华中农村为 0.000065。

其次观察城乡维度优先的双变量层级分析。全国总体不均等指标 T3 数值的构成如下：城乡之间不均等指标 Bc3 为 0.000908，占全体不均等的比重为 1.09%；城乡内部区域之间不均等指标 WcBr3 为 0.031913，占全体不均等的比重为 38.2%；区域内部城乡内部不均等指标 WrWc3 为 0.050719，占全体不均等的比重为 60.71%。可以说，政府第三产业潜在财政能力的不均等程度，主要由区域内部城乡内部的不均等所构成，其次为城乡内部区域之间不均等，而城乡之间不均等占比最小，与政府第一产业、第二产业潜在财政能力不均等程度的构成较为类似。对于城乡内部区域之间不均等指标而言，城市区域之间不均等指标水平较高，不均等指标 WcBr3 城市为 0.025176；农村区域之间不均等指标水平较低，不均等指标 WcBr3 农村为 0.006738。

最后观察区域维度和城乡维度同时考虑的双变量非层级分析。全国总体不均等指标 T3 数值的构成如下：区域之间不均等指标 Br3 为 0.027724，占全体不均等的比重为 33.19%；城乡之间不均等指标 Bc3 为 0.000908，占全体不均等的比重为 1.09%；区域内部城乡内部不均等指标 WrWc3 为 0.050719，占全体不均等的比重为 60.71%；区域 - 城乡交互作用指标 Irc3 为 0.00419，占全体不均等的比重为 5.02%。可以说，双变量泰尔指数在测算过程中，区域和城乡两个维度交互作用对全部不均等不产生抵消作用，测算结果认为区域之间不均等指标 Br3 和城乡之间不均等指标 Bc3 交互影响后，对整体不均等程度产生逆向均等化作用。从城市和乡村两个维度看，城市地区的交互作用指标 Irc3 城市为 - 0.000368，证明在区域和城乡两个维度的交互作用中，城市地区对整体不均等程度产生显著的均等化作用，农村地区目前是整体不均等产生的主要区域。

从七大区域的维度看，华东地区、华中地区和东北地区的交互作用指标 Irc3 华东、Irc3 华中和 Irc3 东北分别为 - 0.000724、- 0.000181 和 - 0.00033，证明在区域和城乡两个维度的交互作用中，华东地区、华中地区和东北地区的对整体不均等程度产生显著的均等化作用，而其他区域对整体不均等则产生了逆向均等的作用。七大区域的详细情况如下：（1）在华北地区内部，华北城市地区的交互作用指标 Irc3 华北城市为 - 0.001014，证明在华北地区内部，华北城市地区对整体不均等程度产生显著的均等化作用，但由于城市地区的正向均等化作用小于农村地区的逆向均等化作用，因而华北地区整体产生了逆向的均等化作用；（2）在华东地区内部，华东农村地区的交互作用指标 Irc3 华东农村为 - 0.004338，证明在华东地区内部，华东农村地区对整体不均等程度产生显著的均等化作用，而且农村地区的正向均等化作用大于城市地区的逆向均等化作用，因而华东地区对整体不均等产生了正向的均等化作用；（3）在华中地区内部，华中城市和农村地区的交互作用指标 Irc3 华中城市和 Irc3 华中农村分别为 - 0.000118 和 - 0.000063，证明在华中地区内部，城市和农村地区整体不均等程度产生正向均等化作用，因而华中地区对整体不均等程度产生了正向的均等化作用；（4）在华南地区内部，华南中城市地区的交互作用指标 Irc3 华南城市为 - 0.004594，证明在华南地区内部，华南城市地区对整体不均等程度产生显著的均等化作用，但由于农村地区的逆向均等化作用大于城市地区的正向均等化作用，因而华南地区对整体不均等产生了逆向的均等化作用；（5）在西南地区内部，西南农村地区的交互作用指标 Irc3 西南农村为 - 0.000894，证明在西南地区内部，华南农村地区对整体不均等程度产生显著的均等化作用，但由于城市地区的逆向均等化作用大于农村地区的正向均等化作用，因而西南地区对整体不均等产生了逆向的均等化作用；（6）在西北地区内部，西北农村地区的交互作用指标 Irc3 西北农村为 - 0.000707，证明在西北地区内部，西北农村地区对整体不均等程度产生显著的均等化作用，但由于农村地区的正向均等化作用小于城市地区的逆向均等化作用，因而西北地区对整体不均等产生了逆向的均等化作用；（7）在东北地区内部，东北城市地区的交互作用指标 Irc3 东北城市为 - 0.000621，证明在东北地区内部，东北城市地区对整体不均等程度产生显著的均等化作用，而且农村地区的逆向均等化作用小于城市地区的正向均等化作用，因而东北地区对整体不均等产生正向的均等化作用。

表 3 - 6 报告了政府潜在财政能力均等化水平测算结果。首先观察区域维度优先的双变量层级分析。通过全国总体不均等指标 T 数值可以看到，潜在财政能力总体不均程度仅为 0.056872 水平，介于第二产业和第三产业潜在财政能力总体不均程度之间，总体上低于 0.1 的不均等水平，均等化水平仍然较好。具体而言，全国总体不均等指标 T 数值的构成如下：区域之间不均等指标 Br 为 0.018742，占全体不均等的比重为 32.95%；区域内部城乡之间不均等指标 WrBc 为 0.00372，占全体不均等的比重为 6.54%；区域内部城乡内部不均等指标 WrWc 为 0.03441，占全体不均等的比重为 60.50%。由此可见，政府潜在财政能力的不均等程度，主要由区域内部城乡内部的不均等所构成，其次为区域之间的不均等程度，而区域内部城乡之间不均等占比最小，与政府第一产业、第二产业、第三产业潜在财政能力不均等程度的构成较为相似。对于区域内部城乡之间不均等指标而言，华南地区城乡之间不均等水平最高，不均等指标 WrBc 华南为 0.003176；西南地区城乡之间不均等水平最低，不均等指标 WrBc 西南为 0.00001。对于区域内部城乡内部不均等指标而言，华东城市不均等水平最高，不均等指标 WrWc 华东城市为 0.013258；西南农村不均等水平最低，不均等指标 WrWc 西南农村为 0.000009。

表 3 - 6　　　　　　政府潜在财政能力均等化水平测算

区域维度优先的双变量层级分析	泰尔指数值	占全部不均等的比重
T	0.056872	100.00%
Br	0.018742	32.95%
WrBc	0.00372	6.54%
WrBc 华北	0.000092	0.16%
WrBc 华东	0.000214	0.38%
WrBc 华中	0.000021	0.04%
WrBc 华南	0.003176	5.58%
WrBc 西南	0.00001	0.02%

续表

区域维度优先的双变量层级分析	泰尔指数值	占全部不均等的比重
WrBc 西北	0.000082	0.14%
WrBc 东北	0.000126	0.22%
WrWc	0.03441	60.50%
WrWc 华北城市	0.007486	13.16%
WrWc 华北农村	0.000046	0.08%
WrWc 华东城市	0.013258	23.31%
WrWc 华东农村	0.001697	2.98%
WrWc 华中城市	0.001113	1.96%
WrWc 华中农村	0.000376	0.66%
WrWc 华南城市	0.006029	10.60%
WrWc 华南农村	0.000135	0.24%
WrWc 西南城市	0.001091	1.92%
WrWc 西南农村	0.000009	0.02%
WrWc 西北城市	0.001486	2.61%
WrWc 西北农村	0.000132	0.23%
WrWc 东北城市	0.000947	1.67%
WrWc 东北农村	0.000605	1.06%
城乡维度优先的双变量层级分析	泰尔指数值	占全部不均等的比重
T	0.056872	100.00%
Bc	0.000018	0.03%
WcBr	0.022445	39.47%
WcBr 城市	0.01677	29.49%
WcBr 农村	0.005675	9.98%
WrWc	0.03441	60.50%
WrWc 华北城市	0.007486	13.16%
WrWc 华北农村	0.000046	0.08%
WrWc 华东城市	0.013258	23.31%
WrWc 华东农村	0.001697	2.98%
WrWc 华中城市	0.001113	1.96%
WrWc 华中农村	0.000376	0.66%
WrWc 华南城市	0.006029	10.60%

续表

城乡维度优先的双变量层级分析	泰尔指数值	占全部不均等的比重
WrWc 华南农村	0.000135	0.24%
WrWc 西南城市	0.001091	1.92%
WrWc 西南农村	0.000009	0.02%
WrWc 西北城市	0.001486	2.61%
WrWc 西北农村	0.000132	0.23%
WrWc 东北城市	0.000947	1.67%
WrWc 东北农村	0.000605	1.06%
区域维度和城乡维度同时考虑的双变量非层级分析	泰尔指数值	占全部不均等的比重
T	0.056872	100.00%
Br	0.018742	32.95%
Bc	0.000018	0.03%
WrWc	0.03441	60.50%
WrWc 华北城市	0.007486	13.16%
WrWc 华北农村	0.000046	0.08%
WrWc 华东城市	0.013258	23.31%
WrWc 华东农村	0.001697	2.98%
WrWc 华中城市	0.001113	1.96%
WrWc 华中农村	0.000376	0.66%
WrWc 华南城市	0.006029	10.60%
WrWc 华南农村	0.000135	0.24%
WrWc 西南城市	0.001091	1.92%
WrWc 西南农村	0.000009	0.02%
WrWc 西北城市	0.001486	2.61%
WrWc 西北农村	0.000132	0.23%
WrWc 东北城市	0.000947	1.67%
WrWc 东北农村	0.000605	1.06%
Irc	0.003703	6.51%
Irc 城市	−0.001195	−2.10%
Irc 农村	0.004898	8.61%
Irc 华北	0.000146	0.26%

续表

区域维度和城乡维度同时考虑的双变量非层级分析	泰尔指数值	占全部不均等的比重
Irc 华东	0.000147	0.26%
Irc 华中	− 0.000007	− 0.01%
Irc 华南	0.003139	5.52%
Irc 西南	0.000098	0.17%
Irc 西北	0.000114	0.20%
Irc 东北	0.000066	0.12%
Irc 华北城市	− 0.000736	− 1.29%
Irc 华北农村	0.00088	1.55%
Irc 华东城市	0.003487	6.13%
Irc 华东农村	− 0.003341	− 5.87%
Irc 华中城市	0.000983	1.73%
Irc 华中农村	− 0.000991	− 1.74%
Irc 华南城市	− 0.005082	− 8.94%
Irc 华南农村	0.00822	14.45%
Irc 西南城市	0.000512	0.90%
Irc 西南农村	− 0.000413	− 0.73%
Irc 西北城市	0.000746	1.31%
Irc 西北农村	− 0.000632	− 1.11%
Irc 东北城市	− 0.001106	− 1.94%
Irc 东北农村	0.001172	2.06%

其次观察城乡维度优先的双变量层级分析。全国总体不均等指标 T 数值的构成如下：城乡之间不均等指标 Bc 为 0.000018，占全体不均等的比重为 0.03%；城乡内部区域之间不均等指标 WcBr 为 0.022445，占全体不均等的比重为 39.47%；区域内部城乡内部不均等指标 WrWc 为 0.03441，占全体不均等的比重为 60.50%。可以说，政府潜在财政能力的不均等程度，主要由区域内部城乡内部的不均等所构成，其次为城乡内部区域之间不均等，而城乡之间不均等占比最小，与政府第一产业、第二产业和第三产业潜在财政能力不均等程度的构成较为类似。对于城乡内部区域之间不均等指标而言，城市区域之间不均等指标水平较高，不均等指标 WcBr 城市为 0.01677；农村区域之间不均等指标水平较低，不均等指标 WcBr 农村为 0.005675。

最后观察区域维度和城乡维度同时考虑的双变量非层级分析。全国总体不均等指标 T 数值的构成如下：区域之间不均等指标 Br 为 0.018742，占全体不均等的比重为 32.95%；城乡之间不均等指标 Bc 为 0.000018，占全体不均等的比重为 0.03%；区域内部城乡内部不均等指标 WrWc 为 0.03441，占全体不均等的比重为 60.50%；区域 – 城乡交互作用指标 Irc 为 0.003703，占全体不均等的比重为 6.51%。可以说，双变量泰尔指数在测算过程中，区域和城乡两个维度交互作用对全部不均等不产生抵消作用，测算结果认为区域之间不均等指标 Br 和城乡之间不均等指标 Bc 交互影响后，对整体不均等程度产生逆向均等化作用。从城市和乡村两个维度看，城市地区的交互作用指标 Irc 城市为 – 0.001195，证明在区域和城乡两个维度的交互作用中，城市地区对整体不均等程度产生显著的均等化作用，农村地区目前是整体不均等产生的主要区域。

从七大区域的维度看，华中地区的交互作用指标 Irc 华中为 – 0.000007，证明在区域和城乡两个维度的交互作用中，华中地区对整体不均等程度产生显著的均等化作用，而其他区域对整体不均等则产生了逆向均等的作用。七大区域的详细情况如下：（1）在华北地区内部，华北城市地区的交互作用指标 Irc 华北城市为 – 0.000736，证明在华北地区内部，华北城市地区对整体不均等程度产生显著的均等化作用，但由于城市地区的正向均等化作用小于农村地区的逆向均等化作用，因而华北地区整体产生了逆向的均等化作用；（2）在华东地区内部，华东农村地区的交互作用指标 Irc 华东农村为 – 0.003341，证明在华东地区内部，华东农村地区对整体不均等程度产生显著的均等化作用，但由于农村地区的正向均等化作用小于城市地区的逆向均等化作用，因而华东地区对整体不均等产生了逆向的均等化作用；（3）在华中地区内部，华中农村地区的交互作用指标 Irc 华中农村为 – 0.000991，证明在华中地区内部，农村地区对整体不均等程度产生正向均等化作用，并且由于农村地区的正向均等化作用大于城市地区的逆向均等化作用，因而华中地区对整体不均等产生了正向的均等化作用；（4）在华南地区内部，华南中城市地区的交互作用指标 Irc 华南城市为 – 0.005082，证明在华南地区内部，华南城市地区对整体不均等程度产生显著的均等化作用，但由于城市地区的正向均等化作用小于农村地区的逆向均等化作用，因而华南地区对整体不均等产生了逆向的均等化作用；（5）在西南地区内部，西南农村地区的交互作用指标 Irc 西南农村为 – 0.000413，证明在西南地区内部，华南农村地区对整体不均等程度产生显著的均等化作用，但由于城市地区的逆向均等化作用大于农村地区的正向均等化作用，因而西南地区对整体不均等产生了逆向的均等化作用；（6）在西北地区内部，西北农村地区的交互作用指标 Irc 西北农村为 – 0.000632 证明在西北地区内部，西北农村地区对整体不均等程度产生显著的均等化作用，但由于农村地区的正向均等化作用小于城市地区的逆向均等化作用，因而西北地区对整体不均等产生了逆向的均等化作用；（7）在东北地区内部，东北城市地区的交互作用指标 Irc 东北城市为 −0.001106，证明在东北地区内部，东北城市地区对整体不均等程度产生显著的均等化作用，而且农村地区的逆向均等化作用小于城市地区的正向均等化作用，因而东北地区对整体不均等产生正向的均等化作用。

第四节　提高政府财政能力的国际经验：开征房产税

从国际经验来看，开征房产税是有效提高地方政府财政能力的重要手段。对于我国目前而言，如何确立我国财产税税权在中央与地方政府间的合理分配，除遵循一般性税权划分原则、借鉴国外先进经验以外，需要结合中国的现有国情。从地方税权分配的研究领域来看，我们的研究首先要讨论的问题是对中央政府是否应该赋予地方政府税权这一问题进行系统性的研究，其主要目的是为了对中央政府与地方政府间进行税权分配的问题形成一个系统性全面的认识。根据传统意义上的财政分权理论，西方学者们认为中央政府赋予地方政府的税收权利，应该集中在相对比较小的范围之内。按照税权分配的一般性原则而言，中央政府赋予地方政府的税收权利可以限定在以下三种范围：第一是不容易引起政府间竞争的地方性税种；第二是单独向辖区内居民征收的地方性税种；第三是易于地方政府征收管理的地方性税种。但随着西方财政分权理论与实践的深入发展，这一传统的观点在很多学者的研究过程中得到了进一步的发展。有别于传统的西方公共经济学理论，学者们认为中央政府可以在较大的范围内赋予地方政府的税收权利，这主要是基于以下两个方面的考虑：一方面，如果地方性公共服务财政资金来源于地方政府向当地居民所征税收，辖区内居民为获得良好的地方性公共服务，必须承担一定程度的税收负担，地方政府可通过提高地方性公共服务的课税价格，限制辖区内居民对地方性公共服务需求增加，减少地方政府公共支出日益增长的压力。另一方面，如果地方政府提供公共服务的资金不是来源于中央政府对地方政府的转移支付安排，而是主要依靠地方政府对于辖区内居民征收的税收，居民也能够将自身对于公务物品的需求直接反映到地方政府的供给政策中，地方政府能够更好地根据居民的偏好来安排自身的公共物品供给，则更有利于地方政府从更大范围内获得居民对自身的合法性支持。鉴于此，赋予地方政府较大税权的理论，在财政分权制国家实践中找到支撑的依据，近年成为理论界研究的重点。接下来需要解决的问题是中央政府与地方政府在税权分配过程遵循的基本原则。确定什么类型的税收权利可以在中央政府与地方政府之间进行的分配，而这些税收权利应该如何在中央政府与地方政府之间进行合理的分配，我们首先需要解决的是确定税权与政府层级的有效配置问题，也就是说如何根据政府的层级实施税权分配的基础性问题。在这一问题的研究过程中，根据西方学者的研究需要遵循这一研究的基本原则，主要包括以下几个方面：第一个原则是效率性原则（Efficiency），主要是指地方政府在征收地方性税收不能造成资源配置的扭曲；第二个原则是责任性原则（Accountability），主要是指各级政府在公共服务支出的财政资金来源上需要承担相应的职责；第三个原则是充足性原则（Sufficiency），主要是指地方政府征收地方性税收需要具备充足财力，用于保证地方性公共服务的有效供给；第四个原则是地方性原则（Localization），主要是指地方政府所征收的税收必须由享用地方性公共服务的居民来承担。应该指出的是，如果我们在中央政府和地方政府的税收权利分配过程如果能够遵循上述四个基本原则，则有利于解决中央政府和地方政府在财政分权过程中所需要面临的两个问题：第一个问题是财政分权过程中的"纵向非均衡性"问题，主要是指中央政府与地方政府间基于税收课征效率差异所形成的非均衡性；第二个问题是财政分权过程中的"横向非均衡性"，主要是指不同地方政府间基于课税基础差异所形成的非均衡性问题。在确定中央政府与地方政府在税权分配过程遵循的基本原则后，接下来我们需要讨论的一个问题是地方性税收权利的具体形式问题。对于这一个问题的讨论，我们可以从以下三个方面进行考虑：第一，需要考虑地方性税收征管工作应该由哪一个层级的政府负责。如果我们假设地方性税种在征收过程中存在一定程度的规模效应问题，则可以考虑将税收征管权限由下一个级别的政府上收到上一个级别的政府手上，由上一个级别的政府负责税收征管工作在不同下一个级别的政府之间的统筹协作问题。如果我们将地方性税收的征管权限问题由上一个级别的政府授权到下一个级别的政府，则有利于下一个级别的政府充分行使对税收征管工作的自由支配权，这种做法也有利于地方政府从更大范围内获得居民对自身的合法性支持。最为关键的是，考虑地方性税收征管工作应该由哪一个层级政府负责的问题，主要考虑的现实依据在于下一个级别的政府在税收征管方面获得的技术支持力度，以及下一个级别的政府在税收管理的能力。第二，需要考虑地方性税收归属权应该由哪一个层级的政府负责。从理性的角度看，地方性税收归属权可以由下一个级别的政府来决定，也可以由上一个级别的政府和下一个级别的政府共同决定。从西方联邦制国家的实践来看，实施西方联邦分权体制的国家倾向于由上一个级别的政府和下一个级别的政府共同决定地方性税收归属权，但值得注意的是：这种分配体制会产生不同级别的政府在税权分配方面的纵向不均衡问题，那么这种税权分配纵向不均衡应该如何解决呢？在现实生活中，很多西方国家都是采取均等化的转移支付制度来解决由于不同级别的政府在税权分配方面的差异所导致的纵向不均衡问题。第三，需要考虑地方性税种的结构应该由哪一个层级的政府负责。从西方联邦制国家的实践来看，地方性税种的结构问题应该包括如下两个问题：一是地方性税种的税基定义问题；二是地方性税种的税率设定问题。从西方联邦制国家的经验来看，上一个级别的政府将地方性税种的税率设定问题授权到下一个级别的政府更为复杂，这是因为对于下一个级别的政府而言，地方性税种的税率设定问题容易引起下一个级别的政府之间为了争夺税源，在地方性税种的税收减免、税收豁免、税收抵免等方面实施不同程度的税收优惠，甚至在彼此间为了争夺税源而造成下一个级别的政府之间的恶性财政竞争。基于上述考虑，本书对地方性税种的结构分析，对于地方性税种的税率设定问题也是一个研究的重点方向。

作为世界各国税收收入规模最大地方性税种，财产税的税权分配问题要受到不同国家之间自然资源禀赋差异、税源规模和集中程度、城市化发展程度、经济社会发展差异等客观因素的制约，在遵循一般税权分配原则的基础上也要根据不同国家之间的具体情况而有所差别。本书选取征收财产税的 75 个的国家地区为分析样本，对财产税在各国税权归属、税制结构、税收征管方面的具体实践进行比较，深入研究财产税税权分配的具体形式。按照国家地区 2002 年人均 GDP 达到 USD3929.00 为标准，本书将 75 个国家地区划分为两组数据分析，包括低收入国家地区数据与高收入国家地区数据：第一，我们来分析财产税税权归属在 75 个国家地区的具体实践。首先观察所有国家和地区财产税税权归属分配情况。目前，绝大多数国家或地区倾向于将财产税的税权交由地方政府管理，其余国家或地区倾向于将财产税的税权交由上一个级别的联邦政府或中央政府管理，或者是将财产税的税权交由联邦政府（或中央政府）和地方政府共同管理。接下来分析低收入国家地区财产税税权归属的分配。接近 50% 国家地区授权地方政府财产税税权，其次由联邦政府（或中央政府）和地方政府共同作为财产税的受益方，其余国家或地区倾向于由地方政府共同作为财产税的受益方。最后，我们来观察发达国家或地区财产税税权的归属情况，结果发现财产税税权归属于地方政府的国家地区超过了 81%，归属于联邦政府（或中央政府）的国家地区占比为 14%，由联邦政府（或中央政府）和地方政府共享享有财产税的国家占比则低于 3%。从各国实践看，绝大多数国家地区将财产税税权归属于地方政府，在高收入国家表现尤为明显。第二，我们来分析财产税税率设定权限在 75 个国家地区的具体实践。首先观察所有国家和地区财产税税率设定权限的分配。绝大多数国家地区倾向于将财产税的税率设定交由联邦政府（或中央政府）和地方政府共同拥有，部分国家或地区则倾向于将财产税的税率设定交由地方政府拥有，剩余的国家或地区倾向于将财产税的税率设定交由联邦政府或中央政府拥有。接下来分析低收入国家地区财产税税率设定权限分配。数据表明，大部分国家或地区倾向于由联邦政府或中央政府负责财产税税率设定问题，部分大部分国家或地区则倾向于由联邦政府（或中央政府）和地方政府共同负责财产税税率设定问题，较少部分国家或地区倾向于由地方政府负责财产税税率设定问题。最后研究高收入国家地区的情况。研究结果表明，在这些发达国家中，由联邦政府（或中央政府）和地方政府共同负责财产税税率设定问题的国家比重占到了 42%，由地方政府负责财产税税率设定问题的国家比重占到了 34.2%，剩余国家由联邦政府或中央政府共同负责财产税税率设定问题。根据上述研究表明，大部分的国家或地区倾向于由联邦政府（或中央政府）和地方政府共同负责财产税税率设定问题，而这种情况更容易出现在高收入国家的行列之中。第三，我们分析财产税财产登记权限在 75 个国家和地区的具体实践。首先观察所有国家和地区财产税财产登记权限的分配情况。大多数国家和地区将财产税征收过程的财产登记工作交由中央政府执行，其余国家地区偏好授权地方政府实施财产登记，剩余国家和地区由中央政府和地方政府共享。接下来分析低收入和高收入国家和地区财产登记权限，研究表明多数国家地区将财产登记权限上归至中央政府，部分国家将其授予地方政府执行，少数国家和地区则在中央和地方政府间共享。研究结果显示，大多数国家更倾向于将财产登记权限上收至中央政府。第四，我们分析财产税税单和征收权限在 75 个国家和地区的具体实践。首先观察所有国家和地区财产税财产登记权限的分配情况。接近 60% 国家和地区将财产税税单和征收授权地方政府执行，部分国家和地区将权限上收中央政府，剩余国家和地区在中央和地方政府间共享。接下来分析低收入和高收入国家和地区的情况，研究表明多数国家和地区将权限授权地方政府执行，部分国家和地区将权限上收中央政府，极少数国家和地区在中央政府与地方政府间共享。研究结果表明，大多数国家更倾向于将这两种权限授权到地方政府。

从沪、渝两地房产税的试点开征，意味着我国财产税税收体系的建立，对正处于转轨时期的中国政府而言至关重要，这是由于政府拥有了对财产、消费、收入等诸多环节实施税收调节的财政调节手段（李秉龙、张立承、曹暕，2003；臧旭恒、曲创，2003；向静林、张翔，2014；朱京安、宋阳，2015；王廷惠，2007；王雪梅，2005；马纾，2005；刘佳、吴建南、吴佳顺，2012；陈潭、刘建义，2010；李伯华、刘传明、曾菊新，2007；陈永安、张舒宜，2005；高培勇，2011）。如何确立我国财产税税权在中央与地方政府间的合理分配，除遵循一般性税权划分原则、借鉴国外先进经验以外，需要结合中国的现有国情，实现财产税税收对宏观经济的调控作用。我国财产税税权分配的政策着力点应集中在如下几个方面：首先，确立地方性税种的财产税税收体制有利于为地方政府提供长期、稳定的来源于地方的税收收入，而地方政府财政能力的改善则有利于本地辖区居民公共服务供给水平的改进。毫无疑问的是，在现行土地出让金制度安排下，地方政府一次性收取 70 年土地出让金的做法可以暂时性弥补地方财力缺口问题，但随着土地资源日渐枯竭，势必也会将面临土地越买越少所导致的财源枯竭困境，特别是新的《物权法》规定了住宅或土地在届满使用权 70 年后可以自动续期，但是《物权法》没有规定这些满 70 年后可以自动续期的住宅或土地，地方政府是否有权利再一次征收土地使用费的问题。可以预见的是：在未来的时期内住宅或土地若因土地增值而带来的收益部分，从法律条文的规定上地方政府难以分享财产增值而带来的收益（卢洪友、智莲，2009；王绍光、胡鞍钢，1993；刘汉屏，2002；谷成，2007；周黎安，2004；黄佩华，2003；田发、周琛影，2007；高培勇，2008；张通、许宏才、张宏安，1997；李晓茜，2002；李克平，1996；张启春，2009；汤玉刚、赵大平，2007；王伟同，2012；张晓波、樊胜根、张林秀、黄季，2003；吴亚卓，2008；刘佐，2006；吕冰洋，2013；李香菊，2002；朱大旗，2007；程瑶，2012；胡洪曙、杨君汝，2008）。财产税以房地产的市场价值为计税依据每年征收，可为地方政府提供长期、稳定的来源于地方的税收收入，而地方政府财政能力的改善则有利于地方政府为社会公众提供统一的、基本的、最终大致均等的公共物品和公共服务，解决人民群众的最低生活保障层面，使得居民无论居住在哪里都能够实现"老有所养、劳有所得、学有所教、病有所医、住有所居"的目标，真正意义上的不同区域和不同城乡之间的公共服务均等化问题。另一方面，地方政府为辖区范围内的居民提供优质的社区公共服务，不仅能够提高辖区内居民的幸福感与整个社区的福利水平，同时更为重要的是能够有效地提高社区物业的价值，在同等条件下居民对具有优质公共服务配套小区物业的需求量更大，在供大于求的市场环境下这些物业的升值空间更大，而更高的房屋价值则有利于地方政府获得更多的财税税收入，更多的财税收入则有利于地方政府更好地维持社区公共服务，在这一个层面上有利于实现社区公共服务有效提供与基于社区物业财税收入的良性互动。其次，针对不同物业类型实行差别化税率，完善财产税调节收入差距和财富分配功能，进一步促进社会公平的实现。根据现行房产税试点城市的政策规定，住房面积大的居民不能够享受房产税的减免税优惠政策，而这部分居民将最终成为房产税的税负承担者，而房产价值低、住房面积小的居民则可以享受税收减免的优惠政策，这种制度设计充分体现了财产税调节收入差距和财富分配功能的意图。应该指出的是，财产税的制度设计要充分考虑对弱势群体、低收入家庭的住房给予减免税的政策，通过税收政策对社会贫富差距进行有目的的调节，达到兼顾公平和效率的政策目标。基于上述考虑，中央政府有针对性地根据不同的地方政府的实际情况，赋予不同地方政府实行财产税差别化税率的权限，这有利于改善不同地方政府居民收入水平的不均衡现状。更为重要的是，为体现财产税调节收入分配的政策目标，要将财产税征收税收收入设立专项资金，专门用于弱势群体的住房保障问题，例如保障性住房和公共租赁住房的建设支出。应该指出的是，这种制度安排能够从根源上解决社会低收入阶层的住房困难问题，完善地区性财政支出结构，完善地方政府"民生财政"制度，能够在较大程度上缓解百姓日常生活的后顾之忧，通过提高居民的边

际消费倾向来拉动地区经济内需。最后，全国范围内确立由中央政府统一的财产登记制度，加强地方政府财产税征收管理工作。实现全国范围内所有应征税的财产、所有者及每份财产的纳税额等信息的统计，建立跨地区的财产税登记系统，记录所有与土地有关的财产交易，整合分散在税务、工商、房产、国土、规划、测量等部门的信息，建立完善的征税信息登记制度。此外，加强地方政府财产税征收管理工作，考虑到中国实际国情，完全依赖于纳税人对财产税的自行申报难度较大，在完善政府评估的前提下，要设计合理的征税制度，有效地激励地方政府征收财产税的积极性，加大对偷税行为的稽查力度，同时提高对纳税人的服务水平，降低税收征管成本（刘溶沧、焦国华，2002；马骏，1997；吴湘玲、邓晓婴，2006；辛波，2005；杨之刚，2006；张伦伦，2006；曾军平，2000；朱玲，1997；张恒龙、陈宪，2007；尹恒、朱虹，2009；尹恒、王丽娟、康琳琳，2007；刘亮，2006；倪红日、洪婷，2005；葛乃旭，2005；黄解宇、常云昆，2005；陈旭佳、冯海波，2009；冯海波、陈旭佳，2011；胡德仁、刘亮，2007；江庆，2009；田发，2010；陶勇，2010；尹恒、王文斌、沈拓彬，2010）。

第四章

政府财政能力对公共服务
边际可及性影响

上一章分析潜在财力标准下各级政府财政能力的构成与具体测算过程，以及政府潜在财政能力的均等化现状，包括潜在财政能力的真实含义、影响潜在财政能力的因素、潜在财政能力的测算方法、潜在财政能力不均等程度的测算方法、政府潜在财政能力的均等化现状。我们将地方政府潜在财政能力分别划分为第一产业、第二产业、第三产业的标准税收收入能力，在计算出各级政府国内生产总值第一产业、第二产业、第三产业的代表性税率的基础上，分别用各个行业的代表性税率乘以基层政府第一产业、第二产业、第三产业的税基，得出地方政府在第一产业、第二产业、第三产业的潜在税收收入，最后将每一地区各项税收的潜在税收收入相加得到地方政府的标准税收收入能力。从这一章开始，我们通过双变量的泰尔指数模型分析，在考虑城乡和区域二维均等的研究视角下，构造出地方政府潜在财政能力影响公共教育、医疗卫生、社会保险、基本社会服务供给可及性的测算指标，通过区域维度优先的双变量层级分析、城乡维度优先的双变量层级分析、区域维度和城乡维度同时考虑的双变量非层级分析三种测算手段，分别测算各项公共物品子项目的边际可及性。①

第一节　财政能力影响公共服务边际可及性理论分析

近些年来，政府不断加大对公共服务的财政支持②：2013 年全国公共财政支

---

① 在数据的测算过程中，公共教育的测算范围涵盖普通中学数、小学数、普通中学在校学生数、小学在校学生数、普通中学专任教师数、小学专任教师数等数据；医疗卫生的测算范围涵盖医院和卫生院数、医院和卫生院床位数、医生数；社会保险的测算范围涵盖基本养老保险参保人数、基本医疗保险参保人数、工伤保险参保人数；基本社会服务的测算范围包括居民最低生活保障人数、医疗救助人数、抚恤和补助优抚对象总人数。

② 在 2005 年以后连续两次中央全会进一步明确实现公共服务均等化的途径在于完善公共财政制度。国家"十二五"规划和中共十八大、十八届三中全会报告继续将推进公共服务均等化作为其中的重要内容。

出为 68 509 亿元，比 2008 年增长 93.6%，5 年平均增长 18.7%①。可以预见的是：大规模公共财政支出有助于缓解公共服务经费不足问题，提高广大人民群众生活水平，但同样值得关注的问题是：当前中国公共服务均等化战略是否产生预期效果？政府财政能力是否成为影响城乡公共物品供给边际可及性的重要因素？其影响程度究竟如何？以上两点构成本书的研究主题。公共服务均等化战略的提出有着深刻时代背景：地区间公共服务差距过大，一些经济发达地区公共服务水平超过经济落后地区，增加了民生问题以及公平问题的社会复杂性（田发、周武星，2016；陈都、陈志勇，2016；刘大帅、甘行琼，2013；吕炜、王伟同，2008；吕炜、赵佳佳，2009；王伟同，2009；贾康，2009；贾康，2007；马国贤，2007；马国贤，2008；郭庆旺、贾俊雪，2008；乔宝云、范剑勇、彭骥鸣，2006；王雍君，2006；张雷宝，2009；中国财政学会"公共服务均等化问题研究"课题组，2007；王国华，2008；朱柏铭，2008；孙开，2009；尹恒、康琳琳、王丽娟，2007；王晓洁，2009；曹俊文、罗良清，2006；谷成，2009；江新昶，2007）。相当多的研究将公共服务的非均衡供给归因于城乡之间财政能力的差异。一些学者（杨永淼、宋丽丽、赵伟，2016；戴平生、陈壮，2015；胡洪曙、亓寿伟，2015；陈都、陈志勇，2016；刘书明，2015；李晖、荣耀康，2010；李子彬，2011；高凌江、夏杰长，2012；杨春玲，2009；周天勇，2009；孙永正，2007；邓珩，2003；刘畅，2012；郑思齐、任荣荣、符育明，2012；冯海波，2012；陈旭佳，2014；王晓洁，2012；张桂琳，2009；方堃、冷向明，2013；马雪松，2013；曹爱军，2009；谭志雄、张阳阳，2015）认为，农村政府财政能力弱小，使其无法履行提供公共服务的职能。在这一思路的指引下，如何实现现实生活中的财政均等化问题，往往成为理论界关注的焦点。学者们（宋旭、李冀，2015；于国安，2015；郭玉清、袁静、李永宁，2015；李一花、张冬玉、李雪妍，2015；蒋雪梅、黄艳杰、王松，2015；周武星、田发，2015；徐盈之、赵永平，2015；孙伟增、王定云、郑思齐，2015；陈永正、马永妍，2013；王明慧、陆广春、李玉英、吴爽，2013；李一花，2008；冯海波、陈旭佳，2009；谷成，2010）普遍认为，中央政府对地方政府建立科学的财政转移支付制度安排是一种必然选择。应该指出的是，目前国内学者对财政均等化问题的研究忽略了以下的两个关键要点：第一，一些研究者忽略了公共服务投入要素成本对公共服务产出数量的影响。即使有研究者认识到了这一问题，最终也没能在转移支付制度设计中提出合适的解决方法。第二，众多的研究将财政能力视为政府实际取得的收入，没有认识到财政能力是指地方政府在平均税收努力（average tax effort）的条件下从自身税源中取得潜在收入的能力（储德银、赵飞，2013；湖南

---

① 根据历年中央政府所公布的公共财政支出预算表数据统计所得。

省财政科学研究所课题组，2013；杨中文、刘虹利、许新宜、王红瑞、刘和鑫，2013；张超，2012；赵桂芝、寇铁军，2012；贾俊雪、高立、秦聪，2012；Manvel，1971；Boex & Martinez-Vazquez，2005）。如果以实际收入作为均等化转移支付制度设计中财政能力的测算标准，那么地方政府很可能会采取策略行为——降低征税努力的程度（徐盈之、赵永平，2015；孙伟增、王定云、郑思齐，2015；陈永正、马永妍，2013；谷成，2009；江新昶，2007；李华，2005；刘尚希，2007；邓国胜、肖明超，2006；李军鹏，2004；楼继伟，2006；宋洪远，2004；王一鸣，1998；胡德仁、武根启、蒋洪，2009；李静毅，2009；甘肃省财政科学研究所课题组，2008；李建平、李敏榕、高燕京，2007；袁卫、彭非，2007；黄小平、方齐云，2008；冯秀华、郑永福，1999；李文星，2000；李文星、蒋瑛，2002；Kincaid，1989；Kotsogiannis & Schwager，2008）。有的研究虽然也提出了潜在财政收入能力的概念，但在理论解释上仍存在歧义且未能说明它的测算方法。应该说，财政能力是实现城乡公共服务均等化的客观约束条件。无可置疑的是，大多数的研究在研究过程中忽略中国长期以来区域经济社会发展失衡这一特殊的国情因素，对中国现实问题实证分析的解释力度有待加强。现有文献对公共服务均等化的效果评价缺乏可及化的实证考察，在相当大的程度上也削弱了政府财政能力对城乡公共物品供给的剖析力度。更为重要的是，绝大多数研究集中于公共服务每一具体项目均等化程度的测算，对于公共服务总体均等化程度的测算，往往没有进行深入的研究。有鉴于此，本书将分析中国政府财政能力对城乡公共物品供给边际可及性的影响，重点分析政府财政能力对每一项公共服务可及化程度的影响，具有较强的现实意义。

第二节　公共服务主要界定范围

研究公共服务供给的边际可及性问题，理论界和实践部门首先要解决的一个问题是如何界定公共服务的界定范围。在中共十六届六中全会的报告中将基本公共教育、公共医疗卫生、公共环境保护、公共基础设施、公共文化体育和就业再就业服务、社会保障和社会治安作为基本公共服务的界定范围。① 对此，理论界有不同的认识。马国贤（2007）认为，公共服务是建立在一定社会共识基础上，国家为保障个人基本生存权和发展权，所必须提供能够满足居民需求的公共服

---

① 在《国家公共服务体系"十二五"规划》中，将公共服务范围界定在保障基本民生需求的教育、就业、社会保障、医疗卫生、计划生育、住房保障、文化体育等领域的公共服务，广义上讲还包括与人民生活环境紧密关联的交通、通信、公用设施、环境保护等领域的公共服务，以及保障安全需要的公共安全、消费安全和国防安全等领域的公共服务。

务，其大致范畴应被界定在基础教育、公共卫生、社会保障和公共就业服务等。安体富、任强（2007）提出，公共服务应是纯公共服务，因此不能笼统地讲文化、教育、科学、卫生、社会保障等是公共服务，只能是其中的义务教育、公共卫生、基础科学研究、公益文化事业和社会救济等，属于公共服务。我们认为当前我国政府公共服务的界定范围不宜宽泛，在以上讨论的各种公共服务中，政府应更加关注其中最基本的公共服务。① 鉴于此，本书对中国公共服务边际可及性的考察，将把目标锁定在公共教育、医疗卫生、社会保险、社会服务这四个方面。

一、公共教育服务

20 世纪 90 年代中期，中共中央、国务院颁布了《中国教育改革和发展纲要》，提出我国教育发展总体目标，以及全国基本普及九年义务教育、基本扫除青壮年文盲的政策，即所谓"两基政策"，基础文化教育得到迅速但短暂的发展，总体不均等程度出现下降趋势，一直持续到 1999 年。但是，由于"分税制"体制改革的实施，各级地方政府财源缩减，基础文化教育经费投入不足，开始阻碍基础文化教育的发展，特别是在 2000 年后表现得更为突出，使得区域间差距发展起来，总体不均等水平出现扩大趋势。为改变这种局面，政府加大中央和省级财政的扶持力度，使基础文化教育状况有所改善，逐步缩小区域间的差距，总体不均等水平再度下降。② 在这段时期内，"以县为主"的教育投入体制一定程度上缓解了基础文化教育经费紧张的局面，但是，由于我国经济发展存在较大的非均衡性，特别是在中、西部等贫困落后地区，县级政府对基础文化教育经费投入始终不足，严重阻碍地方政府基础文化教育事业的发展，甚至总体不均等水平近年一度出现回升现象。③ 值得注意的是，恰逢此时国家开始对基础文化教育经费保障机制进行新一轮改革：国务院在 2008 年发布文件，将免除义务教育阶段学生学杂费的范围扩大到全国城市范围内。国家出台的相关政策产生积极的效果，较大范围促进我国基础文化教育事业发展，促使总体不均等程度在 2008 年重现下降趋势。

二、医疗卫生服务

中央在 1996 年出台的《关于卫生改革与发展的决定》文件，成为这段时期

---

① 很显然，公共教育、医疗卫生、社会保险、社会服务应该属于公共服务中"基本中的基本"。
② 国务院在 2001 年颁布《关于基础教育改革与发展的决定》，明确提出义务教育管理"实行在国务院领导下，由地方政府负责、分级管理、以县为主的体制"。
③ 2005 年，国务院发布《关于深化农村义务教育经费保障机制改革的通知》，全面免除农村义务教育阶段学生学杂费，并向全国农村义务教育阶段学生免费提供教科书。

医疗改革的基调和依据，公共医疗卫生事业得到快速发展，总体不均等程度逐步下降。① 进入 2000 年后，我国公共医疗卫生改革基本上处于徘徊不前状态。② 2003 年 SARS 事件直接暴露出了我国在公共卫生领域存在的诸多问题，并对下一阶段公共医疗卫生改革的进程产生较为严重影响，特别是进入 2005 年后，卫生部门关于医疗机构改革市场化的争论一直都存在，这种思想严重阻碍我国医疗体制改革的进展，促使公共医疗卫生差距的进一步扩大，"看病难、看病贵"依旧成为整体社会关注的焦点。为扭转医疗改革停滞不前的局面，国家发改委等部门组成立由 11 个有关部委组成的医改协调小组，促进医院端正办院方向。③ 新一轮的医改正式启动，国家出台的相关政策产生积极的效果，促进公共医疗卫生事业得以快速发展，进一步缩小我国公共医疗卫生服务的差距，总体不均等程度再度出现下降趋势。

三、社会保险服务

改革开放之后，国家先后启动了养老、医疗、失业、工伤和生育费用社会统筹试点。但是，社会保障制度建设长期针对国有体制下的企业职工，没有覆盖迅速增长的非公组织从业人员，迫使非就业居民的社会保障长期处于空白状态，这种状况一直持续到 20 世纪 90 年代末期。为逐步完善我国基本社会保障体系的建设，国务院颁布《关于建立统一的企业职工基本养老保险制度的决定》《关于职工医疗保障制度改革扩大试点的意见》《企业职工工伤保险试行办法》《失业保险条例》《城市居民最低生活保障条例》等条例，试图缩小我国基本社会保障区域间差距，完善我国的社会保障体系。值得注意的是，这些政策方针的实施，覆盖范围仅限于国有企业职工体系，无法从制度安排上确立我国的社会保障体系，总体不均等水平在经过短暂下降后，又进一步出现快速上升的趋势。鉴于此，国家通过一系列的试点改革方案，逐步扩充社会保障体制的覆盖范围，试图从根源

---

① 1996 年，中共中央、国务院出台《关于卫生改革与发展的决定》，明确提出推进卫生改革的具体方案，在医疗领域主要有改革城镇职工医疗保险制度、改革卫生管理体制、积极发展社区卫生服务、改革卫生机构运行机制等。这个阶段仍是在改革探索中，伴随着医疗机构市场化的是与非的争议，各项探索性改革仍在进行。

② 这主要是由于政府对公共医疗领域投入不足，再加上卫生政策失当，一些地方开始公开拍卖、出售乡镇卫生院和地方的国有医院，公共医疗卫生改革难以推动。

③ 中共十七大报告首次完整提出中国特色卫生医疗体制的制度框架包括公共卫生服务体系，医疗服务体系，医疗保障体系，药品供应保障体系四个重要组成部分，这是在新时期对卫生医疗体系构成的全面概括，主要内容包括：牢记服务宗旨，树立"以病人为中心"的理念，规范医疗行为，改善服务态度，提高医疗质量，降低医疗费用。

方面缩小基本社会保障的整体不均等状况。[①] 值得一提的是，十六届六中全会提出要将社会保障问题上升到建设和谐社会的高度来认识，将社会保障体系的建立与完善作为实现和保障社会公平正义的六大制度安排之一，突出社会保障在实现社会公平和社会和谐中的重大作用，社会保障制度正式成为国家发展必要的基本制度安排。在此时期内，基本社会保障事业得以快速发展，进一步缩小我国基本社会保障的差距，总体不均等程度呈根本性下降趋势，彻底改善我国基本社会保障区域差距较大的问题。

四、社会服务

近年来，国家颁布了一系列文件支持社会服务这项基本公共服务的发展。应该指出的是，社会服务应该能够有效地保障孤儿、老年人、残疾人等特殊群体有尊严地生活，并且能够有公平的机会参与社会发展，能够最大限度地为城乡居民，尤其是为困难群体等弱势群体基本生活，提供最具有价值、最有利于社会公正实现的物质帮助，要以城乡最低生活保障制度为主要的核心理念，以流浪乞讨人员救助制度、自然灾害救助、医疗救助、农村五保供养为主要内容，建立起符合现有国情的临时救助制度为补充的社会救助体系。在这一段时间内，我们要逐步拓展社会福利的保障范围，以扶老、助残、救孤、济困为重点，不断地去提高整个社会的福利水平，推动补缺型的向适度普惠社会福利的方向转变。[②]

第三节　潜在财政能力影响公共服务供给
边际可及性测算指标体系构建

依据上文卡姆的研究成果，我们在建立双变量的泰尔指数模型分析的基础

---

① 在基本养老保险制度方面，国务院发布《关于完善企业职工基本养老保险制度的决定》，统一了城镇个体工商户和灵活就业人员参保缴费政策，建立了参保缴费的激励约束机制，进一步扩大了做实个人账户试点。此外，国务院通过《国务院关于解决农民工问题的若干意见》，提出根据农民工最紧迫的社会保障需求，坚持分类指导、稳步推进，优先解决工伤保险和大病医疗保障问题，逐步解决养老保障问题。在医疗保障制度方面，逐渐向农村和城镇非从业居民扩展，先后开展新型农村合作医疗试点和城镇居民基本医疗保险试点，实现了医疗保障制度的全覆盖。在最低生活保障方面，首先在城市建立保障制度，并将覆盖范围逐步扩展到农村地区；城市医疗救助制度于 2005 年开始试点，覆盖范围不断扩大。

② 在社会服务方面，应该，加强优抚安置工作，为城乡困难群体提供最低生活保障和专项救助，为农村五保对象提供吃、穿、住、医、葬方面的生活照顾和物质帮助，为自然灾害受灾人员提供救助，为城市生活无着的流浪乞讨人员提供救助，为残疾人、孤儿、精神病人等特殊群体提供福利服务，为老年人提供基本养老服务，为优抚安置对象提供优待抚恤和安置服务，为城乡居民免费提供婚姻登记服务，也为身故者提供基本殡葬服务。

上，构造出政府潜在财政能力影响公共服务供给边际可及性的测算指标。其中，公共教育服务的测算范围涵盖普通中学数、小学数、普通中学在校学生数、小学在校学生数、普通中学专任教师数、小学专任教师数等数据，医疗卫生服务的测算范围涵盖医院和卫生院数、医院和卫生院床位数、医生数（包括执业医师和执业助理医师的数量），社会保险服务的测算范围涵盖基本养老保险参保人数、医疗保险参保人数、工伤保险参保人数，社会服务的测算范围包括居民最低生活保障人数、医疗救助人数、抚恤和补助优抚对象总人数。上述公共服务的子项目测算后，通过无量纲化的方法进行综合，可以得到公共教育服务、医疗卫生服务、社会保险服务、社会服务等项目的综合指标。具体步骤如下：

一、区域维度优先的双变量层级分析

（一）公共教育

第一步，建立测算区域内部城乡内部潜在财政能力影响公共教育服务边际可及性的指标，如表4-1所示。

表4-1　　区域内部城乡内部潜在财政能力影响公共教育边际可及性测算指标

序号	指标	指标含义
1	$IEWrWc$ 华北城市 $=$ $[EWrWc$ 华北城市$/WrWc$ 华北城市$]_{t+1}^t$	测量华北地区城市内部政府潜在财政能力影响公共教育服务的边际可及性，其中"$EWrWc$ 华北城市"指华北地区城市内部公共教育服务的均等化程度，"$WrWc$ 华北城市"指华北地区城市内部政府潜在财政能力的均等化程度
2	$IEWrWc$ 华北农村 $=$ $[EWrWc$ 华北农村$/WrWc$ 华北农村$]_{t+1}^t$	测量华北地区农村内部政府潜在财政能力影响公共教育服务的边际可及性，其中"$EWrWc$ 华北农村"指华北地区农村内部公共教育服务的均等化程度，"$WrWc$ 华北农村"指华北地区农村内部政府潜在财政能力的均等化程度
3	$IEWrWc$ 华东城市 $=$ $[EWrWc$ 华东城市$/WrWc$ 华北城市$]_{t+1}^t$	测量华东地区城市内部政府潜在财政能力影响公共教育服务的边际可及性，其中"$EWrWc$ 华东城市"指华东地区城市内部公共教育服务的均等化程度，"$WrWc$ 华北城市"指华东北地区城市内部政府潜在财政能力的均等化程度
4	$IEWrWc$ 华东农村 $=$ $[EWrWc$ 华东农村$/WrWc$ 华东农村$]_{t+1}^t$	测量华东地区农村内部政府潜在财政能力影响公共教育服务的边际可及性，其中"$EWrWc$ 华东农村"指华东地区农村内部公共教育服务的均等化程度，"$WrWc$ 华东农村"指华东地区农村内部政府潜在财政能力的均等化程度

续表

序号	指标	指标含义
5	IEWrWc 华中城市 = [EWrWc 华中城市/WrWc 华中城市]$_{t+1}^t$	测量华中地区城市内部政府潜在财政能力影响公共教育服务的边际可及性，其中"EWrWc 华中城市"指华中地区城市内部公共教育服务的均等化程度，"WrWc 华中城市"指华中地区城市内部政府潜在财政能力的均等化程度
6	IEWrWc 华中农村 = [EWrWc 华中农村/WrWc 华中农村]$_{t+1}^t$	测量华中地区农村内部政府潜在财政能力影响公共教育服务的边际可及性，其中"EWrWc 华中农村"指华中地区农村内部公共教育服务的均等化程度，"WrWc 华中农村"指华中地区农村内部政府潜在财政能力的均等化程度
7	IEWrWc 华南城市 = [EWrWc 华南城市/WrWc 华南城市]$_{t+1}^t$	测量华南地区城市内部政府潜在财政能力影响公共教育服务的边际可及性，其中"EWrWc 华南城市"指华南地区城市内部公共教育服务的均等化程度，"WrWc 华南城市"指华南地区城市内部政府潜在财政能力的均等化程度
8	IEWrWc 华南农村 = [EWrWc 华南农村/WrWc 华南农村]$_{t+1}^t$	测量华南地区农村内部政府潜在财政能力影响公共教育服务的边际可及性，其中"EWrWc 华南农村"指华南地区农村内部公共教育服务的均等化程度，"WrWc 华南农村"指华南地区农村内部政府潜在财政能力的均等化程度
9	IEWrWc 西南城市 = [EWrWc 西南城市/WrWc 西南城市]$_{t+1}^t$	测量西南地区城市内部政府潜在财政能力影响公共教育服务的边际可及性，其中"EWrWc 西南城市"指西南地区城市内部公共教育服务的均等化程度，"WrWc 西南城市"指西南地区城市内部政府潜在财政能力的均等化程度
10	IEWrWc 西南农村 = [EWrWc 西南农村/WrWc 西南农村]$_{t+1}^t$	测量西南地区农村内部政府潜在财政能力影响公共教育服务的边际可及性，其中"EWrWc 西南农村"指西南地区农村内部公共教育服务的均等化程度，"WrWc 西南农村"指西南地区农村内部政府潜在财政能力的均等化程度
11	IEWrWc 西北城市 = [EWrWc 西北城市/WrWc 西北城市]$_{t+1}^t$	测量西北地区城市内部政府潜在财政能力影响公共教育服务的边际可及性，其中"EWrWc 西北城市"指西北地区城市内部公共教育服务的均等化程度，"WrWc 西北城市"指西北地区城市内部政府潜在财政能力的均等化程度
12	IEWrWc 西北农村 = [EWrWc 西北农村/WrWc 西北农村]$_{t+1}^t$	测量西北地区农村内部政府潜在财政能力影响公共教育服务的边际可及性，其中"EWrWc 西北农村"指西北地区农村内部公共教育服务的均等化程度，"WrWc 西北农村"指西北地区农村内部政府潜在财政能力的均等化程度

序号	指标	指标含义
13	IEWrWc 东北城市 = [EWrWc 东北城市/ WrWc 东北城市]$_{t+1}^{t}$	测量东北地区城市内部政府潜在财政能力影响公共教育服务的边际可及性，其中"EWrWc 东北城市"指东北地区城市内部公共教育服务的均等化程度，"WrWc 东北城市"指东北地区城市内部政府潜在财政能力的均等化程度
14	IEWrWc 东北农村 = [EWrWc 东北农村/ WrWc 东北农村]$_{t+1}^{t}$	测量东北地区农村内部政府潜在财政能力影响公共教育服务的边际可及性，其中"EWrWc 东北农村"指东北地区农村内部公共教育服务的均等化程度，"WrWc 东北农村"指东北地区农村内部政府潜在财政能力的均等化程度

注：上述边际可及性测算指标大于1，表示政府潜在财政能力对公共教育可及效应不显著，数值越大代表着显著性越低；上述边际可及性测算指标小于1，表示政府潜在财政能力对公共教育可及效应较为显著，数值越小代表显著性越高。

第二步，建立测算区域内部城乡之间潜在财政能力影响公共教育服务边际可及性的指标，如表4-2所示。

表4-2　　区域内部城乡之间潜在财政能力影响公共教育边际可及性测算指标

序号	指标	指标含义
1	IEWrBc 华北 = [EWrBc 华北/WrBc 华北]$_{t+1}^{t}$	测量华北地区城乡之间政府潜在财政能力影响公共教育服务的边际可及性，其中"EWrBc 华北"指华北地区城乡之间公共教育服务的均等化程度，"WrBc 华北"指华北地区城乡之间政府潜在财政能力的均等化程度
2	IEWrBc 华东 = [EWrBc 华东/WrBc 华东]$_{t+1}^{t}$	测量华东地区城乡之间政府潜在财政能力影响公共教育服务的边际可及性，其中"EWrBc 华东"指华东地区城乡之间公共教育服务的均等化程度，"WrBc 华东"指东北地区城乡之间政府潜在财政能力的均等化程度
3	IEWrBc 华中 = [EWrBc 华中/WrBc 华中]$_{t+1}^{t}$	测量华中地区城乡之间政府潜在财政能力影响公共教育服务的边际可及性，其中"EWrBc 华中"指华中地区城乡之间公共教育服务的均等化程度，"WrBc 华中"指华中地区城乡之间政府潜在财政能力的均等化程度
4	IEWrBc 华南 = [EWrBc 华南/WrBc 华南]$_{t+1}^{t}$	测量华南地区城乡之间政府潜在财政能力影响公共教育服务的边际可及性，其中"EWrBc 华南"指华南地区城乡之间公共教育服务的均等化程度，"WrBc 华南"指华南地区城乡之间政府潜在财政能力的均等化程度

续表

序号	指标	指标含义
5	IEWrBc 西南 = [EWrBc 西南/WrBc 西南]$_{t+1}^t$	测量西南地区城乡之间政府潜在财政能力影响公共教育服务的边际可及性,其中"EWrBc 西南"指西南地区城乡之间公共教育服务的均等化程度,"WrBc 西南"指西南地区城乡之间政府潜在财政能力的均等化程度
6	IEWrBc 西北 = [EWrBc 西北/WrBc 西北]$_{t+1}^t$	测量西北地区城乡之间政府潜在财政能力影响公共教育服务的边际可及性,其中"EWrBc 西北"指城乡之间城市内部公共教育服务的均等化程度,"WrBc 西北"指西北地区城乡之间政府潜在财政能力的均等化程度
7	IEWrBc 东北 = [EWrBc 东北/WrBc 东北]$_{t+1}^t$	测量东北地区城乡之间政府潜在财政能力影响公共教育服务的边际可及性,其中"EWrBc 东北"指东北地区城乡之间公共教育服务的均等化程度,"WrBc 东北"指东北地区城乡之间政府潜在财政能力的均等化程度

注:同表 4 - 1。

第三步,建立测算区域之间潜在财政能力影响公共教育服务边际可及性的指标,如表 4 - 3 所示。

表 4 - 3　　　区域之间潜在财政能力影响公共教育边际可及性测算指标

序号	指标	指标含义
1	IEBr = [EBr/Br]$_{t+1}^t$	测量区域之间政府潜在财政能力影响公共教育服务的边际可及性,其中"EBr"指区域之间公共教育服务的均等化程度,"Br"指区域之间政府潜在财政能力的均等化程度

注:同表 4 - 1。

第四步,建立测算潜在财政能力影响公共教育服务边际可及性的指标,如表 4 - 4 所示。

表 4 - 4　　　潜在财政能力影响公共教育边际可及性测算指标

序号	指标	指标含义
1	IET = [ET/T]$_{t+1}^t$	测量政府潜在财政能力影响公共教育服务的边际可及性,其中"ET"指公共教育服务的总体均等化程度,"T"指政府潜在财政能力的总体均等化程度

注:同表 4 - 1。

（二）医疗卫生

第一步，建立测算区域内部城乡内部潜在财政能力影响医疗卫生服务边际可及性的指标，如表4-5所示。

表4-5　区域内部城乡内部潜在财政能力影响医疗卫生服务边际可及性测算指标

序号	指标	指标含义
1	$IMWrWc$ 华北城市 $=$ [$MWrWc$ 华北城市/ $WrWc$ 华北城市]$_{t+1}^{t}$	测量华北地区城市内部政府潜在财政能力影响医疗卫生服务的边际可及性，其中"$MWrWc$ 华北城市"指华北地区城市内部医疗卫生服务的均等化程度，"$WrWc$ 华北城市"指华北地区城市内部政府潜在财政能力的均等化程度
2	$IMWrWc$ 华北农村 $=$ [$MWrWc$ 华北农村/ $WrWc$ 华北农村]$_{t+1}^{t}$	测量华北地区农村内部政府潜在财政能力影响医疗卫生服务的边际可及性，其中"$MWrWc$ 华北农村"指华北地区农村内部医疗卫生服务的均等化程度，"$WrWc$ 华北农村"指华北地区农村内部政府潜在财政能力的均等化程度
3	$IMWrWc$ 华东城市 $=$ [$MWrWc$ 华东城市/ $WrWc$ 华东城市]$_{t+1}^{t}$	测量华东地区城市内部政府潜在财政能力影响医疗卫生服务的边际可及性，其中"$MWrWc$ 华东城市"指华东地区城市内部医疗卫生服务的均等化程度，"$WrWc$ 华东城市"指华东北地区城市内部政府潜在财政能力的均等化程度
4	$IMWrWc$ 华东农村 $=$ [$MWrWc$ 华东农村/ $WrWc$ 华东农村]$_{t+1}^{t}$	测量华东地区农村内部政府潜在财政能力影响医疗卫生服务的边际可及性，其中"$MWrWc$ 华东农村"指华东地区农村内部医疗卫生服务的均等化程度，"$WrWc$ 华东农村"指华东地区农村内部政府潜在财政能力的均等化程度
5	$IMWrWc$ 华中城市 $=$ [$MWrWc$ 华中城市/ $WrWc$ 华中城市]$_{t+1}^{t}$	测量华中地区城市内部政府潜在财政能力影响医疗卫生服务的边际可及性，其中"$MWrWc$ 华中城市"指华中地区城市内部医疗卫生服务的均等化程度，"$WrWc$ 华中城市"指华中地区城市内部政府潜在财政能力的均等化程度
6	$IMWrWc$ 华中农村 $=$ [$MWrWc$ 华中农村/ $WrWc$ 华中农村]$_{t+1}^{t}$	测量华中地区农村内部政府潜在财政能力影响医疗卫生服务的边际可及性，其中"$MWrWc$ 华中农村"指华中地区农村内部医疗卫生服务的均等化程度，"$WrWc$ 华中农村"指华中地区农村内部政府潜在财政能力的均等化程度
7	$IMWrWc$ 华南城市 $=$ [$MWrWc$ 华南城市/ $WrWc$ 华南城市]$_{t+1}^{t}$	测量华南地区城市内部政府潜在财政能力影响医疗卫生服务的边际可及性，其中"$MWrWc$ 华南城市"指华南地区城市内部医疗卫生服务的均等化程度，"$WrWc$ 华南城市"指华南地区城市内部政府潜在财政能力的均等化程度

续表

序号	指标	指标含义
8	$\text{IMWrWc 华南农村} = \left[\dfrac{\text{MWrWc 华南农村}}{\text{WrWc 华南农村}}\right]_{t+1}^{t}$	测量华南地区农村内部政府潜在财政能力影响医疗卫生服务的边际可及性，其中"MWrWc 华南农村"指华南地区农村内部医疗卫生服务的均等化程度，"WrWc 华南农村"指华南地区农村内部政府潜在财政能力的均等化程度
9	$\text{IMWrWc 西南城市} = \left[\dfrac{\text{MWrWc 西南城市}}{\text{WrWc 西南城市}}\right]_{t+1}^{t}$	测量西南地区城市内部政府潜在财政能力影响医疗卫生服务的边际可及性，其中"MWrWc 西南城市"指西南地区城市内部医疗卫生服务的均等化程度，"WrWc 西南城市"指西南地区城市内部政府潜在财政能力的均等化程度
10	$\text{IMWrWc 西南农村} = \left[\dfrac{\text{MWrWc 西南城市}}{\text{WrWc 西南城市}}\right]_{t+1}^{t}$	测量西南地区农村内部政府潜在财政能力影响医疗卫生服务的边际可及性，其中"MWrWc 西南城市"指西南地区农村内部医疗卫生服务的均等化程度，"WrWc 西南城市"指西南地区农村内部政府潜在财政能力的均等化程度
11	$\text{IMWrWc 西北城市} = \left[\dfrac{\text{MWrWc 西北城市}}{\text{WrWc 西北城市}}\right]_{t+1}^{t}$	测量西北地区城市内部政府潜在财政能力影响医疗卫生服务的边际可及性，其中"MWrWc 西北城市"指西北地区城市内部医疗卫生服务的均等化程度，"WrWc 西北城市"指西北地区城市内部政府潜在财政能力的均等化程度
12	$\text{IMWrWc 西北农村} = \left[\dfrac{\text{MWrWc 西北农村}}{\text{WrWc 西北农村}}\right]_{t+1}^{t}$	测量西北地区农村内部政府潜在财政能力影响医疗卫生服务的边际可及性，其中"MWrWc 西北农村"指西北地区农村内部医疗卫生服务的均等化程度，"WrWc 西北农村"指西北地区农村内部政府潜在财政能力的均等化程度
13	$\text{IMWrWc 东北城市} = \left[\dfrac{\text{MWrWc 东北城市}}{\text{WrWc 东北城市}}\right]_{t+1}^{t}$	测量东北地区城市内部政府潜在财政能力影响医疗卫生服务的边际可及性，其中"MWrWc 东北城市"指东北地区城市内部医疗卫生服务的均等化程度，"WrWc 东北城市"指东北地区城市内部政府潜在财政能力的均等化程度
14	$\text{IMWrWc 东北农村} = \left[\dfrac{\text{MWrWc 东北农村}}{\text{WrWc 东北农村}}\right]_{t+1}^{t}$	测量东北地区农村内部政府潜在财政能力影响医疗卫生服务的边际可及性，其中"MWrWc 东北农村"指东北地区农村内部医疗卫生服务的均等化程度，"WrWc 东北农村"指东北地区农村内部政府潜在财政能力的均等化程度

注：上述边际可及性测算指标大于1，表示政府潜在财政能力对医疗卫生服务可及效应不显著，数值越大代表着显著性越低；上述边际可及性测算指标小于1，表示政府潜在财政能力对医疗卫生服务可及效应较为显著，数值越小代表着显著性越高。

第二步，建立测算区域内部城乡之间潜在财政能力影响医疗卫生服务边际可
及性的指标，如表4-6所示。

表4-6　区域内部城乡之间潜在财政能力影响医疗卫生服务边际可及性测算指标

序号	指标	指标含义
1	IMWrBc 华北 = [MWrBc 华北/WrBc 华北]$_{t+1}^{t}$	测量华北地区城乡之间政府潜在财政能力影响医疗卫生服务的边际可及性，其中"MWrBc 华北"指华北地区城乡之间医疗卫生服务的均等化程度，"WrBc 华北"指华北地区城乡之间政府潜在财政能力的均等化程度
2	IMWrBc 华东 = [MWrBc 华东/WrBc 华东]$_{t+1}^{t}$	测量华东地区城乡之间政府潜在财政能力影响医疗卫生服务的边际可及性，其中"MWrBc 华东"指华东地区城乡之间医疗卫生服务的均等化程度，"WrBc 华东"指华东北地区城乡之间政府潜在财政能力的均等化程度
3	IMWrBc 华中 = [MWrBc 华中/WrBc 华中]$_{t+1}^{t}$	测量华中地区城乡之间政府潜在财政能力影响医疗卫生服务的边际可及性，其中"MWrBc 华中"指华中地区城乡之间医疗卫生服务的均等化程度，"WrBc 华中"指华中地区城乡之间政府潜在财政能力的均等化程度
4	IMWrBc 华南 = [MWrBc 华南/WrBc 华南]$_{t+1}^{t}$	测量华南地区城乡之间政府潜在财政能力影响医疗卫生服务的边际可及性，其中"MWrBc 华南"指华南地区城乡之间医疗卫生服务的均等化程度，"WrBc 华南"指华南地区城乡之间政府潜在财政能力的均等化程度
5	IMWrBc 西南 = [MWrBc 西南/WrBc 西南]$_{t+1}^{t}$	测量西南地区城乡之间政府潜在财政能力影响医疗卫生服务的边际可及性，其中"MWrBc 西南"指西南地区城乡之间医疗卫生服务的均等化程度，"WrBc 西南"指西南地区城乡之间政府潜在财政能力的均等化程度
6	IMWrBc 西北 = [MWrBc 西北/WrBc 西北]$_{t+1}^{t}$	测量西北地区城乡之间政府潜在财政能力影响医疗卫生服务的边际可及性，其中"MWrBc 西北"指城乡之间城市内部医疗卫生服务的均等化程度，"WrBc 西北"指西北地区城乡之间政府潜在财政能力的均等化程度
7	IMWrBc 东北 = [MWrBc 东北/WrBc 东北]$_{t+1}^{t}$	测量东北地区城乡之间政府潜在财政能力影响医疗卫生服务的边际可及性，其中"MWrBc 东北"指东北地区城乡之间医疗卫生服务的均等化程度，"WrBc 东北"指东北地区城乡之间政府潜在财政能力的均等化程度

注：同表4-5。

第三步，建立测算区域之间潜在财政能力影响医疗卫生服务边际可及性的指标，如表4-7所示。

表4-7　　区域之间潜在财政能力影响医疗卫生服务边际可及性测算指标

序号	指标	指标含义
1	$IMBr = [MBr/Br]_{t+1}^{t}$	测量区域之间政府潜在财政能力影响医疗卫生服务的边际可及性，其中"MBr"指区域之间医疗卫生服务的均等化程度，"Br"指区域之间政府潜在财政能力的均等化程度

注：同表4-5。

第四步，建立测算潜在财政能力影响医疗卫生服务边际可及性的指标，如表4-8所示。

表4-8　　潜在财政能力影响医疗卫生服务边际可及性测算指标

序号	指标	指标含义
1	$IMT = [MT/T]_{t+1}^{t}$	测量政府潜在财政能力影响医疗卫生服务的边际可及性，其中"MT"指医疗卫生服务的总体均等化程度，"T"指政府潜在财政能力的总体均等化程度

注：同表4-5。

（三）社会保险

第一步，建立测算区域内部城乡内部潜在财政能力影响社会保险服务边际可及性的指标，如表4-9所示。

表4-9　　区域内部城乡内部潜在财政能力影响社会保险服务边际可及性测算指标

序号	指标	指标含义
1	$ISWrWc\ 华北城市 = [SWrWc\ 华北城市/WrWc\ 华北城市]_{t+1}^{t}$	测量华北地区城市内部政府潜在财政能力影响社会保险服务的边际可及性，其中"SWrWc华北城市"指华北地区城市内部社会保险服务的均等化程度，"WrWc华北城市"指华北地区城市内部政府潜在财政能力的均等化程度

序号	指标	指标含义
2	ISWrWc 华北农村 = [SWrWc 华北农村/WrWc 华北农村]$_{t+1}^t$	测量华北地区农村内部政府潜在财政能力影响社会保险服务的边际可及性，其中"SWrWc 华北农村"指华北地区农村内部社会保险服务的均等化程度，"WrWc 华北农村"指华北地区农村内部政府潜在财政能力的均等化程度
3	ISWrWc 华东城市 = [SWrWc 华东城市/WrWc 华东城市]$_{t+1}^t$	测量华东地区城市内部政府潜在财政能力影响社会保险服务的边际可及性，其中"SWrWc 华东城市"指华东地区城市内部社会保险服务的均等化程度，"WrWc 华东城市"指华东北地区城市内部政府潜在财政能力的均等化程度
4	ISWrWc 华东农村 = [SWrWc 华东农村/WrWc 华东农村]$_{t+1}^t$	测量华东地区农村内部政府潜在财政能力影响社会保险服务的边际可及性，其中"SWrWc 华东农村"指华东地区农村内部社会保险服务的均等化程度，"WrWc 华东农村"指华东地区农村内部政府潜在财政能力的均等化程度
5	ISWrWc 华中城市 = [SWrWc 华中城市/WrWc 华中城市]$_{t+1}^t$	测量华中地区城市内部政府潜在财政能力影响社会保险服务的边际可及性，其中"SWrWc 华中城市"指华中地区城市内部社会保险服务的均等化程度，"WrWc 华中城市"指华中地区城市内部政府潜在财政能力的均等化程度
6	ISWrWc 华中农村 = [SWrWc 华中农村/WrWc 华中农村]$_{t+1}^t$	测量华中地区农村内部政府潜在财政能力影响社会保险服务的边际可及性，其中"SWrWc 华中农村"指华中地区农村内部社会保险服务的均等化程度，"WrWc 华中农村"指华中地区农村内部政府潜在财政能力的均等化程度
7	ISWrWc 华南城市 = [SWrWc 华南城市/WrWc 华南城市]$_{t+1}^t$	测量华南地区城市内部政府潜在财政能力影响社会保险服务的边际可及性，其中"SWrWc 华南城市"指华南地区城市内部社会保险服务的均等化程度，"WrWc 华南城市"指华南地区城市内部政府潜在财政能力的均等化程度
8	ISWrWc 华南农村 = [SWrWc 华南农村/WrWc 华南农村]$_{t+1}^t$	测量华南地区农村内部政府潜在财政能力影响社会保险服务的边际可及性，其中"SWrWc 华南农村"指华南地区农村内部社会保险服务的均等化程度，"WrWc 华南农村"指华南地区农村内部政府潜在财政能力的均等化程度
9	ISWrWc 西南城市 = [SWrWc 西南城市/WrWc 西南城市]$_{t+1}^t$	测量西南地区城市内部政府潜在财政能力影响社会保险服务的边际可及性，其中"SWrWc 西南城市"指西南地区城市内部社会保险服务的均等化程度，"WrWc 西南城市"指西南地区城市内部政府潜在财政能力的均等化程度

续表

序号	指标	指标含义
10	ISWrWc 西南农村 = [SWrWc 西南城市/ WrWc 西南城市]$_{t+1}^t$	测量西南地区农村内部政府潜在财政能力影响社会保险服务的边际可及性，其中"SWrWc 西南城市"指西南地区农村内部社会保险服务的均等化程度，"WrWc 西南城市"指西南地区农村内部政府潜在财政能力的均等化程度
11	ISWrWc 西北城市 = [SWrWc 西北城市/ WrWc 西北城市]$_{t+1}^t$	测量西北地区城市内部政府潜在财政能力影响社会保险服务的边际可及性，其中"SWrWc 西北城市"指西北地区城市内部社会保险服务的均等化程度，"WrWc 西北城市"指西北地区城市内部政府潜在财政能力的均等化程度
12	ISWrWc 西北农村 = [SWrWc 西北农村/ WrWc 西北农村]$_{t+1}^t$	测量西北地区农村内部政府潜在财政能力影响社会保险服务的边际可及性，其中"SWrWc 西北农村"指西北地区农村内部社会保险服务的均等化程度，"WrWc 西北农村"指西北地区农村内部政府潜在财政能力的均等化程度
13	ISWrWc 东北城市 = [SWrWc 东北城市/ WrWc 东北城市]$_{t+1}^t$	测量东北地区城市内部政府潜在财政能力影响社会保险服务的边际可及性，其中"SWrWc 东北城市"指东北地区城市内部社会保险服务的均等化程度，"WrWc 东北城市"指东北地区城市内部政府潜在财政能力的均等化程度
14	ISWrWc 东北农村 = [SWrWc 东北农村/ WrWc 东北农村]$_{t+1}^t$	测量东北地区农村内部政府潜在财政能力影响社会保险服务的边际可及性，其中"SWrWc 东北农村"指东北地区农村内部社会保险服务的均等化程度，"WrWc 东北农村"指东北地区农村内部政府潜在财政能力的均等化程度

注：上述边际可及性测算指标大于1，表示政府潜在财政能力对社会保险服务可及效应不显著，数值越大代表着显著性越低；上述边际可及性测算指标小于1，表示政府潜在财政能力对社会保险服务可及效应较为显著，数值越小代表显著性越高。

第二步，建立测算区域内部城乡之间潜在财政能力影响社会保险服务边际可及性的指标，如表4-10所示。

表4-10 区域内部城乡之间潜在财政能力影响社会保险服务边际可及性测算指标

序号	指标	指标含义
1	ISWrBc 华北 = [SWrBc 华北/WrBc 华北]$_{t+1}^t$	测量华北地区城乡之间政府潜在财政能力影响社会保险服务的边际可及性，其中"SWrBc 华北"指华北地区城乡之间社会保险服务的均等化程度，"WrBc 华北"指华北地区城乡之间政府潜在财政能力的均等化程度

序号	指标	指标含义
2	$ISWrBc\ 华东=[SWrBc\ 华东/WrBc\ 华东]_{t+1}^t$	测量华东地区城乡之间政府潜在财政能力影响社会保险服务的边际可及性，其中"SWrBc 华东"指华东地区城乡之间社会保险服务的均等化程度，"WrBc 华东"指华东北地区城乡之间政府潜在财政能力的均等化程度
3	$ISWrBc\ 华中=[SWrBc\ 华中/WrBc\ 华中]_{t+1}^t$	测量华中地区城乡之间政府潜在财政能力影响社会保险服务的边际可及性，其中"SWrBc 华中"指华中地区城乡之间社会保险服务的均等化程度，"WrBc 华中"指华中地区城乡之间政府潜在财政能力的均等化程度
4	$ISWrBc\ 华南=[SWrBc\ 华南/WrBc\ 华南]_{t+1}^t$	测量华南地区城乡之间政府潜在财政能力影响社会保险服务的边际可及性，其中"SWrBc 华南"指华南地区城乡之间社会保险服务的均等化程度，"WrBc 华南"指华南地区城乡之间政府潜在财政能力的均等化程度
5	$ISWrBc\ 西南=[SWrBc\ 西南/WrBc\ 西南]_{t+1}^t$	测量西南地区城乡之间政府潜在财政能力影响社会保险服务的边际可及性，其中"SWrBc 西南"指西南地区城乡之间社会保险服务的均等化程度，"WrBc 西南"指西南地区城乡之间政府潜在财政能力的均等化程度
6	$ISWrBc\ 西北=[SWrBc\ 西北/WrBc\ 西北]_{t+1}^t$	测量西北地区城乡之间政府潜在财政能力影响社会保险服务的边际可及性，其中"SWrBc 西北指"城乡之间城市内部社会保险服务的均等化程度，"WrBc 西北"指西北地区城乡之间政府潜在财政能力的均等化程度
7	$ISWrBc\ 东北=[SWrBc\ 东北/WrBc\ 东北]_{t+1}^t$	测量东北地区城乡之间政府潜在财政能力影响社会保险服务的边际可及性，其中"SWrBc 东北"指东北地区城乡之间社会保险服务的均等化程度，"WrBc 东北"指东北地区城乡之间政府潜在财政能力的均等化程度

注：同表 4 – 9。

第三步，建立测算区域之间潜在财政能力影响社会保险服务边际可及性的指标，如表 4 – 11 所示。

表 4 – 11　　　区域之间潜在财政能力影响社会保险服务边际可及性测算指标

序号	指标	指标含义
1	$ISBr = [SBr/Br]_{t+1}^{t}$	测量区域之间政府潜在财政能力影响社会保险服务的边际可及性，其中"SBr"指区域之间社会保险服务的均等化程度，"Br"指区域之间政府潜在财政能力的均等化程度

注：同表 4 – 9。

第四步，建立测算潜在财政能力影响社会保险服务边际可及性的指标，如表 4 – 12 所示。

表 4 – 12　　　潜在财政能力影响社会保险服务边际可及性测算指标

序号	指标	指标含义
1	$IST = [ST/T]_{t+1}^{t}$	测量政府潜在财政能力影响社会保险服务的边际可及性，其中"ST"指社会保险服务的总体均等化程度，"T"指政府潜在财政能力的总体均等化程度

注：同表 4 – 9。

（四）社会服务

第一步，建立测算区域内部城乡内部潜在财政能力影响社会服务边际可及性的指标，如表 4 – 13 所示。

表 4 – 13　　　区域内部城乡内部潜在财政能力影响社会服务边际可及性测算指标

序号	指标	指标含义
1	ICWrWc 华北城市 = [CWrWc 华北城市/ WrWc 华北城市]$_{t+1}^{t}$	测量华北地区城市内部政府潜在财政能力影响社会服务的边际可及性，其中"CWrWc 华北城市"指华北地区城市内部社会服务的均等化程度，"WrWc 华北城市"指华北地区城市内部政府潜在财政能力的均等化程度
2	ICWrWc 华北农村 = [CWrWc 华北农村/ WrWc 华北农村]$_{t+1}^{t}$	测量华北地区农村内部政府潜在财政能力影响社会服务的边际可及性，其中"CWrWc 华北农村"指华北地区农村内部社会服务的均等化程度，"WrWc 华北农村"指华北地区农村内部政府潜在财政能力的均等化程度

序号	指标	指标含义
3	$\text{ICWrWc 华东城市} = [\text{CWrWc 华东城市}/\text{WrWc 华东城市}]_{t+1}$	测量华东地区城市内部政府潜在财政能力影响社会服务的边际可及性，其中"CWrWc 华东城市"指华东地区城市内部社会服务的均等化程度，"WrWc 华东城市"指华东北地区城市内部政府潜在财政能力的均等化程度
4	$\text{ICWrWc 华东农村} = [\text{CWrWc 华东农村}/\text{WrWc 华东农村}]_{t+1}$	测量华东地区农村内部政府潜在财政能力影响社会服务的边际可及性，其中"CWrWc 华东农村"指华东地区农村内部社会服务的均等化程度，"WrWc 华东农村"指华东地区农村内部政府潜在财政能力的均等化程度
5	$\text{ICWrWc 华中城市} = [\text{CWrWc 华中城市}/\text{WrWc 华中城市}]_{t+1}$	测量华中地区城市内部政府潜在财政能力影响社会服务的边际可及性，其中"CWrWc 华中城市"指华中地区城市内部社会服务的均等化程度，"WrWc 华中城市"指华中地区城市内部政府潜在财政能力的均等化程度
6	$\text{ICWrWc 华中农村} = [\text{CWrWc 华中农村}/\text{WrWc 华中农村}]_{t+1}$	测量华中地区农村内部政府潜在财政能力影响社会服务的边际可及性，其中"CWrWc 华中农村"指华中地区农村内部社会服务的均等化程度，"WrWc 华中农村"指华中地区农村内部政府潜在财政能力的均等化程度
7	$\text{ICWrWc 华南城市} = [\text{CWrWc 华南城市}/\text{WrWc 华南城市}]_{t+1}$	测量华南地区城市内部政府潜在财政能力影响社会服务的边际可及性，其中"CWrWc 华南城市"指华南地区城市内部社会服务的均等化程度，"WrWc 华南城市"指华南地区城市内部政府潜在财政能力的均等化程度
8	$\text{ICWrWc 华南农村} = [\text{CWrWc 华南农村}/\text{WrWc 华南农村}]_{t+1}$	测量华南地区农村内部政府潜在财政能力影响社会服务的边际可及性，其中"CWrWc 华南农村"指华南地区农村内部社会服务的均等化程度，"WrWc 华南农村"指华南地区农村内部政府潜在财政能力的均等化程度
9	$\text{ICWrWc 西南城市} = [\text{CWrWc 西南城市}/\text{WrWc 西南城市}]_{t+1}$	测量西南地区城市内部政府潜在财政能力影响社会服务的边际可及性，其中"CWrWc 西南城市"指西南地区城市内部社会服务的均等化程度，"WrWc 西南城市"指西南地区城市内部政府潜在财政能力的均等化程度
10	$\text{ICWrWc 西南农村} = [\text{CWrWc 西南城市}/\text{WrWc 西南城市}]_{t+1}$	测量西南地区农村内部政府潜在财政能力影响社会服务的边际可及性，其中"CWrWc 西南城市"指西南地区农村内部社会服务的均等化程度，"WrWc 西南城市"指西南地区农村内部政府潜在财政能力的均等化程度

序号	指标	指标含义
11	ICWrWc 西北城市 = [CWrWc 西北城市/ WrWc 西北城市]$_{t+1}^t$	测量西北地区城市内部政府潜在财政能力影响社会服务的边际可及性,其中"CWrWc 西北城市"指西北地区城市内部社会服务的均等化程度,"WrWc 西北城市"西北地区城市内部政府潜在财政能力的均等化程度
12	ICWrWc 西北农村 = [CWrWc 西北农村/ WrWc 西北农村]$_{t+1}^t$	测量西北地区农村内部政府潜在财政能力影响社会服务的边际可及性,其中"CWrWc 西北农村"指西北地区农村内部社会服务的均等化程度,"WrWc 西北农村"指西北地区农村内部政府潜在财政能力的均等化程度
13	ICWrWc 东北城市 = [CWrWc 东北城市/ WrWc 东北城市]$_{t+1}^t$	测量东北地区城市内部政府潜在财政能力影响社会服务的边际可及性,其中"CWrWc 东北城市"指东北地区城市内部社会服务的均等化程度,"WrWc 东北城市"指东北地区城市内部政府潜在财政能力的均等化程度
14	ICWrWc 东北农村 = [CWrWc 东北农村/ WrWc 东北农村]$_{t+1}^t$	测量东北地区农村内部政府潜在财政能力影响社会服务的边际可及性,其中"CWrWc 东北农村"指东北地区农村内部社会服务的均等化程度,"WrWc 东北农村"指东北地区农村内部政府潜在财政能力的均等化程度

注:上述边际可及性测算指标大于1,表示政府潜在财政能力对社会服务可及效应不显著,数值越大代表着显著性越低;上述边际可及性测算指标小于1,表示政府潜在财政能力对社会服务可及效应较为显著,数值越小代表显著性越高。

第二步,建立测算区域内部城乡之间潜在财政能力影响社会服务边际可及性的指标,如表4-14所示。

表4-14　区域内部城乡之间潜在财政能力影响社会服务边际可及性测算指标

序号	指标	指标含义
1	ICWrBc 华北 = [CWrBc 华北/WrBc 华北]$_{t+1}^t$	测量华北地区城乡之间政府潜在财政能力影响社会服务的边际可及性,其中"CWrBc 华北"指华北地区城乡之间社会服务的均等化程度,"WrBc 华北"指华北地区城乡之间政府潜在财政能力的均等化程度
2	ICWrBc 华东 = [CWrBc 华东/WrBc 华东]$_{t+1}^t$	测量华东地区城乡之间政府潜在财政能力影响社会服务的边际可及性,其中"CWrBc 华东"指华东地区城乡之间社会服务的均等化程度,"WrBc 华东"指华东北地区城乡之间政府潜在财政能力的均等化程度

续表

序号	指标	指标含义
3	$\text{ICWrBc 华中} = [\text{CWrBc 华中}/\text{WrBc 华中}]^{t}_{t+1}$	测量华中地区城乡之间政府潜在财政能力影响社会服务的边际可及性，其中"CWrBc 华中"指华中地区城乡之间社会服务的均等化程度，"WrBc 华中"指华中地区城乡之间政府潜在财政能力的均等化程度
4	$\text{ICWrBc 华南} = [\text{CWrBc 华南}/\text{WrBc 华南}]^{t}_{t+1}$	测量华南地区城乡之间政府潜在财政能力影响社会服务的边际可及性，其中"CWrBc 华南"指华南地区城乡之间社会服务的均等化程度，"WrBc 华南"指华南地区城乡之间政府潜在财政能力的均等化程度
5	$\text{ICWrBc 西南} = [\text{CWrBc 西南}/\text{WrBc 西南}]^{t}_{t+1}$	测量西南地区城乡之间政府潜在财政能力影响社会服务的边际可及性，其中"CWrBc 西南"指西南地区城乡之间社会服务的均等化程度，"WrBc 西南"指西南地区城乡之间政府潜在财政能力的均等化程度
6	$\text{ICWrBc 西北} = [\text{CWrBc 西北}/\text{WrBc 西北}]^{t}_{t+1}$	测量西北地区城乡之间政府潜在财政能力影响社会服务的边际可及性，其中"CWrBc 西北"指城乡之间城市内部社会服务的均等化程度，"WrBc 西北"指西北地区城乡之间政府潜在财政能力的均等化程度
7	$\text{ICWrBc 东北} = [\text{CWrBc 东北}/\text{WrBc 东北}]^{t}_{t+1}$	测量东北地区城乡之间政府潜在财政能力影响社会服务的边际可及性，其中"CWrBc 东北"指东北地区城乡之间社会服务的均等化程度，"WrBc 东北"指东北地区城乡之间政府潜在财政能力的均等化程度

注：同表 4 – 13。

第三步，建立测算区域之间潜在财政能力影响社会服务边际可及性的指标，如表 4 – 15 所示。

表 4 – 15   区域之间潜在财政能力影响社会服务边际可及性测算指标

序号	指标	指标含义
1	$\text{ICBr} = [\text{CBr}/\text{Br}]^{t}_{t+1}$	测量区域之间政府潜在财政能力影响社会服务的边际可及性，其中"CBr"指区域之间社会服务的均等化程度，"Br"指区域之间政府潜在财政能力的均等化程度

注：同表 4 – 13。

第四步，建立测算潜在财政能力影响社会服务边际可及性的指标，如表 4 – 16 所示。

表 4 – 16　　　　　潜在财政能力影响社会服务边际可及性测算指标

序号	指标	指标含义
1	$ICT = [CT/T]_{t+1}^{t}$	测量政府潜在财政能力影响社会服务的边际可及性，其中"CT"指社会服务的总体均等化程度，"T"指政府潜在财政能力的总体均等化程度

注：同表 4 – 13。

二、城乡维度优先的双变量层级分析

（一）公共教育

第一步，建立测算城乡内部区域内部潜在财政能力影响公共教育服务边际可及性的指标，如表 4 – 1 所示。

第二步，建立测算城乡内部区域之间潜在财政能力影响公共教育服务边际可及性的指标，如表 4 – 17 所示。

表 4 – 17　　　城乡内部区域之间潜在财政能力影响公共教育边际可及性测算指标

序号	指标	指标含义
1	$IEWcBr 城市 = [EWcBr 城市/WcBr 城市]_{t+1}^{t}$	测量城市内部区域之间政府潜在财政能力影响公共教育服务的边际可及性，其中"EWcBr 城市"指城市内部区域之间公共教育服务的均等化程度，"WcBr 城市"指城市内部区域之间政府潜在财政能力的均等化程度
2	$IEWcBr 农村 = [EWcBr 农村/WcBr 农村]_{t+1}^{t}$	测量农村内部区域之间政府潜在财政能力影响公共教育服务的边际可及性，其中"EWcBr 农村"指农村内部区域之间公共教育服务的均等化程度，"WcBr 农村"指农村内部区域之间政府潜在财政能力的均等化程度

注：同表 4 – 1。

第三步，建立测算城乡之间潜在财政能力影响公共教育服务边际可及性的指标，如表 4 – 18 所示。

表 4 - 18　　　城乡之间潜在财政能力影响公共教育边际可及性测算指标

序号	指标	指标含义
1	$IEBc = [EBc/Bc]_{t+1}^{1}$	测量城乡之间政府潜在财政能力影响公共教育服务的边际可及性，其中"EBc"指城乡之间公共教育服务的均等化程度，"Bc"指城乡之间政府潜在财政能力的均等化程度

注：同表 4 - 1。

第四步，建立测算潜在财政能力影响公共教育服务边际可及性的指标，如表 4 - 4 所示。

（二）医疗卫生

第一步，建立测算城乡内部区域内部潜在财政能力影响医疗卫生服务边际可及性的指标，如表 4 - 5 所示。

第二步，建立测算城乡内部区域之间潜在财政能力影响医疗卫生服务边际可及性的指标，如表 4 - 19 所示。

表 4 - 19　　　　　　城乡内部区域之间潜在财政能力影响医疗
卫生服务边际可及性测算指标

序号	指标	指标含义
1	$IMWcBr\ 城市 = [MWcBr$ 城市$/WcBr\ 城市]_{t+1}^{1}$	测量城市内部区域之间政府潜在财政能力影响医疗卫生服务的边际可及性，其中"MWcBr 城市"指城市内部区域之间医疗卫生服务的均等化程度，"WcBr 城市"指城市内部区域之间政府潜在财政能力的均等化程度
2	$IMWcBr\ 农村 = [MWcBr$ 农村$/WcBr\ 农村]_{t+1}^{1}$	测量农村内部区域之间政府潜在财政能力影响医疗卫生服务的边际可及性，其中"MWcBr 农村"指农村内部区域之间医疗卫生服务的均等化程度，"WcBr 农村"指农村内部区域之间政府潜在财政能力的均等化程度

注：同表 4 - 5。

第三步，建立测算城乡之间潜在财政能力影响医疗卫生服务边际可及性的指标，如表 4 - 20 所示。

表 4 – 20　　　　城乡之间潜在财政能力影响医疗卫生服务边际可及性测算指标

序号	指标	指标含义
1	IMBc = [MBc/Bc]$_{t+1}^{t}$	测量城乡之间政府潜在财政能力影响医疗卫生服务的边际可及性，其中"MBc"指城乡之间医疗卫生服务的均等化程度，"Bc"指城乡之间政府潜在财政能力的均等化程度

注：同表 4 – 5。

第四步，建立测算潜在财政能力影响医疗卫生服务边际可及性的指标，如表 4 – 8 所示。

（三）社会保险

第一步，建立测算城乡内部区域内部潜在财政能力影响社会保险边际可及性的指标，如表 4 – 9 所示。

第二步，建立测算城乡内部区域之间潜在财政能力影响社会保险边际可及性的指标，如表 4 – 21 所示。

表 4 – 21　　　　　　城乡内部区域之间潜在财政能力影响
社会保险服务边际可及性测算指标

序号	指标	指标含义
1	ISWcBr 城市 = [SWcBr 城市/WcBr 城市]$_{t+1}^{t}$	测量城市内部区域之间政府潜在财政能力影响社会保险服务的边际可及性，其中"SWcBr 城市"指城市内部区域之间社会保险服务的均等化程度，"WcBr 城市"指城市内部区域之间政府潜在财政能力的均等化程度
2	ISWcBr 农村 = [SWcBr 农村/WcBr 农村]$_{t+1}^{t}$	测量农村内部区域之间政府潜在财政能力影响社会保险服务的边际可及性，其中"SWcBr 农村"指农村内部区域之间社会保险服务的均等化程度，"WcBr 农村"指农村内部区域之间政府潜在财政能力的均等化程度

注：同表 4 – 9。

第三步，建立测算城乡之间潜在财政能力影响社会保险服务边际可及性的指标，如表 4 – 22 所示。

表 4-22   城乡之间潜在财政能力影响社会保险服务边际可及性测算指标

序号	指标	指标含义
1	$ISBc = [SBc/Bc]_{t+1}^{t}$	测量城乡之间政府潜在财政能力影响社会保险服务的边际可及性,其中"SBc"指城乡之间社会保险服务的均等化程度,"Bc"指城乡之间政府潜在财政能力的均等化程度

注:同表 4-9。

第四步,建立测算潜在财政能力影响社会保险服务边际可及性的指标,如表 4-12 所示。

(四) 社会服务

第一步,建立测算城乡内部区域内部潜在财政能力影响社会服务边际可及性的指标,如表 4-13 所示。

第二步,建立测算城乡内部区域之间潜在财政能力影响社会服务边际可及性的指标,如表 4-23 所示。

表 4-23   城乡内部区域之间潜在财政能力影响社会服务边际可及性测算指标

序号	指标	指标含义
1	$ICWcBr\ 城市 = [CWcBr\ 城市/WcBr\ 城市]_{t+1}^{t}$	测量城市内部区域之间政府潜在财政能力影响社会服务的边际可及性,其中"CWcBr 城市"指城市内部区域之间社会服务的均等化程度,"WcBr 城市"指城市内部区域之间政府潜在财政能力的均等化程度
2	$ICWcBr\ 农村 = [CWcBr\ 农村/WcBr\ 农村]_{t+1}^{t}$	测量农村内部区域之间政府潜在财政能力影响社会服务的边际可及性,其中"CWcBr 农村"指农村内部区域之间社会服务的均等化程度,"WcBr 农村"指农村内部区域之间政府潜在财政能力的均等化程度

注:同表 4-13。

第三步,建立测算城乡之间潜在财政能力影响社会服务边际可及性的指标,如表 4-24 所示。

表4－24 城乡之间潜在财政能力影响社会服务边际可及性测算指标

序号	指标	指标含义
1	$ICBc = \left[CBc/Bc \right]_{t+1}^{t}$	测量城乡之间政府潜在财政能力影响社会服务的边际可及性，其中"CBc"指城乡之间社会服务的均等化程度，"Bc"指城乡之间政府潜在财政能力的均等化程度

注：同表4－13。

第四步，建立测算潜在财政能力影响社会服务边际可及性的指标，如表4－16所示。

三、区域维度和城乡维度的双变量非层级分析

（一）公共教育

第一步，建立测算区域和城乡两个维度交互作用潜在财政能力影响公共教育服务边际可及性的指标，如表4－25所示。

表4－25 区域和城乡两个维度交互作用潜在财政能力
影响公共教育边际可及性测算指标

指标	指标含义
$IEIrc = \left[EIrc/Irc \right]_{t+1}^{t}$	测量区域和城乡两个维度交互作用政府潜在财政能力影响公共教育的边际可及性，其中"EIrc"指区域和城乡两个维度交互作用公共教育的均等化程度，"Irc"指区域和城乡两个维度交互作用政府潜在财政能力的均等化程度

注：同表4－1。

第二步，建立测算城乡内部区域内部潜在财政能力影响公共教育服务边际可及性的指标，如表4－1所示。

第三步，建立测算区域之间潜在财政能力影响公共教育服务边际可及性的指标，如表4－3所示。

第四步，建立测算城乡之间潜在财政能力影响公共教育服务边际可及性的指标，如表4－18所示。

第五步，建立测算潜在财政能力影响公共教育服务边际可及性的指标，如表4－4所示。

（二）医疗卫生

第一步，建立测算区域和城乡两个维度交互作用潜在财政能力影响医疗卫生服务边际可及性的指标，如表4－26所示。

表4－26　　　　　　　区域和城乡两个维度交互作用潜在财政能力影响

医疗卫生边际可及性测算指标

指标	指标含义
$\text{IMIrc} = \left[\text{MIrc}/\text{Irc}\right]_{t+1}^{t}$	测量区域和城乡两个维度交互作用政府潜在财政能力影响医疗卫生的边际可及性，其中"MIrc"指区域和城乡两个维度交互作用医疗卫生的均等化程度，"Irc"指区域和城乡两个维度交互作用政府潜在财政能力的均等化程度

注：同表4－5。

第二步，建立测算城乡内部区域内部潜在财政能力影响医疗卫生服务边际可及性的指标，如表4－5所示。

第三步，建立测算区域之间潜在财政能力影响医疗卫生服务边际可及性的指标，如表4－7所示。

第四步，建立测算城乡之间潜在财政能力影响医疗卫生服务边际可及性的指标，如表4－20所示。

第五步，建立测算潜在财政能力影响医疗卫生服务边际可及性的指标，如表4－8所示。

（三）社会保险

第一步，建立测算区域和城乡两个维度交互作用潜在财政能力影响社会保险服务边际可及性的指标，如表4－27所示。

表4－27　　　　　　　区域和城乡两个维度交互作用潜在财政能力影响

社会保险服务边际可及性测算指标

指标	指标含义
$\text{ISIrc} = \left[\text{SIrc}/\text{Irc}\right]_{t+1}^{t}$	测量区域和城乡两个维度交互作用政府潜在财政能力影响社会保险服务的边际可及性，其中"SIrc"指区域和城乡两个维度交互作用社会保险服务的均等化程度，"Irc"指区域和城乡两个维度交互作用政府潜在财政能力的均等化程度

注：同表4－9。

第二步，建立测算城乡内部区域内部潜在财政能力影响社会保险服务边际可及性的指标，如表4-9所示。

第三步，建立测算区域之间潜在财政能力影响社会保险服务边际可及性的指标，如表4-11所示。

第四步，建立测算城乡之间潜在财政能力影响社会保险服务边际可及性的指标，如表4-22所示。

第五步，建立测算潜在财政能力影响社会保险服务边际可及性的指标，如表4-12所示。

（四）社会服务

第一步，建立测算区域和城乡两个维度交互作用潜在财政能力影响社会服务边际可及性的指标，如表4-28所示。

表4-28 区域和城乡两个维度交互作用潜在财政能力
影响社会服务边际可及性测算指标

指标	指标含义
$\text{ICIrc} = [\text{CIrc}/\text{Irc}]_{t+1}^{t}$	测量区域和城乡两个维度交互作用政府潜在财政能力影响社会服务的边际可及性，其中"CIrc"指区域和城乡两个维度交互作用社会服务的均等化程度，"Irc"指区域和城乡两个维度交互作用政府潜在财政能力的均等化程度

注：同表4-13。

第二步，建立测算城乡内部区域内部潜在财政能力影响社会服务边际可及性的指标，如表4-13所示。

第三步，建立测算区域之间潜在财政能力影响社会服务边际可及性的指标，如表4-15所示。

第四步，建立测算城乡之间潜在财政能力影响社会服务边际可及性的指标，如表4-24所示。

第五步，建立测算潜在财政能力影响社会服务边际可及性的指标，如表4-16所示。

第四节 潜在财政能力影响公共服务供给边际可及性测算结果

一、公共教育服务边际可及性测算结果

表 4 - 29 报告了政府潜在财政能力影响公共教育服务供给边际可及性的测算结果。

表 4 - 29　　潜在财政能力影响公共教育服务边际可及性的测算

区域维度优先的双变量层级分析	公共教育服务边际可及性指标测算	可及效应是否显著
IET	0.882878	是
IEBr	0.161847	是
IEWrBc	0.025466	是
IEWrBc 华北	0.003510	是
IEWrBc 华东	0.083739	是
IEWrBc 华中	2.632041	否
IEWrBc 华南	0.003828	是
IEWrBc 西南	0.242735	是
IEWrBc 西北	0.067916	是
IEWrBc 东北	0.000001	是
IEWrWc	1.368314	否
IEWrWc 华北城市	0.051384	是
IEWrWc 华北农村	0.514773	是
IEWrWc 华东城市	0.066673	是
IEWrWc 华东农村	0.141529	是
IEWrWc 华中城市	1.267730	否
IEWrWc 华中农村	0.948837	是
IEWrWc 华南城市	7.037950	否
IEWrWc 华南农村	2.490073	否
IEWrWc 西南城市	0.703657	是

续表

区域维度优先的双变量层级分析	公共教育服务边际可及性指标测算	可及效应是否显著
IEWrWc 西南农村	16.650626	否
IEWrWc 西北城市	0.048312	是
IEWrWc 西北农村	0.106893	是
IEWrWc 东北城市	0.011217	是
IEWrWc 东北农村	0.018438	是
城乡维度优先的双变量层级分析	公共教育服务边际可及性指标测算	可及效应是否显著
IET	0.882878	是
IEBc	3.948647	否
IEWcBr	0.136268	是
IEWcBr 城市	0.149569	是
IEWcBr 农村	0.096964	是
IEWrWc	1.368314	否
IEWrWc 华北城市	0.051384	是
IEWrWc 华北农村	0.514773	是
IEWrWc 华东城市	0.066673	是
IEWrWc 华东农村	0.141529	是
IEWrWc 华中城市	1.267730	否
IEWrWc 华中农村	0.948837	是
IEWrWc 华南城市	7.037950	否
IEWrWc 华南农村	2.490073	否
IEWrWc 西南城市	0.703657	是
IEWrWc 西南农村	16.650626	否
IEWrWc 西北城市	0.048312	是
IEWrWc 西北农村	0.106893	是
IEWrWc 东北城市	0.011217	是
IEWrWc 东北农村	0.018438	是
区域维度和城乡维度同时考虑的双变量非层级分析	公共教育服务边际可及性指标测算	可及效应是否显著
IET	0.882878	是
IEBr	0.161847	是
IEBc	3.948647	否

区域维度和城乡维度同时考虑的 双变量非层级分析	公共教育服务 边际可及性指标测算	可及效应 是否显著
IEWrWc	1.368314	否
IEWrWc 华北城市	0.051384	是
IEWrWc 华北农村	0.514773	是
IEWrWc 华东城市	0.066673	是
IEWrWc 华东农村	0.141529	是
IEWrWc 华中城市	1.267730	否
IEWrWc 华中农村	0.948837	是
IEWrWc 华南城市	7.037950	否
IEWrWc 华南农村	2.490073	否
IEWrWc 西南城市	0.703657	是
IEWrWc 西南农村	16.650626	否
IEWrWc 西北城市	0.048312	是
IEWrWc 西北农村	0.106893	是
IEWrWc 东北城市	0.011217	是
IEWrWc 东北农村	0.018438	是
IEIrc	0.006796	是

首先观察区域维度优先双变量层级分析。通过公共教育服务边际可及性指标 IET 数值可以看到，政府潜在财政能力对公共教育服务可及效应测算结果为 0.882878，低于 1 的临界水平，可及效应较为显著。区域内部城乡之间、区域之间的社会服务边际可及性的指标 IEWrBc、IEBr 测算结果为 0.161847 和 0.025466，测算结果小于 1，表明区域内部城乡之间、区域之间公共教育服务的可及效应较为显著；但是，区域内部城乡内部公共教育服务边际可及性的指标 IEWrWc 测算结果为 1.368314，测算结果大于 1，表明区域内部城乡内部社会服务的可及效应并不显著。因此，政府潜在财政能力对公共教育服务的可及效应，主要来源于区域内部城乡之间、区域之间政府潜在财政能力对公共教育服务的贡献，而区域内部城乡内部政府潜在财政能力对公共教育服务的边际可及性反而起到逆向显著的作用。对于区域内部城乡之间可及效应而言，华北地区、华东地区、华南地区、西南地区、西北地区、东北地区的公共教育服务边际可及性指标测算结果均小于 1，证明上述地区公共教育服务可及效应较为显著。具体而言，东北地区公共教育服务边际可及性指标测算结果为 0.000001，在所有显著性地区

中数值最小，证明东北地区公共教育服务在所有显著性地区的可及效应处于最高水平；西南地区公共教育服务边际可及性指标测算结果为0.242735，在所有地区中数值最大，证明东北地区公共教育服务在所有不显著地区可及效应属于最低水平。华中地区公共教育服务边际可及性指标测算结果为2.632041，大于1的临界水平，证明华中地区公共教育服务可及效应并不显著。对于区域内部城乡内部可及效应而言，华北城市、华北农村、华东城市、华东农村、华中农村、西南城市、西北城市、西北农村、东北城市和东北农村的公共教育服务边际可及性指标测算结果均小于1，证明上述地区公共教育服务可及效应较为显著。具体而言，东北城市公共教育服务边际可及性指标测算结果为0.011217，在所有显著性地区中数值最小，证明东北城市公共教育服务在所有显著性地区的可及效应处于最高水平；华中农村公共教育服务边际可及性指标测算结果为0.948837，在所有地区中数值最大，证明华中农村公共教育服务在所有显著性地区的可及效应属于最低水平。华中城市、华南城市、华南农村、西南农村的公共教育服务边际可及性指标测算结果均大于1，证明上述地区公共教育服务可及效应并不显著。具体而言，华中城市公共教育服务边际可及性指标测算结果为1.267730，在所有不显著地区中数值最小，证明华中城市公共教育服务在不显著地区的可及效应处于最高水平；西南农村公共教育服务边际可及性指标测算结果为16.650626，在所有不显著地区中数值最大，证明华中城市公共教育服务在不显著地区的可及效应处于最低水平。

其次观察城乡维度优先的双变量层级分析。可及效应的构成如下：城乡内部区域之间公共教育服务边际可及性的指标IEWcBr测算结果为0.136268，表明城乡内部区域之间公共教育服务的可及效应较为显著。但是城乡之间、区域内部城乡内部公共教育服务边际可及性指标IEBc和IEWrWc的测算结果为3.948647和1.368314，表明城乡之间、区域内部城乡内部政府潜在财政能力对公共教育服务的可及效应并不显著。对于城乡之间可及效应而言，城市地区、农村地区公共教育服务边际可及性指标测算结果为0.149569和0.096964，证明城市地区和农村地区公共教育服务可及效应较为显著。对于区域内部城乡内部可及效应而言，华北城市、华北农村、华东城市、华东农村、华中农村、西南城市、西北城市、西北农村、东北城市和东北农村的公共教育服务边际可及性指标测算结果均小于1，证明上述地区公共教育服务可及效应较为显著。具体而言，东北城市公共教育服务边际可及性指标测算结果为0.011217，在所有显著性地区中数值最小，证明东北城市公共教育服务在所有显著性地区的可及效应处于最高水平；华中农村公共教育服务边际可及性指标测算结果为0.948837，在所有地区中数值最大，证明华中农村公共教育服务在所有显著性地区的可及效应属于最低水平。华中城市、华南城市、华南农村、西南农村的公共教育服务边际可及性指标测算结果均大于1，证明上述地区公共教育服务可及效应并不显著。具体而言，华中城市公共教育服务边际可及性指标测算结果为1.267730，在所有不显著地区中数值最小，证明华中城市公共教育服务在不显著地区的可及效应处于最高水平；西南农村公共教育服务边际可及性指标测算结果为16.650626，在所有不显著地区中数值最大，证明西南农村公共教育服务在不显著地区的可及效应处于最低水平。

最后观察区域维度和城乡维度同时考虑的双变量非层级分析。可及效应的具体构成如下：区域之间、区域和城乡交互作用下公共教育服务边际可及性的指标 IEBr 和 IEIrc 测算结果为0.161847 和0.006796，数值小于1 的水平，表明区域之间、区域和城乡交互作用下公共教育服务的可及效应较为显著。城乡之间、区域内部城乡内部公共教育服务边际可及性的指标 IEBc 和 IEWrWc 测算结果为3.948647 和1.368314，数值大于1 的水平，表明城乡之间、区域内部城乡内部公共教育服务的可及效应并不显著。对于区域内部城乡内部可及效应而言，华北城市、华北农村、华东城市、华东农村、华中农村、西南城市、西北城市、西北农村、东北城市和东北农村的公共教育服务边际可及性指标测算结果均小于1，证明上述地区公共教育服务可及效应较为显著。具体而言，东北城市公共教育服务边际可及性指标测算结果为0.011217，在所有显著性地区中数值最小，证明东北城市公共教育服务在所有显著性地区的可及效应处于最高水平；华中农村公共教育服务边际可及性指标测算结果为0.948837，在所有地区中数值最大，证明华中农村公共教育服务在所有显著性地区的可及效应属于最低水平。华中城市、华南城市、华南农村、西南农村的公共教育服务边际可及性指标测算结果均大于1，证明上述地区公共教育服务可及效应并不显著。具体而言，华中城市公共教育服务边际可及性指标测算结果为1.267730，在所有不显著地区中数值最小，证明华中城市公共教育服务在不显著地区的可及效应处于最高水平；西南农村公共教育服务边际可及性指标测算结果为16.650626，在所有不显著地区中数值最大，证明华中城市公共教育服务在不显著地区的可及效应处于最低水平。

二、医疗卫生服务边际可及性测算结果

表4-30 报告了政府潜在财政能力影响医疗卫生服务供给边际可及性的测算结果。

表4-30　　　潜在财政能力影响医疗卫生服务边际可及性的测算

区域维度优先的双变量层级分析	医疗卫生服务边际可及性指标测算	可及效应是否显著
IMT	0.849939	是
IMBr	0.161367	是
IMWrBc	0.422827	是
IMWrBc 华北	1.416934	否
IMWrBc 华东	0.178450	是
IMWrBc 华中	7.983530	否
IMWrBc 华南	0.114555	是
IMWrBc 西南	22.942818	否
IMWrBc 西北	2.117515	否
IMWrBc 东北	3.759255	否
IMWrWc	1.271169	否
IMWrWc 华北城市	0.155297	是
IMWrWc 华北农村	2.691447	否
IMWrWc 华东城市	0.195436	是
IMWrWc 华东农村	0.322693	是
IMWrWc 华中城市	0.176241	是
IMWrWc 华中农村	0.033200	是
IMWrWc 华南城市	6.267986	否
IMWrWc 华南农村	1.407838	否
IMWrWc 西南城市	0.220372	是
IMWrWc 西南农村	14.055450	否
IMWrWc 西北城市	0.324538	是
IMWrWc 西北农村	0.771116	是
IMWrWc 东北城市	0.104714	是
IMWrWc 东北农村	0.140292	是
城乡维度优先的双变量层级分析	医疗卫生服务边际可及性指标测算	可及效应是否显著
IMT	0.849939	是
IMBc	20.279869	否
IMWcBr	0.188911	是
IMWcBr 城市	0.128372	是
IMWcBr 农村	0.367794	是

续表

城乡维度优先的双变量层级分析	医疗卫生服务边际可及性指标测算	可及效应是否显著
IMWrWc	1.271169	否
IMWrWc 华北城市	0.155297	是
IMWrWc 华北农村	2.691447	否
IMWrWc 华东城市	0.195436	是
IMWrWc 华东农村	0.322693	是
IMWrWc 华中城市	0.176241	是
IMWrWc 华中农村	0.033200	是
IMWrWc 华南城市	6.267986	否
IMWrWc 华南农村	1.407838	否
IMWrWc 西南城市	0.220372	是
IMWrWc 西南农村	14.055450	否
IMWrWc 西北城市	0.324538	是
IMWrWc 西北农村	0.771116	是
IMWrWc 东北城市	0.104714	是
IMWrWc 东北农村	0.140292	是
区域维度和城乡维度同时考虑的双变量非层级分析	医疗卫生服务边际可及性指标测算	可及效应是否显著
IMT	0.849939	是
IMBr	0.161367	是
IMBc	20.279869	否
IMWrWc	1.271169	否
IMWrWc 华北城市	0.155297	是
IMWrWc 华北农村	2.691447	否
IMWrWc 华东城市	0.195436	是
IMWrWc 华东农村	0.322693	是
IMWrWc 华中城市	0.176241	是
IMWrWc 华中农村	0.033200	是
IMWrWc 华南城市	6.267986	否
IMWrWc 华南农村	1.407838	否
IMWrWc 西南城市	0.220372	是
IMWrWc 西南农村	14.055450	否

续表

区域维度和城乡维度同时考虑的 双变量非层级分析	医疗卫生服务 边际可及性指标测算	可及效应 是否显著
IMWrWc 西北城市	0.324538	是
IMWrWc 西北农村	0.771116	是
IMWrWc 东北城市	0.104714	是
IMWrWc 东北农村	0.140292	是
IMIrc	0.328326	是

首先观察区域维度优先双变量层级分析。通过医疗卫生服务边际可及性指标IMT数值可以看到，政府潜在财政能力对医疗卫生服务可及效应测算结果为0.849939，低于1的临界水平，证明可及效应较为显著。区域内部城乡之间、区域之间社会服务边际可及性的指标 IMWrBc、IMBr 的测算结果为 0.422827 和0.161367，测算结果小于1，表明区域内部城乡之间、区域之间医疗卫生服务的可及效应较为显著；但是，区域内部城乡内部医疗卫生服务边际可及性的指标IMWrWc 测算结果为 1.271169，测算结果大于1，表明区域内部城乡内部医疗卫生服务的可及效应并不显著。由此可见，政府潜在财政能力对医疗卫生服务的可及效应，主要来源于区域内部城乡之间、区域之间政府潜在财政能力对医疗卫生服务的贡献，而区域内部城乡内部政府潜在财政能力对医疗卫生服务的边际可及性则起到逆向显著的作用。对于区域内部城乡之间可及效应而言，华东地区和华南地区的医疗卫生服务边际可及性指标测算结果均小于1，证明上述地区医疗卫生服务可及效应较为显著。具体而言，华南地区医疗卫生服务边际可及性指标测算结果为0.114555，证明华南地区医疗卫生服务在显著性地区的可及效应处于较高水平；华东地区医疗卫生服务边际可及性指标测算结果为0.178450，证明华东地区医疗卫生服务在显著性地区的可及效应处于较低水平。华北地区、华中地区、西南地区、西北地区、东北地区的医疗卫生服务边际可及性指标测算结果均大于1，证明上述地区医疗卫生服务可及效应并不显著。具体而言，华北地区医疗卫生服务边际可及性指标测算结果为1.416934，证明华北地区医疗卫生服务在不显著地区的可及效应处于较高水平；西南地区医疗卫生服务边际可及性指标测算结果为22.942818，证明西南地区医疗卫生服务在不显著地区的可及效应处于较低水平。对于区域内部城乡内部可及效应而言，华北城市、华东城市、华东农村、华东农村、华中城市、华中农村、西南城市、西北城市、西北农村、东北城市和东北农村的医疗卫生服务边际可及性指标测算结果均小于1，证明上述地区医疗卫生服务可及效应较为显著。具体而言，华中农村医疗卫生服务边际可及性指标测算结果为0.033200，在所有显著性地区中数值最小，证明华中农村医疗卫

生服务在所有显著性地区的可及效应处于最高水平；西北农村医疗卫生服务边际可及性指标测算结果为0.771116，在所有地区中数值最大，证明西北农村医疗卫生服务在所有显著性地区的可及效应属于最低水平。华北农村、华南城市、华南农村、西南农村的医疗卫生服务边际可及性指标测算结果均大于1，证明上述地区医疗卫生服务可及效应并不显著。具体而言，华南农村医疗卫生服务边际可及性指标测算结果为1.407838，在所有不显著地区中数值最小，证明华南农村医疗卫生服务在不显著地区的可及效应处于最高水平；西南农村医疗卫生服务边际可及性指标测算结果为14.055450，在所有不显著地区中数值最大，证明西南农村医疗卫生服务在不显著地区的可及效应处于最低水平。

其次观察城乡维度优先的双变量层级分析。可及效应的具体构成如下：城乡内部区域之间医疗卫生服务边际可及性的指标 IMWcBr 测算结果为0.188911，表明城乡内部区域之间医疗卫生服务的可及效应较为显著。但是城乡之间、区域内部城乡内部医疗卫生服务边际可及性指标 IMBc 和 IMWrWc 的测算结果为20.279869和1.271169，表明城乡之间、区域内部城乡内部政府潜在财政能力对医疗卫生服务的可及效应并不显著。对于城乡之间可及效应而言，城市地区、农村地区社会服务边际可及性指标测算结果为0.128372和0.367794，证明城市地区和农村地区公共教育服务可及效应较为显著。对于区域内部城乡内部可及效应而言，华北城市、华东城市、华东农村、华东农村、华中城市、华中农村、西南城市、西北城市、西北农村、东北城市和东北农村的医疗卫生服务边际可及性指标测算结果均小于1，证明上述地区医疗卫生服务可及效应较为显著。具体而言，华中农村医疗卫生服务边际可及性指标测算结果为0.033200，在所有显著性地区中数值最小，证明华中农村医疗卫生服务在所有显著性地区的可及效应处于最高水平；西北农村医疗卫生服务边际可及性指标测算结果为0.771116，在所有地区中数值最大，证明西北农村医疗卫生服务在所有显著性地区的可及效应属于最低水平。华北农村、华南城市、华南农村、西南农村的医疗卫生服务边际可及性指标测算结果均大于1，证明上述地区医疗卫生服务可及效应并不显著。具体而言，华南农村医疗卫生服务边际可及性指标测算结果为1.407838，在所有不显著地区中数值最小，证明华南农村医疗卫生服务在不显著地区的可及效应处于最高水平；西南农村医疗卫生服务边际可及性指标测算结果为14.055450，在所有不显著地区中数值最大，证明西南农村医疗卫生服务在不显著地区的可及效应处于最低水平。

最后观察区域维度和城乡维度同时考虑的双变量非层级分析。可及效应的具体构成如下：区域之间、区域和城乡交互作用下医疗卫生服务边际可及性的指标 IMBr 和 IMIrc 测算结果为0.161367和0.328326，数值小于1的水平，表明区域之间、区域和城乡交互作用下医疗卫生服务的可及效应较为显著。城乡之间、区域内部城乡内部医疗卫生服务边际可及性的指标 IMBc 和 IMWrWc 测算结果为20.279869 和 1.271169，数值大于 1 的水平，表明城乡之间、区域内部城乡内部医疗卫生服务的可及效应并不显著。对于区域内部城乡内部可及效应而言，华北城市、华东城市、华东农村、华东农村、华中城市、华中农村、西南城市、西北城市、西北农村、东北城市和东北农村的医疗卫生服务边际可及性指标测算结果均小于 1，证明上述地区医疗卫生服务可及效应较为显著。具体而言，华中农村医疗卫生服务边际可及性指标测算结果为 0.033200，在所有显著性地区中数值最小，证明华中农村医疗卫生服务在所有显著性地区的可及效应处于最高水平；西北农村医疗卫生服务边际可及性指标测算结果为 0.771116，在所有地区中数值最大，证明西北农村医疗卫生服务在所有显著性地区的可及效应属于最低水平。华北农村、华南城市、华南农村、西南农村的医疗卫生服务边际可及性指标测算结果均大于 1，证明上述地区医疗卫生服务可及效应并不显著。具体而言，华南农村医疗卫生服务边际可及性指标测算结果为 1.407838，在所有不显著地区中数值最小，证明华南农村医疗卫生服务在不显著地区的可及效应处于最高水平；西南农村医疗卫生服务边际可及性指标测算结果为 14.055450，在所有不显著地区中数值最大，证明西南农村医疗卫生服务在不显著地区的可及效应处于最低水平。

三、社会保险服务边际可及性测算结果

表 4 - 31 报告了政府潜在财政能力影响社会保险服务供给边际可及性的测算结果。

表 4 - 31　　　潜在财政能力影响社会保险服务边际可及性的测算

区域维度优先的双变量层级分析	社会保险服务边际可及性指标测算	可及效应是否显著
IST	4.866010	否
ISBr	0.221652	是
ISWrBc	48.114062	否
ISWrBc 华北	248.311285	否
ISWrBc 华东	242.529522	否
ISWrBc 华中	2 404.513061	否
ISWrBc 华南	0.689110	是
ISWrBc 西南	3 021.272882	否
ISWrBc 西北	194.368320	否
ISWrBc 东北	41.995993	否

区域维度优先的双变量层级分析	社会保险服务边际可及性指标测算	可及效应是否显著
ISWrWc	2.719616	否
ISWrWc 华北城市	1.215314	否
ISWrWc 华北农村	2.254003	否
ISWrWc 华东城市	0.656104	是
ISWrWc 华东农村	2.158556	否
ISWrWc 华中城市	2.404327	否
ISWrWc 华中农村	2.905020	否
ISWrWc 华南城市	4.192373	否
ISWrWc 华南农村	139.645470	否
ISWrWc 西南城市	15.070696	否
ISWrWc 西南农村	7.543608	否
ISWrWc 西北城市	3.760888	否
ISWrWc 西北农村	13.558720	否
ISWrWc 东北城市	0.202887	是
ISWrWc 东北农村	0.117120	是
城乡维度优先的双变量层级分析	社会保险服务边际可及性指标测算	可及效应是否显著
IST	4.866010	否
ISBc	9 238.490827	否
ISWcBr	0.907118	是
ISWcBr 城市	0.740616	是
ISWcBr 农村	1.399110	否
ISWrWc	2.719616	否
ISWrWc 华北城市	1.215314	否
ISWrWc 华北农村	2.254003	否
ISWrWc 华东城市	0.656104	是
ISWrWc 华东农村	2.158556	否
ISWrWc 华中城市	2.404327	否
ISWrWc 华中农村	2.905020	否
ISWrWc 华南城市	4.192373	否
ISWrWc 华南农村	139.645470	否
ISWrWc 西南城市	15.070696	否

续表

城乡维度优先的双变量层级分析	社会保险服务边际可及性指标测算	可及效应是否显著
ISWrWc 西南农村	7.543608	否
ISWrWc 西北城市	3.760888	否
ISWrWc 西北农村	13.558720	否
ISWrWc 东北城市	0.202887	是
ISWrWc 东北农村	0.117120	是
区域维度和城乡维度同时考虑的双变量非层级分析	社会保险服务边际可及性指标测算	可及效应是否显著
IST	4.866010	否
ISBr	0.221652	是
ISBc	9 238.490827	否
ISWrWc	2.719616	否
ISWrWc 华北城市	1.215314	否
ISWrWc 华北农村	2.254003	否
ISWrWc 华东城市	0.656104	是
ISWrWc 华东农村	2.158556	否
ISWrWc 华中城市	2.404327	否
ISWrWc 华中农村	2.905020	否
ISWrWc 华南城市	4.192373	否
ISWrWc 华南农村	139.645470	否
ISWrWc 西南城市	15.070696	否
ISWrWc 西南农村	7.543608	否
ISWrWc 西北城市	3.760888	否
ISWrWc 西北农村	13.558720	否
ISWrWc 东北城市	0.202887	是
ISWrWc 东北农村	0.117120	是
ISIrc	4.376669	否

　　首先观察区域维度优先双变量层级分析。通过社会保险服务边际可及性指标 IST 数值可以看到，政府潜在财政能力对社会保险服务可及效应测算结果为 4.866010，高于 1 的临界水平，证明可及效应并不显著。区域内部城乡之间、区域内部城乡内部社会保险服务边际可及性的指标 ISWrBc、ISWrWc 测算结果为

48.114062 和 2.719616，测算结果均大于1，表明区域内部城乡之间、区域内部城乡内部社会保险服务的可及效应并不显著；但是，区域之间社会服务边际可及性的指标 ISBr 测算结果为 0.221652，测算结果小于1，表明区域之间社会服务边际可及性较为显著。由此可见，政府潜在财政能力对社会保险服务可及效应的不显著性，主要是由于区域内部城乡之间、区域内部城乡内部政府潜在财政能力对社会保险服务所造成的，而区域之间政府潜在财政能力对社会保险服务的边际可及性则起到正向的显著作用。对于区域内部城乡之间可及效应而言，华南地区社会保险服务边际可及性指标测算结果均小于1，证明该地区社会保险服务可及效应较为显著。华北地区、华东地区、华中地区、西南地区、西北地区和东北地区的社会保险服务边际可及性指标测算结果均大于1，证明上述地区社会保险服务可及效应并不显著。具体而言，东北地区社会保险服务边际可及性指标测算结果为 41.995993，证明东北地区社会保险服务在不显著地区的可及效应处于较高水平；西南地区社会保险服务边际可及性指标测算结果为 3 021.272882，证明西南地区社会保险服务在不显著地区的可及效应处于较低水平。对于区域内部城乡内部可及效应而言，华东城市、东北城市和东北农村的社会保险服务边际可及性指标测算结果均小于1，证明上述地区社会保险服务可及效应较为显著。具体而言，东北农村的社会保险服务边际可及性指标测算结果为 0.117120，在所有显著性地区中数值最小，证明东北农村社会保险服务在所有显著性地区中可及效应处于最高水平；华东城市社会保险服务边际可及性指标测算结果为 0.656104，在所有地区中数值最大，证明华东城市社会保险服务在所有显著性地区的可及效应属于最低水平。华北城市、华北农村、华东农村、华中城市、华中农村、华南城市、华南农村、西南城市、西南农村、西北城市和西北农村的社会保险服务边际可及性指标测算结果均大于1，证明上述地区社会保险服务可及效应并不显著。具体而言，华北城市的社会保险服务边际可及性指标测算结果为 1.215314，在所有不显著地区中数值最小，证明华北城市社会保险服务在不显著地区的可及效应处于最高水平；华南农村的社会保险服务边际可及性指标测算结果为 139.645470，在所有不显著地区中数值最大，证明华南农村社会保险服务在不显著地区的可及效应处于最低水平。

其次观察城乡维度优先的双变量层级分析。可及效应的具体构成如下：城乡内部区域之间社会保险服务边际可及性的指标 ISWcBr 测算结果为 0.907118，表明城乡内部区域之间社会保险服务的可及效应较为显著。但是城乡之间、区域内部城乡内部社会保险服务边际可及性指标 ISBc 和 ISWrWc 的测算结果为 9 238.490827 和 2.719616，表明城乡之间、区域内部城乡内部政府潜在财政能力对社会保险服务的可及效应并不显著。对于城乡之间可及效应而言，城市地区社会服务边际可及性指标测算结果为 0.740616，证明城市地区公共教育服务可及效应较为显著；农村地区社会服务边际可及性指标测算结果为1.399110，证明农村地区公共教育服务可及效应并不显著。对于区域内部城乡内部可及效应而言，华东城市、东北城市和东北农村的社会保险服务边际可及性指标测算结果均小于1，证明上述地区社会保险服务可及效应较为显著。具体而言，东北农村的社会保险服务边际可及性指标测算结果为0.117120，在所有显著性地区中数值最小，证明东北农村社会保险服务在所有显著性地区中可及效应处于最高水平；华东城市社会保险服务边际可及性指标测算结果为0.656104，在所有地区中数值最大，证明华东城市社会保险服务在所有显著性地区的可及效应属于最低水平。华北城市、华北农村、华东农村、华中城市、华中农村、华南城市、华南农村、西南城市、西南农村、西北城市和西北农村的社会保险服务边际可及性指标测算结果均大于1，证明上述地区社会保险服务可及效应并不显著。具体而言，华北城市的社会保险服务边际可及性指标测算结果为1.215314，在所有不显著地区中数值最小，证明华北城市社会保险服务在不显著地区的可及效应处于最高水平；华南农村的社会保险服务边际可及性指标测算结果为139.645470，在所有不显著地区中数值最大，证明华南农村社会保险服务在不显著地区的可及效应处于最低水平。

最后观察区域维度和城乡维度同时考虑的双变量非层级分析。可及效应的具体构成如下：区域之间的社会保险服务边际可及性指标 ISBr 测算结果为0.221652，数值小于1的水平，表明区域之间社会保险服务的可及效应较为显著。城乡之间、区域内部城乡内部、区域和城乡交互作用下的社会保险服务边际可及性指标 ISBc、ISWrWc 和 ISIrc 测算结果为 9 238.490827、2.719616 和4.376669，数值大于1的水平，表明城乡之间、区域内部城乡内部、区域和城乡交互作用下的社会保险服务的可及效应并不显著。对于区域内部城乡内部可及效应而言，华北城市、华东城市、华东农村、华东农村、华中城市、华中农村、西南城市、西北城市、西北农村、东北城市和东北农村的社会保险服务边际可及性指标测算结果均小于1，证明上述地区社会保险服务可及效应较为显著。具体而言，华中农村社会保险服务边际可及性指标测算结果为0.033200，在所有显著性地区中数值最小，证明华中农村社会保险服务在所有显著性地区的可及效应处于最高水平；西北农村社会保险服务边际可及性指标测算结果为0.771116，在所有地区中数值最大，证明西北农村社会保险服务在所有显著性地区的可及效应属于最低水平。华北农村、华南城市、华南农村、西南农村的社会保险服务边际可及性指标测算结果均大于1，证明上述地区社会保险服务可及效应并不显著。具体而言，华南农村社会保险服务边际可及性指标测算结果为1.407838，在所有不显著地区中数值最小，证明华南农村社会保险服务在不显著地区的可及效应处于最高水平；西南农村社会保险服务边际可及性指标测算结果为14.055450，在所有不显著地区中数值最大，证明西南农村社会保险服务在不显著地区的可及效应处于最低水平。

四、社会服务边际可及性测算结果

表 4-32 报告了政府潜在财政能力影响社会服务供给边际可及性的测算结果。

表 4-32　　　　潜在财政能力影响社会服务边际可及性的测算

区域维度优先的双变量层级分析	社会保险服务边际可及性指标测算	可及效应是否显著
ICT	7.718448	否
ICBr	3.051392	否
ICWrBc	78.712204	否
ICWrBc 华北	305.150205	否
ICWrBc 华东	421.938642	否
ICWrBc 华中	2 086.322546	否
ICWrBc 华南	16.046869	否
ICWrBc 西南	5 616.631156	否
ICWrBc 西北	242.397372	否
ICWrBc 东北	34.669046	否
ICWrWc	2.584488	否
ICWrWc 华北城市	0.772853	是
ICWrWc 华北农村	17.363425	否
ICWrWc 华东城市	2.101784	否
ICWrWc 华东农村	3.894293	否
ICWrWc 华中城市	3.000154	否
ICWrWc 华中农村	1.993404	否
ICWrWc 华南城市	4.166326	否
ICWrWc 华南农村	43.417473	否
ICWrWc 西南城市	1.902207	否
ICWrWc 西南农村	71.043264	否
ICWrWc 西北城市	4.882342	否
ICWrWc 西北农村	13.698450	否
ICWrWc 东北城市	0.741205	是
ICWrWc 东北农村	0.589263	是

续表

城乡维度优先的双变量层级分析	社会保险服务边际可及性指标测算	可及效应是否显著
ICT	7.718448	否
ICBc	15 460.376292	否
ICWcBr	3.457031	否
ICWcBr 城市	3.504366	否
ICWcBr 农村	3.317164	否
ICWrWc	2.584488	否
ICWrWc 华北城市	0.772853	是
ICWrWc 华北农村	17.363425	否
ICWrWc 华东城市	2.101784	否
ICWrWc 华东农村	3.894293	否
ICWrWc 华中城市	3.000154	否
ICWrWc 华中农村	1.993404	否
ICWrWc 华南城市	4.166326	否
ICWrWc 华南农村	43.417473	否
ICWrWc 西南城市	1.902207	否
ICWrWc 西南农村	71.043264	否
ICWrWc 西北城市	4.882342	否
ICWrWc 西北农村	13.698450	否
ICWrWc 东北城市	0.741205	是
ICWrWc 东北农村	0.589263	是
区域维度和城乡维度同时考虑的双变量非层级分析	社会保险服务边际可及性指标测算	可及效应是否显著
ICT	7.718448	否
ICBr	3.051392	否
ICBc	15 460.376292	否
ICWrWc	2.584488	否
ICWrWc 华北城市	0.772853	是
ICWrWc 华北农村	17.363425	否
ICWrWc 华东城市	2.101784	否
ICWrWc 华东农村	3.894293	否
ICWrWc 华中城市	3.000154	否

续表

区域维度和城乡维度同时考虑的双变量非层级分析	社会保险服务边际可及性指标测算	可及效应是否显著
ICWrWc 华中农村	1.993404	否
ICWrWc 华南城市	4.166326	否
ICWrWc 华南农村	43.417473	否
ICWrWc 西南城市	1.902207	否
ICWrWc 西南农村	71.043264	否
ICWrWc 西北城市	4.882342	否
ICWrWc 西北农村	13.698450	否
ICWrWc 东北城市	0.741205	是
ICWrWc 东北农村	0.589263	是
ICIrc	5.510212	否

首先观察区域维度优先双变量层级分析。通过社会服务边际可及性指标 ICT 数值可以看到，政府潜在财政能力对社会服务可及效应测算结果为 7.718448，高于 1 的临界水平，证明可及效应并不显著。区域之间、区域内部城乡之间和区域内部城乡内部的社会保险服务边际可及性的指标 ICBr、ICWrBc 和 ICWrWc 测算结果为 3.051392、78.712204 和 2.584488，测算结果均大于 1，表明区域之间、区域内部城乡之间和区域内部城乡内部社会服务的可及效应均不显著。对于区域内部城乡之间可及效应而言，华北地区、华东地区、华中地区、华南地区、西南地区、西北地区和东北地区社会服务边际可及性指标测算结果均大于 1，证明这些地区社会服务可及效应不显著。具体而言，华南地区的社会服务边际可及性指标测算结果为 16.046869，证明华南地区社会服务在不显著地区的可及效应处于较高水平；西南地区社会服务边际可及性指标测算结果为 5 616.631156，证明西南地区社会服务在不显著地区的可及效应处于较低水平。对于区域内部城乡内部可及效应而言，华北城市、东北城市和东北农村的社会服务边际可及性指标测算结果均小于 1，证明上述地区社会服务可及效应较为显著。具体而言，东北农村的社会服务边际可及性指标测算结果为 0.589263，在所有显著性地区中数值最小，证明东北农村社会服务在所有显著性地区中可及效应处于最高水平；华北城市的社会服务边际可及性指标测算结果为 0.772853，在所有地区中数值最大，证明华北城市社会服务在所有显著性地区的可及效应属于最低水平。华北农村、华东城市、华东农村、华中城市、华中农村、华南城市、华南农村、西南城市、西南农村、西北城市和西北农村的社会服务边际可及性指标测算结果均大于 1，证

明上述地区社会服务可及效应并不显著。具体而言，西南城市的社会服务边际可及性指标测算结果为1.902207，在所有不显著地区中数值最小，证明西南城市社会服务在不显著地区的可及效应处于最高水平；西南农村的社会服务边际可及性指标测算结果为71.043264，在所有不显著地区中数值最大，证明西南农村的社会服务在不显著地区的可及效应处于最低水平。

其次观察城乡维度优先的双变量层级分析。可及效应的具体构成如下：城乡之间、城乡内部区域之间、区域内部城乡内部社会服务边际可及性指标 ICBc、ICWcBr 和 ICWrWc 的测算结果均大于1，证明城乡之间、城乡内部区域之间、区域内部城乡内部政府潜在财政能力对社会服务的可及效应并不显著。对于城乡之间可及效应而言，城市地区、农村地区的社会服务边际可及性指标测算结果分别为3.504366和3.317164，数值均大于1临界值水平，证明城市地区、农村地区的公共教育服务可及效应均不显著。对于区域内部城乡内部可及效应而言，华北城市、东北城市和东北农村的社会服务边际可及性指标测算结果均小于1，证明上述地区社会服务可及效应较为显著。具体而言，东北农村的社会服务边际可及性指标测算结果为0.589263，在所有显著性地区中数值最小，证明东北农村社会服务在所有显著性地区中可及效应处于最高水平；华北城市的社会服务边际可及性指标测算结果为0.772853，在所有地区中数值最大，证明华北城市社会服务在所有显著性地区的可及效应属于最低水平。华北农村、华东城市、华东农村、华中城市、华中农村、华南城市、华南农村、西南城市、西南农村、西北城市和西北农村的社会服务边际可及性指标测算结果均大于1，证明上述地区社会服务可及效应并不显著。具体而言，西南城市的社会服务边际可及性指标测算结果为1.902207，在所有不显著地区中数值最小，证明西南城市社会服务在不显著地区的可及效应处于最高水平；西南农村的社会服务边际可及性指标测算结果为71.043264，在所有不显著地区中数值最大，证明西南农村的社会服务在不显著地区的可及效应处于最低水平。

最后观察区域维度和城乡维度同时考虑的双变量非层级分析。可及效应的具体构成如下：区域之间、城乡之间、区域内部城乡内部、区域和城乡交互作用下的社会服务边际可及性指标 ICBr、ICBc、ICWrWc 和 ICIrc 测算结果均大于1，表明区域之间、城乡之间、区域内部城乡内部、区域和城乡交互作用下的社会服务的可及效应并不显著。对于区域内部城乡内部可及效应而言，华北城市、东北城市和东北农村的社会服务边际可及性指标测算结果均小于1，证明上述地区社会服务可及效应较为显著。具体而言，东北农村的社会服务边际可及性指标测算结果为0.589263，在所有显著性地区中数值最小，证明东北农村社会服务在所有显著性地区中可及效应处于最高水平；华北城市的社会服务边际可及性指标测算结果为0.772853，在所有地区中数值最大，证明华北城市社会服务在所有显著性地区的可及效应属于最低水平。华北农村、华东城市、华东农村、华中城市、华中农村、华南城市、华南农村、西南城市、西南农村、西北城市和西北农村的社会服务边际可及性指标测算结果均大于1，证明上述地区社会服务可及效应并不显著。具体而言，西南城市的社会服务边际可及性指标测算结果为1.902207，在所有不显著地区中数值最小，证明西南城市社会服务在不显著地区的可及效应处于最高水平；西南农村的社会服务边际可及性指标测算结果为71.043264，在所有不显著地区中数值最大，证明西南农村的社会服务在不显著地区的可及效应处于最低水平。

第五章

公共服务均等化战略的实施效果研究

上一章通过双变量泰尔指数模型（Bivariate Theil Index）分析，在同时考虑城乡和区域二维均等的研究视角下，构造出地方政府潜在财政能力影响公共教育、医疗卫生、社会保险、基本社会服务供给可及性的测算指标，通过同时考虑城乡维度和区域维度的双变量泰尔指数层级分析，优先考虑城乡维度的双变量泰尔指数层级分析，优先考虑区域维度的双变量泰尔指数层级分析三种不同的泰尔指数分析方法，分析不同区域之间、城乡之间各级政府不同公共服务项目的均等程度与可及性，主要包括：第一种分析方法——同时考虑城乡维度和区域维度的双变量泰尔指数层级分析方法；第二种分析方法——优先考虑城乡维度的双变量泰尔指数层级分析；第三种分析方法——优先考虑区域维度的双变量泰尔指数层级分析。在上一章中，公共教育的测算范围涵盖普通中学数、小学数、普通中学在校学生数、小学在校学生数、普通中学专任教师数、小学专任教师数等数据；医疗卫生的测算范围涵盖医院和卫生院数、医院和卫生院床位数、医生数；社会保险的测算范围涵盖基本养老保险参保人数、基本医疗保险参保人数、工伤保险参保人数；基本社会服务的测算范围包括居民最低生活保障人数、医疗救助人数、抚恤和补助优抚对象总人数。从这一章开始，我们对中国公共服务均等化战略实施效果进行从时间上进行分解，重点分析每个区域内部公共服务不均等程度的动态变化。我们运用时间序列泰尔指数法测算中国公共服务均等化水平，结果发现：中国公共服务均等化水平近年来稳步提高，但在各个区域维度的表现有所不同：公共服务不均等程度在东部区域显著下降，但在中、西部区域不均等程度仍然较高，特别体现为区域之间和区域内部的不均等。通过我们的研究发现，不同区域公共服务投入要素成本对公共服务产出数量会产生重要的影响，公共服务均等化的实施要更加注重中、西部区域内部的不均等问题，将公共服务资源更多地倾向于中、西部边远落后地区，这应该作为公共服务均等化战略实施过程所要解决的主要难点。

第一节　公共服务均等化战略的提出

实现不同区域和城乡之间的公共服务均等化，已经成为中国经济社会实现可持续发展的目标之一，[1] 这种观念的提出具有深刻的时代背景。[2] 近年来，随着社会主义市场经济的不断发展，中央政府事实上已经具备实现不同区域和不同城乡之间基层政府公共服务均等化的财政能力，而中央和地方各级财政也不断加大对基本公共服务的投入力度，试图通过转移支付等的制度安排，在实现各级政府财政能力均等化的基础上，缩小不同区域和城乡之间基本公共服务差距日益扩大的问题。但是值得注意的是：基本公共服务在不同区域和城乡之间地方政府的差距日益扩大，在我国范围内的非均衡供给已是不争的事实（崔治文、周平录、杨洁，2015；宋旭、李冀，2015；于国安，2015；郭玉清、袁静、李永宁，2015；李一花、张冬玉、李雪妍，2015；蒋雪梅、黄艳杰、王松，2015；周武星、田发，2015；徐盈之、赵永平，2015；孙伟增、王定云、郑思齐，2015；陈永正、马永妍，2013；王明慧、陆广春、李玉英、吴爽，2013；储德银、赵飞，2013；王雍军，2006）。那么，如何缩小我国基本公共服务地区间的差距？要想对这一问题做出回答，要想对这些问题做出回答，就必须要弄清楚我国当前基本公共均等化机制的制度设计。基于上述的考虑，如何对基本公共服务的均等化机制问题，从体制机制的原理上进行深度的剖析，自然而然地构成本书的研究主题。

基本公共服务均等化的理念，起源于国外财政分权理论中"财政均等化"的思想。财政分权理论认为，在与个人福利密切相关的公共服务供给上，地方政府所拥有信息优势及更低的行政成本，应该赋予地方政府更大范围的财政职能（崔

---

[1]　2005年10月11日中共十六届五中全会通过的《中共中央关于制定国民经济和社会发展第十一个五年规划的建议》首次提出了基本公共服务均等化的概念；此后，2006年10月11日中共中央十六届六中全会通过的《中共中央关于构建社会主义和谐社会若干重大问题的决定》，2007年10月15日胡锦涛的中共十七大报告，以及2010年3月5日温家宝在十一届全国人民代表大会第三次会议上的政府工作报告，均指出实现基本公共服务均等化的途径在于完善公共财政制度。可见，基本公共服务均等化已成为我国当前经济社会发展的热点问题（安体富、任强，2008）。基本公共服务均等化的基本涵义是：政府为社会公众提供基本的、在不同阶段具有不同标准的、最终大致均等的公共物品和公共服务。

[2]　这种时代背景主要体现在：其一，计划经济体制下政府承担民众公共服务供给的保障性被打破，现行市场经济体制下由公共财政体制保障的公共服务供给机制尚未建立，使公共服务供给机制出现过渡性真空（吕炜、王伟同，2008）；其二，我国正由生存型向发展型社会过渡，广大社会成员的公共需求全面、快速增长同公共产品短缺、基本公共服务不到位的问题成为日益严重的阶段性矛盾，城乡之间、地区之间、不同社会群体之间的基本公共服务过大差距，加剧了各类社会问题的复杂性（迟福林，2008）。总之，逐步建立适合我国国情的基本公共服务体制，推进基本公共服务均等化，增强政府提供基本公共服务能力，已成为我国共建和谐社会的重大任务（中国（海南）改革发展研究院，2009）。

治文、周平录、杨洁，2015；宋旭、李冀，2015；于国安，2015；郭玉清、袁静、李永宁，2015；李一花、张冬玉、李雪妍，2015；蒋雪梅、黄艳杰、王松，2015；周武星、田发，2015；徐盈之、赵永平，2015；Tiebout，1956；Musgrave，1959；Oates，1972）。但是，财政分权最终将会导致地方政府间财政能力、公共服务的非均衡性，这是由于地方政府在自然条件、生产要素、公共服务成本方面的非一致性（胡鞍钢、张新、高宇宁，2016；杨永森、宋丽丽、赵伟，2016；戴平生、陈壮，2015；胡洪曙、亓寿伟，2015；陈都、陈志勇，2016；刘书明，2015；Buchanan，1950、1952）。因此需要平衡地区政府间财政能力的不均衡，实现人均享有公共服务的一致性（田发、周武星，2016；陈都、陈志勇，2016；刘大帅、甘行琼，2013；曾红颖，2012；王守坤，2012；张俊伟，2014；李国平、刘倩、张文彬，2014；田侃、亓寿伟，2013；卢洪友、田丹，2013；Boadway，2004）。由此可见，国外学者界定公共服务均等化标准时，更强调人均"财政公平"的概念。国内学者也提出了公共服务均等化的三种标准，但是三种标准应用于实际操作各有优缺点。[①] 本书对中国基本公共服务均等化水平进行考察，采用的是人均财力均等化口径，主要的原因在于：一方面，与公共服务最低标准相比，人均财政能力均等化更能衡量真实的基本公共服务的均等化水平，不仅仅局限于最低标准的制约；另一方面，人均财力均等化在实际操作中更具有可操作性，不同于公共服务标准在实际操作过程中较难操作和观察的事实。接下来需要研究的关键问题是如何测量均等化的水平。目前对于均等化的测量，相对而言在测量方法和测算结果较为近似的测量工具主要有三个，分别是基于泰尔指数的不均等测算法、基于基尼系数的不均等测算法、基于变异系数的不均等测算法：第一，基于泰尔指数的不均等测算法建立在信息熵这种物理测算工具的基础上，这种测算方法着重考虑不同衡量标准之间的不均等程度对于总体不均等的贡献度，也考虑了不同衡量标准内部的不均等程度对于总体不均等的贡献度；第二，基于基尼系数的不均等测算法建立在洛仑兹曲线测量工具的基础上，这种测算工具着重强调的是每个维度的不均等在全体不均等之间的占比；第三，基于变异系数的不均等测算法主要是基于数理统计的方法对不均等进行测算，主要是通过衡量不同衡量标准之间不同测值标准差与平均数的相对比值。可以归纳的是，上述三种方法最初的设计理念主要是为了测算不同区域及人群之间的收入分配差距，但是这种测算的原理同样适合于分析公共服务在区域之间的不均等程度。相比较这三

---

① 理论界认为基本公共服务均等化大致上存在三种标准：人均财力的均等化、公共服务的标准化、基本公共服务最低公平。人均财力的均等化是指中央政府（或上级政府）通过转移支付使各地方政府保持大致均等的人均财力，从而体现出公共服务水平的均等性。公共服务标准化是指通过由中央（或上级政府）颁布公共服务标准，并以此为依据建立转移支付模式。基本公共服务最低公平是指以国家的名义承诺，并以国家财力保障，全国必须达到的公共服务最低标准。

种方法，基于泰尔指数的不均等测算法，相对于其他两者而言具有明显的技术优势：其一，相对于基于基尼系数的不均等测算法而言，基于泰尔指数的不均等测算法更加侧重的是测算过程的组群一致性问题，也就是说更加注重分析的是一个衡量标准不均等化程度的减少，在其他衡量标准的不均等化程度保持不变的情况下，总体的不均等程度是否会相应地减少的问题；其二，相对于基于基尼系数的不均等测算法而言，基于泰尔指数的不均等测算法还具有可分解性的特征，也就是说基于泰尔指数的不均等测算法可以将总体的不均等程度视为一个按照一定衡量标准份额加权平均的组群不均等水平所组成，这种构建有利于按照不同的衡量标志衡量总体的不均等问题；其三，相对于基于变异系数的不均等测算法而言，基于泰尔指数的不均等测算法在测算过程中不均等因素可以在传导过程中逐步降低，也就是所谓的增强庇古—道尔顿"传导原则"的有效手段，更侧重于不均等测量过程中如何去结局不均等测算的传导敏感性问题，也就是说。国内学者运用泰尔指数（Theil Index）法衡量我国基本公共服务的均等化水平，具体包括：王晓洁（2009）运用泰尔指数（Theil Index）法测量中国公共卫生支出均等化水平，分析基本医疗卫生资源在我国东部、中部、西部之间配置的均衡情况；张雷宝（2009）运用泰尔指数（Theil Index）法测量浙江省公共基础设施服务均等化水平，分析公共基础设施服务在浙江省内东北、西南的区域差距；冯海波（2009）运用双变量的泰尔指数（Bivariate Theil Index）法，同时区域—城乡两个维度来考察广东省公共医疗卫生支出水平。可见，运用泰尔指数法对我国基本公共服务水平进行测算，已成为理论界研究均等化问题过程中非常重要的测算方法之一。鉴于上述考虑，本书对基本公共服务均等化水平的测算，也建立在泰尔指数法实证考察的基础上。再次需要讨论的问题是财政均等化机制如何设计的问题。接下来需要探讨的问题是财政均等化的制度设计原理。在财政均等化制度设计理念下，[①] 马斯格雷夫和鲍德威等人认为，中央政府对地方政府的转移支付制度主要政策目的是平衡不同地区和不同城乡之间各级地方政府由于在自然资源禀赋差异、税源规模和集中程度、城市化发展程度、经济社会发展差异等方面的因素而导致的财政能力不均等问题，通过财政体制使得不同地区和不同城乡之间人口和生产要素流动带来的经济效益损失，提高整个社会的福利效应与居民幸福感，这种财政均等化的理念主要体现到西方联邦体制国家转移支付制度的设计过程，例如，澳大利亚的均等化财政转移支付体系设计主要目的在于保障地方政府在接受转移支付之后拥有大致相同的财政能力去提供均等化的公共服务（Smart，2005）。在借鉴国外研究的基础上，国内理论界也对此进行研究：王雍君

---

① 在财政联邦体制下，财政均等化制度的设计基于以下的理念：无论一个居民居住在何处，现有的财政体制均要确保居民能够享受到均等化的公共服务（Jeff Petchey，Sophia Levtchenkova，2004）。

（2006）认为我国的财政转移支付并不是纯粹意义上的西方政府财政均等化思想，这必然会削弱地方政府在执行中央政府推动财政均等化目标的努力和效果。乔宝云等人（2006），财政转移支付扩大了不同地区和城乡之间县级政府间的财力差异，并没有起到传统意义上的财政均等化作用，造成分税制改革体制后接近50%县级政府的财政能力差异。[①] 国内外的学者对转移支付制度从规范和实证的角度进行了相当多数量的研究，[②] 虽然说这些研究得到的结论尽管不尽相同，但是有一点共性的问题，就是都强调了财政转移支付制度在均等化公共服务过程中所起到的作用。基于此，本书对中国基本公共服务均等化机制的研究，无可置疑的必须集中到对于转移支付制度的研究上。[③]

通过中外文献回顾发现，虽然一些学者对公共服务均等化问题进行有价值的研究，但这些研究没有对以下部分再进行深入的讨论：一是现有大部分研究忽略中国长期以来区域经济社会发展失衡这一特殊的国情因素，对中国现实问题实证分析的解释力度有待加强。二是现有文献对公共服务均等化的效果评价缺乏动态分析框架下的实证考察。通过研究发现，已有使用泰尔指数的研究大都建立在静态的经济分析框架下，无法从时间序列的动态角度出发，对于基本公共服务均等化水平进行动态考察；本书运用动态的泰尔指数衡量方法，采用时间序列的动态分解方法分析均等化程度的动态变化。三是对于现有财政均等化机制的研究，大多数学者的研究思路，主要是通过静态地比较实施财政转移支付前后不同区域和不同城乡之间公共服务均等化程度的变化来研究财政均等化机制的，在均等化机制中忽略了转移支付制度本身离散程度的影响以及引入转移支付前均等化机制离散程度的影响；本书对于财政均等化机制的研究，集中于转移支付机制的动态均等化影响，并对于这种动态的影响结果进行体制原因分析。四是根据各地方政府潜在财政收入能力、支出需要，以及公共物品供给成本的差异，测算出理论的财

---

① 若各级地方政府发挥相同的税收努力获取财政收入，并且彼此间拥有类似的政府运行效率（Searle，2004）。

② 在借鉴国外研究的基础上，国内理论界也开始研究我国转移支付制度在财政均等化机制中所发挥的作用。王雍君（2006）认为我国的财政转移支付具有"逆均等化"的作用，这是由于中央政府将转移支付制度作为控制地方政府的手段。乔宝云等人（2006）认为，以税收返还和总量转移支付为主要内容的转移支付制度抑制了地方财政的努力程度，并且由于富裕地区与贫穷地区的地方政府在财政努力行为上存在差异性，进一步弱化财政转移支付制度的效果。

③ 在财政联邦体制下，财政均等化制度的设计基于以下的理念：无论一个居民居住在何处，现有的财政体制均要确保居民能够享受到均等化的公共服务。通过上级政府均等化的转移支付制度，可平衡地区间财政能力的差异，消除不必要的人口和生产要素流动带来的财政外部性，实现公共服务的均等化，这在许多国家均等化联邦财政转移支付体系中得以实现：加拿大均等化财政转移支付体系的宗旨，在于确保财政能力低于全国平均水平的地方政府，在发挥全国平均水平的税收努力情况下，能够提供与全国平均水平持平的公共服务；澳大利亚均等化的财政转移支付体系设计，在于确保地方政府在转移支付后应该有相同的能力提供标准化的公共服务，若各级地方政府发挥相同的税收努力获取财政收入，并且彼此间拥有类似的政府运行效率。

政均等化机制规模，对如何完善我国的转移支付制度也提出了相应的政策建议。在这一章，我们将对中国公共服务均等化战略实施效果从时间维度的结构上进行分解，研究不同区域之间以及每个区域内部公共服务不均等程度的动态变化。

第二节　公共服务均等化水平测量工具及测量结果

公共服务均等化水平的考察，首先要解决的一个问题是如何设定均等化的衡量标准。在国外已有的研究中，通常以财政均等（Fiscal equalization）程度来衡量公共服务均等化水平。[①] 霍夫曼等（Hofman et al.）也强调人均财力均等衡量标准的前提假设是相同的财力能够带来等量的公共服务，忽略不同地区公共服务供给成本的差异（Anja Eichhorst，2007）。[②] 在借鉴国外研究的基础上，中国学者对此进行了深入的研究：马国贤（2008）系统地总结了基本公共服务均等化的三个标准。[③] 可以指出的是，三种标准应用于实际操作各有优缺点。本书对中国基本公共服务均等化水平进行考察使用的标准是人均财政能力均等化的标准。之所以采用人均财政能力均等化的标准，主要的考虑如下：与公共服务最低标准相比，人均财政能力均等化标准更能衡量真实基本公共服务的均等化水平，而不仅仅局限于最低标准的制约；人均财力均等化在实际操作中更具有可观察性，而使用公共服务标准在实际的测量过程中需要解决不可观察性的现实问题。接下来需要考虑的是均等化测量工具的使用问题。目前国内学者运用泰尔指数（Theil Index）法衡量我国基本公共服务的均等化水平，如黄小平和方齐云（2008）、王晓洁（2009）对中国公共卫生支出均等化水平进行了测算，张雷宝（2009）对浙江省公共基础设施服务均等化水平进行了实证分析，冯海波、陈旭佳（2009）使用双变量泰尔指数对公共医疗卫生支出水平均等化水平进行深入系统的研究。通过对文献分析，我们注意到，目前学术界对于基本公共服务均等化水平的实证研究主要有两个特点：其一，已有使用泰尔指数的研究大都建立在静态的经济分析

---

① 一些经济学家（Boadway，2004；Petchey，Levtchenkova，2007）指出，财政联邦制下的财政均等通常指中央以下各级政府以相似的税收成本提供相似服务水平，个人无论居住在哪里，都能确保平等地获得公共服务。

② Hofman 等也强调，财政均等必须以个人从政府那里获得的财政支出均等为目标，即人均财力均等标准。

③ 主要包括人均财力的均等化、公共服务的标准化、基本公共服务最低公平：人均财力的均等化是指中央政府（或上级政府）通过转移支付使各地方政府保持大致均等的人均财力，从而体现出公共服务水平的均等性。公共服务标准化是指通过由中央（或上级政府）颁布公共服务标准，并以此为依据建立转移支付模式。基本公共服务最低公平是指以国家的名义承诺，并以国家财力保障，全国必须达到的公共服务最低标准。印度尼西亚的财政均等化制度实行的是"Minimum Service Standards"，即最低公共服务标准。

框架下，比如张雷宝（2009）使用泰尔指数对浙江省公共基础设施服务均等化水平进行的实证分析，王晓洁（2009）使用泰尔指数对中国公共卫生支出均等化水平进行了测算。其二，对于现有财政均等化机制的研究，大多数学者（崔治文、周平录、杨洁，2015；宋旭、李冀，2015；于国安，2015；郭玉清、袁静、李永宁，2015；李一花、张冬玉、李雪妍，2015；蒋雪梅、黄艳杰、王松，2015；周武星、田发，2015；徐盈之、赵永平，2015；孙伟增、王定云、郑思齐，2015；陈永正、马永妍，2013；王明慧、陆广春、李玉英、吴爽，2013；储德银、赵飞，2013；杨中文、刘虹利、许新宜、王红瑞、刘和鑫，2013；张超，2012；赵桂芝、寇铁军，2012；贾俊雪、高立、秦聪，2012 葛乃旭，2005；曹俊文、罗良清，2006；陈颂东，2008）的研究思路，主要是通过比较实施财政转移支付前后基本公共服务均等化程度的变化来研究财政均等化机制的。从第一个特点看，只考察静态经济分析框架下的泰尔指数，无法从时间序列的动态角度出发，对于基本公共服务均等化水平进行动态考察；从第二个特点看，在考察均等化机制的过程中，通过比较转移支付前后的公共服务均等化程度，在均等化机制中忽略了转移支付制度本身离散程度的影响以及引入转移支付前均等化机制离散程度的影响，同时也忽略了对于均等化机制本身的分布影响。我们应当看到，基本公共服务在中国区域间的非均衡供给问题，是在中国特殊的区域发展不协调的经济社会条件下产生的，理论界已有均等化机制的研究，大都停留在静态经济学的研究领域，忽略了对于动态经济学研究方法的测量上。基于以上判断，本书运用动态的泰尔指数衡量方法，采用时间序列的动态分解方法分析均等化程度的动态变化；其次，对于财政均等化机制的研究，集中于转移支付机制的动态均等化影响，并对于这种动态的影响结果进行稳健性检验；最后，根据各地方政府潜在财政收入能力、支出需要，以及公共物品供给成本的差异，测算出理论的财政均等化机制规模，对我国财政转移支付机制的规模合适与否进行判断，并提出相应的政策建议。所有这些，恰恰为我们的进一步的研究提供了理由和逻辑起点。为解答上述难题，本书对国内外最新的研究成果加以利用和创新，首次通过泰尔指数模型测算中国公共服务的均等化水平，本书的贡献归纳起来主要体现在：考虑到基本公共服务的界定范围会受到各种条件的约束，如政府行政管理制度、政府财政能力问题、政府偏好问题等，将实证研究的重点集中于基本公共服务最基础方面的研究，包括对基础文化教育、公共医疗卫生、基本社会保障方面的研究；本书研究发现，公共服务整体动态不均等水平呈现出震荡下降趋势，并表现出明显的阶段性，这一阶段性特征与改革的阶段性高度吻合；在"最大化不均等程度测量"的演算过程中，区域群组内部动态不均等水平对整体动态不均等的贡献力度最大，目前是整体动态不均等的首要影响因素；在区域维度的测量过程中，东部地区群组内部、群组之间的动态不均等，绝大多数情况下均低于中部和西部；更为重要的是，我们使用的测算工具认为动态不均等的调整越倾向于在财政支出资源配置中得以释放，而非人口资源配置；通过研究我们可以发现，动态调整过程波动幅度较小，模型拟合结果较为理想，因而动态调整指标体系是基于现实的一个合理构造。

在研究方法的选择上，亨利·泰尔（Henri Theil，1967）首次将信息熵的理论应用到经济学的测量中，确认各种因素是如何影响总体不平等的。理论界将其测量方法命名为泰尔指数（Theil Index）。佩德罗·康塞桑和杰姆斯·加尔布雷思（Pedro Conceicao & James Galbraith，2000）在亨利·泰尔研究的基础上，提出动态泰尔指数的分解，主要考察地方政府间的不均等程度。本书拟运用佩德罗·康塞桑和杰姆斯·加尔布雷思从时间序列的角度考察地方政府的基本公共服务不均等程度。这种对于不均等程度的分解方法，主要通过考察群组间的不均等程度，借鉴微积分数学上的最大化渐进性分析方法，在不影响整体群组不均等程度的基础上，忽略群组内部的不均等程度，通过对整体不均等程度、群组间的不均等程度在时间 t 上的求导，对不均等程度进行时间序列 t 上的动态分解，以此分析中国地方政府间的基本公共服务均等化程度。测量模型的具体研究思路如下所示：

第一步，我们将公共服务的总体不均等水平，定义为字母 T，可以表示为公式（5-1）：

$$T = T' + T_J \qquad (5-1)$$

其中，

$$T' = \sum_{j=1}^{m} p_j R_j \log R_j \qquad (5-2)$$

$$T_J = \sum_{j=1}^{m} p_j R_j \frac{1}{n_j} \sum_{i \in g_j} r_i \log r_i \qquad (5-3)$$

上述公式中，T 代表了总体不均等程度，T′代表维度之间不均等程度，T_j 代表维度内部不均等程度；上述三个指标的大小都在 0 到 1 之间；如果指标越小，则表示指标所反映的不均等程度越低；如果指标越大，则表示指标所反映的不均等程度越高。

第二步，我们将上述的指标进行全微分的分解，则可以得到上述公式的动态模式，可以得到了公式（5-4）所示：

$$dT = \sum_{j=1}^{m} \left[(R_j \log R_j + R_j T_j) \cdot dp_j + (p_j \log R_j + p_j + p_j T_j) \cdot dR_j + p_j R_j \cdot dT_j \right]$$

$$(5-4)$$

在上述公式（5-4）中，除 Tj 和 dTj 两个部分不能够通过对经济活动的测量得到相关数据，公式（5-4）的其他部分均可以通过统计经济活动的具体数据来得到。为解决 T_j 和 dT_j 两个部分的经济数据可获性问题，国内外很多学者对此进行深入的研究，而佩德罗·康塞桑和杰姆斯·加尔布雷思对此进行了创新性的贡献。佩德罗·康塞桑和杰姆斯·加尔布雷思的研究发现，可以在第 t 期到第

t+1 期的时间段内，去测量维度内部最大程度的不均等变化率得以实现。通过分析佩德罗·康塞桑和杰姆斯·加尔布雷思的研究我们可以看到，从理性的角度分析这种最大的变化率可以分为以下的两种情况：第一种情况是区域内部不均等程度由最稳定的状态变化到最不稳定的状态，第二种情况是区域内部不均等程度由最不稳定的状态变化到最稳定的状态。在上述两种情况下，区域内部不均等变化率达到最大的程度。如果我们能够通过计算出区域内部不均等状态的最大变化，那么就能够间接得到区域内部不均等状态的数值。佩德罗·康塞桑和杰姆斯·加尔布雷思的研究将不均等程度的这一变化过程，通过公式（5-5）、公式（5-6）和公式（5-7）进行详细的论述：

公式（5-5）代表了从 t 到 t+1 时期内区域内部不均等程度的变化情况：

$$dT_j^{MAX}(t, t+1) = \sum_{j=1}^{m} \left\{ \frac{Y_j(t+1)}{Y(t+1)} \left[\log\left[\frac{p_j(t+1)}{p_j(t)} \right] + \log\left[\frac{Y_j(t+1)}{Y(t+1)} \cdot \frac{Y(t)}{Y_j(t)} \right] \cdot \log[n_j(t+1)] \right] \right\}$$

$$(5-5)$$

从规范的角度来讲，dT_j^{MAX} 的变化过程从理性的角度看存在以下两种可能：

第一种情况是区域内部不均等程度由最稳定的状态变化到最不稳定的状态。在这种情况下，我们假设 T_j 由最稳定状态变化到最不稳定状态，由此可以得到公式（5-6）：

$$dT_j^{MAX+}(t, t+1) = \sum_{j=1}^{m} \left\{ \frac{Y_j(t+1)}{Y(t+1)} \cdot \log[n_j(t+1)] \cdot \left[1 + \log\left[\frac{Y_j(t+1)}{Y(t+1)} \cdot \frac{Y(t)}{Y_j(t)} \right] \right] \right\}$$

$$(5-6)$$

第二种情况是区域内部不均等程度由最不稳定的状态变化到最稳定的状态。在这种情况下，我们假设 T_j 由最不稳定状态变化到最稳定状态，由此可以得到公式（5-7）：

$$dT_j^{MAX-}(t, t+1) = - \sum_{j=1}^{m} \left\{ \frac{Y_j(t+1)}{Y(t+1)} \cdot \log[n_j(t)] \right\} \qquad (5-7)$$

需要指出的是，本书使用的测算工具能够将公共服务的不均等变化通过测算不均等程度的最大变化率进行表示，将不均等的动态变化完整地刻画出来，而这种测算的过程具有严密的逻辑一致性，并不是远离现实依据的测算结果。在具体的测算过程中，由于区域维度的不均等程度在动态变化过程中，为了解决测算过程部分数据的不可观察性问题，模型通过测算区域内部不均等程度的最大变化率间接得到区域内部的不均等程度，再通过测算区域之间的不均等程度，通过两者的相加得到了公共服务总体不均等的动态变化过程。需要指出的是，从理性的角度分析区域内部不均等的最大变化主要分为两种情况，第一种情况是区域内部不均等程度由最稳定的状态变化到最不稳定的状态，第二种情况是区域内部不均等程度由最不稳定的状态变化到最稳定的状态。在上述两种情况下的变化下，区域内部不均等变化理论上都达到最大的程度。如果我们从第一种情况和第二种情况分别对区域内部的不均等进行测算，而通过两种情况测算得到的不均等程度都是相等的，则可以证明我们测算过程的合理性与科学性，同时表明整个测算过程在动态的变化过程具有一定的内在关联。在上述研究的基础上，模型还可以通过拓展得到区域内部不均等程度的主要原因。从理论上讲，区域内部不均等程度的动态变化过程，可以是由于公共服务资源在动态变化过程的不均等导致的，也可能是由于人口资源在区域内部的动态变化所导致的，两者都是造成不均等的主要原因所在。那么，我们应该如何去判断这两种驱动模式的影响呢？应该指出的是，这种驱动模式的变化客观上存在着两种可能性：第一种可能就是区域内部的不均等程度主要是由于公共服务动态变化的不均等所造成的，这种驱动模式的直接表现就是在非固定人口效应、固定人口效应的拟合程度表现得很高；第二种可能就是区域内部的不均等程度主要是由于人口资源动态变化的不均等所造成的，这种驱动模式的直接表现就是在非固定人口效应、固定人口效应的拟合程度表现得很低。[①]

基于上述考虑，如果我们在测算过程中不去考虑人口资源动态变化所带来的影响，则可以将区域内部不均等程度的动态变化表示为公式（5-8）：

$$dT_{Fj}^{MAX}(t, t+1) = \sum_{j=1}^{m} \left\{ \frac{Y_j(t+1)}{Y(t+1)} \left[\log\left[\frac{p_j(2)}{p_j(1)} \right] + \log\left[\frac{Y_j(t+1)}{Y(t+1)} \cdot \frac{Y(t)}{Y_j(t)} \right] \cdot \log\left[n_j(2) \right] \right] \right\}$$

$$(5-8)$$

在这里我们可以清晰地看到，通过比较 dT_j^{MAX} 及 dT_{Fj}^{MAX} 两者在动态的变化过程中不均等程度的拟合程度，就可以判断非固定人口效应对区域内部不均等的具体影响，以及固定人口效应对区域内部不均等的具体影响。

最后，为了判断模型对现实经济的模拟程度，我们可以通过对指标 dT_j^{MAX+}、dT_j^{MAX-} 数值特征进行计算，以此来解释不均等动态变化过程对现实的解释力度。如上所述，如果我们构造的模型能够很精准地测量公共服务不均等程度的动态变化，那么 dT_j^{MAX+}、dT_j^{MAX-} 两者的测算结果在数理特征上应该是具有对称性的；如果我们构造的模型能够不能精准地测量公共服务不均等程度的动态变化，那么 dT_j^{MAX+}、dT_j^{MAX-} 两者的测算结果在数理特征上不应该具有对称性；此外，我们还可以通过测算 dT_j^{MAX+}、dT_j^{MAX-} 均方差的计算，来判断公共服务不均等程度在动态变化过程的波动幅度，通过这方面的计算得到对现实的模型数值。

以上部分为时间序列泰尔指数的整体计算过程，若我们将 T 定义为公共服务总体不均等程度，将维度界定为区域维度进行分解，可得到公共服务不均等程度

---

① 模型还发现区域内部不均等动态调整的驱动因素。区域内部不均等的动态调整，既可以在财政支出资源的配置中得以释放，也可以在人口资源的配置中得以释放，这取决于动态调整指标在非固定人口效应、固定人口效应调整过程的拟合程度；若两者拟合程度越高，动态调整越倾向于在财政支出资源配置中得以释放；若两者拟合程度越低，越倾向于在人口资源配置中得以释放。

的测算公式。在进行具体的测算之前，我们需要说明的几个问题是：首先需要讨论的如何去界定公共服务不均等程度的区域维度标准问题。在这里，我们使用的是传统的经济地理概念，即将中国划分为东部区域、中部区域、西部区域三大区域。[①] 其次，对中国基本公共服务动态均等化水平的实证考察，首先需要明确公共基础教育、公共医疗卫生、基本社会保障等各项公共服务的财政支出数据范围。[②] 由于考虑到本书实际测算的需要，本书设定以下统计标准：测算基础文化教育动态均等化水平，1996～1997 年的数据来源于决算总表所设立的文教事业费类预算科目，1998～2006 年的数据来源于决算总表所设立的文体广播事业费类、教育支出类预算科目，2007～2008 年的数据来源于决算总表所设立的文化体育与传媒类、教育类预算科目；测算公共医疗卫生动态均等化水平，1996～2002 年的数据来源于决算总表所设立的卫生经费类预算科目，2003～2008 年的数据来源于决算总表所设立的医疗卫生支出类预算科目；测算基本社会保障均等化水平，1996～2006 年的数据来源于财政预算收支决策决算总表所设立的抚恤和社会福利救济费类预算科目，2007～2008 年的数据来源于决算总表所设立的社会保障和就业预算科目。应该说明的是，我们所设定的统计口径考虑不同阶段基本公共服务概念界定范围的变化，在动态化的实证考察方面增加对了各时期预算内财政支出概念范围转化的考察，体现不同社会历史发展阶段的时代特征。总而言之，均等化衡量标准可分为人均财力均等标准、公共服务均等标准和公共服务最低标准。考虑到测算过程的可观察性和可操作性，本书采用人均财力均等标准作为测算依据，数据来源于全国 31 个省、自治区和直辖市《国民经济和社会发展统计公报》中公布的公共财政一般预算收支决策决算数据。最后需要考虑的是测量动态基本公共服务均等化水平人口统计的相关标准。在这里，我们选择的是户籍人口作为公共服务不均等水平测算过程选择的人口标准，全国 31 个省、自治区和直辖市的户籍人口数据来源于《中国人口与就业统计年鉴》的数据。值得一提的是，本书测算公共服务不均等水平采用户籍人口（而不是采用常住人口）主要基于如下考虑：一般而言，《中国人口统计年鉴》和《中国人口与就业统计年鉴》公布的

---

① 三大区域经济发展水平完全不同，其中东部属于经济社会发展相对发达区域，中部的经济社会发展处于中等水平，西部属于相对落后地区。考虑到广西经济社会发展水平相对较低，而且国家近年实施的"西部大开发"发展战略也将广西纳入西部的范畴，所以本书将广西从东部地区移出列入西部地区。经过综合分析，本书的三大地区分别为：东部地区包括北京、天津、河北、辽宁、上海、江苏、浙江、福建、山东、广东、海南 11 省市；中部地区包括山西、内蒙古、吉林、黑龙江、安徽、江西、河南、湖北、湖南 9 个省区；西部地区包括重庆、四川、贵州、云南、西藏、陕西、甘肃、青海、宁夏、新疆、广西等 11 个省、市、区。在下文的分析过程中，我们按照东部、中部、西部区域维度的划分标准，研究三组维度省区市之间以及各维度内部基本公共服务动态均等化的支出状况进行比较分析。

② 本书研究的基本公共服务财政支出，是指政府在基础文化教育、公共医疗卫生、基本社会保障方面所发生的预算支出，所引用的数据来源于《中国财政年鉴：1997～2009》全国 31 个省、自治区和直辖市财政一般预算收支决策决算总表预算科目的统计数据。

常住人口数据，除户籍人口以外的流动人口而言缺少统一的统计标准，而且不同时期对于流动人口的统计标准也存在着一定的区别，在连续的时间序列上存在着一定程度的可比较性。鉴于此，采用户籍人口在测算公共服务不均等过程中往往比常住人口更为合适。值得注意的是，不均等程度的测算过程可以使用常住人口标准，也可以使用户籍人口标准，由于《中国人口统计年鉴》和《中国人口与就业统计年鉴》在统计常住人口时，往往采用抽样方法进行统计，在统计结果的可比较性方面往往不具有确定性。综合考虑上述因素，本书对公共服务不均等程度的测算还是采用了户籍人口的标准，数据来源于历年《中国人口与就业统计年鉴》。

接下来，我们构造出区域维度下公共服务不均等程度动态分解的指标体系，具体过程如下：

第一步，建立东部、中部、西部公共服务区域内部不均等的动态分解指标，如表5-1所示。

表5-1　　东部、中部、西部公共服务区域内部不均等的动态分解指标

序号	指标	指标含义
1	$\text{INDEXTDMAX} = \left[\, dTE_j^{MAX} \,\right]_{t+1}^{t}$	测量东部公共服务区域内部不均等程度时间维度的分解情况
2	$\text{INDEXTDMAX} = \left[\, dTM_j^{MAX} \,\right]_{t+1}^{t}$	测量中部公共服务区域内部不均等程度时间维度的分解情况
3	$\text{INDEXTXMAX} = \left[\, dTW_j^{MAX} \,\right]_{t+1}^{t}$	测量西部公共服务区域内部不均等程度时间维度的分解情况
4	$\text{INDEXTMAX} = \text{INDEXTDMAX} + \text{INDEXTZMAX} + \text{INDEXTXMAX}$	测量公共服务区域内部不均等程度时间维度的分解情况

第二步，建立东部、中部、西部公共服务区域之间不均等的动态分解指标，如表5-2所示。

表5-2　　东部、中部、西部公共服务区域之间不均等的动态分解指标

序号	指标	指标含义
1	$\text{INDEXTE}' = \left[\, dDE' \,\right]_{t+1}^{t}$	测量东部公共服务区域之间不均等程度时间维度的分解情况
2	$\text{INDEXTM}' = \left[\, dZE' \,\right]_{t+1}^{t}$	测量中部公共服务区域之间不均等程度时间维度的分解情况
3	$\text{INDEXTW}' = \left[\, dXE' \,\right]_{t+1}^{t}$	测量西部公共服务区域之间不均等程度时间维度的分解情况
4	$\text{INDEXT}' = \text{INDEXTD}' + \text{INDEXTZ}' + \text{INDEXTX}'$	测量公共服务区域之间不均等程度时间维度的分解情况

第三步，建立东部、中部、西部公共服务总体不均等的动态分解指标，如表 5 - 3 所示。

表 5 - 3　　　　东部、中部、西部公共服务总体不均等的动态分解指标

序号	指标	指标含义
1	INDEXTE = $[dDE]_{t+1}^{t}$	测量东部公共服务总体不均等程度时间维度的分解情况
2	INDEXTM = $[dZE]_{t+1}^{t}$	测量中部公共服务总体不均等程度时间维度的分解情况
3	INDEXTW = $[dXE]_{t+1}^{t}$	测量西部公共服务总体不均等程度时间维度的分解情况
4	INDEXT = INDEXTD + INDEXTZ + INDEXTX	测量公共服务总体不均等程度时间维度的分解情况

表 5 - 4 报告了 1997～2012 年中国 31 个省、自治区和直辖市公共服务财政均等化水平的测算结果及区域维度的分解情况。我们首先观察公共服务总体财政均等化水平。从测量公共服务总体财政均等化水平的 INDEXT 指标的结果看，INDEXT 指标总体呈下降趋势，从 1997 年的 0.00234 下降到 2012 年的 - 0.00005，说明公共服务总体财政均等化水平在逐渐提高。从时间段上判断，2005 年[①]可作为 INDEXT 指标出现变化的分界点：2005 年前 INDEXT 指标均值为 0.00071，在 2005 年后迅速下降到 - 0.00003，下降幅度达到 104%，这意味着 2005 年后公共服务总体财政均等化水平得到显著提高。进一步而言，我们分析东、中、西部区域指标分解情况：东部指标 INDEXTD 总体呈下降趋势，2005 年前 INDEXTD 指标均值为 0.00269，2005 年后 INDEXTD 指标均值为 - 0.02770，财政均等化水平下降趋势较为明显；中部指标 INDEXTZ 和西部指标 INDEXTX 却表现为相反的趋势，两者均值在 2005 年前分别为 - 0.00053 和 - 0.00145，而在 2005 年后分别上升到 0.00944 和 0.01823，测算结果上升趋势较为显著。上述统计结果表明：公共服务总体财政均等化水平在东部区域近年来显著提升，对改善全国公共服务总体财政均等化水平起到重要作用。接下来，我们观察公共服务区域之间财政均等化水平。从测量公共服务区域之间财政均等化水平的 INDEXT′ 指标的测算结果看，INDEXT′ 指标总均值为 - 0.00010，对公共服务总体财政均等化水平的改善起到较为明显的作用。从 INDEXT′ 指标的变化趋势分析，INDEXT′ 指标总体上呈逐渐下降趋势，从 1997 年的 0.00131 下降到 2012 年的 - 0.00036，说明公共服务区域之间财政均等化水平得到显著改善。从时间段上分析与总体均等化水平表现出同样的变化趋势：2005 年前 INDEXT′ 指标均值为 0.00023，在

---

① 之所以选择 2005 年作为分析转移支付财政均等化效应指标体系值变化的分界点，是因为 2005 年中共十六届五中全会提出基本公共服务均等化理念，对于转移支付制度均等化改革进程具有重要影响。

表 5 - 4

指标＼年份	1997	1998	1999	2000	1997～2000年均值
INDEXT	0.00234	0.00013	− 0.00043	0.00023	0.00057
INDEXTD	0.02857	0.00107	− 0.01469	0.00072	0.00392
INDEXTZ	− 0.00810	0.00270	0.01428	− 0.01592	− 0.00176
INDEXTX	− 0.01813	− 0.00365	− 0.00001	0.01543	− 0.00159
INDEXT′	0.00131	0.00005	− 0.00062	0.00006	0.00020
INDEXTD′	0.00574	0.00028	− 0.00297	− 0.00016	0.00072
INDEXTZ′	− 0.00135	0.00046	0.00232	− 0.00210	− 0.00017
INDEXTX′	− 0.00308	− 0.00068	0.00003	0.00232	− 0.00035
INDEXTMAX	0.00102	0.00008	0.00020	0.00017	0.00037
INDEXTDMAX	0.02283	0.00080	− 0.01172	0.00088	0.00320
INDEXTZMAX	− 0.00675	0.00225	0.01196	− 0.01382	− 0.00159
INDEXTXMAX	− 0.01505	− 0.00296	− 0.00004	0.01311	− 0.00124
指标＼年份	2001	2002	2003	2004	2001～2004年均值
INDEXT	− 0.00048	− 0.00042	0.00466	0.00019	0.00099
INDEXTD	− 0.02344	− 0.01048	0.04663	− 0.00655	0.00154
INDEXTZ	− 0.00406	− 0.00121	− 0.00814	0.01691	0.00088
INDEXTX	0.02702	0.01127	− 0.03383	− 0.01017	− 0.00143
INDEXT′	− 0.00047	− 0.00021	0.00215	− 0.00020	0.00032
INDEXTD′	− 0.00441	− 0.00188	0.00927	− 0.00102	0.00049
INDEXTZ′	− 0.00068	− 0.00020	− 0.00122	0.00271	0.00015
INDEXTX′	0.00462	0.00187	− 0.00591	− 0.00189	− 0.00033
INDEXTMAX	− 0.00001	− 0.00021	0.00251	0.00039	0.00067
INDEXTDMAX	− 0.01903	− 0.00860	0.03736	− 0.00553	0.00105
INDEXTZMAX	− 0.00338	− 0.00101	− 0.00693	0.01421	0.00072
INDEXTXMAX	0.02240	0.00940	− 0.02792	− 0.00828	− 0.00110
指标＼年份	2005	2006	2007	2008	2005～2008年均值
INDEXT	0.00013	− 0.00034	0.00005	0.00107	0.00023
INDEXTD	0.00237	− 0.01016	− 0.03836	− 0.05719	− 0.02584

续表

指标 \ 年份	2005	2006	2007	2008	2005~2008 年均值
INDEXTZ	−0.00128	−0.00733	0.03813	0.00493	0.00861
INDEXTX	−0.00096	0.01715	0.00029	0.05332	0.01745
INDEXT′	0.00001	−0.00007	−0.00099	−0.00067	−0.00043
INDEXTD′	0.00029	−0.00164	−0.00683	−0.01064	−0.00471
INDEXTZ′	−0.00003	−0.00137	0.00602	0.00085	0.00137
INDEXTX′	−0.00024	0.00293	−0.00017	0.00912	0.00291
INDEXTMAX	0.00012	−0.00027	0.00104	0.00174	0.00066
INDEXTDMAX	0.00208	−0.00852	−0.03153	−0.04655	−0.02113
INDEXTZMAX	−0.00124	−0.00597	0.03211	0.00408	0.00725
INDEXTXMAX	−0.00072	0.01422	0.00046	0.04421	0.01454

指标 \ 年份	2009	2010	2011	2012	2009~2012 年均值
INDEXT	−0.00043	−0.00009	−0.00039	−0.00005	−0.00024
INDEXTD	−0.03002	−0.00233	−0.01980	−0.03602	−0.02204
INDEXTZ	0.01391	−0.00379	0.00900	0.01124	0.00759
INDEXTX	0.01569	0.00603	0.01041	0.02473	0.01422
INDEXT′	−0.00056	−0.00007	−0.00037	−0.00036	−0.00034
INDEXTD′	−0.00537	−0.00055	−0.00363	−0.00423	−0.00345
INDEXTZ′	0.00228	−0.00029	0.00151	0.00118	0.00117
INDEXTX′	0.00254	0.00077	0.00174	0.00269	0.00194
INDEXTMAX	0.00013	−0.00002	−0.00002	0.00030	0.00010
INDEXTDMAX	−0.02465	−0.00178	−0.01617	−0.03180	−0.01860
INDEXTZMAX	0.01162	−0.00350	0.00748	0.01006	0.00642
INDEXTXMAX	0.01315	0.00526	0.00866	0.02204	0.01228

2005 年后快速下降到 −0.00044，下降幅度高达 291%，公共服务区域之间的财政均等化水平得到显著改善。从东、中、西部区域指标来看，东部指标 INDEXTD′从 1997 年的 0.00131 下降到 2012 年的 −0.00036，降幅高达为 127%，下降趋势较为明显；与区域总体均等化水平类似，中部指标 INDEXTZ′和 INDEXTX′表现出同样的上升趋势，从 1997 年的 −0.00135 和 −0.00308，分别上升到 2012 年的 0.00118 和 0.00269，上升幅度均为 187%，测算结果升幅十分明显，

这表明区域之间财政均等化水平在中部、西部区域改善程度并非十分理想，中西部区域在区域之间财政不均等所占比重依然较大。最后，我们观察公共服务区域内部财政均等化水平。从测量公共服务区域内部财政均等化水平的 INDEXTMAX 指标的测算结果看，INDEXTMAX 指标总均值为 0.00044，成为公共服务总体财政不均等的主要构成部分。从 INDEXTMAX 指标的变化趋势分析，INDEXTMAX 指标总体上呈逐渐下降趋势，从 1997 年的 0.00102 下降到 2012 年的 −0.00030，下降幅度为 71%，与 INDEXT′ 指标相比并非十分明显。从时间段上分析，2005 年前 INDEXTMAX 指标均值较 2005 年的 INDEXTMAX 指标有所下降，这表明公共服务区域内部的财政均等化水平得以改善，但总体上并不明显。从东、中、西部区域指标来看，东部指标 INDEXTDMAX 从 1997 年的 0.02283 下降到 2012 年的 −0.0318，下降度达到了 152%，下降幅度十分明显；中部指标 INDEXTZMAX 和西部指标 INDEXTXMAX 同时出现上升趋势，由 1997 年的 −0.00675 和 −0.01505 分别上升到 0.01006 和 0.02004，上升幅度分别为 249% 和 233%，升幅异常显著，这表明区域内部财政均等化水平在东部区域近年来虽得到明显改善，但却受到中部、西部区域内部不均等不断扩大的影响，这在根本上使得区域内部财政均等化水平改善力度并非十分理想。

从 1997～2012 年中国 31 个省、自治区和直辖市公共服务财政均等化水平的测算结果及区域维度的分解情况来看，我们认为，在实现基本公共服务均等化的目标下，政策的着力点应该主要放在以下几个方面：第一，如何从国家层面提出公共服务的均等化标准，特别是如何根据不同地方政府在自然资源禀赋差异、税源规模和集中程度、城市化发展程度、经济社会发展差异等方面的差异，提出不同类型地方政府的不同标准，比如在公共服务的有效服务半径、基础场地设施、人均财政资源、财政人员编制、服务种类标准、财政经费投入等方面都要制定应该的标准，统一按照标准提供居民享用的公共服务，不因为居民居住区域的不同而有所不同，这主要是由于：不同区域之间、城乡之间各级政府公共服务的均等化，所要注重的是公民享用公共服务过程的机会均等与权利平等，而不再仅仅表现为"一刀切"模式的财政资源平均配置，所强调的居民在公共服务的效果均等标准更具有现实意义。第二，在分析不同区域之间、城乡之间各级政府提供公共服务的财政支出需求方面，成本约束应该是重点考察的因素之一，适当增加对幅员辽阔、人口稀少、边远落后地区地方政府的财政支持力度，使得居民都能公平地享用到均等化、标准化的公共服务，不管居民能够位居何地均等享用得到这种标准，从满足最基本的公民诉求方面来提升整个社会的福利水平。第三，财力差距问题是公共服务均等化的客观制约因素，如何在保持经济稳定增长的前提下通过完善各级政府间的财政分权体制；增加不同区域之间、城乡之间各级政府提供公共服务的能力，特别是解决跨区域之间、城乡之间各级政府公共服务的供给问题，实现各级政府公共服务的均等化战略。第四，要继续推动更多的财政资源向经济落后地区尤其是农村地区倾斜，增加对老少边穷地区和城乡结合部的公共财政投入力度，增强不同区域之间、城乡之间各级政府提供均等化公共服务的财政能力，在财政能力均等化方面要重点解决区域内部、城乡内部公共服务非均衡性逐渐扩大的趋势，还需要对区域之间、城乡之间公共服务的非均衡供给给予重视，从制度上保障不同区域之间、城乡之间各级政府，如何按照统一的标准来提供居民享用的公共服务。第五，基本公共服务非均等供给的局面并非得到明显的改善，主要的原因在于中国财政分权体制中财政激励机制设计上的"缺位"现象。中央政府的政策目标，主要在于促进和维持一种高速发展的经济增长，因此中央政绩的考核标准长期偏向地方经济的发展，并通过以经济增长为核心的政绩考核和晋升激励，掌控地方政府官员的升迁以及任免权。（吕炜、王伟同，2010）因此，必须从根源上纠正中央政府对地方政府的政绩考核标准，不再单纯地强调GDP的增长，而要考虑加入公共服务均等化实现程度的考核内容，即上级政府增加对下级政府公共服务均等化的政绩考核比例，构建中央政府与地方政府之间的财政激励机制。在城镇化进程中，优化调整公共服务设施的布局，制定各项公共服务设施供给标准，建立科学的群众评价和反馈机制，推动公共服务惠民项目与社会公众需求有效对接，鼓励社会力量通过兴办实体、资助项目、赞助活动、提供设施参与公共服务供给。① 第六，针对不同区域之间、城乡之间各级政府的财政能力标准，需要按照潜在财政能力的标准设计出符合财政能力标准的、有利于公共服务均等化战略顺利实施的财政激励机制，有利于上级政府按照下级政府的实际财政努力程度进行合理的公共财政资源配置，通过这种模式来提高各级政府的财政努力水平。第七，传统的财政分权理论认为，现行条块化的政府行政管理制度，是公共服务均等化实现过程中最为主要的制约因素之一。以户籍制度为代表的政府行政管理制度，约束了人力资源在各地区间的自由流动，辖区内部居民

---

① 显而易见的是，通过完善财政支出结构，构建"民生财政"制度，真正做到还富于民。民众在有能力消费的情况下，仍然谨行俭用，归咎其中，源于对民生需求的困扰：社会养老制度的不完善、医保制度改革的不明朗、子女教育问题急待解决，商品房价居高不下……因此，对于民生改善的渴望，催生了对"民生财政"的研究与探讨。民生财政，指的是"在整个财政支出中，用于教育、医疗卫生、社保和就业、环保、公共安全等民生方面的支出占到相当高的比例，甚至处于主导地位"。政府实施的"民生财政"，缓解百姓日常生活的后顾之忧，提高了民众的边际消费倾向，有助于扩大民众消费需求，由此拉动整体社会的内需。近期政府出台的各项政策，诸如加大对保障性住房的投入，"家电下乡"的财政补贴政策、返乡农民工再培训政策，支持大学毕业生就业政策，均可视为政府"民生财政"的一种体现。可见，今后要继续增加财政支出中用于民生方面的支出，逐步建立起民生财政的财政制度，保证其政策的稳定性、持续性，真正做到惠及百姓，还富于民。

的偏好不能得以充分显示，从根本上制约了区域基本公共服务的最优配置。① 第八，逐渐完善我国的转移支付制度，从根源上缩小区域之间财政能力差异，实现基本公共服务的均等问题。应该指出的是，由于不同地区在资源禀赋优势、经济发展阶段、人口资源状况、所处区域位置等客观原因所导致的财政能力的差别，使得各个地区的课税税基和财政净收益存在很大的差异，对于这种由于客观因素所导致的财政能力在不同地区之间存在的差异，需要我们进行深入的思考。② 第九，要通过完善个人所得税，达到调节贫富悬殊的作用。应该指出的是，推进个人所得税由原来的分项征收模式，向西方联邦制国家的个人所得税综合征收体制转变，是新一轮财政体制改革过程中个人所得税改革的一个主要的方面。在个人所得税的改革过程中，由于不同地区在资源禀赋优势、经济发展阶段、人口资源状况、所处区域位置等客观原因，导致各地物价水平不能统一，不同区域的居民对于个人基本生计费用的支出标准也相应有所区别，而这时在个人所得税的费用扣除标准上看，应该在制定全国统一标准的基础上根据各个地方资源禀赋优势、经济发展阶段、人口资源状况、所处区域位置等方面的不同而有所区别。显而易见，在是新一轮财政体制改革过程中，中央政府除了在全国范围内制定统一的工资薪金所得额费用扣除标准，在此基础赋予国地税部门可以根据本地区的经济发展和居民收入情况，制定符合当地实际情况的浮动标准的权利，体现不同居民在各个地方资源禀赋优势、经济发展阶段、人口资源状况、所处区域位置等方面的差异所导致的不公平性，体现个人所得税的费用扣除标准上的水平扣除的横向公

---

① 本书动态调整指标在非固定人口效应、固定人口效应调整过程的拟合程度表明，动态不均等调整并非来源区域之间人口资源的配置，而是来源区域之间财政支出资源的配置。虽然随着中国民主政治的进一步的发展，必将逐步地减缓和消除中国户籍制度的不利之处，但真正改变这种体制约束需要漫长的等待，因此，当公共供给与公共需求之间的矛盾凸显的时候，把改革的重点放在财政激励机制和政府偏好的设计上似乎是更好的选择。（吕炜、赵佳佳，2009）在基层政府财政能力匮乏的情况下，建立合理的政府间财政转移支付制度是一种必然选择，要按照公共服务供给成本约束测算其需求标准，确保在政府运行效率相似、发挥相同税收努力的前提下，转移支付制度能够均衡政府提供标准公共服务的财政能力。考虑到财政经济能力是制约公共服务均等化的客观因素，因此，在保持经济可持续发展的同时，应完善省以下财政体制，进而增强各级政府尤其是基层政府提供公共服务的能力。此外，中央政府应该对地方政府建立比较科学的政绩考核机制，使中央政府的公共服务均等化发展战略得以顺利实现。

② 沿海发达地区财政在增加对经济落后地区转移支付的同时，更重要的是通过激励性财政政策促进落后地区发展经济，以增强其提供基本公共服务能力。按照统筹城乡经济发展的方略，在采取建立纵向和横向转移支付为主的转移支付制度的基础上，继续加大对农村地区基本公共服务的财政投入力度，进一步缩小城乡差距。此外，完善省以下财政体制。积极稳妥地推进"省直管县"改革，在经济落后的农村地区的一些地方实行"乡财县管"，扩大基层政府的财权，增强其财政能力。基于此，要进一步完善转移支付的内部结构，中央和省级财政要增加一般性转移支付在全部转移支付中的份额，逐步减少税收返还的比重，增强财政转移支付的均等化功能，考虑在中央和省级财政设立专项转移支付基金，基金的来源应主要由经济发达地区的地方财政提供，基金应被用于向基本公共服务均等化程度较差的落后地区提供，以满足落后地区当地政府提供基本公共服务的需要，实现横向的基本公共服务均等化转移支付制度。同时，设立转移支付基金拨备使用的审批制度，完善转移支付基金使用的审计，确保转移支付基金在财政均等化效应。

平。另一个需要值得关注的问题是：居民储蓄率在我国长期处在相对比较高的位置，而居民消费水平相对于居民储蓄率而言相对较低，这种经济现象在西方财政联邦制国家相对而言比较罕见，但是在我国的经济发展阶段却是一种较为常见的状态。可以看到的是，改革开放以后的一段很长的阶段内居民储蓄存款的增长率，要比居民消费水平的增长率快出很高的一个水平。可以指出的一个现象是，两者的差距在 1994 年分税制财政体制改革之后经历了逐渐缩小到逐渐扩大的变化过程：居民储蓄存款的增长率与居民消费水平增长率在 2000 年以前逐渐缩小，但是在 2000 年以后却呈现出逐渐扩大的趋势，而在 2007 年以后两者的增长率相互攀升，居民储蓄存款增长率在 2007 年超过居民消费水平增长率，而居民储蓄存款增长率在 2008 年以后又低于居民消费水平增长率，两者的差距一度达到 10% 以上。从我们上述的分析可以看出，居民储蓄存款增长率和居民消费水平增长率两者之间与宏观经济的整体运行状态似乎没有存在很大关联性：一方面，居民消费水平长期保持在相对比较低的一个位置，宏观经济形势的好转似乎不能很快地促进居民消费水平的增加；另一方面，居民的储蓄率长期保持在相对比较高的一个位置，宏观经济形势无论好坏都不能有效地改变居民储蓄率长期居高不下的状态。可以指出的是，居民储蓄率在我国长期处在相对比较高的位置，而居民消费水平相对于居民储蓄率而言相对较低的经济现象，在中国而言似乎是比较比较常见的一个状态，但是这两种现象的原因很大程度决定在国民收入分配格局的不公平格局之上。从理性的角度上讲，有很多因素造成了国民消费长期低于正常的水平，但究其根源，对国民消费水平形成制约性的主要因素，还是要归结于国民收入分配的失衡。应该指出的是，国民收入分配的失衡既包括居民收入在整个国民收入分配中处于较低的位置，也包括居民收入内部贫富差距过于悬殊而造成的分配不均衡。在整个国民收入分配格局中，居民、政府与企业各自所占比重的差距不断扩大，在 2005 年甚至达到了 25 个百分点左右的比重；其中，政府与企业的收入在国民收入分配比重中逐年上升，而居民收入在国民收入中所占比重则逐年下滑。从这种数据我们可以清晰地看出，国民收入的分配格局逐渐向居民倾斜的力度逐渐下降，而朝着政府和企业方面倾斜的力度逐渐加强。此外，居民收入内部贫富差距过于悬殊而造成的分配不均衡的情况日趋明显，通过用基尼系数这一指标来衡量居民收入内部贫富差距，我们可以看到居民收入的基尼系数由 1984 年的 0.24 逐年上升到 1999 年的 0.4043，2008 年曾一度上升至 0.491，此后开始稳步回落，2015 年达到 0.462 的水平，但是整体而言我国居民收入的基尼系数，仍然超过国际公认的 0.4 贫富差距警戒线，这说明我国居民的收入差距仍处于不均等状态。从理论上讲，当一个国家的贫富差距超过一定的界限时，占整个社会上 20% 以下的富裕阶层占据着整个社会 80% 以上的财富，而占整个社会上 80% 以上的中产阶层和贫困阶层占据着整个社会 20% 以下的财富。根据微观经济学上理性消费者的经济人假设，占整个社会上 20% 以下的富裕阶层的边际消费倾向逐渐递减，这部分人的消费需求逐渐下降；占整个社会上 80% 以上的中产阶层和贫穷阶层的边际消费倾向非常旺盛，但是这部分人需要考虑住房、子女教育、养老、医疗等后顾之忧，只能将可供自身支配的有限资金进行储蓄，抑制真实的消费需求。上部分现象是经济学界对于贫富差距经济现象的一种解释，但是这种解释在很大程度上反映了中国国民收入差距对整个国民消费的影响，实际上这种情况成为我国国民消费水平向来偏低的原因所在。从中国的具体实践来看，居民在国民收入分配中得到的蛋糕越来越小；而在这个越来越小的蛋糕里面，不同阶层的居民对此的分配又非常的不均衡，造成富裕阶层很有能力消费而又没有消费需求，中产阶级有能力消费又不敢过度消费，贫困阶层没有能力消费同时消费需求又得不到满足，居民消费需求无法从得到很好的拉动。从根源上讲，长期以来我国消费需求能力不足的根本原因，主要是国民收入分配的失衡所致的。从现实的选择上看，通过财税政策手段调节国民收入分配失衡，有利于我国长期经济的稳定发展。需要注意的是，我国的个人所得税制采取的是分项征收的制度，这种将个人所得划分为不同类别、按照不同标准征收的办法固然有其合理性，但是这种划分办法也导致了对不同类型的个人所得调整力度的不同。应该指出的是，由于个人收入在不同类别个人所得的搭配比例是具有很大区别的，这种现状使得个人所得税对于居民个人收入调整力度的具有很强的差异性。

第六章

转移支付制度的边际均等化效应研究

上一章我们对中国公共服务均等化战略实施效果进行从时间的角度上进行分解，重点研究每个区域内部不均等程度如何在动态阶段体现的问题，以及这种动态变化的成因所在。我们运用时间序列泰尔指数法测算中国公共服务均等化水平，发现中国公共服务均等化水平处于稳步提高阶段，但在各个区域维度的表现有所不同：公共服务不均等程度在东部区域显著下降，但在中、西部区域不均等程度仍然较高，特别体现为区域之间和区域内部的不均等。通过我们的研究发现，不同区域公共服务投入要素成本对公共服务产出数量会产生重要的影响，公共服务均等化的实施要更加注重中、西部区域内部的不均等问题，将公共服务资源更多地倾向于中、西部边远落后地区，这应该作为下一阶段公共服务均等化战略所要关注的重点。在这一章，通过时间序列泰尔指数构建科学的测算体系分析现行转移支付对不同区域之间、城乡之间各级政府财政能力的均等化效应及其收敛性特征，结果发现：第一，现行转移支付对不同区域之间、城乡之间各级政府财政能力的均等化效应逐渐趋弱，对不同区域之间、城乡之间各级政府财政支出的均等化效应也呈现出同样的特征，两者表出现较为相似的收敛性特征。之所以出现这样的测算结果，主要的原因在于：现行的转移支付制度在制度设计方面，不但缺乏对不同区域之间、城乡之间各级政府财政能力差异的考量，同时也缺乏对不同区域之间、城乡之间各级政府公共物品供给成本约束的考量。第二，现行转移支付对不同区域之间、城乡之间各级政府财政能力的均等化效应较为明显，但现行转移支付对不同区域之间、城乡之间各级政府财政支出的均等化效应未能达到预期目标，这种测算结果的主要原因在于：转移支付的均等性侧重于不同区域之间、城乡之间各级政府财政能力的均衡效应，缺乏对不同区域之间、城乡之间各级政府公共物品支出需求和成本约束的深入分析。显而易见的是，上级政府对下级政府的转移支付制度设计，需要考虑不同区域之间、城乡之间各级政府公共物品支出需求的不同标准，同时更要考虑不同区域之间、城乡之间各级政府财政收入能力的不同标准，这种趋势应该作为深化财税体制改革进程中完善均等化转移支付制度的改革重点。

第一节 转移支付制度的基本原理

理论界认为，公共服务均等化水平的制约因素，很大程度上取决于提供公共服务基层政府的财政能力，而城乡之间、区域之间基层政府在经济社会发展方面的巨大差距，是造成城乡区域之间政府财政能力的严重失衡的重要因素之一。上海市 2010 年人均财政收入①高达 20 346 元/人，而河南省仅达到 1 246 元/人的标准，两者相差接近 16 倍，2011 年上海市与河南省的人均财政收入差距达到了 15 倍，2012 年上海市人均财政收入高出河南省近 14 倍。应该指出的是，在现有的财政体制背景下，地方政府成为地方公共物品最为重要的供给主体，而各级地方政府由于自身资源禀赋以及财政级次过多的原因，导致不同区域之间、城乡之间的地方政府在提供公共服务方面的财政能力相差过大，整个社会的居民由于居住地区的不同而享受到的公共服务有所区别，不利于不同地区的居民享用到标准化、均等化的公共服务，从而使得整个社会的福利效应与居民幸福感有所下降。为实现公共服务在区域之间、城乡之间的均衡供给，中央政府需要通过设计均等化的转移支付制度，通过上级政府向下级政府的拨款弥补边远落后地区地方政府的财力缺口，但是受制于整个国家财政能力弱小的客观现实，难以从根本上实现区域之间、城乡之间地方政府的公共服务均等化。更为重要的是，公共服务的非均衡供给不能体现出公共服务供给过程的机会均等原则，弱势群体的正当权利不能得到应有的保障，削弱了中央政府和地方政府的执政能力，不利于和谐社会建设中的繁荣与稳定，更不利于政府执政过程共享理念的实现，进一步加剧社会发展过程中区域之间、城乡之间差距的不断扩大。因此对于转移支付制度均等化效应的研究，构成了本书的研究主题。

以国务院 1993 年颁布的《关于实行分税制财政管理体制的决定》为主要的标志，以法律制度的形式确立了中央政府和地方政府之间的财政关系，取代了原有与改革开放相适应的财政包干制财政体制。概括起来，中央政府与地方政府的财政关系可归纳为分税制的财政体制，这种制度的建立在很大程度上借鉴了西方财政联邦体制的核心思想，同时也建立起国地税两套不同的税务系统分别负责中

---

① 人均财政收入指包含地方政府本级财政收入的政府自有财政能力，数据来源于历年《中国统计年鉴》《中国财政年鉴》《中国人口和就业统计年鉴》。

央政府和地方政府税收的征收工作。① 按照分税制财政体制改革的主要原理，中央政府和地方政府的财政级次按照"一级政府、一级预算"要求，确立了五个级别的财政预算体制，同时较为规范地划分中央政府和地方政府的财权与事权，从体制上保证在中央政府和地方政府之间形成较为规范和相对稳定的财政体制。② 为了适应分税制财政体制的逐步推行，中央政府对地方政府的转移支付资金安排相应做出较大范围的更改，在分税制财政体制改革的过程中，确立了中央政府对地方政府以税收返还为主体的转移支付制度，③ 但是这种以税收返还为主体的转移支付制度对于财政体制改革的推动反而起到了负面的影响。更为重要的是，省以下不同层级的地方政府的收入来源，没有形成统一的制度规范，这导致省以下各级政府缺乏自主性财源。毋庸讳言，在地方政府公共物品采取自我供给的模式下，地方财力的失衡将导致公共物品供给的不均等。基于此，在基层政府财力匮乏的情况下，建立合理的转移支付制度就成为一种必然选择。正是在这样的背景下，十八届三中全会提出，中央可通过转移支付承担一部分地方事权支出责任，或通过转移支付将部分事权支出责任委托地方承担。事实表明，有效运用转移支付制度能均衡基层政府的财力差异，以平衡中央以下各级政府间的权责关系。那么，均等化转移支付的制度设计应该是怎样的？中国现行转移支付的均等效应究

---

① 分税制财政体制改革的指导思想和基本原则，主要包括了以下四个方面：一是正确处理中央与地方的分配关系，促进国家财政收入合理增长，逐步提高中央财政收入占全国财政收入的比重，充分调动地方政府增收节支、发展经济的积极性，增强中央政府的宏观调控能力，适当增加中央政府财政能力；二是处理好地方政府间财政能力分配的问题，既要保持经济发达地区较快发展的势头，又要通过政府间的财政转移支付制度，扶持老工业基地改造和经济落后地区的发展，增强对地方政府财政支出的约束；三是坚持分级管理和统一政策相配合的原则，中央性税收、地方性税收及共享税的立法权全部集中于中央政府，保证中央政府政策的统一性和严肃性，同时实行分级征管的税收，地方性税收由地方政府税务机构负责征收，中央性税收和共享税由中央政府税务机构负责征收；四是坚持逐步推进与整体设计配合的原则，立足于我国国情，逐步完善，分步实施，明确目标，力求规范，抓住重点。

② 地方政府主要承担本级财政机关运转所需财政支出以及本级事业发展、区域经济所需要的财政支出；中央政府主要承担中央国家机关运转、外交和国家安全所需经费，协调地区发展、调整国民经济结构。依据地方和中央的事权，按税种划分为地方税、共享税和中央税，将中央政府实施宏观调控、维护国家权益所需的税种划分为中央税，将同地方经济发展相关的主要税种划分为中央与地方共享税，将适合地方征管的税种划分为地方税。

③ 中央对地方实施税收返还制度，返还额以 1993 年为基期年核定，按照 1993 年地方实际收入以及中央与地方收入划分情况，核定 1993 年中央从地方净上划的收入数额。1993 年中央净上划收入，全额返还地方，保证现有地方既得财力，以此作为以后中央对地方税收返还基础。1994 年以后，税收返还额在 1993 年基数上逐步递增，递增率按全国增值税和消费税的平均增长率的 1:0.3 系数确定，即上述两税全国平均每增长 1%，中央财政对地方的税收返还增长 0.3%。如果 1994 年以后中央净上划收入达不到 1993 年基数，则相应扣减税收返还数额。值得一提的是，为了保护各地的既得利益，1994 年的分税制财政体制改革保留了原有财政包干体制下地方政府向中央政府的上解和中央政府对地方政府的补助，财政转移支付制度未能从根本上解决区域政府间财力非均衡性，保留原有财政体系下的分配格局。更为重要的是，税收返还和体制补助继续沿用的"基数法"，原有不合理的分配格局未能得以改善，形成一种"受益地区长期受益，吃亏地区长期吃亏"的财政运作模式。

竟如何？转移支付制度改革的具体方案应如何设计？这些问题不能不引起我们的思考。本书从研究均等化转移支付制度理论模型入手，通过考察中国现行转移支付边际均等化效应，提出完善转移支付制度的制度安排。

一直以来，对转移支付的研究是公共经济学领域研究的热点，而近年来也有不少的文献专门研究转移支付，但是将研究重点集中在转移支付均等化效应的文献并不是很多。虽然如此，还是有很多文献涉及这一研究领域。由于转移支付的设计受到一个国家财政制度的影响，而财政制度的建立更是取决于一个国家的政治体制。不同国家之间由于政治体制的差异导致了财政制度的设计理念有所不同，直接影响到转移支付的制度设计，相互之间的比较不具有可行性，因此，本书在研究转移支付制度的文献主要集中在两个方面：一是对转移支付制度设计具有一般意义的文献，二是集中在对单一制大国财政体制国家的转移支付制度设计的研究，因为基于单一制大国财政体制的转移支付设计对中国而言具有借鉴意义。具体而言，可以将这些文献分为两大类别：一类是研究转移支付制度如何均等化地方政府财政能力的计量分析类文章，另一类是如何建立合理、科学的转移支付制度，以此作为出发点均等化各级地方政府的财政能力的理论分析类文献。通过对国内外研究地方政府财政能力的文献归纳，学者们对中央政府和地方政府之间的转移支付原理进行系统性的研究，得到比较统一的结论是：中央政府对地方政府的转移支付制度要符合均衡各级地方政府财政能力的基本原则，消除不同地方政府之间由于人口资源以及生产要素流动所导致的社会经济效益水平的损失，提高不同区域和城乡之间居民福利水平和幸福感（李一花、张冬玉、李雪妍，2015；蒋雪梅、黄艳杰、王松，2015；周武星、田发，2015；徐盈之、赵永平，2015；孙伟增、王定云、郑思齐，2015；陈永正、马永妍，2013；王明慧、陆广春、李玉英、吴爽，2013；审计署贸易审计局课题组，2013；储德银、赵飞，2013；Searle，2004；Boadway，2004；Smart，2005），这在许多国家的制度安排中得以体现：澳大利亚、加拿大、瑞士、德国等国家公共财政预算法规定，在政府运作效率相似及财政努力程度相同情况下，各级地方政府在接受转移支付资金扶持后拥有了较为接近的财政能力，用于提供标准化的公共服务（胡鞍钢、张新、高宇宁，2016；杨永森、宋丽丽、赵伟，2016；戴平生、陈壮，2015；胡洪曙、亓寿伟，2015；陈都、陈志勇，2016；刘书明，2015；张俊伟，2014；李国平、刘倩、张文彬，2014；田侃、亓寿伟，2013；卢洪友、田丹，2013；Petchey & Levtchenkova，2004），所以此后学者们对转移支付的研究主要集中在如何均等化地方政府的财政能力方面。西方财政联邦体制国家在近年来已经完成转移支付的制度建设，而转移支付的制度运行也经历了相当长的一段时间，所以对于均等化转移支付制度的设计理念以及原则已经不是西方学者的研究重点，国外的研究者在现阶段的研究更关注的是中央政府对地方政府的转移支付是否对整个社会的资源配置产生了较为负面的影响（湖南省财政科学研究所课题组、曾伟、陈敏、林剑锋，2013；杨中文、刘虹利、许新宜、王红瑞、刘和鑫，2013；张超，2012；赵桂芝、寇铁军，2012；贾俊雪、高立、秦聪，2012；Robert，2008；Werner，2008；Martinez & Barrios，2013）。通过上述的研究可以发现，西方财政联邦财政体制下的转移支付设计原则，是要在科学地测算地方政府潜在财政能力和财政支出需求的基础上，通过中央政府对地方政府的转移支付制度缩小由于不同区域的地方政府在本身资源禀赋、经济发展阶段、人口资源状况、所处区域位置等客观原因所导致的财政能力差距问题。在借鉴国外学术界研究的基础上，国内学者们开始研究具有中国国情的中央政府对地方政府的转移支付制度与地方政府财政能力均等化问题。曾红颖（2012）认为中国现行的转移支付能够有效地均衡地方政府提供标准化公共服务的财政能力，对于各个区域实施不同层面的转移支付有利于提高不同区域和不同城乡之间地方政府公共服务均等化水平的提高。宋小宁等（2012）认为，转移支付对于公共服务供给程度的影响可以从两个方面来考虑：一般性转移支付对不同区域和不同城乡之间地方政府公共服务的影响程度相对较小，而转移转移支付对不同区域和城乡之间地方政府公共服务的影响程度相对较大，中央政府对于现行转移支付制度的扶持政策应该，侧重于对于专项转移支付资金的扶持，因为专项的转移支付对公共服务的影响程度相对较大，而一般转移支付制度对公共服务的影响程度相对较小。刘大帅和甘行琼（2013）认为，转移支付制度对于不同区域和城乡之间各级地方政府财政能力的均等化效应，应充分考虑人口流动因素以及户籍制度所造成的福利分配功能的影响，这在很大程度上是由于现行户籍制度对转移支付制度的影响力可能导致的激励倾向。可以看到的是，上述研究在研究视角方面有所不同，但是这些研究都强调的共同点：都考虑到中央政府对地方政府的转移支付制度与地方政府财政能力均等化之间始终存在一定程度的联系。应该指出的是，国外大多数的研究认为可以实现社会的公平与正义，或是认为通过转移支付均衡地方政府财政能力，有利于增进地方政府履行公共服务的财政能力，从而有助于减少整个社会的福利损失，实现整个社会的公平与正义。但是，至于需要通过转移支付缩小地方政府之间哪些方面的差距，不同的学者对此具有不同的看法。一部分的学者认为，考虑到各级政府在自然资源禀赋差异、税源规模和集中程度、城市化发展程度、经济社会发展差异等方面的制约因素，各级政府在区域之间、城乡之间财力差距过大已是不争的事实。为实现公共服务在区域之间、城乡之间的均衡供给，中央政府需要通过对地方政府实施均等化的转移支付制度，用于弥补边远落后地区基层政府提供公共服务的财力缺口，但是受制于整个国家财政能力弱小的客观现实，难以从根本上实现区域之间、城乡之间地方政府的公共服务均等化（田发、周武星，2016；陈都、陈志勇，2016；刘大帅、甘行琼，2013；曾红颖，2012；王守坤，2012；江庆，2009；苏明，2001；李齐云，2003；王雍君等，2002；Bahl，2000；Shah，2006）。另一些学者认为，由于地方政府财政级次的独立性，各级政府在财政包干体制具体运作过程的差异性，以及地方税收优惠政策在执行过程的封闭独立，也会造成各级政府在区域之间、城乡之间财力差距过大，不能实现公共服务的均衡供给，而公共服务的非均衡供给不能体现出公共服务供给过程的机会均等原则，弱势群体的正当权利不能得到应有的保障，削弱了中央政府和地方政府的执政能力，不利于和谐社会建设中的繁荣与稳定，更不利于政府执政过程共享理念的实现，进一步加剧社会发展过程中区域之间、城乡之间差距的不断扩大（蒋雪梅、黄艳杰、王松，2015；周武星、田发，2015；徐盈之、赵永平，2015；孙伟增、王定云、郑思齐，2015；陈永正、马永妍，2013；王明慧、陆广春、李玉英、吴爽，2013；田发，2010；陶勇，2010；马海涛，2004）。很显然，中国财政体制在设计过程存在的制度缺陷，是造成各级政府在区域之间和城乡之间财政能力差距不断扩大的体制性根源所在。

另外，中央政府对地方政府实施的转移支付制度，在缩小各级地方政府财政能力的实施过程中，究竟会发挥怎么样的作用，或者是扮演怎么样的角色？理论界对此的不同的观点，归纳起来有以下三个方面：第一，有的学者认为转移支付的最终目标应该在于实现地区之间的公共服务均等化。陈秀山等（2004）认为，我国财政转移支付在实施过程中不同阶段、不同时期对不同项目应分别制定不同的标准，但是最终追求的目标应该是地区之间和城乡之间政府财政能力和公共服务的均等化。刘尚希（2003）认为，现阶段我国财政转移支付应致力于实现各地公共服务的大致均等这个单一的目标，不应该设定多个目标，如缩小地区间发展差距等，因为这些目标应该是政府多重政策叠加考虑的结果，而不是单单依靠转移支付制度就能够实现的。朱之鑫（2006）也认为，缩小地区差距的内涵更中意的是要缩小各地区间在公共服务和生活水平方面的差距，而不是简单缩小经济总量差距的概念。第二，有的学者认为财政转移支付的政策目标主要集中在缩小地区间在公共服务供给和个人收入水平方面的差距。朱玲（1997）认为，转移支付两个基本目标的实现[①]，最大可能在于缩小地区之间公共服务供给数量和个人贫富差距平方面的差距，而至于缩小地方政府经济社会发展的总体差距这一政策目标则较难实现，这是因为转移支付缩小地区差异的作用仅仅是局部的、间接的、同时也是有限的。第三，有的学者认为财政转移支付应该在广泛的领域内实现缩小政府财政能力差距的目标。胡鞍钢等（1995）认为，财政转移支付应该通过加大对贫困地区的扶持力度来缩小各地区之间在经济社会发展方面上的差距，而并

---

① 财政转移支付在我国所能够发挥的最基本的功能有两个，其一是保障各地以及各级政府至少提供最低标准的公共服务；其二是保障最低收入人群最基本的生存需求得以满足，两者缺一不可。

非局限于实现全社会各地区人民在享受主要公共服务方面基本平这一个单一的政策目标。针对转移支付均等化的研究，国内外已有的成果都存在可供提升和改进的空间。首先，现有文献的研究大都是对现状的直观描述，没有建立完整的均等化分析框架研究转移支付均等化机制，在理论剖析层面仍有待加强。其次，现有研究转移支付均等化机制的文献，并没有同时考虑城乡和区域二维均等的研究视角，因而会在相当程度上降低其对现实的解释能力。最后，无论是国内的研究还是国外的研究都没有注意到转移支付均等化过程可及性的边际效应问题，而学者们对于财政转移支付应该在缩小政府财政能力差距中实现什么样的具体政策目标，学者们的看法并不一致。以上几点说明：在已有成果的基础上，如果我们能够对均等化转移支付问题做进一步的学术探索，是具有理论价值的。

均等化转移支付制度关于财政能力的考察，另一个需要解决的问题，是如何在学术上界定地方政府财政能力应包括的主要范围。纵观国内外学术界的主要文献，对于地方政府财政能力的研究，可以遵循以下三个脉络去研究。第一个方面的研究主要集中在从实际财政能力的角度去研究地方政府的财政能力，认为地方政府的财政能力应该包括地方政府的本级财政收入，以及中央政府对地方政府的转移支付收入两个部分（田发、周武星，2016；陈都、陈志勇，2016；刘大帅、甘行琼，2013；曾红颖，2012；王守坤，2012）；第二个方面的研究主要集中在从自有财政能力的角度去研究地方政府的财政能力，认为地方政府的财政能力仅仅涵盖了地方政府的本级财政收入，而没有包括中央政府对地方政府的转移支付收入这一部分（胡鞍钢、张新、高宇宁，2016；杨永淼、宋丽丽、赵伟，2016；戴平生、陈壮，2015；胡洪曙、亓寿伟，2015；陈都、陈志勇，2016；刘书明，2015；张俊伟，2014；李国平、刘倩、张文彬，2014；田侃、亓寿伟，2013；卢洪友、田丹，2013）；第三个方面的研究主要集中在同时从实际财政能力和自有财政能力的角度去研究地方政府的财政能力（崔治文、周平录、杨洁，2015；宋旭、李冀，2015；于国安，2015；郭玉清、袁静、李永宁，2015；李一花、张冬玉、李雪妍，2015；蒋雪梅、黄艳杰、王松，2015；周武星、田发，2015；徐盈之、赵永平，2015；孙伟增、王定云、郑思齐，2015；陈永正、马永妍，2013；王明慧、陆广春、李玉英、吴爽，2013；审计署贸易审计局课题组，2013；储德银、赵飞，2013；湖南省财政科学研究所课题组，2013；杨中文、刘虹利、许新宜、王红瑞、刘和鑫，2013；张超，2012；赵桂芝、寇铁军，2012；贾俊雪、高立、秦聪，2012）。通过对上述学者的分析与归纳可以看出，学者们在研究财政能力标准选择上主要选择的标准主要集中在第三个方面的研究，这是由于：其一，假设我们的研究仅仅集中在从实际财政能力的角度去研究地方政府的财政能力，则忽略了地方政府由于自身资源禀赋、经济发展阶段、人口资源状况、所处区域位置等客观原因所导致的财政能力差距问题，不利于深入分析地方政府间由于客观因素所导致的财政能力差异；其二，假设我们的研究仅仅集中在从自有财政能力的角度去研究地方政府的财政能力，则忽略了中央政府通过转移支付制度对地方政府财政能力的改善情况，不利于考察现行转移支付制度对于地方政府财政能力的均衡效应。有鉴于此，本书的研究也将集中在同时从实际财政能力和自有财政能力的角度去研究地方政府的财政能力均等化问题。显而易见的是，综合运用地方政府财政能力的双重标准来考量财政能力均等化问题，更符合研究财政能力均等化的实际需求。在政府自有财力与实际财力的双重标准下，综合运用双重财政能力标准进行考察成为国内理论界研究财政能力的均等化效用的主流研究方法之一。有鉴于此，本书对财政能力的均等化效应研究与国内学术界对地方政府的研究大致相同，同时从实际财政能力和自有财政能力的角度去研究地方政府的财政能力均等化问题。[①]

接下来在研究均等化转移支付制度所要观察和考虑的问题，是如何去考虑中央政府对地方政府的转移支付制度与地方政府财政能力均等化之间的问题。通过对国内外研究地方政府财政能力的文献归纳，学者们对中央政府和地方政府之间的转移支付原理进行系统性的研究，得到比较统一的结论是：中央政府对地方政府的转移支付制度要符合均衡各级地方政府财政能力的基本原则，消除不同地方政府之间由于人口资源以及生产要素流动所导致的社会经济效益水平的损失，提高不同区域和城乡之间居民福利水平和幸福感（崔治文、周平录、杨洁，2015；宋旭、李冀，2015；于国安，2015；郭玉清、袁静、李永宁，2015；李一花、张冬玉、李雪妍，2015；Searle，2004；Boadway，2004；Smart，2005），这在许多国家的制度安排中得以体现：澳大利亚、加拿大、瑞士、德国等国家公共财政预算法规定，在政府运作效率相似及财政努力程度相同情况下，各级地方政府在接受转移支付资金扶持后拥有了较为接近的财政能力，用于提供标准化的公共服务（张俊伟，2014；李国平、刘倩、张文彬，2014；田侃、亓寿伟，2013；卢洪友、田丹，2013；Petchey & Levtchenkova，2004），所以此后学者们对转移支付的研究主要集中在如何均等化地方政府的财政能力方面。西方财政联邦体制国家在近年来已经完成转移支付的制度建设，而转移支付的制度运行也经历了相当长的一段时间，所以对于均等化转移支付制度的设计理念以及原则已经不是西方学者的研究重点，国外的研究者在现阶段的研究更关注的是中央政府对地方政府的转移

[①] 在政府自有财力与实际财力的双重标准下，刘溶沧、焦国华（2002）在重点对我国地区间的财政能力差异进行定性与定量分析的基础上，对现行的财政转移支付制度如何均衡不同地区和城乡之间财力的差异效应进行实证评估。曾军平（2000）研究中国政府间纵向平衡与横向平衡的实际情况，深入分析分税制改革前后我国政府间转移支付制度产生的客观效应。尹恒、朱虹（2009）在综合考虑两种财政能力的前提下，利用 2000～2005 年中国近 2 000 个农村县的数据，估计现有财政体制和公共财政标准下财力缺口的统计口径，以此作为标准评估我国转移支付体制过程的财力均等化效益。

支付是否对整个社会的资源配置产生了较为负面的影响（杨永森、宋丽丽、赵伟，2016；戴平生、陈壮，2015；胡洪曙、亓寿伟，2015；陈都、陈志勇，2016；刘书明，2015；张俊伟，2014；李国平、刘倩、张文彬，2014；田侃、亓寿伟，2013；Robert，2008；Werner，2008；Martinez & Barrios，2013）。通过上述的研究可以发现，西方财政联邦财政体制下的转移支付设计原则，是要在科学地测算地方政府潜在财政能力和财政支出需求的基础上，通过中央政府对地方政府的转移支付制度缩小由于不同区域的地方政府在本身资源禀赋、经济发展阶段、人口资源状况、所处区域位置等客观原因所导致的财政能力差距问题。在借鉴国外学术界研究的基础上，国内学者们开始研究具有中国国情的中央政府对地方政府的转移支付制度与地方政府财政能力均等化问题。曾红颖（2012）认为中国现行的转移支付能够有效地均衡地方政府提供标准化公共服务的财政能力，对于各个区域实施不同层面的转移支付有利于提高不同区域和不同城乡之间地方政府公共服务均等化水平的提高。宋小宁等（2012）认为，转移支付对于公共服务供给程度的影响可以从两个方面来考虑：一般性转移支付对不同区域和不同城乡之间地方政府公共服务的影响程度相对较小，而转移转移支付对不同区域和城乡之间地方政府公共服务的影响程度相对较大，中央政府对于现行转移支付制度的扶持政策应该，侧重于对于专项转移支付资金的扶持，因为专项的转移支付对公共服务的影响程度相对较大，而一般转移支付制度对公共服务的影响程度相对较小。刘大帅和甘行琼（2013）认为，转移支付制度对于不同区域和城乡之间各级地方政府财政能力的均等化效应，应充分考虑人口流动因素以及户籍制度所造成的福利分配功能的影响，这在很大程度上是由于现行户籍制度对转移支付制度的影响力可能导致的激励倾向。可以看到的是，上述研究在研究视角方面有所不同，但是这些研究都强调的共同点就是：都考虑到中央政府对地方政府的转移支付制度与地方政府财政能力均等化之间始终是存在一定程度的联系。

除此以外，对于均等化测量标准的研究和判断无可置疑地成为公共经济学近年来的研究重点之一。在国内外学者的大量研究中，泰尔指数成为衡量地方政府财政能力和公共服务均等化水平的主要方法之一，国内外主要的研究大致包括：黄小平、方齐云（2008）运用泰尔指数（Theil Index）法，研究全国及不同区域之间各地方政府用于公共卫生财政支出的公平性，进而分析不同地区之间公共财政卫生支出的均等化问题；王晓洁（2009）运用泰尔指数（Theil Index）法测量中国公共卫生支出均等化水平，分析基本医疗卫生资源在我国东部、中部、西部之间配置的均衡情况；张雷宝（2009）运用泰尔指数（Theil Index）法测量浙江省公共基础设施服务均等化水平，分析公共基础设施服务在浙江省内东北、西南的区域差距；冯海波（2009）运用双变量的泰尔指数（Bivariate Theil Index）法，同时区域—城乡两个维度来考察广东省公共医疗卫生支出水平。尹恒、王丽娟、康琳琳（2007）在运用泰尔指数法考察不同层级地方政府的财政能力差距过程中，发现在县级政府层面不同区域的县级政府财力差距悬殊，县级政府层面的政府财力非均衡状况存在不断加剧的趋势。可见，运用泰尔指数法对我国基本公共服务水平进行测算，已成为国内理论界研究公共服务均等化问题的主流研究方法之一。鉴于此，本书对财政能力均等化现状的分析，也建立在运用泰尔指数法实证考察的基础上。

国内学者对政府财政能力的研究已经比较深入，但是也存在着重要的缺憾，主要是：第一，所有研究（胡鞍钢、张新、高宇宁，2016；杨永森、宋丽丽、赵伟，2016；戴平生、陈壮，2015；胡洪曙、亓寿伟，2015；陈都、陈志勇，2016；刘书明，2015；张俊伟，2014；李国平、刘倩、张文彬，2014；田侃、亓寿伟，2013；卢洪友、田丹，2013；胡德仁，刘亮，2007；尹恒、王丽娟、康琳琳，2007；刘大帅、甘行琼，2013；曾红颖，2012；王守坤，2012）都只涉及省际或县级政府财政能力的研究，对于综合考察包括地级市和县级市在内的政府财政能力的研究几乎是空白。第二，已有使用泰尔指数（田发、周武星，2016；陈都、陈志勇，2016；刘大帅、甘行琼，2013；曾红颖，2012；王守坤，2012）研究均等化政府财政能力程度问题，仅停留于城乡或区域视角的单一维度，忽略城乡和区域双视角下的政府财政能力测算。第三，对政府财政能力均等化程度的实证考察，仅局限于政府自有财政能力或实际财政能力的标准（崔治文、周平录、杨洁，2015；宋旭、李冀，2015；于国安，2015；郭玉清、袁静、李永宁，2015；李一花、张冬玉、李雪妍，2015；蒋雪梅、黄艳杰、王松，2015；周武星、田发，2015；徐盈之、赵永平，2015；孙伟增、王定云、郑思齐，2015；陈永正、马永妍，2013；王明慧、陆广春、李玉英、吴爽，2013；审计署贸易审计局课题组，2013；储德银、赵飞，2013），对政府潜在财政能力的测算与均等化测算未有人进行研究。更为重要的是，目前学术界对于财政能力均等化水平的实证研究主要有两个特点：其一，已有使用泰尔指数的研究大都建立在静态的经济分析框架下，比如张雷宝（2009）使用泰尔指数对浙江省公共基础设施服务均等化水平进行的实证分析，王晓洁（2009）使用泰尔指数对中国公共卫生支出均等化水平进行了测算，冯海波（2009）使用双变量的泰尔指数同时从区域—城乡两个维度来考察广东省公共医疗卫生支出水平。其二，对于现有财政能力均等化机制的研究，大多数学者（宋旭、李冀，2015；于国安，2015；郭玉清、袁静、李永宁，2015；李一花、张冬玉、李雪妍，2015；蒋雪梅、黄艳杰、王松，2015；周武星、田发，2015；徐盈之、赵永平，2015；孙伟增、王定云、郑思齐，2015；陈永正、马永妍，2013；王明慧、陆广春、李玉英、吴爽，2013；审计署贸易审计局课题组，2013；储德银、赵飞，2013；湖南省财政科学研究所课题组，2013；杨中文、刘虹利、许新宜、王红瑞、刘和鑫，2013；葛乃旭，2005；曹俊文、罗良清，2006；陈颂东，2008）的研究思路，主要是通过比较实施财政转移支付前后基本公共服务均等化程度的变化来研究财政均等化机制的。从第一个特点看，只考察静态经济分析框架下的泰尔指数，无法从时间序列的动态角度出发，对于基本公共服务均等化水平进行动态考察；从第二个特点看，在考察均等化机制的过程中，通过比较转移支付前后的公共服务均等化程度，在均等化机制中忽略了转移支付制度本身离散程度的影响以及引入转移支付前均等化机制离散程度的影响，同时也忽略了对于均等化机制本身的分布影响。我们可以看到，基本公共服务在中国区域间的非均衡供给问题，是在中国特殊的区域发展不协调的经济社会条件下产生的，理论界已有均等化机制的研究，大都停留在静态经济学的研究领域，忽略了对于动态经济学研究方法的测量上。基于此，如何对政府潜在财政能力进行洗头测算的基础上，提出改善政府财政能力所应遵循的原则，探讨现有国情下如何完善政府财政能力的制度设计的基本设想？基于以上判断，本书在描述基本公共服务均等化程度时，首先运用动态的泰尔指数衡量方法，采用时间序列的动态分解方法分析均等化程度的动态变化；其次，对于财政均等化机制的研究，集中于转移支付机制的动态均等化影响，并对于这种动态的影响结果进行稳健性检验；最后，根据各地方政府潜在财政收入能力、支出需要，以及公共物品供给成本的差异，测算出理论的财政均等化机制规模，对我国财政转移支付机制的规模合适与否进行判断，并提出相应的政策建议。应当看到的是，如何完善政府的财政能力，需要有一个符合中国体制环境的理论来支撑，而不是完全照搬产生于不同体制环境的理论指导中国的改革。在已有成果基础上，如果我们能够对均等化转移支付问题做进一步的学术探索，是具有理论价值的。本书研究的创新之处有三点：一是已有使用泰尔指数的研究大都建立在静态的经济分析框架下，无法从时间序列的动态角度出发，对于基本公共服务均等化水平进行动态考察；本书运用动态的泰尔指数衡量方法，采用时间序列的动态分解方法分析均等化程度的动态变化。二是对于现有财政均等化机制的研究，大多数学者的研究思路，主要是通过比较实施财政转移支付前后基本公共服务均等化程度的变化来研究财政均等化机制的，在均等化机制中忽略了转移支付制度本身离散程度的影响以及引入转移支付前均等化机制离散程度的影响；本书对于财政均等化机制的研究，集中于转移支付机制的动态均等化影响，并对于这种动态的影响结果进行体制原因分析。三是根据各地方政府潜在财政收入能力、支出需要，以及公共物品供给成本的差异，测算出理论的财政均等化机制规模，对我国财政转移支付机制的规模合适与否进行判断，并提出相应的政策建议。

表 6-1　　　　　　2015 年中央对地方税收返还和转移支付预算表

项目	2014 年		2015 年		算数较上年执行数增长比例（%）
	执行数（亿元）	占比（%）	预算数（亿元）	占比（%）	
一、中央对地方转移支付	46 613.01	90.14	50 764.71	90.78	108.90
（一）一般性转移支付	26 671.68	51.58	29 230.37	52.27	109.60
均衡性转移支付	16 732.4	32.36	18 500.08	33.08	110.60
其中：重点生态功能区转移支付	480	0.93	509	0.91	106.00
产粮大县奖励资金	349.81	0.68	370.73	0.66	106.00
县级基本财力保障机制奖补资金	1 678	3.25	1 778	3.18	106.00
资源枯竭城市转移支付	178	0.34	178	0.32	100.00
城乡义务教育补助经费	1 223.21	2.37	1 232.82	2.20	100.80
农村综合改革转移支付	322.7	0.62	323.2	0.58	100.20
老少边穷地区转移支付	1 121.57	2.17	1 255.65	2.25	112.00
成品油税费改革转移支付	740	1.43	770	1.38	104.10
体制结算补助	2 078.97	4.02	1 560.7	2.79	75.10
基层公检法司转移支付	433.16	0.84	434.7	0.78	100.40
基本养老金等转移支付	3 814.33	7.38	4 481.84	8.02	117.50
城乡居民医疗保险等转移支付	1 751.25	3.39	2 227.4	3.98	127.20
（二）专项转移支付	19 941.33	38.56	21 534.34	38.51	108.00
1. 一般公共服务支出	185.8	0.36	224.71	0.40	120.90
其中：国家重点档案专项资金	0.89	0.00	0.89	0.00	100.00
基建支出	54.93	0.11	63.09	0.11	114.90
2. 国防支出	27.74	0.05	27.22	0.05	98.10
3. 公共安全支出	209.35	0.40	207.66	0.37	99.20
其中：监狱和强制隔离戒毒补助资金	37.89	0.07	38.76	0.07	102.30
补助贫困地区法律援助办案经费	2.99	0.01	2.99	0.01	100.00

项目	2014 年		2015 年		算数较上年执行数增长比例（％）
	执行数（亿元）	占比（％）	预算数（亿元）	占比（％）	
基建支出	156.97	0.30	153.41	0.27	97.70
4. 教育支出	1 624.77	3.14	1 718.03	3.07	105.70
其中：支持学前教育发展资金	149	0.29	149	0.27	100.00
农村义务教育薄弱学校改造补助资金	308	0.60	327.5	0.59	106.30
改善普通高中学校办学条件补助资金	39.7	0.08	39.7	0.07	100.00
中小学及幼儿园教师国家级培训计划资金	19.85	0.04	19.85	0.04	100.00
支持地方高校发展资金	107.95	0.21	90.7	0.16	84.00
现代职业教育质量提升计划专项资金	118.73	0.23	147.88	0.26	124.60
特殊教育补助经费	4.1	0.01	4.1	0.01	100.00
学生资助补助经费	341.22	0.66	404.92	0.72	118.70
地方高校生均拨款奖补资金	252.7	0.49	252.7	0.45	100.00
基建支出	253.34	0.49	257.73	0.46	101.70
5. 科学技术支出	105.16	0.20	32.42	0.06	30.80
其中：国家科技创新基地（体系）能力建设专项资金	9.32	0.02	9.32	0.02	100.00
中央财政引导地方科技发展资金	4.95	0.01	14.2	0.03	286.90
基层科普行动计划专项资金	3.98	0.01	3.98	0.01	100.00
基建支出	4.92	0.01	4.92	0.01	100.00
6. 文化体育与传媒支出	285.5	0.55	298.18	0.53	104.40
其中：中央补助地方公共文化服务体系建设专项资金	115.86	0.22	129.61	0.23	111.90
国家文物保护专项资金	72.61	0.14	75	0.13	103.30

续表

项目	2014 年		2015 年		算数较上年执行数增长比例（%）
	执行数（亿元）	占比（%）	预算数（亿元）	占比（%）	
非物质文化遗产保护专项资金	6.62	0.01	6.61	0.01	99.80
文化产业发展专项资金	32.76	0.06	28	0.05	85.50
基建支出	47.37	0.09	47.49	0.08	100.30
7. 社会保障和就业支出	2 445.93	4.73	2 673.23	4.78	109.30
其中：厂办大集体改革补助资金	39.91	0.08	50	0.09	125.30
就业补助资金	427.36	0.83	438.78	0.78	102.70
优抚对象补助经费	308.22	0.60	369.63	0.66	119.90
中央自然灾害生活补助资金	97.1	0.19	130	0.23	133.90
流浪乞讨人员救助资金	19.99	0.04	20	0.04	100.10
孤儿基本生活保障补助	21.58	0.04	22.97	0.04	106.40
优抚事业单位补助经费	29.07	0.06	7.38	0.01	25.40
退役安置补助经费	288.71	0.56	346.15	0.62	119.90
残疾人事业发展补助资金	13.42	0.03	12.75	0.02	95.00
困难群众基本生活救助补助	1 127.74	2.18	1 207.68	2.16	107.10
基建支出	62.94	0.12	67.89	0.12	107.90
8. 医疗卫生与计划生育支出	1 087.51	2.10	1 144.45	2.05	105.20
其中：公立医院补助资金	46.99	0.09	95.6	0.17	203.40
公共卫生服务补助资金	458.24	0.89	498.04	0.89	108.70
基本药物制度补助资金	90.65	0.18	91.15	0.16	100.60

续表

项目		2014 年		2015 年		算数较上年执行数增长比例（%）
		执行数（亿元）	占比（%）	预算数（亿元）	占比（%）	
资金	计划生育转移支付	70.71	0.14	70.59	0.13	99.80
经费	优抚对象医疗保障	23.72	0.05	23.72	0.04	100.00
	医疗救助补助资金	129.21	0.25	129.21	0.23	100.00
	基建支出	235.71	0.46	236.14	0.42	100.20
9. 节能环保支出		1 629.44	3.15	1 910.18	3.42	117.20
其中：可再生能源发展专项资金		165.5	0.32	173	0.31	104.50
大气污染防治资金		105.5	0.20	115.5	0.21	109.50
水污染防治资金		70	0.14	130	0.23	185.70
节能减排补助资金		340.77	0.66	478.5	0.86	140.40
城市管网专项资金		105.87	0.20	130	0.23	122.80
重金属污染防治		37	0.07	37	0.07	100.00
排污费支出		10.07	0.02	20	0.04	198.60
助经费	天然林保护工程补	145.17	0.28	176.17	0.32	121.40
专项资金	退耕还林工程财政	283.75	0.55	308.65	0.55	108.80
	基建支出	363.54	0.70	341.36	0.61	93.90
10. 城乡社区支出		74.96	0.14	96.38	0.17	128.60
基建支出		74.96	0.14	96.38	0.17	128.60
11. 农林水支出		5 345.4	10.34	5 852.06	10.47	109.50
资金	其中：普惠金融发展专项	157.74	0.31	157.74	0.28	100.00
补贴	农林业保险保费	119.83	0.23	152	0.27	126.80
	目标价格补贴	70.22	0.14	227.54	0.41	324.00
整治资金	江河湖库水系综合	328.74	0.64	288.86	0.52	87.90
资金	农业综合开发补助	341	0.66	365	0.65	107.00

续表

项目	2014 年		2015 年		算数较上年执行数增长比例（%）
	执行数（亿元）	占比（%）	预算数（亿元）	占比（%）	
农村土地承包经营权确权登记颁证补助资金	13.6	0.03	45.8	0.08	336.80
现代农业生产发展资金	201.55	0.39	201.7	0.36	100.10
农业支持保护补贴资金	1 284.38	2.48	1 434.91	2.57	111.70
农机购置补贴资金	227.55	0.44	227.55	0.41	100.00
农业资源及生态保护补助资金	179.85	0.35	201.58	0.36	112.10
农业技术推广与服务补助资金	126.14	0.24	152.45	0.27	120.90
动物防疫等补助经费	50.18	0.10	60.74	0.11	121.00
林业补助资金	303.3	0.59	350.89	0.63	115.70
全国山洪灾害防治经费	40.14	0.08	41.06	0.07	102.30
农田水利设施建设和水土保持补助资金	320.29	0.62	427.56	0.76	133.50
特大防汛抗旱补助费	33.28	0.06	39.64	0.07	119.10
农业生产救灾资金	31.71	0.06	35	0.06	110.40
大中型水库移民后期扶持资金	34	0.07	36.4	0.07	107.10
基建支出	1 161.6	2.25	1 197.09	2.14	103.10
12. 交通运输支出	3 538.63	6.84	3 687.47	6.59	104.20
其中：车辆购置税收入补助地方	2 665.03	5.15	2 931.42	5.24	110.00
政府还贷二级公路取消收费后补助资金	300	0.58	300	0.54	100.00
船舶提前报废拆解和船型标准化补贴	16.25	0.03	40	0.07	246.20

续表

项目	2014 年		2015 年		算数较上年执行数增长比例（%）
	执行数（亿元）	占比（%）	预算数（亿元）	占比（%）	
界河维护经费	1	0.00	1.25	0.00	125.00
基建支出	93.04	0.18	106.87	0.19	114.90
13. 资源勘探信息等支出	346.34	0.67	363.62	0.65	105.00
其中：战略性新兴产业发展资金	52.45	0.10	80	0.14	152.50
工业转型升级资金	10	0.02	10	0.02	100.00
中西部等地区国家级经济技术开发区、边境合作区贴息	15	0.03	15	0.03	100.00
中小企业发展专项资金	101.47	0.20	101.58	0.18	100.10
基建支出	147.81	0.29	157.04	0.28	106.20
14. 商业服务业等支出	310.37	0.60	310.98	0.56	100.20
其中：民族贸易和民族特需商品生产企业贷款贴息	33.91	0.07	28.77	0.05	84.80
服务业发展资金	122.58	0.24	124.53	0.22	101.60
基建支出	40.01	0.08	41.31	0.07	103.20
15. 金融支出	2.97	0.01	0.00		0.00
16. 国土海洋气象等支出	177.5	0.34	177.36	0.32	99.90
其中：海岛及海域保护资金	27.8	0.05	29.96	0.05	107.80
矿补费和探矿权采矿权使用费支出	92.33	0.18	85	0.15	92.10
特大型地质灾害防治经费	50	0.10	55	0.10	110.00
人工影响天气补助资金	1.99	0.00	1.99	0.00	100.00
基建支出	5.38	0.01	5.41	0.01	100.60
17. 住房保障支出	2 124.37	4.11	2 358.07	4.22	111.00
农村危房改造补助资金	187.76	0.36	258.83	0.46	137.90

续表

项目	2014 年		2015 年		算数较上年执行数增长比例（%）
	执行数（亿元）	占比（%）	预算数（亿元）	占比（%）	
中央补助城镇保障性安居工程专项资金	1 139.29	2.20	1 243	2.22	109.10
基建支出	797.32	1.54	856.24	1.53	107.40
18. 粮油物资储备支出	378.81	0.73	255.86	0.46	67.50
其中：重要物资储备贴息资金	11.79	0.02	10.02	0.02	85.00
粮食风险基金	320.33	0.62	179.81	0.32	56.10
"粮安工程"危仓老库维修专项资金	15	0.03	22	0.04	146.70
粮油市场调控专项资金	17.4	0.03	30	0.05	172.40
基建支出	14.03	0.03	14.03	0.03	100.00
19. 其他支出	40.78	0.08	196.46	0.35	481.80
青少年校外活动场所专项补助经费	0.3	0.00	0.3	0.00	100.00
统借统还外国政府贷款和国际金融组织贷款项目	5.42	0.01	16.56	0.03	305.50
基建支出	35.06	0.07	179.6	0.32	512.30
二、中央对地方税收返还	5 096.34	9.86	5 153.29	9.22	101.10
增值税返还	3 020	5.84	3 050	5.45	101.00
消费税返还	1 010	1.95	1 010	1.81	100.00
所得税基数返还	910.19	1.76	910.19	1.63	100.00
成品油税费改革税收返还	1 531.1	2.96	1 531.1	2.74	100.00
地方上解	−1 374.95	−2.66	−1 348	−2.41	98.00
中央对地方税收返还和转移支付	51 709.35	100.00	55 918	100.00	108.10

注：为便于同口径比较，本表中 2014 年执行数做了部分调整：一是根据 2015 年转移支付的清理、整合、规范情况，对相关项目按新的口径进行了调整；二是根据从 2015 年起部分政府性基金转入一般公共预算情况，将相关政府性基金 2014 年执行数 104.9 亿元调整列入相关科目。

在西方国家的财政实践中，[①] 为了弥补地方政府在公共物品供给过程的财力缺口问题，中央政府在宏观经济管理中运用了转移支付的财政政策工具，将中央

---

① 在西方财政联邦体制国家中，中央政府向地方政府配置转移支付资金的过程，通常运用了均等化政府间财政能力差异的转移支付制度进行配给，其中包括加拿大、德国、瑞士、日本、英国和澳大利亚等发达国家。

政府的转移支付资金配置到各级地方政府的公共财政中，有效地解决了各级地方政府在提供公共物品过程中的财力缺口问题，地方政府由此能够提供符合辖区居民偏好的公共物品，地方政府财权与事权关系能够得到很好平衡，辖区内居民的福利水平和幸福感也能由此得到提升。不同国家在设计本国转移支付制度的时候充分地考虑了本国的财政体制约束，能够针对本国的国情设计出符合本国财政体制的转移支付制度，考虑中央政府对地方政府的转移支付资金标准也能根据现实需要而有所调整，但纵观各国的转移支付制度实践可以看出，许多国家在设计转移支付资金制度时还是遵循财政均等化的基本理念，主要体现在中央政府对地方政府的转移支付资金充分考虑了各级地方政府的公共财政收入能力和公共服务支出需求[1]，主要体现在：一方面，中央政府在考虑地方政府公共财政收入能力时，充分考虑地方政府潜在财政收入能力约束条件，认为地方政府财政收入能力受到一定程度因素的制约[2]；另一方面，中央政府在考虑地方政府公共服务支出需求时，也要充分考虑地方政府公共服务支出在不同区域的成本差异，这是因为公共服务的成本差异往往成为地方政府财政支出需求的制约因素。[3] 在提出我们国家如何去建设均等化的转移支付制度前，有必要充分借鉴其他国家转移支付制度的设计理念，从中得到有利于我们制度建设的经验借鉴。接下来我们对加拿大、德国、澳大利亚的转移支付制度设计进行简要介绍：案例一：加拿大均等化转移支付制度设计。加拿大的转移支付制度作为财政制度设计中较为关键的主要环节，转移支付制度的设计理念是通过联邦政府对各级地方政府的转移支付资金配置，弥补各级地方政府用于提供均等化、标准化公共服务的财政能力缺口，使得各辖区居民能够享用到均等化的公共服务。[4] 加拿大联邦政府对各级地方政府的转移支付资金配置标准主要是依据《联邦－地方财政协议条例》，该条例要求联邦政府对各级地方政府的转移支付公式每 5 年调整一次，确保联邦政府对各级地方政

---

① 如德国政府间横向转移支付模式考虑了包括财政收入能力和标准公共支出需求在内的双重标准，澳大利亚的转移支付模式也考虑了包括地方政府标准财政收入能力与标准公共物品支出需求在内的双重标准，而加拿大的转移支付模式却仅仅考虑了地方政府财政收入能力的单一标准。

② 均等化转移支付体制在考虑标准财政收入能力时也加入了对政府财政能力约束方面的考察，这是由于政府财政能力取决于不同地方政府在经济发展水平、资源禀赋情况、城市化程度、税基规模大小、税源集中度等因素的制约，同时地区间产业结构层次、区域性的税收优惠政策、财政体制运行效率的差异也是制约政府财政能力的主要因素。

③ 在考虑均等化转移支付体制中地方政府的公共物品支出需求的同时，还需要考虑公共物品在成本支出方面的约束，这是由于提供同等标准公共服务标准下公共服务成本较高的地方政府往往需要规模较大资金配套，同时由于地区人口在年龄和性别结构、城市化发展程度、政府提供公共服务规模效益方面的差异，也会造成地方政府在提供公共物品方面存在成本约束。

④ 本书关于加拿大均等化转移支付的论述参考了李晓茜《加拿大的均等化转移支付》（《中国财政》2002 年第 11 期）的相关内容。加拿大均等化转移支付制度作为联邦政府和地方政府财政分权体制的重要组成部分，制度实行的初衷是为使地方政府通过转移支付制度后，有足够的财政能力提供本辖区居民所需要的公共服务，确保无论居民居住在何地均能享用到均等化的公共服务。

府的转移支付资金配置标准能够动态地反映经济社会环境的不断发展变化。需要指出的是，加拿大均等化转移支付制度设计中对于各级地方政府的财政收入能力主要界定在各级地方政府提供标准化、均等化公共服务的财政收入能力方面，而对于这种财政能力的测算也是基于地方政府潜在财政能力的标准测算得到的，主要的测算标准集中在地方政府如何采用全国平均税率得到的潜在收入能力标准，以此作为联邦政府对各级地方政府的转移支付资金配置标准。案例二：德国均等化转移支付制度设计。德国的转移支付资金制度始建于 20 世纪 50 年代的联邦德国时期，而民主德国和联邦德国合并后一致沿用至今，到今天已经接近 70 多年的历史。经过这么多年的运作经验，德国联邦政府对各级地方政府的转移支付制度相对比较成熟，也设计出一套适合于德国国情的转移支付资金配置方案：当地方政府财政能力与标准财政支出需求之比小于 92% 时，地方政府接收转移支付资金，接收额为 92% 以下差额部分，或者是接收额为 92%～100% 差额部分的37.5%；当地方政府财政能力与标准财政支出需求之比介于 92%～100% 之间，地方政府接收转移支付资金，接收额为 92%～100% 差额部分的 37.5%；当地方政府财政能力与标准财政支出需求之比等于 100%，地方政府无须接收或支付；当地方政府财政能力与标准财政支出需求之比介于 100%～101% 之间，地方政府接支付转移支付资金，支付额为 100%～101% 超额部分 15%；当地方政府财政能力与标准财政支出需求之比介于 101%～110% 之间，地方政府接支付转移支付资金，支付额为 101% 到 110% 超额部分 66%；当地方政府财政能力与标准财政支出需求之比大于 110%，地方政府接支付转移支付资金，支付额为超过 110% 超额部分 80%。[①] 案例三：澳大利亚均等化转移支付制度设计。澳大利亚联邦政府对各级地方政府的均等化的转移支付资金配置的原则是均衡各级地方政府提供均等化、标准化公共服务的财政能力，实现不同区域之间地方政府的财政能力均等化问题，而主要的设计理念在于采用统一的衡量标准测算不同地区政府的运行效率以及财政努力程度，尽可能从制度设计方面减少转移支付对地方政府产生的"逆向激励"问题，将转移支付过程资金配置方案对各级地方政府的财政努力影响降到最低程度。[②] 通过上述国家的转移支付制度设计可以看到，各国转移支付资金设置都遵循了一定的原则，都充分地考虑了各级地方政府的公共财政收入能力和公共服务支出需求，这为设计好我国的转移支付制度安排提供了很好的经验与借鉴。

---

① 本书关于德国均等化转移支付的论述参考了张通、许宏才、张宏安《德国政府间财政转移支付制度考察报告》（《财政研究》1997 年第 3 期）的相关内容。

② 本书关于澳大利亚均等化转移支付的论述参考了李克平《澳大利亚财政转移支付制度》（《经济社会体制比较》1996 年第 3 期）的相关内容。澳大利亚均等化转移支付制度核心为政府财政能力均等化原则，主要在于实现全国不同地方政府间财政能力的均等化，保证地方政府具有提供平均公共服务水平的财政能力，而均等化转移支付制度实施的关键在于使用统一的衡量标准测量不同地区政府运行效率和财政努力程度，确保接收转移支付资金的地方政府无法通过自身政策或财政努力程度影响转移支付资金的拨款份额。

第二节　均等化转移支付的制度变迁

研究中国中央政府对地方政府的转移支付制度问题，必须对转移支付的制度变迁过程有一个深入的了解与认识。从理论上讲，中央政府对地方政府的转移支付以制度形式的确立要以 1993 年实施的《关于实行分税制财政管理体制的决定》为标志，但是在 1993 年中央政府和地方政府分税制财政体制改革以前，中央政府对地方政府存在多种形式的资金支持，作为转移支付制度的雏形存在于中国的财政体制改革过程中，只不过尚未以制度的形式得以确立。毋庸讳言的是，制度体制的变迁过程往往带有显著的"路径依赖"特征，而转移支付的制度变迁过程必定受到特定历史时期下财政体制变迁的影响，因此研究现有的转移支付制度必须对转移支付制度的历史变迁过程有一个清晰的认识。在这样的研究逻辑框架下，有必要对中央政府对地方政府各种形式的转移支付形式进行历史性的回顾与剖析，从中总结得出均等化转移支付制度在建立过程中的诸多特征。归纳起来，自1949 年以来中央政府对地方政府的转移支付制度的建立大致经历了以下的过程：

第一阶段：从 1949 年到 1976 年，这一阶段中央政府对地方政府尚未形成制度化、规范化的转移支付制度，初步形成与整个国家计划经济时期相适应的中央政府对地方政府转移支付形式。1949 年新中国成立初期，为了尽快地恢复解放战争后的千疮百孔的国民经济[①]，中央政府执行的是高度统一、统收统支的财政体制。[②] 自 1953 年开始，国民经济经过了 4 年的战后恢复建设期，国内经济形势逐步好转，开始进入第一个五年发展计划时期，同时中央政府也开始进行经济建设的社会主义改造时期。[③] 经过了 3 年的经济发展时期，中央政府基本上完成了

---

① 在新中国成立初期，中央政府统一了财政经济管理体制，实行高度集中的统收统支制，根本在于初衷在于最大限度地集中社会资源，尽快摆脱短缺和贫困的经济状态，完成国民经济恢复的任务；转移支付安排方面，地方财政收入与支出基本上不发生联系，地方政府的一切财政支出全部依靠中央财政的拨付。

② 1951 年，政务院颁发关于系统划分财政收支的决定，将高度集中的财政收支体制，改为在中央统一领导下的初步分级管理体制。此时，在转移支付安排方面，规定地方政府的财政收支状况每年由中央政府进行核定预算：如果地方政府的财政收入大于财政支出，则地方财政将财政收入大于财政支出部分上解中央政府，实行体制上解的财政资金运作模式；如果地方政府财政收支未能取得平衡，则由中央政府给予相应的财政拨款予以财政补助；如果地方政府的财政收入小于财政支出，则地方财政收支不足部分按照比例分成的模式进行抵补。

③ 此时，1951 年建立起来的财政体制已经不能满足新的经济形式要求。因此，财政体制上在 1953年实施收入分类分成制办法，1957 年实施总额控制管理办法，主要政策目的在于加大地方政府财政收支的管理权限，逐步规范统一领导、分级管理的财政管理模式。在转移支付安排方面，除沿用原有规定的财政资金安排外，增加中央政府对地方政府自然灾害和防洪安排等专项拨款，实现真正意义上的专项资金使用。

社会主义改造的初期阶段，这段时期我国的经济结构和经济体制相对于新中国成立初期发生了翻天覆地的变化，经济体制由多种经济成分并存的经济体制转变为社会主义公有制经济体制。在这种情况下，原来适应多种经济成分并存经济体制的财政体制已经不再适应新形成的社会主义公有制经济体制，必须进行相应的制度调整。① 为适应新形成的社会主义公有制经济体制，中央政府自 1959 年开始执行"总额分成、一年一变"的财政体制②。值得注意的是，1958～1960 年中央政府开始"大跃进"的经济体制改革，这次经济体制改革没有意识到国民经济运行必须符合社会主义经济发展的客观规律，再加上连续几年的自然灾害的影响，国民经济财政状况捉襟见肘，不能很好地支持国民经济的建设。③ 在"十年动乱"期间，国民经济基本上处于停滞的阶段。在这一时期，而由于社会体制处在不断变化的时期，中央政府在财政体制安排上频繁更改，没有形成相对固定的财政体制模式，而中央政府对地方政府的转移支付资金也相应没有固定的模式。④ 通过

---

① 中央政府自 1958 年开始实施"以收定支，五年不变"的管理模式，主要内容是在中央统一领导下，扩大地方财政管理权限，适当增加地方机动财力，将地方财政收入分为地方固定收入、企业分成收入、调剂分成收入、中央拨款收入等类型。转移支付体制上规定，如果地方政府的固定财政收入不能满足本级财政支出需求，中央政府和地方政府分配部分企业分成收入，剩余部分确定比例上缴中央政府；如果地方政府仍旧不能满足本级财政支出需求，由中央政府划拨给地方政府一定比例调剂分成收入；如果地方政府仍旧不能满足本级财政支出需求，再由中央政府给予地方政府相应的拨款补助收入；此外，中央政府设置专案拨款特殊支出，特别是用于地方政府基本建设、大规模移民垦荒、重大灾害救济等特殊性支出需求。中央政府自 1958 年开始实施"以收定支，五年不变"的管理模式，这种财政体制变革的方向具有正确的指导性意义，但是在当时"大跃进"的历史背景下，财政改革并未能够达到预期的国家宏观调控目的。

② 自 1959 年起中央政府实施"总额分成、一年一变"财政体制，取消地方调剂收入、企业分成收入和固定收入等模式，实行总额收入分成的财政分配模式，试图通过这种制度变革解决地方财政收入能力过度分散和经济能力失衡等问题，但是由于特定历史背景下的"左"倾思想泛滥，决策失误，未能产生预期的财政政策效果。此次财政模式改革在转移支付安排方面，直接取消了地方调剂收入、企业分成收入和固定收入等模式，实行总额收入分成的财政分配模式，财政收入与财政支出按财政计划包干，财政收入大于财政支出的地方政府，需要将多余部分按比例上缴中央政府；同时，中央取消了 1958 年所设置的专案拨款转移支付安排。

③ 为改变整个社会经济发展模式，中央政府从 1961 年开始提出"调整、巩固、充实、提高"的方针，在财政体制上实行了加强集中统一的措施，在经济工作中强调了统一领导、统一政策、统一计划、统一行动，继续对省、市、自治区实行"收支下放、地区调剂、总额分成、一年一变"的办法。在转移支付安排方面，如果地方财政收入大于财政支出，则需要将财政收入大于财政支出的部分确定比例上缴中央政府，如果地方财政固定收入不能满足本级财政支出需求时，由中央政府给予地方政府相应的拨款补助；此外，重新恢复中央政府的专案拨款制度，特别是用于地方政府基本建设、大规模移民垦荒、重大灾害救济等特殊性支出需求。

④ 由 1966 年"文化大革命"开始阶段实施的"收支挂钩、总额分成"办法，到 1968 年中央财政实施的"收支两条线管理"模式，再到 1971 年中央财政实施的"财政收支大包干"模式，以及 1973 年中央财政实施的"固定比例留成"模式，和 1976 年中央财政实施的"收支挂钩，总额分成"模式，财政体制政策上变动较为频繁，中央财政予地方财政存在较大财政缺口，中央财政主要依靠地方财政上解，此阶段转移支付形式变动频繁，没有固定的模式。

对这段时期转移支付制度的归纳与总结，1976年以前中央政府对地方政府的转移支付资金安排建立在重工业优先发展战略的背景上，而这种体制安排也必须适应于计划经济体制的逐步确立和不断发展，中央政府对地方政府的转移支付资金安排存在明显的"双向转移"特征：一方面地方政府通过财政收入上解的模式向中央政府上缴一定规模的财政收入，另一方面中央政府采用拨款方式向地方政府拨付一定规模的财政资金，用于支持地方政府当地的经济建设需要，在中央与地方政府间形成与计划经济体制相适应的转移支付资金安排模式，初步确立了适应于重工业优先发展战略的双轨并行财政资金模式，即所谓的"自上而下"与"自下而上"财政资金运行模式，这对于下一阶段的转移支付资金安排产生了至关重要的影响。①

第二阶段：从1977年到1993年，这一阶段中央政府对地方政府也尚未形成制度化、规范化的转移支付制度，初步形成与改革开放体制相适应的分成制和拨款制相结合的转移支付形式。随着十一届三中全会的召开，我国开始实行改革开放的经济体制，而这段时间中国的国民经济和财政体制结构发生了重大的改变。②在这一段时间，伴随着财政体制改革的深入发展，中央政府对地方政府的转移支付资金也随着发生变化：中央政府对地方政府的转移支付实施以总额财政收入分成为主、中央政府对地方政府的专项财政拨款为辅的转移支付模式。③可以指出的是，自1979年中央政府召开十一届三中全会以来，整个中国的经济体制将重点由原来的重工业优先发展战略转到以经济建设为中心的发展战略，而此时的财政体制也相应做出调整：为充分调动地方政府的财政积极性，最大限度地发展市场经济体制，中央政府自1980年开始对地方政府实行"划分收支、分级包干"

---

① 1979年之前中国转移支付资金安排的基本社会背景是重工业优先发展战略及计划经济体制的逐步确立和发展，政府凭借政治权利对社会资源实施全面的掌控和管理。财政管理体制的设计，均受到特定历史时期政府政治权力安排制度约束，同时也制约于国家发展战略制度变迁，在调节中央与地方财政能力不均衡方面，集中体现在均等化转移支付安排方面。新中国成立初期，中央政府实施统收统支的财政管理体制，地方政府的一切财政支出都由中央政府拨付，这种自上而下的转移支付安排，改变长期以来地方政府财政能力上较大的差异，保证国民经济恢复时期地方财政资金周转的需要，有利于中央政府按照特定历史时期背景国家发展战略需要统筹财政资源配置。"十年动乱"时期，政治动乱遍及全国各地，经济发展受到严重影响，中央政府财政产生巨额赤字，此时主要靠地方财政收入上解，即通过"自下而上"的转移支付安排，解决中央政府的财政赤字问题。

② 高度集中的计划经济体制受到了很大的冲击，多种经济成分、多种经营方式的发展使以往适合于计划经济时期的财政管理体制，不能再满足多种经济成分并存的新形势发展，从体制变迁方面要求财政体制变革。这段时期内，中央政府在财政管理体制方面进行改革，如在1977年江苏省境内的"固定比例包干"试点，继而于1978年在全国十个省市试行"增收分成、收支挂钩"办法，以及1979年实行的"收支挂钩、超收分成"模式，这些改革为日后财政体制改革积累初步的经验。

③ 在转移支付安排方面，中央对地方的转移支付安排以总额收入分成为主，按照中央与地方确定的总额分成比例进行；同时，中央在财政转移支付中设置了专项的财政拨款，用于一些特大自然灾害而向地方政府进行的专项拨款补助。

的财政体制，在明确划分中央政府和地方政府财政收入和财政支出范围的基础上，开始执行以地方政府 1979 年预算执行数为基数的财政包干制度。① 为适应市场经济体制的不断发展，在承认多种经济成分、多种经营方式并存的体制背景下，为推动国有企业的市场化改革方向，1984 年中央政府出台文件对国有企业上缴政府的利税关系进行调整，于 1984～1986 年间分两步全面推行国有企业的"利改税"改革，经济体制的主要改革方向主要是对一些国有企业进行上缴利润改为征税的改革试点，相应的在财政体制安排和转移支付资金安排上有所调整。② 此后，为激励地方政府的积极性，中央政府对地方政府于 1988 年实行"财政包干体制"的财政制度改革③，1992 年中央政府继续在很多地方推行"分税包干"的财政体制改革，主要改革范围包括天津、浙江、武汉、青岛、沈阳、重庆、辽宁、新疆和大连等地。在这一阶段内，中央政府对地方政府的转移支付资金安排有别于新中国成立初期适应于重工业优先发展战略的制度安排，开始采取以财政收入分成为主、定额补助为辅的转移支付资金模式，以适应改革开放市场化经济的发展趋势。④

第三阶段：从 1994～2004 年，这一阶段形成与分税制财政体制相适应转移支付制度，中央政府以法律文件的形式确立了真正意义上中央政府与地方政府之

---

① 同时，对全国各地财政体制的运行不作统一的硬性规定，根据各地的实际情况有所不同：北京、天津、上海三个直辖市实行"总额分成，一年一定"财政体制，江苏省实行固定比例包干财政体制，广东省、福建省实行大包干财政体制，其余地区实行"划分收支、分级包干"财政体制。在转移支付安排方面，加大对民族自治地区的财政支持力度，对于八个民族地区和部分省，中央财政给予定额补助；地方上解比例、调剂收入分成比例和定额补助数核定后，原则上五年不变；此外，中央财政专门设立专项转移支付资金，逐渐关注调节地区之间的财政分均衡问题。

② 1985 年中央政府开始实行"划分税种、核定收支、分级包干"财政管理模式，财政支出方面按中央、地方企业、事业的隶属关系划分，财政收入上按照利改税后设置的税收划分收入，即划分为中央固定收入、地方固定收入、中央和地方共享收入。在转移支付体制方面，凡地方固定财政收入小于地方财政支出的，从中央和地方共享收入确定分成比例，留给地方政府；凡地方固定财政收入大于地方财政支出的，定额上解中央政府；地方固定财政收入和中央与地方共享收入全部留给地方，还不足其财政支出的，由中央定额补助；此时，中央财政与地方财政存在着较大的非均衡性，即中央政府财政能力过少，地方政府财政能力过大，地方政府的定额上解和比例上解成为中央财政收入的一个重要来源。

③ 1988 年中央对地方政府实行多种形式的"财政包干体制"改革，在北京、沈阳、江苏、辽宁、宁波、重庆、河北、哈尔滨、浙江和河南等地区采取"收入递增包干"的办法，在天津、山西和安徽等地区采取"实施总额分成"的办法，在大连、青岛和武汉市等地区采取"总额分成加增长分成"的办法，在广东和湖南等地区采取"上解额递增包干"的办法，在上海、山东和黑龙江等地区采取"定额上解"的办法，在吉林、江西、陕西、甘肃、福建、内蒙古、广西、西藏、宁夏、新疆、贵州、云南、青海和海南等地采取"定额补助"的办法。

④ 值得一提的是，在转移支付财政资金安排方面，中央政府确定转移支付资金时初步表现出"基数法"的相关特征，具体表现为地方上解比例、调剂收入分成比例和定额补助数核定后，较长时期内保持核定数不变。这种财政资金安排客观上"鼓励"了地方支出扩大，收入减少的动机，不利于地方财政实现收支平衡，也不利于地方经济的长远发展。

间的转移支付制度，初步形成了制度化、规范化的转移支付制度安排。^① 这一阶段的财政体制改革，以国务院 1993 年颁布的《关于实行分税制财政管理体制的决定》为主要的标志，以法律制度的形式确立了中央政府和地方政府之间的财政关系，取代了原有与改革开放相适应的财政包干制财政体制。概括起来，中央政府与地方政府的财政关系可归纳为分税制的财政体制，这种制度的建立在很大程度上借鉴了西方财政联邦体制的核心思想，同时也建立起国地税两套不同的税务系统分别负责中央政府和地方政府税收的征收工作。^② 按照分税制财政体制改革的主要原理，中央政府和地方政府的财政级次按照"一级政府、一级预算"要求，确立了五个级别的财政预算体制，同时较为规范地划分中央政府和地方政府的财权与事权，在体制上保证在中央政府和地方政府之间形成较为规范和相对稳定的财政体制。^③ 为了适应分税制财政体制的逐步推行，中央政府对地方政府的转移支付资金安排相应做出较大范围的更改，在分税制财政体制改革的过程中，确立了中央政府对地方政府以税收返还为主体的转移支付制度，^④ 但是这种以税

---

① 1992 年，党的十四大明确提出以建立社会主义市场经济体制作为我国经济体制改革的目标，而当时的财政体制已经不能完全适应发展市场经济的要求。随着市场经济体制在资源优化配置过程中作用的不断扩大，长期实行的财政包干体制弊端日益明显，造成了国家财政能力过于分散的局面，地方性财政收入占全国财政收入的比重逐渐上升，弱化中央政府的宏观调控能力。

② 分税制财政体制改革的指导思想和基本原则，主要包括了以下四个方面：一是正确处理中央与地方的分配关系，促进国家财政收入合理增长，逐步提高中央财政收入占全国财政收入的比重，充分调动地方政府增收节支、发展经济的积极性，增强中央政府的宏观调控能力，适当增加中央政府财政能力；二是处理好地方政府间财政能力分配的问题，既要保持经济发达地区较快发展的势头，又要通过政府间的财政转移支付制度，扶持老工业基地改造和经济落后地区的发展，增强对地方政府财政支出的约束；三是坚持分级管理和统一政策相配合的原则，中央性税收、地方性税收及共享税的立法权全部集中于中央政府，保证中央政府政策的统一性和严肃性，同时实行分级征管的税收，地方性税收由地方政府税务机构负责征收，中央性税收和共享税由中央政府税务机构负责征收；四是坚持逐步推进与整体设计配合的原则，立足于我国国情，逐步完善，分步实施，明确目标，力求规范，抓住重点。

③ 地方政府主要承担本级财政机关运转所需财政支出以及本级事业发展、区域经济所需要的财政支出；中央政府主要承担中央国家机关运转、外交和国家安全所需经费，协调地区发展、调整国民经济结构。依据地方和中央的事权，按税种划分为地方税、共享税和中央税，将中央政府实施宏观调控、维护国家权益所需的税种划分为中央税，将同地方经济发展相关的主要税种划分为中央与地方共享税，将适合地方征管的税种划分为地方税。

④ 中央对地方实施税收返还制度，返还额以 1993 年为基期年核定，按照 1993 年地方实际收入以及中央与地方收入划分情况，核定 1993 年中央从地方净上划的收入数额。1993 年中央净上划收入，全额返还地方，保证现有地方既得财力，以此作为以后中央对地方税收返还基础。1994 年以后，税收返还额在1993 年基数上逐步递增，递增率按全国增值税和消费税的平均增长率的 1∶0.3 系数确定，即上述两税全国平均每增长 1%，中央财政对地方的税收返还增长 0.3%。如果 1994 年以后中央净上划收入达不到 1993 年基数，则相应扣减税收返还数额。值得一提的是，为了保护各地的既得利益，1994 年的分税制财政体制改革保留了原有财政包干体制下地方政府向中央政府的上解和中央政府对地方政府的补助，财政转移支付制度未能从根本上解决区域政府间财力非均衡性，保留原有财政体系下的分配格局。更为重要的是，税收返还和体制补助继续沿用的"基数法"，原有不合理的分配格局未能得以改善，形成一种"受益地区长期受益，吃亏地区长期吃亏"的财政运作模式。

收返还为主体的转移支付制度对于财政体制改革的推动反而起到了负面的影响。为了规范中央政府和地方政府之间的转移支付制度，中央政府于1999年颁布了《过渡时期转移支付办法》，在这段时期内初步建立起中央政府对地方政府的制度化、规范化的转移支付制度。通过对这段时期转移支付制度的归纳与总结，1994年的分税制财政体制改革从制度的层面确定了中央政府和地方政府事权与财权关系，同时也建立起了中央政府对地方政府的转移支付制度。应该指出的是，由于在这段时间内，中央政府能够用于对地方政府进行转移支付的资金十分有限，而在分税制财政体制改革初期也很难协调各种形式的既得利益，这些因素成为制约转移支付制度运行的客观因素。与此同时，由于分税制财政制度改革初期，转移支付在执行过程中面临各级地方政府统计数据不完整、转移支付资金规模测算方法不完备等技术性问题，从根本上看在中国建立类似于西方财政联邦体制下的转移支付制度尚且缺乏成熟的条件，所以在这段时间所执行的是过渡时期的财政转移支付办法，待时机和客观条件成熟后再逐步地转向规范化、标准化的转移支付制度。① 但是显而易见的是，分税制财政体制改革背景下的转移支付办法无论从科学化还是从规范化方面考虑，较以往的转移支付资金安排都有了实质性的改变。

第四阶段：从2005年至今，这一阶段形成与公共财政体制相适应的转移支付制度，中央政府对地方政府的转移支付制度的形式，无论从科学化还是规范化层面相对于过渡时期的转移支付制度都有了较大程度的改善。自2005年开始，财政体制改革的方向正朝向公共财政体制框架的方向前进，这种改革方向也自然而然地成为统领中国财政体制发展全局的战略指引。② 2007年十七大报告在经济

---

① 过渡时期转移支付的基本原则，主要包括以下三个方面：一是在不调整地方既得利益的前提下，中央政府转移支付资金逐渐倾向于调整地区之间的利益分配格局；二是转移支付实施过程中力求公平、公正，过渡期财政转移支付以各地标准财政收支差额作为计算转移支付的依据，支大于收的差额越大，补助越多，体现公平原则；此外，转移支付全部选用客观因素计算标准收支，各地采用统一公式，不受主观因素影响，体现公正原则；三是转移支付突出对落后地区与民族地区的政策扶持，重点帮助财政困难地区缓解财政运行中的突出矛盾，逐步实现各地基本公共服务能力的均等化；同时，对民族省区和非民族省区的民族自治州适度倾斜，以体现党和政府的民族政策。值得一提的是，过渡期财政转移支付额由客观因素转移支付额和政策因素，其中标准财政收入根据各税种的不同情况，分别采用"标准税基×标准税率"和"收入基数×（1+相关因素增长率）"等办法计算确定；标准财政支出主要按人员经费（不包括卫生和城建系统）、公用经费（不包括卫生和城建系统）、卫生事业费、城市维护建设费、社会保障费、抚恤和社会救济费、支援农业生产支出和农业综合开发支出分类，分别采用不同方法计算确定。

② 1998年12月15日举行的全国财政工作会议，时任中共中央政治局常委、国务院副总理的李岚清代表中共中央明确提出，要"积极创造条件，逐步建立公共财政基本框架"。从那时起，作为中国财政改革与发展目标的明确定位，公共财政建设正式进入了政府部门的工作议程。时隔5年之后，2003年10月，中共十六届三中全会召开并通过了《关于完善社会主义市场经济体制若干问题的决定》。在《决定》中，根据公共财政体制框架已经初步建立的判断，提出了进一步健全和完善公共财政体制的战略目标。认识到完善的公共财政体制是完善的社会主义市场经济体制的一个重要组成部分，将完善公共财政体制放入完善社会主义市场经济体制的棋盘，从而在两者的密切联系中进一步谋划推进公共财政建设的方案，也就成了题中应有之义。

建设、政治建设、文化建设、社会建设等方面的战略远景描述中，均提及公共财政的关键字眼，而公共财政理念源自于西方财政联邦主义国家的财政实践，属于规范化和科学化的现代财政体制模式之一。[1] 毋庸讳言，构建公共财政已成为当前中国财政改革与发展的主要目标之一，近年来中国的财政体制改革都是源自于这一目标的延伸与拓展，对于推动十八大以后的市场体制改革具有重要的意义。根据西方财政联邦体制公共财政的具体要求，转移支付作为公共财政体制正常运行过程中不可缺少的一项重要内容，其政策目标主要在于均衡不同地区和城乡之间各级政府的财政能力差异。[2] 在公共财政体制下的转移支付制度一般以均等化转移支付为主要的构成部分，而这种类型的转移支付制度必须遵循西方联邦财政体制下均等化转移支付制度的基本原则。[3] 按照西方联邦主义对于均等化转移支付的规定，中央政府对地方政府的一般转移支付的金额要按照各级地方政府标准财政收入与标准财政支出两者之间的差额来确定，同时中央政府也是要充分考虑不同区域和不同城乡之间地方政府的转移支付系数，我们可将这种过程表示为：某地方政府均等化转移支付金融等于地方政府标准财政支出与地方政府标准财政收入的差额，与地方政府转移支付系数相乘后的结果。[4] 按照西方联邦主义对于均等化转移支付的规定，中央政府对地方政府的转移支付制度要符合均衡各级地方政府财政能力的基本原则，消除不同地方政府之间由于人口资源以及生产要素流动所导致的社会经济效益水平的损失，提高不同区域和城乡之间居民福利水平和幸福感（宋旭、李冀，2015；于国安，2015；郭玉清、袁静、李永宁，2015；李一花、张冬玉、李雪妍，2015；蒋雪梅、黄艳杰、王松，2015；周武星、田发，2015；徐盈之、赵永平，2015；孙伟增、王定云、郑思齐，2015；陈永正、

---

① 高培勇：《公共财政：概念界说与演变脉络》，载《经济研究》2008 年第 12 期。特别是关于"围绕推进基本公共服务均等化和主体功能区建设，完善公共财政体系"的表述，在更广阔的范围内、更深入的层面上标志着，中国公共财政理论与实践又进入到了一个新的阶段。

② 2002 年，中央政府出台《财政部关于 2002 年一般性转移支付办法》，取消过渡时期转移支付的概念，统一更改为"一般性转移支付"，而在此之前的一般性转移支付概念更改为"财力性转移支付"。从理论根源上讲，一般性转移支付的根本目标是扭转地区间财力差距扩大的趋势，逐步实现地方政府基本公共服务能力的均等化，推进全面建设小康社会目标的实现。但在现有客观条件约束下，将一般性转移支付的目标界定为缓解财政困难地区财政运行中的突出矛盾、保障机关事业单位职工工资发放和机构正常运转等最基本的需要，往往更为合理。

③ 一是资金分配考虑影响财政收支的客观因素，采用规范的公式化方式操作，力求公平、公正；二是中央财政逐年加大一般性转移支付资金规模，逐步实现转移支付目标，采取循序渐进的方式；三是适当照顾老少边地区，在增加中西部地区转移支付的同时，对革命老区、少数民族地区和边境地区给予照顾。

④ 其中，各地区标准财政收入由地方本级标准财政收入、中央对该地区税收返还和财力转移支付构成。地方本级标准财政收入主要根据各税种的税基和税率计算确定。中央对地方税收返还和财力转移支付（扣除各地区对中央的上解）按财政部核定数确定。地区标准财政支出主要为该地区行政公检法标准支出等经常性支出项目之和，根据标准财政供养人数和全国统一支出水平等因素，按人员经费、公用经费和其他经常性支出项目分别计算确定。转移支付系数参照当年一般性转移支付总额、各地区标准支出大于标准收入的收支差总额以及各地区财政困难程度确定。对少数民族地区、革命老区、边境地区，适当提高转移支付系数。

马永妍，2013；王明慧、陆广春、李玉英、吴爽，2013；审计署贸易审计局课题组，2013；储德银、赵飞，2013；湖南省财政科学研究所课题组、曾伟、陈敏、林剑锋，2013；杨中文、刘虹利、许新宜、王红瑞、刘和鑫，2013；Searle，2004；Boadway，2004；Smart，2005），这在许多国家的制度安排中得以体现：澳大利亚、加拿大、瑞士、德国等国家公共财政预算法规定，在政府运作效率相似及财政努力程度相同情况下，各级地方政府在接受转移支付资金扶持后拥有了较为接近的财政能力，用于提供标准化的公共服务（杨永淼、宋丽丽、赵伟，2016；戴平生、陈壮，2015；胡洪曙、亓寿伟，2015；陈都、陈志勇，2016；刘书明，2015；张俊伟，2014；李国平、刘倩、张文彬，2014；田侃、亓寿伟，2013；卢洪友、田丹，2013；Petchey & Levtchenkova，2004），所以此后学者们对转移支付的研究主要集中在如何均等化地方政府的财政能力方面。西方财政联邦体制国家在近年来已经完成转移支付的制度建设，而转移支付的制度运行也经历了相当长的一段时间，所以对于均等化转移支付制度的设计理念以及原则已经不是西方学者的研究重点，国外的研究者在现阶段的研究更关注的是中央政府对地方政府的转移支付是否对整个社会的资源配置产生了较为负面的影响（张超，2012；赵桂芝、寇铁军，2012；贾俊雪、高立、秦聪，2012；田发，周武星，2016；陈都、陈志勇，2016；刘大帅和甘行琼，2013；曾红颖，2012；王守坤，2012；Robert，2008；Werner，2008；Martinez & Barrios，2013）。通过上述的研究可以发现，西方财政联邦财政体制下的转移支付设计原则，是要在科学地测算地方政府潜在财政能力和财政支出需求的基础上，通过中央政府对地方政府的转移支付制度缩小由于不同区域的地方政府在本身资源禀赋、经济发展阶段、人口资源状况、所处区域位置等客观原因所导致的财政能力差距问题。在借鉴国外学术界研究的基础上，国内学者们开始研究具有中国国情的中央政府对地方政府的转移支付制度与地方政府财政能力均等化问题。曾红颖（2012）认为中国现行的转移支付能够有效地均衡地方政府提供标准化公共服务的财政能力，对于各个区域实施不同层面的转移支付有利于提高不同区域和不同城乡之间地方政府公共服务均等化水平的提高。宋小宁等（2012）认为，转移支付对于公共服务供给程度的影响可以从两个方面来考虑：一般性转移支付对不同区域和不同城乡之间地方政府公共服务的影响程度相对较小，而转项转移支付对不同区域和城乡之间地方政府公共服务的影响程度相对较大，中央政府对于现行转移支付制度的扶持政策应该，侧重于对于专项转移支付资金的扶持，因为专项的转移支付对公共服务的影响程度相对较大，而一般转移支付制度对公共服务的影响程度相对较小。刘大帅和甘行琼（2013）认为，转移支付制度对于不同区域和城乡之间各级地方政府财政能力的均等化效应，应充分考虑人口流动因素以及户籍制度所造成的福利分配功能的影响，这在很大程度上是由于现行户籍制度对转移支付制度的影响力可能导致的激励倾向。可以看到的是，上述研究在研究视角方面有所不同，但是这些研究都强调的共同点就是：都考虑到中央政府对地方政府的转移支付制度与地方政府财政能力均等化之间始终是存在一定程度的联系。① 根据上述的研究可以得知，中央政府要将实施新一轮财政体制改革得到增加的财政收入，用于中央政府对地方政府的一般性转移支付制度资金支出，同时也在理论上说明了中央政府对地方政府要建立一套用于一般性转移支付资金稳定增长的制度规范。

应该指出的是，为适应新一轮财政体制改革中央政府如何去均衡地方政府财力的现实需要，中央政府在整个转移支付制度的设计中增加了均等化转移支付制度的项目支持力度。近年来，这种财政支持项目主要现在在：资源枯竭城市财力性转移支付、工商部门停征"两费"转移支付、民族地区转移支付、农村税费改革转移支付、调整工资转移支付这几项转移支付的内容：第一，资源枯竭城市财力性转移支付。为消除对资源枯竭城市由于资源过度使用导致的环境问题而对于整个城市的经济社会发展产生的负面影响，落实《国务院关于促进资源型城市可持续发展的若干意见》，中央政府对各个资源枯竭城市实施均衡性的转移支付资金支持，中央政府对地方政府对这种财政资金的目的是为了支持这些城市的可持续发展。② 第二，农村税费改革转移支付。为减少农村税费改革对地方财政所带来的影响，中央政府自 2005 年起对农村基层政府由于农村税费改革所导致的净减收部分通过转移支付给予一定比例的补助。③ 第三，工商部门停征"两费"转

---

① 转移支付资金的分配要力求公平、公正，要通过公式化方式分配转移支付资金，尽量减少中间环节。转移支付的形式要力求简化，并相对稳定。对原体制补助、原体制上解等较为确定的转移支付要进行归并。省、市级财政要采取措施保证安排给县、乡的转移支付资金落到实处。各地要将本年度省对下的转移支付办法、转移支付资金的筹集和使用情况上报财政部。

② 长期以来，资源型城市作为重要原材料和基础能源的供应地，对经济社会的发展起到重要的作用。值得一提的是，由于资源衰减和缺乏统筹规划等原因，这些城市发展过程中存在诸多社会经济问题，如失业和贫困人口较多、生态环境破坏严重、维护社会稳定压力较大、经济结构失衡等问题。为落实《国务院关于促进资源型城市可持续发展的若干意见》，中央财政将给予包括 2007 年确定的第一批 12 个资源枯竭城市和 2009 年确定的第二批 32 个城市在内的 44 个城市进行财力性转移支付资金支持。文件出台近四年来，相关政策得到了较好落实，其中中央财政对首批 12 座资源枯竭城市财力性转移支付于 2010 年到期。国务院根据国家发改委的评估结果批准同意对处于不同发展阶段的城市给予分类支持，建立有进有出的支持机制。对于基本步入可持续发展轨道的盘锦市，不再给予中央财力性转移支付资金，支持其创建转型示范城市。对于历史遗留问题尚未根本解决、可持续发展能力较弱的伊春、辽源、阜新等 11 座城市，延长中央财力性转移支付年限至 2015 年。

③ 农村税费改革转移支付资金分配按照基层必不可少的开支和因政策调整造成的收入增减变化相抵后的净减收数额，并根据各地财政状况以及农村税费改革实施过程中各地不可预见的减收增支等因素计算确定。2003 年我国全面推开农村税费改革试点工作。中央财政对除北京、天津、上海、江苏、浙江、广东等经济较发达省份外的地区实施农村税费改革转移支付。2004 年，中央政府进一步加大了农村税费改革力度，取消了除烟叶外的农业特产税，逐步降低农业税税率，并明确提出五年内全面取消农业税。到 2005 年，又宣布取消牧业税，全国免征农业税的省份已有 28 个。2009 年中央财政下拨的农村税费改革转移支付为 769.47 亿元，比 2003 年增长 1.52 倍，6 年平均增长 25.4%。

移支付。为减少征收《城乡集市贸易管理办法》和《城乡个体工商户管理暂行条例》中规定的个体工商户管理费和集贸市场管理费对地方财政所带来的影响，中央政府自 2008 年 9 月 1 日开始对基层政府由于停止征收个体工商户管理费和集贸市场管理费实施转移支付资金支持。[①] 第四，民族地区转移支付。中央政府为了支持少数民族地区由于在自然资源禀赋差异、税源规模和集中程度、城市化发展程度、经济社会发展差异等因素与其他地方政府的差异，均衡少数民族地区与其他地区地方政府的财力差距问题，更好地落实《中华人民共和国民族区域自治法》，更好地支持国家关于西部大开发发展战略的客观需要，中央政府自 2000 年起对民族省区和非民族省区的民族自治州地方政府赋予一定规模的转移支付资金支持，在性质上带有一定比例的优惠性和照顾性。[②] 第五，调整工资转移支付。为解决国内市场的内需不足问题，同时配合国家实施积极财政政策的战略需要，中央政府自 1999 年起通过转移支付的方式对机关事业单位的在职员工和退休员工的工资薪金支出和退休费予以补足，从提高机关事业单位的在职员工和退休员工方面去扩大内需和拉动居民消费。[③] 除此以外，我国的转移支付制度有别于西方联邦制国家转移支付制度的一个特点，就是存在很大规模的中央政府对于地方政府的专项转移支付资金。专项转移支付资金的设计主要是由中央政府特定的政策需要指定的，非出于均等化地方政府提供标准化公共服务财政能力的客观需求，从财政政策的研究角度并不具有均等化地方政府财政能力的效应。地方政府

---

① 1998 年后，"两费"实行"收支两条线"管理。"两费"收入作为财政非税收入，全部纳入财政预算管理。为减轻个体户和小企业负担，财政部、国家发改委、国家工商总局联合发出通知称，经国务院批准，决定从 2008 年 9 月 1 日起，在全国统一停止征收个体工商户管理费和集贸市场管理费。为切实保障工商部门正常履行市场监管职能的经费，"两费"停征后所造成的财政减收，由各省、自治区、直辖市、计划单列市人民政府统筹解决；另外，中央财政将结合地方财力实际情况，通过工商部门停征"两费"转移支付制度对地方给予适当补助。

② 专设民族地区转移支付项目，是推动民族地区经济社会全面发展的重大政策举措，具有深远的制度创设意义。从民族转移支付的对象看，包括 5 个民族自治区、3 个财政体制上享受民族地区待遇的省以及这些地区以外的 8 个民族自治州，而其他非民族省区的自治县没有纳入该范围。2006 年这一政策又扩大到了全国所有的民族自治县。这一转移支付的资金起初为 10 亿元，后来主要与全国上划中央的增值税递增率和民族地区上划中央的增值税递增率相挂钩，已形成稳定的资金来源增长机制。2009 年中央财政下拨民族地区转移支付资金 275.88 亿元，比 2006 年增长 77.2%，3 年平均增长 25.7%；2010 年，中央财政预算就安排民族地区转移支付 330 亿元，比 2009 年增长 19.6%。

③ 中央规定：对于沿海经济发达地区，如广东、浙江、上海、江苏等地，调整工资及离退休费增加的支出自行解决；对于财政困难的老工业基地和中西部地区，由中央按照客观、公平、合理原则，科学分类，区别对待；对民族地区给予照顾原则，根据职工人数等客观因素和各地的财政困难程度，通过公式化的办法给予适当补助。值得一提的是，财政部要求各级财政部门确保中央下达的调整工资转移支付资金全部用于调资，不得挪作他用。同时，要积极调整财政支出结构，逐县（市）核定财力，加大对财政困难县的转移支付力度，确保有足够资金用于增资支出。2009 年中央财政下拨调整工资转移支付资金 2 362.66 亿元，比 2003 年增长 1.65 倍，6 年平均增长 27.5%。调整工资转移支付根据政策要求和地方的承受能力测算实施，促进了相关政策的平稳出台和社会安定。

在使用中央政府的专项转移支付资金时，必须根据中央政府的职能委托要求，对中央政府的专项资金实行专款专用，这种资金的使用范围不包含本身应该属于地方政府职能的各项经济社会事项支出，需要根据中央政府指定的特殊用途使用这部分资金，不应该纳入地方财政的主要统筹范围。[①] 在这部分专项转移资金中，还存在相当大规模的税收返还。税收返还制度的起因是中央政府在推动 1994 年分税制财政体制改革过程中，为顺利地推动财政体制改革的整体进度，[②] 最大限度地减少改革的阻力，维护地方政府的既得利益。相应的，中央政府在转移支付制度的设计过程中，充分考虑这种体制性因素的制约，在对地方政府的制度安排上设计了具有过渡时期特征的税收返还制度。[③] 为在过渡时期照顾地方政府的既得利益，顺利推动分税制体制改革的进行，中央政府对地方政府的税收返还很大程度上采用的是来源地原则，中央政府拨付给地方政府的税收返还金额，是根据地方政府向中央政府上缴的税收金额按照一定比例拨付的，并不取决于地方政府所在地区的资源禀赋来确定，这种转移支付的拨付规则意味着一个地方政府的经济越发达，税收收入越多，得到的税收返还反而越多。可以指出的是，这种制度设计有悖于均等化转移支付的设计理念，造成了地方政府财政能力差距越来越大的局面。[④]

党的十八大以后，财政体制改革已经成为整个社会经济领域改革的主导方向，构建公共财政体制也成为新一轮财政体制改革的主要目标，而构建均等化转

---

① 目前专项补助制度基本按照固定拨款形式，在预算编制时列为上级预算支出的内容，执行中划给下级政府部门按规定用途使用，项目越来越多，数额只增不减。按照财政部颁发的《中央对地方税收返还和转移支付预算表》，专项转移支付不仅包括了文化教育、医疗卫生、环境保护、社会保障、交通运输、住房保障支出等基本公共服务项目补助，也包括了资源勘探电力信息等事务、商业服务业等事务、金融监管等事务支出、国土气象等事务、粮油物资储备管理事务等特殊项目的专项补助。2009 年中央下拨的专项转移支付为 12 359.14 亿元，2010 年中央财政预算就安排专项转移支付为 13 310.91 亿元，比 2009 年增长 7.7%。

② 此次的财政体制改革初步建立了符合中国经济发展的转移支付制度安排，初步形成地方财政收入稳定增长机制，规范了中央与地方经济收入的来源和征管，确立以分税制为核心的中央与地方利益关系，取代上下级政府间财政包干式或讨价划价的传统体制，根本目的在于确立以分税制为核心的中央与地方利益关系。

③ 中央对地方实施税收返还制度，规定税收返还额以 1993 年为基期年核定，按照 1993 年地方实际收入以及中央与地方收入划分情况，核定 1993 年中央从地方净上划的收入数额，以此作为以后中央对地方税收返还基础。1994 年以后，税收返还额在 1993 年基数上逐步递增，递增率按全国增值税和消费税的平均增长率的 1∶0.3 系数确定，即上述两税全国平均每增长 1%，中央财政对地方的税收返还增长 0.3%。如果 1994 年以后中央净上划收入达不到 1993 年基数，则相应扣减税收返还数额。

④ 理查德·M·伯德、罗伯特·D·埃伯尔、克里斯蒂·I·沃利克：《财政分权：从命令经济到市场经济》，引自《社会主义国家的分权化》，中央编译出版社 2001 年版。

移支付制度更是这一轮财政体制改革过程中的重要组成部分之一。① 应该指出的是，各级地方政府由于在自然资源禀赋差异、税源规模和集中程度、城市化发展程度、经济社会发展差异等客观因素在财政能力上存在差距，但是通过中央政府实施的均等化转移支付制度，能够有效地缩小地方政府在财政能力的差距，在制度层面上有利于逐渐实现公共服务均等化的主要目标，提高区域之间和城乡之间各级地方政府在公共服务均等化方面的主要差距。② 但是值得注意的是，在中央到地方多级财政的制度背景下，转移支付资金需要通过财政级次的层层拨付到不同区域、不同城乡的基层政府，这种财政级次过长成为转移支付均等均衡各级地方政府财政能力最为主要的障碍所在。这样的一种财政体制决定了在相当长的时间内，我们转移支付制度的均等化效果只能是低效益的，而边远地区的地方政府由于财力缺口问题所造成的公共服务供给供应不足，将会成为一种常态的现象。③ 根据分税制财政体制以来确定的转移支付制度，从均等化效益的区别上可以判断，转移支付制度可以分为一般性转移支付和专项的转移支付两种类别。从理论上讲，一般性转移支付制度也称为均等化转移支付制度，这种转移支付资金不规定具体的用途，而是侧重于缩小各级地方政府的财政能力；专项转移支付资金的设计主要是由中央政府特定的政策需要指定的，非出于均等化地方政府提供标准化公共服务财政能力的客观需求，从财政政策的研究角度并不具有均等化地方政府财政能力的效应，这种转移支付资金主要是中央政府将特定的经济社会事务委托给地方政府履行，而相应以专项拨款的形式将财政资金配置给地方政府，使得

① 当前构建中国公共财政基本框架已成为中国财政改革与发展的基本目标，对于完善社会主义市场经济体制至关重要。按照公共财政建设的要求，转移支付制度安排方面更加注重于均衡地区间财政能力差异过大的作用，中央政府可以利用其手中掌握的充足财力，通过转移支付制度设计合理的财政激励约束机制，促使地方政府财政能力均等化的实现。事实上，由于中央政府能够观测到约束合同执行的结果，如果地方政府能够贯彻中央政府的均等化战略，那么地方政府就会从中央政府那里得到可观的转移支付资金；相反，地方政府就不能从中央政府那里获得更多的财政支持。根据公共财政体制框架已经初步建立的判断，提出了进一步健全和完善公共财政体制的战略目标，认识到完善的公共财政体制是完善的社会主义市场经济体制的一个重要组成部分，将完善公共财政体制放入完善社会主义市场经济体制的棋盘，从而在两者的密切联系中进一步谋划推进公共财政建设的方案。

② 2005 年 10 月 11 日中共十六届五中全会通过的《中共中央关于制定国民经济和社会发展第十一个五年规划的建议》首次提出了基本公共服务均等化的概念；此后，2006 年 10 月 11 日中共中央十六届六中全会通过的《中共中央关于构建社会主义和谐社会若干重大问题的决定》，2007 年 10 月 15 日胡锦涛的中共十大报告，2010 年 3 月 5 日温家宝在十一届全国人民代表大会第三次会议上的政府工作报告，以及 2010 年 10 月 18 日十七届五中全会胡锦涛的会议公报，均指出实现基本公共服务均等化的途径在于完善公共财政制度。可见，基本公共服务均等化已成为我国当前经济社会发展的热点问题（安体富、任强，2008）。

③ 因此，在当前时代背景下必须规范和完善转移支付制度，在中央和地方政府间形成合理科学的财政激励机制，彻底改变中国长期以来存在的区域之间地方政府财政能力的严重失衡问题。应该指出的是，财政转移支付是指财政资金在各级政府之间的无偿转移，是在政府间既定的支出责任和收入划分的框架下，为实现基本公共服务均等化好特定政策目标而采取的一种财政再分配制度。

地方政府的某些经济行为能够服务于中央政府整体的宏观政策需要。[①] 为了更好地分析中国转移支付制度中各项转移支付制度的均等化效应，我们对转移支付项目进行一般性的规范性分析：第一，一般性转移支付的均等化效应分析。一般性转移支付制度也称为均等化转移支付制度，这种转移支付资金不规定具体的用途，而是侧重于缩小各级地方政府的财政能力，从财力保障的方面实现政府间的公共服务均等化。[②] 从分税制转移支付制度确定的规范来讲，一般性转移支付主要包括：（1）调整工资转移支付的均等化效应。为解决国内市场的内需不足问题，同时配合国家实施积极财政政策的战略需要，中央政府自1999年起通过转移支付的方式对机关事业单位的在职员工和退休员工的工资薪金支出和退休费予以补足，从提高机关事业单位的在职员工和退休员工方面去扩大内需和拉动居民消费。很明显的是，这种转移支付资金虽然属于一般性转移支付资金的范畴，但是支持对象仅针对机关事业单位的在职员工和退休员工的工资薪金支出和退休费，对于机关干部事业单位职工和离退休人员较多的地方政府可以获得较大的财政支持，而对于机关干部事业单位职工和离退休人员较少的地方政府获得的财政支持反而较低，转移支付的资金配置并非按照均等化目标的制度目标来设计的，所以这项转移支付的均等效应具有不确定性。[③]（2）定额补助（原体制补助）均等化效应。中央政府在推进1994年分税制财政体制改革过程中，充分考虑了这次财政体制改革的过渡时期特征，中央政府对地方政府的定额补助（原体制补助）很大程度上采用的是来源地原则，中央政府拨付给地方政府的税收返还金额，是根据地方政府向中央政府上缴的税收金额按照一定比例拨付的，并不取决于地方政府所在地区的资源禀赋来确定，同时各级地方政府上解中央政府的资金标准缺少明显的科学依据，而通常是中央政府和地方政府双方讨价还价的博弈结果，并非是通过法律文件的形式得以确定，具有相当大的随意性，所以这项转移

[①] 国务院总理温家宝在第十一届全国人民代表大会第四次会议上的《政府工作报告》中提出，"财政转移支付制度逐步完善，县级基本财力保障机制初步建立。……健全财力与事权相匹配的财税体制，清理和归并专项转移支付项目，增加一般性转移支付，健全县级基本财力保障机制。"按照现有财政体制的要求，转移支付制度应更加注重于均衡地区间财政能力差异问题上，中央政府可以通过转移支付制度设计合理的财政激励约束机制，促使地方政府财政能力均等化格局的实现。

[②] 一般性转移支付由接受拨款的地方政府自主使用，亦称之为无条件转移支付体制安排。现有的一般性转移支付制度体制由原财力性转移支付制度演变而来，主要补助项目包括均衡性转移支付、民族地区转移支付、县乡基本财力保障机制奖补资金、调整工资转移支付、农村税费改革转移支付、资源枯竭城市财力性转移支付、定额补助（原体制补助）、企事业单位划转补助、结算财力补助、工商部门停征两费转移支付、村级公益事业"一事一议"奖励资金、一般公共服务转移支付、公共安全转移支付、教育转移支付、社会保障和就业转移支付、医疗卫生转移支付等16个项目。

[③] 其中1999～2006年连续五次增加机关干部事业单位离退休人员离退休费与职工工资，实施艰苦边远区域津贴补助政策，以及发放一次性年终奖金等政策。中央决定上海、浙江、福建、北京、江苏、广东等沿海经济发达地区由地方政府本级财政解决调整工资转移支付资金，财政困难的中西部地区、老工业基地由中央财政给予适当补助性支持。

支付项目的均等化效果并不明显。① （3）资源枯竭城市财力性转移支付。为消除对资源枯竭城市由于资源过度使用导致的环境问题而对于整个城市的经济社会发展产生的负面影响，落实《国务院关于促进资源型城市可持续发展的若干意见》，中央政府对各个资源枯竭城市实施均衡性的转移支付资金支持，中央政府对地方政府对这种财政资金的目的是为了支持这些城市的可持续发展。应该指出的是，资源枯竭城市由于受到诸多历史原因的限制，其经济社会发展方面存在很多问题，大多数城市不能由于这种资源枯竭城市财力性转移支付，而在产业的升级换代方面未能得到很好的发展，其转移支付均等效果并不明显。② （4）民族地区转移支付的均等化效应。中央政府为了支持少数民族地区由于在自然资源禀赋差异、税源规模和集中程度、城市化发展程度、经济社会发展差异等因素与其他地方政府的差异，均衡少数民族地区与其他地区地方政府的财力差距问题，更好地落实《中华人民共和国民族区域自治法》，更好地支持国家关于西部大开发发展战略的客观需要，中央政府自 2000 年起对民族省区和非民族省区的民族自治州地方政府赋予一定规模的转移支付资金支持，在性质上带有一定比例的优惠性和照顾性。从制度设计的基本理念来讲，这项转移支付制度在设计上仅具有部分的均等化概念，中央政府在对少数民族地区转移支付资金的分配很大程度上是依靠少数民族地区来源地原则进行分配的，转移支付资金的配置并非完全按照均等化的转移支付制度理念，所以这项转移支付项目只是发挥了部分的转移支付效果。③ （5）工商部门停征"两费"转移支付的均等化效应。为减少征收《城乡集市贸

---

① 上解数额的确定缺乏明确科学的依据，而通常是双方讨价还价博弈的结果，随意性很大。而且分配方式多年保持不变，这就使目前的再分配状况很不合理。例如，河南、重庆、湖南和安徽目前属于按人均自有财政收入排在后 10 位的省份，但却要向中央政府上解部分收入；而福建、海南和山东属于人均收入最高的前 10 个省份，反而获得补助。这实际上是一种中央政府和地方政府上下双向流动的一般性转移支付形式，均等化财政能力效果并非十分明显。

② 长期以来，资源型城市作为重要原材料和基础能源的供应地，对经济社会的发展起到重要的作用。值得一提的是，由于资源衰减和缺乏统筹规划等原因，这些城市发展过程中存在诸多社会经济问题，如失业和贫困人口较多、生态环境破坏严重、维护社会稳定压力较大、经济结构失衡等问题。为落实《国务院关于促进资源型城市可持续发展的若干意见》，中央财政将给予包括 2007 年确定的第一批 12 个资源枯竭城市和 2009 年确定的第二批 32 个城市在内的 44 个城市进行财力性转移支付资金支持。在实施资源枯竭城市财力性转移支付制度以来，由于各个资源枯竭城市资源禀赋、区位优势、基础条件上存在差异，不同城市经济社会发展差异较大，除个别城市基本步入可持续发展轨道外，大部分城市历史遗留问题尚未得到根本解决，可持续发展能力不强，接续替代产业层次较低，转移支付财政均等化效果并非十分明显。

③ 民族地区转移支付主要来源于以下两部分：第一，2000 年中央政府专项增加对民族地区专项转移支付 10 亿元，2000 年以后每年按照中央分享的增值税收入逐年递增；第二，将每年民族省区及非民族省区的民族自治州增值税收入比上年递增部分 80% 转移支付给民族地区，其中 50% 按照来源地返还以调动民族地区增加财政收入积极性，其余 50% 按照因素法通过转移支付方式分配给民族地区，目的是为了均衡民族地区间财政能力不均等以及经济发展水平存在差异的现状。很显然，民族地区转移支付的制度设计仅有一部分遵循了财政均等化的内在逻辑，其余部分采用来源地规则分配，并非完全意义上的财政能力均等化转移支付体系。

易管理办法》和《城乡个体工商户管理暂行条例》中规定的个体工商户管理费和集贸市场管理费对地方财政所带来的影响，中央政府自 2008 年 9 月 1 日开始对基层政府由于停止征收个体工商户管理费和集贸市场管理费实施转移支付资金支持，由于这项转移支付资金主要是为了解决地方地方工商部门的历史遗留市场建设债务而设立的，在设计的理念上不是按照均等化各级地方政府提供标准化公共服务财政能力的要求来设计的，所以这项转移支付的均等效应并不明显。[①]

（6）农村税费改革转移支付的均等化效应。农村税费改革转移支付。为减少农村税费改革对地方财政所带来的影响，中央政府自 2005 年起对农村基层政府由于农村税费改革所导致的净减收部分通过转移支付给予一定比例的补助。中央政府通过对农村基层政府给予适当的补助，保证基层农村政府机构和乡镇组织正常运转，为农村居民提供与城市居民一样的基本公共服务，符合了西方联邦主义国家均等化转移支付的设计理念。但是非常可惜的是，由于这项转移支付在现有的一般性转移支付制度的占比过小，所以能够起到的均等化效应被限定在非常小的范围之内。[②]（7）均衡性转移支付的均等化效应。从均等化转移支付的设计理念上分析，在中国的转移制度中，具有真正意义上均等化的转移支付制度，仅限于均衡性转移支付项目[③]。这种转移支付制度的设计理念是通过测算各级地方政府标准化财政收入能力以及标准化财政支出需求的基础上，对于边远地区的地方政府

---

① 个体工商户管理费和集贸市场管理费，收取依据分别是国务院 1983 年颁布的《城乡集市贸易管理办法》和 1987 年颁布的《城乡个体工商户管理暂行条例》，具体由工商管理部门负责征收，主要是建设集贸市场、工商行政管理部门经费开支等。1998 年后，"两费"实行"收支两条线"管理。"两费"收入作为财政非税收入，全部纳入财政预算管理，最终于 2008 年 9 月份开始废止。在财政体制方面，为切实保障工商部门正常履行市场监管职能的经费，"两费"停征后所造成的财政减收，由各省、自治区、直辖市、计划单列市人民政府统筹解决；另外，中央财政将结合地方财力实际情况，通过工商部门停征"两费"转移支付制度对地方给予适当补助。同时，为保证停征"两费"政策的顺利实施，中央财政安排 20 亿元资金一次性补助给地方，帮助地方工商部门彻底化解历史遗留的市场建设债务，要求各省、自治区、直辖市政府要确保在补助资金到位后的一年内消除地方工商部门的所有历史遗留市场建设债务。由于工商部门停征"两费"转移支付并非完全按照财政均等德内外逻辑进行转移支付制度设计，因此均衡财政能力效用并非十分明显。

② 在农村税费改革工作的推进过程，农民负担将明显减轻，而农村基层政府财政收入也将相应减少。为保证农村税费改革的顺利推行，中央财政统筹考虑各地方政府提高农业税率和取消屠宰税减收、降低农业特产税税率、调整村提留提取办法、取消乡镇统筹等因素，对基层政府实施农村税费改革而减收部分，通过转移支付制度给予适当的补助，在真正降低农村负担的前提下，保证基层农村政府机构和乡镇组织正常运转，确保农村医疗卫生、义务教育、社会保障等基本公共服务经费正常需要。由于农村税费改革转移支付项目在整体一般性转移支付中所占比重较低，均衡地方政府财政能力的效果较为有限。

③ 根据财政部颁布的《2009 年中央对地方税收返还和转移支付预算表》规定，从 2009 年起，将原一般性转移支付更名为均衡性转移支付。作为政府间财政关系的重要组成部分，均衡性转移支付基本思路在于上级政府根据依法核定的下级政府标准财政需要额与财政支出额的差量，以及各地区间在人口、资源、贫富等方面存在的差别因素，以各地标准财政收支的差额作为分配依据，对财力薄弱地区实施均衡性，目的是实现地方政府公共服务均等化，缩小地方政府间财政能力差异。值得注意的是，现行均衡性转移支付制度占全部转移支付的比重较小，近年来均低于 14% 水平（2009 年占比为 13.25%，2010 年也仅为 13.19%），均衡地方财政能力差异的作用相对较弱，未能在整体均等化的转移支付制度安排中起主导作用。

给予一定形式的财政补贴，使得这些基层政府拥有能够提供标准化、均等化公共服务的财政能力，如重点生态功能区转移支付、产粮大县奖励资金、县级基本财力保障机制奖补资金、城乡义务教育补助经费等项目。应该指出的是，近年来均衡性转移支付制度在整个转移支付制度中占比虽有所提高，由 2009 年占比为 13.25% 提高到 2014 年的 32.36%，但是在整体的转移支付规模占比依然较小，未能在整个的转移支付制度安排中起到关键性的主导作用。(8) 其他一般性转移支付的均等化效应，主要包括老少边穷地区转移支付、成品油税费改革转移支付、体制结算补助、基层公检法司转移支付、基本养老金等转移支付、城乡居民医疗保险等转移支付，这些转移支付制度设计在制度安排上非出于均等化地方政府提供标准化公共服务财政能力的客观需求，从财政政策的研究角度并不具有均等化地方政府财政能力的效应，因此所起到的均等转移支付效果非常有限。第二，专项转移支付的均等化效应。专项的转移支付制度也称之为特定目的转移支付制度，主要目的是中央政府为了将特定的经济社会事务委托给地方政府履行，而相应以专项拨款的形式将财政资金配置给地方政府，使得地方政府的某些经济行为能够服务于中央政府整体的宏观政策需要。① 但是，这些专项转移支付在设计的理念上不是按照均等化各级地方政府提供标准化公共服务财政能力的要求来设计的，所以这些专项的转移支付所起到的均等转移支付效果非常有限。根据上面对于转移支付制度的分析我们可以得知，通过中央政府对地方政府财政转移支付资金安排，在很大限度上缓解边远地区地方政府的财政压力，在较大的范围内缩小各级地方政府间的公共服务差距，有力地支持各级地方政府经济社会和谐发展。但是值得注意的是，在中央到地方多级财政的制度背景下，转移支付资金需要通过财政级次的层层拨付到不同区域、不同城乡的基层政府，这种财政级次过长成为转移支付均等均衡各级地方政府财政能力最为主要的障碍所在。这样的一种财政体制决定了在相当长的时间内，我们转移支付制度的均等化效果只能是低效益的，而边远地区的地方政府由于财力缺口问题所造成的公共服务供给供应不足，将会成为一种常态的现象。② 党的十七大报告提出，要形成统一规范透明的

---

① 中央政府对地方的专项补助几乎涉及所有范围，也包括用于对贫困地区发展义务教育等支援不发达地区支出项目，但从总体分布来看，专项拨款却主要分布于我国东部较发达地区。首先，专项补助的分配缺乏科学的依据和标准，普遍存在"讨价还价"等人为的、随意性问题，而在这种中央与各地的博弈过程中，欠发达地区往往缺乏发言权和竞争力，使得大量专项转移支付资金最终流向了发达地区而非贫困地区，这一点从专项补助的资金用途与实际地区分布的矛盾中可以得到说明。其次，专项补助几乎成了固定的项目拨款，灵活性小。由于专项补助从总体上看主要是针对东部发达地区，享受一般性转移支付的主要是中西部地区，过大的专项补助数额必然不利于中西部欠发达地区的发展，也影响到一般性转移支付在均衡区域间财政差异方面的效果。

② 目前，我国财政转移支付制度存在的突出问题主要为：以基本公共服务均等化为目标的一般性转移支付比重偏低；专项转移支付所占的比重较高，且项目繁杂，交叉重复，管理不规范；省对下转移支付力度较弱，尚未发挥缩小省内财力差距的作用；转移支付资金预算编报不完整，分配透明度不高，资金的使用需加强监管；转移支付的法制化建设需要加快步伐等。

财政转移支付制度，进一步提高一般性转移支付规模和比例。鉴于上述原因，在新一轮财政体制改革的趋势下如何去完善转移支付制度，对于在中央政府和地方政府之间形成科学的财政激励机制，通过中央政府对地方政府的转移支付制度，均衡不同区域和城乡之间各级地方政府的财政能力，在提高各级政府财政能力的基础上实现居民享受的公共服务均等化，我们还有很长的道路需要走。

第三节　转移支付制度均等化效应测量工具

　　根据转移支付的基本原理，中央政府对地方政府的转移支付资金金额，等于地方政府本级财政的支出需求与自有财政收入的差额。原理看似简单，但实际操作过程却要复杂很多。具体而言，从制度设置原则上分析，科学规范的均等化转移支付资金配置，要同时考虑到地方政府的本级财政的支出需求与自有财政收入在内的两项均等化标准，及其这些标准相对应的约束条件，这是由于：一方面，中央政府在考虑地方政府公共财政收入能力时，充分考虑地方政府潜在财政收入能力约束条件，认为地方政府财政收入能力受到一定程度因素的制约[①]；另一方面，中央政府在考虑地方政府公共服务支出需求时，也要充分考虑地方政府公共服务支出在不同区域的成本差异，这是因为公共服务的成本差异往往成为地方政府财政支出需求的制约因素。[②] 此外，优越的制度环境是经济社会稳定发展的一个有利条件，有助于提高地方政府获取财政收入的能力。而公共物品供给规模效应，以及各级地方政府在人口性别和人口年龄结构上的差异，对地方政府在提供公共物品过程中的数量和质量，都会产生不同程度的影响。

　　基于上面对于均等化转移支付制度的分析，我们在对佩奇等（Petchey et al.，2004）研究的基础上，对于这两位学者提出来的转移支付资金公式加以修正，得出均等化转移支付资金公式。我们将地方政府人均转移支付资金定义为 k_i，如公式（6-1）所示：

$$k_i = (K/P) + (F/P) \cdot (\alpha_i - 1) + (S/P) \cdot (1 - \beta_i) + d, \quad = 1, 2, \cdots, n.$$

$$(6-1)$$

　　[①]　均等化转移支付体制在考虑标准财政收入能力时也加入了对政府财政能力约束方面的考察，这是由于政府财政能力取决于不同地方政府在经济发展水平、资源禀赋情况、城市化程度、税基规模大小、税源集中度等因素的制约，同时地区间产业结构层次、区域性的税收优惠政策、财政体制运行效率的差异也是制约政府财政能力的主要因素。

　　[②]　在考虑均等化转移支付体制中地方政府的公共物品支出需求的同时，还需要考虑公共物品在成本支出方面的约束，这是由于提供同等标准公共服务标准下公共服务成本较高的地方政府往往需要规模较大资金配套，同时由于地区人口在年龄和性别结构、城市化发展程度、政府提供公共服务规模效益方面的差异，也会造成地方政府在提供公共物品方面存在成本约束。

在上述公式中，字母 K 表示表中央政府对地方政府的转移支付资金总额，字母 P 代表地方政府本级辖区内人口总额，字母 S 代表地方政府本级的财政收入，字母 β_i 代表地方政府本级的财政收入的约束条件，字母 F 分别代表地方政府本级的财政支出总额，字母 α_i 代表地方政府本级的财政支出总额的约束条件，字母 d 为代表整个均等化转移支付制度公式的修正参数。接下来，我们对字母 K、字母 P、字母 S、字母 F、字母 β_i、字母 α_i 和字母 d 以及这些字母相互之间的关系进行深入的解释：

1. 财政收入能力 $(S/P) \cdot (1 - \beta_i)$ 可分解为两部分：(S/P) 代表了地方政府的自有财政收入水平，$(S/P) \cdot \beta_i$ 代表了地方政府在选择与全国其他地方政府一样的平均财政努力程度前提下，自身能够获得的自有财政收入水平，也就是所谓标准化的财政收入水平。假设 β_i 小于 1，表示了地方政府真正拥有正的财政收入能力。

2. 财政收入约束条件 β_i 是研究均等化转移支付公式所要考虑的一个关键性的内容，是指中央政府在对地方政府配置转移支付资金过程，应该如何去考虑地方政府的财政收入能力约束问题。若 β_i 大于 1，说明地方政府财政收入能力相对较高，反之亦然。

3. 财政支出需求 $(F/P) \cdot (\alpha_i - 1)$ 可分解为两部分：(F/P) 代表了地方政府的公共物品支出需求，$(F/P) \cdot \alpha_i$ 代表了地方政府标准化公共物品支出需求，即地方政府为了每一个单位的标准财政支出所需要承担的居民公共物品支出需求。假设地方政府成本约束 α_i 大于 1，公共物品支出需求将大于标准化公共物品支出需求，表明地方政府拥有了正的财政支出需求。

4. 财政支出约束条件 α_i 是在地方政在公共物品供给所要面临的另一个重要内容。若 α_i 大于 1，说明地方政府公共物品供给成本较高，具有较高的成本约束条件，反之亦然。

通过上面对于均等化转移支付制度的分析，我们可以判断的是：中央政府对地方政府的转移支付资金配置，主要的决定因素是地方政府本身的财政收入和公共支出，上述两者总和称为地方政府的财政需求。假设地方政府财政需求为正，中央对地方的转移支付资金将多于标准化情况下的转移支付资金，反之亦然。上述理论模型所蕴含的含义是：在均等化转移支付制度设计中，中央政府不仅需要考虑到地方政府财政收入能力均等化标准及其约束条件，更需要考虑到地方政府公共物品支出需求均等化标准及其约束条件，在综合考虑双重标准情况下制定转移支付资金规模。

我们根据政府实际财政能力和自有财政能力双重标准，构造出转移支付财政均等化指标体系，具体过程如下：

第一步，我们需要计算出中央政府对地方政府实施转移支付资金配置前后区域内部均等化程度时间维度的动态分解指标 $[dTR_j^{MAX}]_{t+1}^t$、$[dAR_j^{MAX}]_{t+1}^t$、$[dTE_j^{MAX}]_{t+1}^t$、$[dAE_j^{MAX}]_{t+1}^t$。第二步，我们需要计算出中央政府对地方政府实施转移支付资金配置前后区域之间均等化程度的动态分解指标 $[dTR']_{t+1}^t$、$[dAR']_{t+1}^t$、$[dTE']_{t+1}^t$、$[dAE']_{t+1}^t$。第三步，在计算得到上述指标的基础上，我们需要计算出中央政府对地方政府实施转移支付资金配置前后总体均等化程度的动态分解指标 $[dTR]_{t+1}^t$、$[dAR]_{t+1}^t$、$[dTE]_{t+1}^t$、$[dAE]_{t+1}^t$。第四步，我们需要计算出中央政府对地方政府实施转移支付资金配置前后财政均等化指标体系的对比，构建转移支付财政均等化效应的指标体系 INDEXR、INDEXR'、INDEXRMAX、INDEXE、INDEXE'、INDEXEMAX。相关的指标与有关定义如表 6-2 ~ 表 6-5 所示。

表 6-2　　　　中央政府对地方政府实施转移支付资金配置前后区域内部
均等化程度时间维度的动态分解指标

序号	指标	指标含义
1	$[dTR_j^{MAX}]_{t+1}^t$	测量中央政府对地方政府实施转移支付资金配置之前财政收入区域内部均等化程度时间维度的分解情况
2	$[dAR_j^{MAX}]_{t+1}^t$	测量中央政府对地方政府实施转移支付资金配置之后财政收入区域内部均等化程度时间维度的分解情况
3	$[dTE_j^{MAX}]_{t+1}^t$	测量中央政府对地方政府实施转移支付资金配置之前财政支出区域内部均等化程度时间维度的分解情况
4	$[dAE_j^{MAX}]_{t+1}^t$	测量中央政府对地方政府实施转移支付资金配置之后财政支出财政支出区域内部均等化程度时间维度的分解情况

表 6-3　　　　中央政府对地方政府实施转移支付资金配置前后区域之间
财政均等化指标的动态分解

序号	指标	指标含义
1	$[dTR']_{t+1}^t$	测量中央政府对地方政府实施转移支付资金配置之前财政收入区域之间均等化程度时间维度的分解情况
2	$[dAR']_{t+1}^t$	测量中央政府对地方政府实施转移支付资金配置之后财政收入区域之间均等化程度时间维度的分解情况
3	$[dTE']_{t+1}^t$	测量中央政府对地方政府实施转移支付资金配置之前财政支出区域之间均等化程度时间维度的分解情况
4	$[dAE']_{t+1}^t$	测量中央政府对地方政府实施转移支付资金配置之后财政支出区域之间均等化程度时间维度的分解情况

表6-4　　　　　中央政府对地方政府实施转移支付资金配置前后
总体财政均等化指标的动态分解

序号	指标	指标含义
1	$[dTR]_{t+1}^t$	测量中央政府对地方政府实施转移支付资金配置之前财政收入总体均等化程度时间维度的分解情况
2	$[dAR]_{t+1}^t$	测量中央政府对地方政府实施转移支付资金配置之后财政收入总体均等化程度时间维度的分解情况
3	$[dTE]_{t+1}^t$	测量中央政府对地方政府实施转移支付资金配置之前财政支出总体均等化程度时间维度的分解情况
4	$[dAE]_{t+1}^t$	测量中央政府对地方政府实施转移支付资金配置之后财政支出总体均等化程度时间维度的分解情况

表6-5　　　　　中央政府对地方政府实施转移支付资金配置前后
转移支付财政均等化效应的指标体系

序号	指标计算公式	指标含义
1	$INDEXR = [dAR]_{t+1}^t / [dTR]_{t+1}^t$	测量中央政府对地方政府实施转移支付资金配置前后财政收入总体均等化效应的时间维度分解
2	$INDEXR' = [dAR']_{t+1}^t / [dTR']_{t+1}^t$	测量中央政府对地方政府实施转移支付资金配置前后财政收入区域之间均等化效应时间维度分解
3	$INDEXRMAX = [dAR_j^{MAX}]_{t+1}^t / [dTR_j^{MAX}]_{t+1}^t$	测量中央政府对地方政府实施转移支付资金配置前后财政收入区域内部均等化效应时间维度分解
4	$INDEXE = [dAE]_{t+1}^t / [dTE]_{t+1}^t$	测量中央政府对地方政府实施转移支付资金配置前后财政支出总体均等化效应时间维度分解
5	$INDEXE' = [dAE']_{t+1}^t / [dTE']_{t+1}^t$	测量中央政府对地方政府实施转移支付资金配置前后财政支出区域之间均等化效应时间维度分解
6	$INDEXEMAX = [dAE_j^{MAX}]_{t+1}^t / [dTE_j^{MAX}]_{t+1}^t$	测量中央政府对地方政府实施转移支付资金配置前后财政支出区域内部均等化效应时间维度分解

　　说明：根据上述指标定义，若 INDEXR、INDEXR′、INDEXRMAX、INDEXE、INDEXE′、INDEXEMAX 的测算结果小于1，说明转移支付均等化效应较为明显；若 INDEXR、INDEXR′、INDEXRMAX、INDEXE、INDEXE′、INDEXEMAX 的测算结果大于1，说明转移支付均等化效应不明显；可以认为，1是判断转移支付是否达到预期均等化效应的临界点。

　　我们在测算数据前要说明的几点情况是：第一，在使用中央政府对地方政府实施转移支付资金配置前后转移支付财政均等化效应的指标体系的测算过程中，我们应该考虑的问题主要是关于区域的划分标准问题。在这里，我们使用的是传统的经济地理概念，即将中国划分为东部区域、中部区域、西部区域三大区域。[①]
考虑到测算过程的可观察性和可操作性，本书采用人均财力均等标准作为测算依
据，数据来源于全国 31 个省、自治区和直辖市《国民经济和社会发展统计公报》
中公布的公共财政一般预算收支决策决算数据。接下来需要考虑的是测量动态基
本公共服务均等化水平人口统计的相关标准。在这里，我们选择的是户籍人口作
为公共服务不均等水平测算过程选择的人口标准，全国 31 个省、自治区和直辖
市的户籍人口数据来源于《中国人口与就业统计年鉴》的数据。值得一提的是，
本书测算公共服务不均等水平采用户籍人口（而不是采用常住人口）主要基于以
下考虑：一般而言，《中国人口统计年鉴》和《中国人口与就业统计年鉴》公布
的常住人口数据，除户籍人口以外的流动人口而言缺少统一的统计标准，而且不
同时期对于流动人口的统计标准也存在着一定的区别，在连续的时间序列上存在
着一定程度的可比较性。鉴于此，采用户籍人口在测算公共服务不均等过程中往往
比常住人口更为合适。值得注意的是，不均等程度的测算过程可以使用常住人口标
准，也可以使用户籍人口标准，由于《中国人口统计年鉴》和《中国人口与就业
统计年鉴》在统计常住人口时，往往采用抽样方法进行统计，在统计结果的可比较
性方面往往不具有确定性。综合考虑上述因素，本书对公共服务不均等程度的测算
还是采用了户籍人口的标准，数据来源于历年《中国人口与就业统计年鉴》。

　　我们从表 6-6 中可以得到 1996～2011 年中央政府对地方政府实施转移支付
资金配置前后转移支付财政均等化效应。我们首先观察的是中央政府对地方政府
实施转移支付资金配置前后财政收入总体均等化效应。我们从 INDEXR 数值分析
可以看出，INDEXR 指标的均值水平为 0.6994，这种测算结果低于 1 临界值水
平，这说明了地方政府在接受中央政府的转移资金配置后，不同区域的地方政府
的财政收入总体均等化水平整体上处于稳步提高的阶段。具体到不同的时间段而
言，地方政府在接受中央政府的转移资金配置后，不同区域的地方政府的财政收
入总体均等化水平 INDEXR 指标在 2005 年[②]前的均值为 1.0385，但是 INDEXR
指标在 2005 年后均值水平逐渐下降到 0.2634，INDEXR 指标在 2005 年前和

---

　　① 三大区域经济发展水平完全不同，其中东部属于经济社会发展相对发达区域，中部的经济社会发
展处于中等水平，西部属于相对落后地区。考虑到广西经济社会发展水平相对较低，而且国家近年实施的
"西部大开发"发展战略也将广西纳入西部的范畴，所以本书将广西从东部地区移出列入西部地区。经过
综合分析，本书的三大地区分别为：东部地区包括北京、天津、河北、辽宁、上海、江苏、浙江、福建、
山东、广东、海南11省市；中部地区包括山西、内蒙古、吉林、黑龙江、安徽、江西、河南、湖北、湖
南9个省区；西部地区包括重庆、四川、贵州、云南、西藏、陕西、甘肃、青海、宁夏、新疆、广西等11
个省、市、自治区。在下文的分析过程中，我们按照东部、中部、西部区域维度的划分标准，研究三组维
度省区市之间以及各维度内部基本公共服务动态均等化的支出状况进行比较分析。

　　② 之所以选择 2005 年作为分析转移支付财政均等化效应指标体系均值变化的分界点，是因为 2005
年中共十六届五中全会提出基本公共服务均等化理念，对于转移支付制度均等化改革进程具有重要影响。

表 6-6 　　　　中央政府对地方政府实施转移支付资金配置前后
转移支付财政均等化效应测算结果

指标＼年份	1996	增长率	1997	增长率	1998	增长率	1999	增长率	1996～1999年平均值
INDEXR	1.1350	—	0.0023	−99.80%	0.0703	2 956.52%	0.2244	219.20%	0.3580
INDEXR′	1.0422	—	0.0735	−92.95%	0.0616	−16.19%	0.3932	538.31%	0.3926
INDEXR-MAX	1.5868	—	0.0986	−93.79%	0.7618	672.62%	0.0953	−87.49%	0.6356
INDEXE	3.9699	—	0.3734	−90.59%	0.6656	78.25%	1.7199	158.40%	1.6822
INDEXE′	3.0569	—	0.4197	−86.27%	0.9099	116.80%	1.5075	65.68%	1.4735
INDEXE-MAX	5.3836	—	0.3140	−94.17%	0.5085	61.94%	1.0450	105.51%	1.8128

指标＼年份	2000	增长率	2001	增长率	2002	增长率	2003	增长率	2000～2003年平均值
INDEXR	0.0436	−80.57%	0.0755	73.17%	4.9040	6 395.36%	2.3178	−52.74%	1.8352
INDEXR′	0.0002	−99.95%	0.1058	52 800%	3.1563	2 883.27%	1.4446	−54.23%	1.1767
INDEXR-MAX	0.1079	13.22%	0.0220	−79.61%	1.0500	4 672.73%	19.1644	1 725.18%	5.0861
INDEXE	0.5771	−66.45%	1.2918	123.84%	1.4236	10.20%	0.9065	−36.32%	1.0498
INDEXE′	3.8285	153.96%	1.6523	−56.84%	1.8861	14.15%	0.9549	−49.37%	2.0805
INDEXE-MAX	0.6815	−34.78%	11.0698	1 524.33%	0.9554	−91.37%	0.8651	−9.45%	3.3930

指标＼年份	2004	增长率	2005	增长率	2006	增长率	2007	增长率	2004～2007年平均值
INDEXR	0.5733	−75.27%	0.0946	−83.50%	0.3430	262.58%	0.4289	25.04%	0.3600
INDEXR′	0.9663	−33.11%	0.0452	−95.32%	0.5055	1 018.36%	0.2159	−57.29%	0.4332
INDEXR-MAX	3.2981	−82.79%	0.1949	−94.09%	3.4299	1 659.83%	2.0047	−41.55%	2.2319
INDEXE	0.3627	−59.99%	1.5423	325.23%	1.0844	−29.69%	2.3627	117.88%	1.3380
INDEXE′	1.8657	95.38%	5.5814	199.16%	1.4296	−74.39%	1.0960	−23.34%	2.4932
INDEXE-MAX	0.7705	−10.94%	1.0487	36.11%	0.9965	−4.98%	0.9162	−8.06%	0.9330

指标＼年份	2008	增长率	2009	增长率	2010	增长率	2011	增长率	2008～2011年平均值
INDEXR	0.1160	−72.95%	0.4161	258.71%	0.2437	−41.43%	0.2012	−17.44%	0.2443
INDEXR′	0.4017	86.06%	0.6842	70.33%	0.1155	−83.12%	0.2060	78.35%	0.3519
INDEXR-MAX	105.5337	5 164.31%	0.6612	−99.37%	1.1645	76.12%	0.2175	−81.32%	26.8942
INDEXE	0.9027	−61.79%	1.0773	19.34%	1.5836	47.00%	1.0948	−30.87%	1.1646
INDEXE′	1.2589	14.86%	1.1623	−7.67%	1.5941	37.15%	1.1383	−28.59%	1.2884
INDEXE-MAX	1.0405	13.57%	1.4519	39.54%	1.5419	6.20%	0.2574	−83.31%	1.0729

2005 年后的下降降幅为 75%，这意味着地方政府在接受中央政府的转移资金配置后，不同区域的地方政府的财政收入总体均等化水平在 2005 年后的改善程度较为明显。接下来我们观察中央政府对地方政府实施转移支付资金配置前后财政收入区域之间均等化效应。我们从 INDEXR′ 数值分析可以看出，INDEXR′ 指标的均值水平为 0.5886，这种测算结果低于 1 临界值水平，这说明了地方政府在接受中央政府的转移资金配置后，不同区域的地方政府的财政收入区域之间均等化水平整体上处于稳步提高的阶段。具体到不同的时间段而言，地方政府在接受中央政府的转移资金配置后，不同区域的地方政府的财政收入区域之间均等化水平 INDEXR′ 指标在 2005 年前的均值为 0.8049，但是 INDEXR′ 指标在 2005 年后均值水平逐渐下降到 0.3106，INDEXR′ 指标在 2005 年前和 2005 年后的下降降幅为 61%，这意味着地方政府在接受中央政府的转移资金配置后，不同区域的地方政府的财政收入区域之间均等化水平在 2005 年后的改善程度较为明显。最后我们观察我们观察中央政府对地方政府实施转移支付资金配置前后财政收入区域内部均等化效应。我们从 INDEXRMAX 数值分析可以看出，INDEXRMAX 指标的均值水平为 2.7757，这种测算结果高于 1 临界值水平，这说明了地方政府在接受中央政府的转移资金配置后，不同区域的地方政府的财政收入区域内部均等化水平整体上处于逐渐下降的阶段。具体到不同的时间段而言，地方政府在接受中央政府的转移资金配置后，不同区域的地方政府的财政收入区域内部均等化水平 INDEXRMAX 指标在 2005 年前的均值为 2.9094，但是 INDEXRMAX 指标在 2005 年后均值水平逐渐下降到 2.6037，INDEXRMAX 指标在 2005 年前和 2005 年后的下降降幅为 10.51%，这意味着地方政府在接受中央政府的转移资金配置后，不同区域的地方政府的财政收入区域内部均等化水平在 2005 年后的改善程度较为明显，但是整体而言仍超过 1 的均值临界点。

其次观察转移支付制度的财政支出均等化效应。我们首先观察的是中央政府对地方政府实施转移支付资金配置前后财政支出总体均等化效应。我们从 INDEXE 数值分析可以看出，INDEXE 指标的均值水平为 1.391933，这种测算结果高于 1 临界值水平，这说明了地方政府在接受中央政府的转移资金配置后，不同区域的地方政府的财政支出总体均等化水平整体上处于稳步下降的阶段。具体到不同的时间段而言，地方政府在接受中央政府的转移资金配置后，不同区域的地方政府的财政支出总体均等化水平 INDEXE 指标在 2005 年前的均值为 1.43295，但是 INDEXE 指标在 2005 年后均值水平逐渐下降到 1.350917，INDEXE 指标在 2005 年前和 2005 年后的下降降幅为 5.72%，这意味着地方政府在接受中央政府的转移资金配置后，不同区域的地方政府的财政支出总体均等化水平在 2005 年后的改善程度十分有限，但是整体而言仍超过 1 的均值临界点。接下来我们观察中央政府对地方政府实施转移支付资金配置前后财政支出区域之间均等化效应。

我们从 INDEXE′数值分析可以看出，INDEXE′指标的均值水平为 1.587833，这种测算结果高于 1 临界值水平，这说明了地方政府在接受中央政府的转移资金配置后，不同区域的地方政府的财政支出区域之间均等化水平整体上处于稳步下降的阶段。具体到不同的时间段而言，地方政府在接受中央政府的转移资金配置后，不同区域的地方政府的财政支出区域之间均等化水平 INDEXE′指标在 2005 年前的均值为 1.8958，但是 INDEXE′ 指标在 2005 年后均值水平逐渐下降到 1.279867，INDEXE′指标在 2005 年前和 2005 年后的下降降幅为 32.49%，这意味着地方政府在接受中央政府的转移资金配置后，不同区域的地方政府的财政支出区域之间均等化水平在 2005 年后的改善程度较为明显，但是整体而言仍超过 1 的均值临界点。最后我们观察我们观察中央政府对地方政府实施转移支付资金配置前后财政支出区域内部均等化效应。我们从 INDEXEMAX 数值分析可以看出，INDEXEMAX 指标的均值水平为 2.100567，这种测算结果高于 1 临界值水平，这说明了地方政府在接受中央政府的转移资金配置后，不同区域的地方政府的财政支出区域内部均等化水平整体上处于逐渐下降的阶段。具体到不同的时间段而言，地方政府在接受中央政府的转移资金配置后，不同区域的地方政府的财政支出区域内部均等化水平 INDEXEMAX 指标在 2005 年前的均值为 3.167067，但是 INDEXEMAX 指标在 2005 年后均值水平逐渐下降到 1.034067，INDEXEMAX 指标在 2005 年前和 2005 年后的下降降幅为 67.35%，这意味着地方政府在接受中央政府的转移资金配置后，不同区域的地方政府的财政支出区域内部均等化水平在 2005 年后的改善程度较为明显，但是整体而言仍超过 1 的均值临界点。

第四节　转移支付制度边际均等化效应及其收敛性

为了更深入的研究中央政府对地方政府实施转移支付资金配置前后财政收入总体均等化效应、区域之间均等化效应、区域内部均等化效应的增量变化，我们构造中央政府对地方政府实施转移支付资金配置前后转移支付边际均等化效应的指标体系，具体过程如下：第一步，构建中央政府对地方政府实施转移支付资金配置前后转移支付东部区域边际均等化效应的测算指标；第二步，构建中央政府对地方政府实施转移支付资金配置前后转移支付中部区域边际均等化效应的测算指标；第三步，构建中央政府对地方政府实施转移支付资金配置前后转移支付西部区域边际均等化效应的测算指标；第四步，构建转移支付总体边际均等化效应的测算指标体系 IR、IR′、IRMAX、IE、IE′、IEMAX。相关的指标与有关定义如表 6 – 7 ~ 表 6 – 10 所示。

表 6 - 7 　　　中央政府对地方政府实施转移支付资金配置前后转移支付
东部区域边际均等化效应的指标体系

序号	指标体系计算公式	指标含义
1	$IRE = [dARE]_{t+1}^t - [dTRE]_{t+1}^t$	中央政府对地方政府实施转移支付资金配置前后转移支付财政收入东部区域边际均等化效应
2	$IRE' = [dARE']_{t+1}^t - [dTRE']_{t+1}^t$	中央政府对地方政府实施转移支付资金配置前后转移支付财政收入东部区域之间边际均等化效应
3	$IRMAXE = [dARE_j^{MAX}]_{t+1}^t - [dTRE_j^{MAX}]_{t+1}^t$	中央政府对地方政府实施转移支付资金配置前后转移支付财政收入东部区域内部边际均等化效应
4	$IEE = [dAEE]_{t+1}^t - [dTEE]_{t+1}^t$	中央政府对地方政府实施转移支付资金配置前后转移支付的财政支出东部区域边际均等化效应
5	$IEE' = [dAEE']_{t+1}^t - [dTEE']_{t+1}^t$	中央政府对地方政府实施转移支付资金配置前后转移支付的财政支出东部区域之间边际均等化效应
6	$IEMAXE = [dAEE_j^{MAX}]_{t+1}^t - [dTEE_j^{MAX}]_{t+1}^t$	中央政府对地方政府实施转移支付资金配置前后转移支付的财政支出东部区域内部边际均等化效应

　　注：若 IRE、IRE′、IRMAXE、IEE、IEE′、IEMAXE 测算结果小于 0，说明均等程度得到改善；若 IRE、IRE′、IRMAXE、IEE、IEE′、IEMAXE 测算结果大于 0，说明均等化程度未能得到改善。

　　其中，IRE 指转移支付的财政收入东部区域边际均等化效应；$[dARE]_{t+1}^t$ 指第 t 期到第 t+1 期内实施转移支付后财政收入东部区域均等化效应；$[dTRE]_{t+1}^t$ 指第 t 期到第 t+1 期内实施转移支付前财政收入东部区域均等化效应；IRE′ 指转移支付财政收入东部区域之间边际均等化效应；$[dARE']_{t+1}^t$ 指实施转移支付后财政收入东部区域之间均等化效应；$[dTRE']_{t+1}^t$ 指实施转移支付前财政收入东部区域之间均等化效应；IRMAXE 指转移支付财政收入东部区域内部边际均等化效应；$[dARE_j^{MAX}]_{t+1}^t$ 指第 t 期到第 t+1 期内实施转移支付后财政收入东部区域内部均等化效应；$[dTRE_j^{MAX}]_{t+1}^t$ 指第 t 期到第 t+1 期内实施转移支付前财政收入东部区域内部均等化效应；IEE 指转移支付的财政支出东部区域边际均等化效应；$[dAEE]_{t+1}^t$ 指第 t 期到第 t+1 期内实施转移支付后财政支出东部区域均等化效应；$[dTEE]_{t+1}^t$ 指第 t 期到第 t+1 期内实施转移支付前财政支出东部区域均等化效应；IEE′ 指转移支付的财政支出东部区域之间边际均等化效应；$[dAEE']_{t+1}^t$ 指第 t 期到第 t+1 期内实施转移支付后财政支出东部区域之间均等化效应；$[dTEE']_{t+1}^t$ 指第 t 期到第 t+1 期内实施转移支付前财政支出东部区域之间均等化效应；IEMAXE 指转移支付的财政支出东部区域内部边际均等化效应；$[dAEE_j^{MAX}]_{t+1}^t$ 指第 t 期到第 t+1 期内实施转移支付后财政支出东部区域内部均等化效应；$[dTEE_j^{MAX}]_{t+1}^t$ 指第 t 期到第 t+1 期内实施转移支付前财政支出东部区域内部均等化效应。

表6-8　　　　中央政府对地方政府实施转移支付资金配置前后转移支付

中部区域边际均等化效应的指标体系

序号	指标体系计算公式	指标含义
1	$IRM = [dARM]_{t+1}^{t} - [dTRM]_{t+1}^{t}$	中央政府对地方政府实施转移支付资金配置前后转移支付财政收入中部区域边际均等化效应
2	$IRM' = [dARM']_{t+1}^{t} - [dTRM']_{t+1}^{t}$	中央政府对地方政府实施转移支付资金配置前后转移支付财政收入中部区域之间边际均等化效应
3	$IRMAXM = [dARM_{j}^{MAX}]_{t+1}^{t} - [dTRM_{j}^{MAX}]_{t+1}^{t}$	中央政府对地方政府实施转移支付资金配置前后转移支付财政收入中部区域内部边际均等化效应
4	$IEM = [dAEM]_{t+1}^{t} - [dTEM]_{t+1}^{t}$	中央政府对地方政府实施转移支付资金配置前后转移支付的财政支出中部区域边际均等化效应
5	$IEM' = [dAEM']_{t+1}^{t} - [dTEM']_{t+1}^{t}$	中央政府对地方政府实施转移支付资金配置前后转移支付的财政支出中部区域之间边际均等化效应
6	$IEMAXM = [dAEM_{j}^{MAX}]_{t+1}^{t} - [dTEM_{j}^{MAX}]_{t+1}^{t}$	中央政府对地方政府实施转移支付资金配置前后转移支付的财政支出中部区域内部边际均等化效应

注：若 IRM、IRM′、IRMAXM、IEM、IEM′、IEMAXM 测算结果小于 0，说明均等程度得到改善；若 IRM、IRM′、IRMAXM、IEM、IEM′、IEMAXM 测算结果大于 0，说明均等化程度未能得到改善。

其中，IRM 指转移支付的财政收入中部区域边际均等化效应；$[dARM]_{t+1}^{t}$ 指第 t 期到第 t+1 期内实施转移支付后财政收入中部区域均等化效应；$[dTRM]_{t+1}^{t}$ 指第 t 期到第 t+1 期内实施转移支付前财政收入中部区域均等化效应；IRM′指转移支付的财政收入中部区域之间边际均等化效应；$[dARM']_{t+1}^{t}$ 指第 t 期到第 t+1 期内实施转移支付后财政收入中部区域之间均等化效应；$[dTRM']_{t+1}^{t}$ 指第 t 期到第 t+1 期内实施转移支付前财政收入中部区域之间均等化效应；IRMAXM 指转移支付的财政收入中部区域内部边际均等化效应；$[dARM_{j}^{MAX}]_{t+1}^{t}$ 指第 t 期到第 t+1 期内实施转移支付后财政收入中部区域内部均等化效应；$[dTRM_{j}^{MAX}]_{t+1}^{t}$ 指第 t 期到第 t+1 期内转移支付前财政收入中部区域内部均等化效应；IEM 指转移支付的财政支出中部区域边际均等化效应；$[dAEM]_{t+1}^{t}$ 指第 t 期到第 t+1 期内实施转移支付后财政支出中部区域均等化效应；$[dTEM]_{t+1}^{t}$ 指第 t 期到第 t+1 期内实施转移支付前财政支出中部区域均等化效应；IEM′指转移支付的财政支出中部区域之间边际均等化效应；$[dAEM']_{t+1}^{t}$ 指第 t 期到第 t+1 期内实施转移支付后财政支出中部区域之间均等化效应；$[dTEM']_{t+1}^{t}$ 指第 t 期到第 t+1 期内转移支付前财政支出中部区域之间均等化效应；IEMAXM 指转移支付的财政支出中部区域内部边际均等化效应；$[dAEM_{j}^{MAX}]_{t+1}^{t}$ 指第 t 期到第 t+1 期内实施转移支付后财政支出中部区域内部均等化效应；$[\text{dTEM}_j^{\text{MAX}}]_{t+1}^t$指第 t 期到第 t + 1 期内实施转移支付前财政支出中部区域内部均等化效应。

表 6 - 9　　　　中央政府对地方政府实施转移支付资金配置前后转移支付
西部区域边际均等化效应的指标体系

序号	指标体系计算公式	指标含义
1	$\text{IRW} = [\text{dARW}]_{t+1}^t - [\text{dTRW}]_{t+1}^t$	中央政府对地方政府实施转移支付资金配置前后转移支付财政收入西部区域边际均等化效应
2	$\text{IRW}' = [\text{dARW}']_{t+1}^t - [\text{dTRW}']_{t+1}^t$	中央政府对地方政府实施转移支付资金配置前后转移支付财政收入西部区域之间边际均等化效应
3	$\text{IRMAXW} = [\text{dARW}_j^{\text{MAX}}]_{t+1}^t - [\text{dTRW}_j^{\text{MAX}}]_{t+1}^t$	中央政府对地方政府实施转移支付资金配置前后转移支付财政收入西部区域内部边际均等化效应
4	$\text{IEW} = [\text{dAEW}]_{t+1}^t - [\text{dTEW}]_{t+1}^t$	中央政府对地方政府实施转移支付资金配置前后转移支付财政支出西部区域边际均等化效应
5	$\text{IEW}' = [\text{dAEW}']_{t+1}^t - [\text{dTEW}']_{t+1}^t$	中央政府对地方政府实施转移支付资金配置前后转移支付财政支出西部区域之间边际均等化效应
6	$\text{IEMAXW} = [\text{dAEW}_j^{\text{MAX}}]_{t+1}^t - [\text{dTEW}_j^{\text{MAX}}]_{t+1}^t$	中央政府对地方政府实施转移支付资金配置前后转移支付财政支出西部区域内部边际均等化效应

注：若 IRW、IRW′、IRMAXW、IEW、IEW′、IEMAXW 测算结果小于 0，说明均等程度得到改善；若 IRW、IRW′、IRMAXW、IEW、IEW′、IEMAXW 测算结果大于 0，说明均等化程度未能得到改善。

其中，IRW 指转移支付的财政收入西部区域边际均等化效应；$[\text{dARW}]_{t+1}^t$指第 t 期到第 t + 1 期内实施转移支付后财政收入西部区域均等化效应；$[\text{dTRW}]_{t+1}^t$指第 t 期到第 t + 1 期内实施转移支付前财政收入西部区域均等化效应；IRW′指转移支付的财政收入西部区域之间边际均等化效应；$[\text{dARW}']_{t+1}^t$指第 t 期到第 t + 1 期内实施转移支付后财政收入西部区域之间均等化效应；$[\text{dTRW}']_{t+1}^t$指第 t 期到第 t + 1 期内实施转移支付前财政收入西部区域之间均等化效应；IRMAXW 指转移支付的财政收入西部区域内部边际均等化效应；$[\text{dARW}_j^{\text{MAX}}]_{t+1}^t$指第 t 期到第 t + 1 期内实施转移支付后财政收入西部区域内部均等化效应；$[\text{dTRW}_j^{\text{MAX}}]_{t+1}^t$指第 t 期到第 t + 1 期内实施转移支付前财政收入西部区域内部均等化效应；IEW 指转移支付的财政支出西部区域边际均等化效应；$[\text{dAEW}]_{t+1}^t$指第 t 期到第 t + 1 期内实施转移支付后财政支出西部区域均等化效应；$[\text{dTEW}]_{t+1}^t$指第 t 期到第 t + 1 期内实施转移支付前财政支出西部区域均等化效应；IEW′指转移支付的财政支出西部区域之间边际均等化效应；$[\text{dAEW}']_{t+1}^t$指第 t 期到第 t + 1 期内实施转移支付后财政支出西部区域之间均等化效应；$[dTEW']_{t+1}^t$ 指第 t 期到第 $t+1$ 期内实施转移支付前财政支出西部区域之间均等化效应；IEMAXW 指转移支付的财政支出西部区域内部边际均等化效应；$[dAEW_j^{MAX}]_{t+1}^t$ 指第 t 期到第 $t+1$ 期内实施转移支付后财政支出西部区域内部均等化效应；$[dTEW_j^{MAX}]_{t+1}^t$ 指第 t 期到第 $t+1$ 期内实施转移支付前财政支出西部区域内部均等化效应。

表 6 – 10　　　　　　中央政府对地方政府实施转移支付资金配置前后
转移支付总体边际均等化效应的指标体系

序号	指标体系计算公式	指标含义
1	$IR = [dAR]_{t+1}^t - [dTR]_{t+1}^t$	中央政府对地方政府实施转移支付资金配置前后转移支付财政收入边际均等化效应
2	$IR' = [dAR']_{t+1}^t - [dTR']_{t+1}^t$	中央政府对地方政府实施转移支付资金配置前后转移支付财政收入区域之间边际均等化效应
3	$IRMAX = [dAR_j^{MAX}]_{t+1}^t - [dTR_j^{MAX}]_{t+1}^t$	中央政府对地方政府实施转移支付资金配置前后转移支付财政收入区域内部边际均等化效应
4	$IE = [dAE]_{t+1}^t - [dTE]_{t+1}^t$	中央政府对地方政府实施转移支付资金配置前后转移支付的财政支出边际均等化效应
5	$IE' = [dAE']_{t+1}^t - [dTE']_{t+1}^t$	中央政府对地方政府实施转移支付资金配置前后转移支付的财政支出区域之间边际均等化效应
6	$IEMAX = [dAE_j^{MAX}]_{t+1}^t - [dTE_j^{MAX}]_{t+1}^t$	中央政府对地方政府实施转移支付资金配置前后转移支付的财政支出区域内部边际均等化效应

注：若 IR、IR'、IRMAX、IE、IE'、IEMAX 测算结果小于 0，说明均等程度得到改善；若 IR、IR'、IRMAX、IE、IE'、IEMAX 测算结果大于 0，说明均等化程度未能得到改善。

其中，IR 指转移支付的财政收入边际均等化效应；$[dAR]_{t+1}^t$ 指第 t 期到第 $t+1$ 期内实施转移支付后财政收入均等化效应；$[dTR]_{t+1}^t$ 指第 t 期到第 $t+1$ 期内实施转移支付前财政收入均等化效应；IR' 指转移支付的财政收入区域之间边际均等化效应；$[dAR']_{t+1}^t$ 指实施转移支付后财政收入区域之间均等化效应；$[dTR']_{t+1}^t$ 指实施转移支付前财政收入区域之间均等化效应；IRMAX 指转移支付的财政收入区域内部边际均等化效应；$[dAR_j^{MAX}]_{t+1}^t$ 指第 t 期到第 $t+1$ 期内实施转移支付后财政收入区域内部均等化效应；$[dTR_j^{MAX}]_{t+1}^t$ 指第 t 期到第 $t+1$ 期内实施转移支付前财政收入区域内部均等化效应；IE 指转移支付的财政支出边际均等化效应；$[dAE]_{t+1}^t$ 指第 t 期到第 $t+1$ 期内实施转移支付后财政支出均等化效应；$[dTE]_{t+1}^t$ 指第 t 期到第 $t+1$ 期内实施转移支付前财政支出均等化效应；IE'

指转移支付的财政支出区域之间边际均等化效应；$[dAE']_{t+1}^t$ 指第 t 期到第 t + 1 期内实施转移支付后财政支出区域之间均等化效应；$[dTE']_{t+1}^t$ 指第 t 期到第 t + 1 期内实施转移支付前财政支出区域之间均等化效应；IEMAX 指转移支付的财政支出区域内部边际均等化效应；$[dAE_j^{MAX}]_{t+1}^t$ 指第 t 期到第 t + 1 期内实施转移支付后财政支出区域内部均等化效应；$[dTE_j^{MAX}]_{t+1}^t$ 指第 t 期到第 t + 1 期内实施转移支付前财政支出区域内部均等化效应。

在分析转移支付制度边际均等化效应的收敛性之前，需要说明的几点是：

首先，在使用中央政府对地方政府实施转移支付资金配置前后转移支付财政均等化效应的指标体系的测算过程中，我们应该考虑的问题主要是关于区域的划分标准问题。在这里，我们使用的是传统的经济地理概念，即将中国划分为东部区域、中部区域、西部区域三大区域。① 考虑到测算过程的可观察性和可操作性，本书采用人均财力均等标准作为测算依据，数据来源于全国 31 个省、自治区和直辖市《国民经济和社会发展统计公报》中公布的公共财政一般预算收支决策决算数据。接下来需要考虑的是测量动态基本公共服务均等化水平人口统计的相关标准。在这里，我们选择的是户籍人口作为公共服务不均等水平测算过程选择的人口标准，全国 31 个省、自治区和直辖市的户籍人口数据来源于《中国人口与就业统计年鉴》的数据。值得一提的是，本书测算公共服务不均等水平采用户籍人口（而不是采用常住人口）主要基于以下考虑：一般而言，《中国人口统计年鉴》和《中国人口与就业统计年鉴》公布的常住人口数据，除户籍人口以外的流动人口而言缺少统一的统计标准，而且不同时期对于流动人口的统计标准也存在着一定的区别，在连续的时间序列上存在着一定程度的可比较性。鉴于此，采用户籍人口在测算公共服务不均等过程中往往比常住人口更为合适。值得注意的是，不均等程度的测算过程可以使用常住人口标准，也可以使用户籍人口标准，由于《中国人口统计年鉴》和《中国人口与就业统计年鉴》在统计常住人口时，往往采用抽样方法进行统计，在统计结果的可比较性方面往往不具有确定性。综合考虑上述因素，本书对公共服务不均等程度的测算还是采用了户籍人口的标准，数据来源于历年《中国人口与就业统计年鉴》。

我们从表 6 – 11 中可以得到 1997 ~ 2012 年中央政府对地方政府实施转移支

① 三大区域经济发展水平完全不同，其中东部属于经济社会发展相对发达区域，中部的经济社会发展处于中等水平，西部属于相对落后地区。考虑到广西经济社会发展水平相对较低，而且国家近年实施的"西部大开发"发展战略也将广西纳入西部的范畴，所以本书将广西从东部地区移出列入西部地区。经过综合分析，本书的三大地区分别为：东部地区包括北京、天津、河北、辽宁、上海、江苏、浙江、福建、山东、广东、海南 11 省市；中部地区包括山西、内蒙古、吉林、黑龙江、安徽、江西、河南、湖北、湖南 9 个省市；西部地区包括重庆、四川、贵州、云南、西藏、陕西、甘肃、青海、宁夏、新疆、广西等 11 个省、市、区。在下文的分析过程中，我们按照东部、中部、西部区域维度的划分标准，研究三组维度省区市之间以及各维度内部基本公共服务动态均等化的支出状况进行比较分析。

付资金配置前后转移支付财政收入边际均等化效应。我们首先观察的是中央政府对地方政府实施转移支付资金配置前后财政收入的边际总体均等效应。我们从IR数值分析可以看出，IR指标的均值水平为－0.103%，这种测算结果低于0临界值水平，这说明了地方政府在接受中央政府的转移资金配置后，不同区域的地方政府的财政收入边际总体均等化水平整体上处于稳步提高的阶段，财政收入能力总体非均衡程度得到改善。具体到不同的时间段而言，地方政府在接受中央政府的转移资金配置后，不同区域的地方政府的财政收入边际总体均等化水平IR指标在2005年①前的均值为0.293%，但是IR指标在2005年后均值水平逐渐下降到0.087%，IR指标在2005年前和2005年后的下降降幅为70.49%，这意味着地方政府在接受中央政府的转移资金配置后，不同区域的地方政府的财政收入边际总体均等化水平在2005年后的改善程度较为明显，财政收入能力总体非均衡程度得到改善，同时IR指标呈现明显的收敛特征，收敛水平趋向于0。如果我们从不同的区域指标来看，地方政府在接受中央政府的转移资金配置后，东部、中部、西部区域的地方政府的财政收入边际总体均等化水平呈现出不同的变化情况：第一，地方政府在接受中央政府的转移资金配置后，东部区域的地方政府的财政收入边际总体均等化水平IRE指标的均值水平为－1.426%，这种测算结果低于0临界值水平，这说明了地方政府在接受中央政府的转移资金配置后，东部区域的地方政府的财政收入边际总体均等化水平整体上处于稳步提高的阶段，财政收入能力总体非均衡程度得到改善。具体到不同的时间段而言，IRE指标在2005年前的均值为2.951%，但是IRE指标在2005年后均值水平逐渐下降到0.099%，IRE指标在2005年前和2005年后的下降降幅为96.64%，这意味着地方政府在接受中央政府的转移资金配置后，东部区域的地方政府的财政收入边际总体均等化水平在2005年后的改善程度较为明显，财政收入能力总体非均衡程度得到改善，同时IRE指标呈现明显的收敛特征，收敛水平趋向于0。第二，地方政府在接受中央政府的转移资金配置后，中部区域的地方政府的财政收入边际总体均等化水平IRM指标的均值水平为0.677%，这种测算结果高于0临界值水平，这说明了地方政府在接受中央政府的转移资金配置后，中部区域的地方政府的财政收入边际总体均等化水平整体上处于稳步下降的阶段，财政收入能力总体非均衡程度没有得到改善。具体到不同的时间段而言，IRM指标在2005年前的均值为1.477%，但是IRM指标在2005年后均值水平逐渐下降到0.1232%，IRM指标在2005年前和2005年后的下降降幅为91.66%，这意味着地方政府在接受中央政府的转移资金配置后，中部区域的地方政府的财政收入边际总体均等化水

---

① 之所以选择2005年作为分析转移支付财政均等化效应指标体系均值变化的分界点，是因为2005年中共十六届五中全会提出基本公共服务均等化理念，对于转移支付制度均等化改革进程具有重要影响。

表 6 – 11　　中央政府对地方政府实施转移支付资金配置前后转移支付财政收入边际均等化效应测算结果

年份\指标	1997	增长率	1998	增长率	1999	增长率	2000	增长率	1997～2000年平均值
IR	- 0.3776	—	- 0.1062	- 71.88%	- 0.4380	312.43%	- 0.7036	60.64%	- 0.4064
IRE	- 3.5294	—	- 1.6119	- 54.33%	- 5.5234	242.66%	- 6.1419	11.20%	- 4.2017
IRM	1.2083	—	1.9779	63.69%	3.1029	56.88%	1.5189	- 51.05%	1.9520
IRW	1.9435	—	- 0.4722	- 124.30%	1.9825	- 519.84%	3.9194	97.70%	1.8433
IR′	- 0.2370	—	- 0.1019	- 57.00%	- 0.3262	220.12%	- 0.4388	34.52%	- 0.2760
IRE′	- 0.7163	—	- 0.3281	- 54.20%	- 1.1135	239.38%	- 1.2614	13.28%	- 0.8548
IRM′	0.1890	—	0.3054	61.59%	0.4786	56.71%	0.2063	- 56.90%	0.2948
IRW′	0.2903	—	- 0.0792	- 127.28%	0.3086	- 489.65%	0.6162	99.68%	0.2840
IRMAX	- 0.1406	—	- 0.0044	- 96.87%	- 0.1118	2 440.91%	- 0.2648	136.85%	- 0.1304
IRMAXE	- 2.8131	—	- 1.2838	- 54.36%	- 4.4099	243.50%	- 4.8806	10.67%	- 3.3469
IRMAXM	1.0193	—	1.6724	64.07%	2.6243	56.92%	1.3125	- 49.99%	1.6571
IRMAXW	1.6532	—	- 0.3930	- 123.77%	1.6738	- 525.90%	3.3032	97.35%	1.5593

年份\指标	2001	增长率	2002	增长率	2003	增长率	2004	增长率	2001～2004年平均值
IR	- 0.9929	41.12%	0.0467	- 104.70%	0.1462	213.06%	0.0443	- 69.70%	- 0.1889
IRE	- 8.9042	44.97%	0.5724	- 106.43%	1.9717	244.46%	- 1.4318	- 172.62%	- 1.9480
IRM	4.0142	164.28%	0.2601	- 93.52%	- 0.4032	- 255.02%	0.8946	- 321.88%	1.1914
IRW	3.8972	- 0.57%	- 0.7858	- 120.16%	- 1.4224	81.01%	0.5815	- 140.88%	0.5676
IR′	- 0.6516	48.50%	0.0156	- 102.39%	0.0469	200.64%	0.0041	- 91.26%	- 0.1463
IRE′	- 1.8336	45.36%	0.1090	- 105.94%	0.3705	239.91%	- 0.2606	- 170.34%	- 0.4037
IRM′	0.5598	171.35%	0.0398	- 92.89%	- 0.0732	- 283.92%	0.1763	- 340.85%	0.1757
IRW′	0.6222	0.97%	- 0.1332	- 121.41%	- 0.2504	87.99%	0.0884	- 135.30%	0.0818
IRMAX	- 0.3413	28.89%	0.0311	- 109.11%	0.0993	219.29%	0.0402	- 59.52%	- 0.0427
IRMAXE	- 7.0706	44.87%	0.4635	- 106.56%	1.6012	245.46%	- 1.1712	- 173.15%	- 1.5443
IRMAXM	3.4544	163.19%	0.2203	- 93.62%	- 0.3300	- 249.80%	0.7183	- 317.67%	1.0158
IRMAXW	3.2750	- 0.85%	- 0.6526	- 119.93%	- 1.1720	79.59%	0.4931	- 142.07%	0.4859

年份\指标	2005	增长率	2006	增长率	2007	增长率	2008	增长率	2005～2008年平均值
IR	- 0.2576	- 681.49%	0.0993	- 138.55%	- 0.2082	- 309.67%	0.2110	- 201.34%	- 0.0389
IRE	- 1.9623	37.05%	- 0.1317	- 93.29%	- 3.2175	2 343.05%	- 1.9832	- 38.36%	- 1.8237
IRM	0.7220	- 19.29%	0.3064	- 57.56%	1.9556	538.25%	- 1.0076	- 151.52%	0.4941
IRW	0.9827	68.99%	- 0.0753	- 107.66%	1.0537	- 1 499.34%	3.2018	203.86%	1.2907
IR′	- 0.1820	- 4 539.02%	0.0789	- 143.35%	- 0.1941	- 346.01%	0.1126	- 158.01%	- 0.0462
IRE′	- 0.4120	58.10%	0.0014	- 100.34%	- 0.6586	- 47 142.86%	- 0.3378	- 48.71%	- 0.3518
IRM′	0.1040	- 41.01%	0.0806	- 22.50%	0.2675	231.89%	- 0.1338	- 150.02%	0.0796

续表

年份 指标	2005	增长率	2006	增长率	2007	增长率	2008	增长率	2005～2008 年平均值
IRW′	0.1260	42.53%	-0.0030	-102.38%	0.1970	-6 666.67%	0.5842	196.55%	0.2261
IRMAX	-0.0757	-288.31%	0.0204	-126.95%	-0.0140	-168.63%	0.0985	-803.57%	0.0073
IRMAXE	-1.5503	32.37%	-0.1331	-91.41%	-2.5589	1 822.54%	-1.6453	-35.70%	-1.4719
IRMAXM	0.6180	-13.96%	0.2258	-63.46%	1.6881	647.61%	-0.8738	-151.76%	0.4145
IRMAXW	0.8566	73.72%	-0.0723	-108.44%	0.8567	-1 284.92%	2.6176	205.54%	1.0647

年份 指标	2009	增长率	2010	增长率	2011	增长率	2012	增长率	2009～2012 年平均值
IR	0.0688	-67.39%	0.1953	183.87%	0.1567	-19.76%	0.0828	-47.16%	0.1259
IRE	-1.4486	-26.96%	3.1926	-320.39%	1.5541	-51.32%	2.7250	75.34%	1.5058
IRM	0.6209	-161.62%	-1.0259	-265.23%	-0.2552	-75.12%	-1.4564	470.69%	-0.5292
IRW	0.8965	-72.00%	-1.9714	-319.90%	-1.1423	-42.06%	-1.1858	3.81%	-0.8508
IR′	0.0298	-73.53%	0.1927	546.64%	0.2217	15.05%	0.1602	-27.74%	0.1511
IRE′	-0.2546	-24.63%	0.6478	-354.44%	0.3679	-43.21%	0.3615	-1.74%	0.2807
IRM′	0.1192	-189.09%	-0.1522	-227.68%	-0.0152	-90.01%	-0.1032	578.95%	-0.0379
IRW′	0.1652	-71.72%	-0.3030	-283.41%	-0.1311	-56.73%	-0.0980	-25.25%	-0.0917
IRMAX	0.0390	-60.41%	0.0026	-93.33%	-0.0650	-2 600.00%	-0.0775	19.23%	-0.0252
IRMAXE	-1.1939	-27.44%	2.5447	-313.14%	1.1862	-53.39%	2.3635	99.25%	1.2251
IRMAXM	0.5016	-157.40%	-0.8738	-274.20%	-0.2400	-72.53%	-1.3532	463.83%	-0.4914
IRMAXW	0.7313	-72.06%	-1.6684	-328.14%	-1.0112	-39.39%	-1.0878	7.58%	-0.7590

平在2005年后略有改善，财政收入能力总体非均衡程度得到部分改善，同时IRM指标呈现明显的收敛特征，收敛水平趋向于0。第三，地方政府在接受中央政府的转移资金配置后，西部区域的地方政府的财政收入边际总体均等化水平IRW指标的均值水平为0.646%，这种测算结果低于0临界值水平，这说明了地方政府在接受中央政府的转移资金配置后，西部区域的地方政府的财政收入边际总体均等化水平整体上处于稳步下降的阶段，财政收入能力总体非均衡程度没有得到改善。具体到不同的时间段而言，IRW指标在2005年前的均值为1.181%，但是IRW指标在2005年后均值水平逐渐下降到0.111%，IRW指标在2005年前和2005年后的下降降幅为90.6%，这意味着地方政府在接受中央政府的转移资金配置后，西部区域的地方政府的财政收入边际总体均等化水平在2005年后的略有改善，财政收入能力总体非均衡程度得到部分改善，同时IRW指标呈现明显的收敛特征，收敛水平趋向于0。

接下来我们观察的是中央政府对地方政府实施转移支付资金配置前后财政收入的边际区域之间均等效应。我们从IR′数值分析可以看出，IR′指标的均值水平

为 -0.061%，这种测算结果低于 0 临界值水平，这说明了地方政府在接受中央政府的转移资金配置后，不同区域的地方政府的财政收入边际区域之间均等化水平整体上处于稳步提高的阶段，财政收入能力区域之间非均衡程度得到改善。具体到不同的时间段而言，地方政府在接受中央政府的转移资金配置后，不同区域的地方政府的财政收入边际区域之间均等化水平 IR′ 指标在 2005 年前的均值为 0.208%，但是 IR′ 指标在 2005 年后均值水平逐渐下降到 0.086%，IR′ 指标在 2005 年前和 2005 年后的下降降幅为 58.64%，这意味着地方政府在接受中央政府的转移资金配置后，不同区域的地方政府的财政收入边际区域之间均等化水平在 2005 年后的改善程度较为明显，财政收入能力区域之间非均衡程度得到改善，同时 IR′ 指标呈现明显的收敛特征，收敛水平趋向于 0。如果我们从不同的区域指标来看，地方政府在接受中央政府的转移资金配置后，东部、中部、西部区域的地方政府的财政收入边际区域之间均等化水平呈现出不同的变化情况：第一，地方政府在接受中央政府的转移资金配置后，东部区域的地方政府的财政收入边际区域之间均等化水平 IRE′ 指标的均值水平为 -0.293%，这种测算结果低于 0 临界值水平，这说明了地方政府在接受中央政府的转移资金配置后，东部区域的地方政府的财政收入边际区域之间均等化水平整体上处于稳步提高的阶段，财政收入能力区域之间非均衡程度得到改善。具体到不同的时间段而言，IRE′ 指标在 2005 年前的均值为 0.605%，但是 IRE′ 指标在 2005 年后均值水平逐渐下降到 0.018%，IRE′ 指标在在 2005 年前和 2005 年后的下降降幅为 97%，这意味着地方政府在接受中央政府的转移资金配置后，东部区域的地方政府的财政收入边际区域之间均等化水平在 2005 年后的改善程度较为明显，财政收入能力区域之间非均衡程度得到改善，同时 IRE′ 指标呈现明显的收敛特征，收敛水平趋向于 0。第二，地方政府在接受中央政府的转移资金配置后，中部区域的地方政府的财政收入边际区域之间均等化水平 IRM′ 指标的均值水平为 0.115%，这种测算结果高于 0 临界值水平，这说明了地方政府在接受中央政府的转移资金配置后，中部区域的地方政府的财政收入边际区域之间均等化水平整体上处于稳步下降的阶段，财政收入能力区域之间非均衡程度没有得到改善。具体到不同的时间段而言，IRM′ 指标在 2005 年前的均值为 0.221%，但是 IRM′ 指标在 2005 年后均值水平逐渐下降到 0.009%，IRM′ 指标在 2005 年前和 2005 年后的下降降幅为 96%，这意味着地方政府在接受中央政府的转移资金配置后，中部区域的地方政府的财政收入边际区域之间均等化水平在 2005 年后略有改善，财政收入能力区域之间非均衡程度得到部分改善，同时 IRM′ 指标呈现明显的收敛特征，收敛水平趋向于 0。第三，地方政府在接受中央政府的转移资金配置后，西部区域的地方政府的财政收入边际区域之间均等化水平 IRW′ 指标的均值水平为 0.118%，这种测算结果低于 0 临界值水平，这说明了地方政府在接受中央政府的转移资金配置后，西部区域的地方政府的财政收入边际区域之间均等化水平整体上处于稳步下降的阶段，财政收入能力区域之间非均衡程度没有得到改善。具体到不同的时间段而言，IRW' 指标在 2005 年前的均值为 0.177%，但是 IRW' 指标在 2005 年后均值水平逐渐下降到 0.059%，IRW' 指标在 2005 年前和 2005 年后的下降降幅为 66.7%，这意味着地方政府在接受中央政府的转移资金配置后，西部区域的地方政府的财政收入边际区域之间均等化水平在 2005 年后略有改善，财政收入能力区域之间非均衡程度得到部分改善，同时 IRW' 指标呈现明显的收敛特征，收敛水平趋向于 0。

最后我们观察的是中央政府对地方政府实施转移支付资金配置前后财政收入的边际区域内部均等效应。我们从 IRMAX 数值分析可以看出，IRMAX 指标的均值水平为 −0.042%，这种测算结果低于 0 临界值水平，这说明了地方政府在接受中央政府的转移资金配置后，不同区域的地方政府的财政收入边际区域内部均等化水平整体上处于稳步提高的阶段，财政收入能力区域内部非均衡程度得到改善。具体到不同的时间段而言，地方政府在接受中央政府的转移资金配置后，不同区域的地方政府的财政收入边际区域内部均等化水平 IRMAX 指标在 2005 年前的均值为 0.085%，但是 IRMAX 指标在 2005 年后均值水平逐渐下降到 0.0006%，IRMAX 指标在 2005 年前和 2005 年后的下降降幅为 99%，这意味着地方政府在接受中央政府的转移资金配置后，不同区域的地方政府的财政收入边际区域内部均等化水平在 2005 年后的改善程度较为明显，财政收入能力区域内部非均衡程度得到改善，同时 IRMAX 指标呈现明显的收敛特征，收敛水平趋向于 0。如果我们从不同的区域指标来看，地方政府在接受中央政府的转移资金配置后，东部、中部、西部区域的地方政府的财政收入边际区域内部均等化水平呈现出不同的变化情况：第一，地方政府在接受中央政府的转移资金配置后，东部区域的地方政府的财政收入边际区域内部均等化水平 IRMAXE 指标的均值水平为 −1.133%，这种测算结果低于 0 临界值水平，这说明了地方政府在接受中央政府的转移资金配置后，东部区域的地方政府的财政收入边际区域内部均等化水平整体上处于稳步提高的阶段，财政收入能力区域内部非均衡程度得到改善。具体到不同的时间段而言，IRMAXE 指标在 2005 年前的均值为 2.346%，但是 IRMAXE 指标在 2005 年后均值水平逐渐下降到 0.081%，IRMAXE 指标在 2005 年前和 2005 年后的下降降幅为 96.57%，这意味着地方政府在接受中央政府的转移资金配置后，东部区域的地方政府的财政收入边际区域内部均等化水平在 2005 年后的改善程度较为明显，财政收入能力区域内部非均衡程度得到改善，同时 IRMAXE 指标呈现明显的收敛特征，收敛水平趋向于 0。第二，地方政府在接受中央政府的转移资金配置后，中部区域的地方政府的财政收入边际区域内部均等化水平 IRMAXM 指标的均值水平为 0.562%，这种测算结果高于 0 临界值水平，这说明了地方政府在接受中央政府的转移资金配置后，中部区域的地方政府的财政收入边际区域内部均等化水平整体上处于稳步下降的阶段，财政收入能力区域内部非均衡程度没有得到改善。具体到不同的时间段而言，IRMAXM 指标在 2005 年前的均值为 1.257%，但是 IRMAXM 指标在 2005 年后均值水平逐渐下降到 0.132%，IRMAXM 指标在 2005 年前和 2005 年后的下降降幅为 89.48%，这意味着地方政府在接受中央政府的转移资金配置后，中部区域的地方政府的财政收入边际区域内部均等化水平在 2005 年后的略有改善，财政收入能力区域内部非均衡程度得到部分改善，同时 IRMAXM 指标呈现明显的收敛特征，收敛水平趋向于 0。第三，地方政府在接受中央政府的转移资金配置后，西部区域的地方政府的财政收入边际区域内部均等化水平 IRMAXW 指标的均值水平为 0.528%，这种测算结果低于 0 临界值水平，这说明了地方政府在接受中央政府的转移资金配置后，西部区域的地方政府的财政收入边际区域内部均等化水平整体上处于稳步下降的阶段，财政收入能力区域内部非均衡程度没有得到改善。具体到不同的时间段而言，IRMAXW 指标在 2005 年前的均值为 1.004%，但是 IRMAXW 指标在 2005 年后均值水平逐渐下降到 0.052%，IRMAXW 指标在 2005 年前和 2005 年后的下降降幅为 94.8%，这意味着地方政府在接受中央政府的转移资金配置后，西部区域的地方政府的财政收入边际区域内部均等化水平在 2005 年后略有改善，财政收入能力区域内部非均衡程度得到部分改善，同时 IRMAXW 指标呈现明显的收敛特征，收敛水平趋向于 0。

我们从表 6-12 中可以得到 1997~2012 年中央政府对地方政府实施转移支付资金配置前后转移支付财政支出边际均等化效应。我们首先观察的是中央政府对地方政府实施转移支付资金配置前后财政支出的边际总体均等效应。我们从 IE 数值分析可以看出，IE 指标的均值水平为 -0.021%，这种测算结果低于 0 临界值水平，这说明了地方政府在接受中央政府的转移资金配置后，不同区域的地方政府的财政支出边际总体均等化水平整体上处于稳步提高的阶段，财政支出能力总体非均衡程度得到改善。具体到不同的时间段而言，地方政府在接受中央政府的转移资金配置后，不同区域的地方政府的财政支出边际总体均等化水平 IE 指标在 2005 年前的均值为 0.0347%，但是 IE 指标在 2005 年后均值水平逐渐下降到 0.006%，IE 指标在 2005 年前和 2005 年后的下降降幅为 81.83%，这意味着地方政府在接受中央政府的转移资金配置后，不同区域的地方政府的财政支出边际总体均等化水平在 2005 年后的改善程度较为明显，财政支出能力总体非均衡程度得到改善，同时 IE 指标呈现明显的收敛特征，收敛水平趋向于 0。如果我们从不同的区域指标来看，地方政府在接受中央政府的转移资金配置后，东部、中部、西部区域的地方政府的财政支出边际总体均等化水平呈现出不同的变化情况：第一，地方政府在接受中央政府的转移资金配置后，东部区域的地方政府的财政支出边际总体均等化水平 IEE 指标的均值水平为 -0.34%，这种测算结果低于 0 临界值水平，这说明了地方政府在接受中央政府的转移资金配置后，东部区域的地方政府的财政支出边际总体均等化水平整体上处于稳步提高的阶段，财政支出能力总体非均衡程度得到改善。具体到不同的时间段而言，IEE 指标在 2005 年前的均值为 0.545%，但是 IEE 指标在 2005 年后均值水平逐渐下降到 0.136%，IEE 指标在 2005 年前和 2005 年后的下降降幅为 75.05%，这意味着地方政府在接受中央政府的转移资金配置后，东部区域的地方政府的财政支出边际总体均等化水平在 2005 年后的改善程度较为明显，财政支出能力总体非均衡程度得到改善，同时 IEE 指标呈现明显的收敛特征，收敛水平趋向于 0。第二，地方政府在接受中央政府的转移资金配置后，中部区域的地方政府的财政支出边际总体均等化水平 IEM 指标的均值水平为 0.136%，这种测算结果高于 0 临界值水平，这说明了地方政府在接受中央政府的转移资金配置后，中部区域的地方政府的财政支出边际总体均等化水平整体上处于稳步下降的阶段，财政支出能力总体非均衡程度没有得到改善。具体到不同的时间段而言，IEM 指标在 2005 年前的均值为 0.221%，但是 IEM 指标在 2005 年后均值水平逐渐下降到 0.05%，IEM 指标在 2005 年前和 2005 年后的下降降幅为 63.23%，这意味着地方政府在接受中央政府的转移资金配置后，中部区域的地方政府的财政支出边际总体均等化水平在 2005 年后的略有改善，财政支出能力总体非均衡程度得到部分改善，同时 IEM 指标呈现明显的收敛特征，收敛水平趋向于 0。第三，地方政府在接受中央政府的转移资金配置后，西部区域的地方政府的财政支出边际总体均等化水平 IEW 指标的均值水平为 0.184%，这种测算结果低于 0 临界值水平，这说明了地方政府在接受中央政府的转移资金配置后，西部区域的地方政府的财政支出边际总体均等化水平整体上处于稳步下降的阶段，财政支出能力总体非均衡程度没有得到改善。具体到不同的时间段而言，IEW 指标在 2005 年前的均值为 0.289%，但是 IEW 指标在 2005 年后均值水平逐渐下降到 0.08%，IEW 指标在 2005 年前和 2005 年后的下降降幅为 72.32%，这意味着地方政府在接受中央政府的转移资金配置后，西部区域的地方政府的财政支出边际总体均等化水平在 2005 年后的略有改善，财政支出能力总体非均衡程度得到部分改善，同时 IEW 指标呈现明显的收敛特征，收敛水平趋向于 0。

表 6 – 12　　　　中央政府对地方政府实施转移支付资金配置前后转移支付

财政支出边际均等化效应测算结果

指标＼年份	1997	增长率	1998	增长率	1999	增长率	2000	增长率	1997～2000年平均值
IE	– 0.1464	—	– 0.0044	– 3 227.27%	– 0.0307	85.67%	– 0.0365	15.89%	– 0.0545
IEE	– 1.8280	—	– 0.0531	– 3 342.56%	– 0.5938	91.06%	– 0.6407	7.32%	– 0.7789

续表

指标\年份	1997	增长率	1998	增长率	1999	增长率	2000	增长率	1997~2000年平均值
IEM	0.8719	—	-0.0595	1 565.38%	0.1737	134.25%	0.3734	53.48%	0.3399
IEW	0.8098	—	0.1082	-648.43%	0.3893	72.21%	0.2307	-68.75%	0.3845
IE'	-0.0762	—	-0.0005	-15 140.00%	-0.0316	98.42%	-0.0312	-1.28%	-0.0349
IEE'	-0.3555	—	-0.0100	-3 455.00%	-0.1206	91.71%	-0.1269	4.96%	-0.1533
IEM'	0.1386	—	-0.0100	1 486.00%	0.0249	140.16%	0.0602	58.64%	0.0534
IEW'	0.1407	—	0.0195	-621.54%	0.0641	69.58%	0.0354	-81.07%	0.0649
IEMAX	-0.0702	—	-0.0040	-1 655.00%	0.0009	544.44%	-0.0053	116.98%	-0.0197
IEMAXE	-1.4725	—	-0.0431	-3 316.47%	-0.4732	90.89%	-0.5138	7.90%	-0.6257
IEMAXM	0.7333	—	-0.0495	1 581.41%	0.1489	133.24%	0.3132	52.46%	0.2865
IEMAXW	0.6690	—	0.0887	-654.23%	0.3252	72.72%	0.1953	-66.51%	0.3196
指标\年份	2001	增长率	2002	增长率	2003	增长率	2004	增长率	2001~2004年平均值
IE	-0.0140	-160.71%	-0.0176	25.71%	-0.0435	59.54%	-0.0261	-66.67%	-0.0253
IEE	-0.6448	0.64%	-0.3806	-40.97%	-0.4608	17.40%	-0.4301	-7.14%	-0.4791
IEM	0.2690	-38.81%	0.2675	-0.56%	0.1639	-63.21%	0.0904	-81.31%	0.1977
IEW	0.3618	36.24%	0.0954	-73.63%	0.2534	62.35%	0.3136	19.20%	0.2561
IE'	-0.0304	-2.63%	-0.0186	-38.82%	-0.0097	-91.75%	-0.0172	43.60%	-0.0190
IEE'	-0.1292	1.78%	-0.0752	-41.80%	-0.0852	11.74%	-0.0845	-0.83%	-0.0935
IEM'	0.0428	-40.65%	0.0422	-1.40%	0.0262	-61.07%	0.0132	-98.48%	0.0311
IEW'	0.0559	36.67%	0.0144	-74.24%	0.0493	70.79%	0.0541	8.87%	0.0434
IEMAX	0.0164	132.32%	0.0009	-94.51%	-0.0339	102.65%	-0.0090	-276.67%	-0.0064
IEMAXE	-0.5156	0.35%	-0.3054	-40.77%	-0.3756	18.69%	-0.3456	-8.68%	-0.3856
IEMAXM	0.2262	-38.46%	0.2253	-0.40%	0.1377	-63.62%	0.0772	-78.37%	0.1666
IEMAXW	0.3059	36.16%	0.0810	-73.52%	0.2041	60.31%	0.2595	21.35%	0.2126
指标\年份	2005	增长率	2006	增长率	2007	增长率	2008	增长率	2005~2008年平均值
IE	0.0071	467.61%	-0.0029	344.83%	-0.0182	527.59%	-0.0104	-75.00%	-0.0061
IEE	0.1306	429.33%	-0.0270	583.70%	-0.0674	149.63%	-0.1639	58.88%	-0.0319
IEM	-0.1601	156.46%	-0.0114	-1 304.39%	-0.1258	1 003.51%	0.1770	171.07%	-0.0301
IEW	0.0366	-756.83%	0.0355	-3.10%	0.1750	392.96%	-0.0235	844.68%	0.0559
IE'	0.0065	364.62%	-0.0030	316.67%	-0.0095	216.67%	-0.0174	45.40%	-0.0059
IEE'	0.0255	431.37%	-0.0057	547.37%	-0.0158	177.19%	-0.0362	56.35%	-0.0081
IEM'	-0.0254	151.97%	-0.0009	-2 722.22%	-0.0234	2 500.00%	0.0281	183.27%	-0.0054
IEW'	0.0064	-745.31%	0.0036	-77.78%	0.0298	727.78%	-0.0093	420.43%	0.0076
IEMAX	0.0006	1 600.00%	0.0001	-500.00%	-0.0087	-8 800.00%	0.0070	224.29%	-0.0003
IEMAXE	0.1051	428.83%	-0.0213	593.43%	-0.0516	142.25%	-0.1277	59.59%	-0.0239
IEMAXM	-0.1347	157.31%	-0.0105	-1 182.86%	-0.1024	875.24%	0.1489	168.77%	-0.0247
IEMAXW	0.0302	-759.27%	0.0318	344.83%	0.1452	356.60%	-0.0142	1 122.54%	0.0483

续表

年份 \ 指标	2009	增长率	2010	增长率	2011	增长率	2012	增长率	2009～2012 年平均值
IE	− 0.0033	− 215.15%	− 0.0052	36.54%	− 0.0037	− 40.54%	− 0.0005	− 640.00%	− 0.0032
IEE	− 0.2537	35.40%	− 0.1344	− 88.76%	− 0.1270	− 5.83%	− 0.1779	28.61%	− 0.1733
IEM	0.0804	− 120.15%	0.0792	− 1.52%	0.0555	− 42.70%	0.0948	41.46%	0.0775
IEW	0.1699	113.83%	0.0500	− 239.80%	0.0679	26.36%	0.0826	17.80%	0.0926
IE′	− 0.0090	− 93.33%	− 0.0042	− 114.29%	− 0.0051	17.65%	− 0.0052	1.92%	− 0.0059
IEE′	− 0.0500	27.60%	− 0.0256	− 95.31%	− 0.0251	− 1.99%	− 0.0213	− 17.84%	− 0.0305
IEM′	0.0121	− 132.23%	0.0128	5.47%	0.0085	− 50.59%	0.0086	1.16%	0.0105
IEW′	0.0288	132.29%	0.0087	− 231.03%	0.0114	23.68%	0.0075	− 52.00%	0.0141
IEMAX	0.0057	− 22.81%	− 0.0010	670.00%	0.0014	171.43%	0.0047	70.21%	0.0027
IEMAXE	− 0.2037	37.31%	− 0.1088	− 87.22%	− 0.1020	− 6.67%	− 0.1565	34.82%	− 0.1428
IEMAXM	0.0683	− 118.01%	0.0664	− 2.86%	0.0469	− 41.58%	0.0862	45.59%	0.0670
IEMAXW	0.1411	110.06%	0.0414	− 240.82%	0.0565	26.73%	0.0751	24.77%	0.0785

接下来我们观察的是中央政府对地方政府实施转移支付资金配置前后财政收入的边际区域之间均等效应。我们从 IE′ 数值分析可以看出，IE′ 指标的均值水平为 − 0.015%，这种测算结果低于 0 临界值水平，这说明了地方政府在接受中央政府的转移资金配置后，不同区域的地方政府的财政收入边际区域之间均等化水平整体上处于稳步提高的阶段，财政收入能力区域之间非均衡程度得到改善。具体到不同的时间段而言，地方政府在接受中央政府的转移资金配置后，不同区域的地方政府的财政收入边际区域之间均等化水平 IE′ 指标在 2005 年前的均值为 0.023%，但是 IE′ 指标在 2005 年后均值水平逐渐下降到 0.008%，IE′ 指标在 2005 年前和 2005 年后的下降降幅为 67%，这意味着地方政府在接受中央政府的转移资金配置后，不同区域的地方政府的财政收入边际区域之间均等化水平在 2005 年后的改善程度较为明显，财政收入能力区域之间非均衡程度得到改善，同时 IE′ 指标呈现明显的收敛特征，收敛水平趋向于 0。如果我们从不同的区域指标来看，地方政府在接受中央政府的转移资金配置后，东部、中部、西部区域的地方政府的财政收入边际区域之间均等化水平呈现出不同的变化情况：第一，地方政府在接受中央政府的转移资金配置后，东部区域的地方政府的财政收入边际区域之间均等化水平 IEE′ 指标的均值水平为 − 0.067%，这种测算结果低于 0 临界值水平，这说明了地方政府在接受中央政府的转移资金配置后，东部区域的地方政府的财政收入边际区域之间均等化水平整体上处于稳步提高的阶段，财政收入能力区域之间非均衡程度得到改善。具体到不同的时间段而言，IEE′ 指标在 2005 年前的均值为 0.107%，但是 IEE′ 指标在 2005 年后均值水平逐渐下降到 0.026%，IEE′ 指标在 2005 年前和 2005 年后的下降降幅为 76%，这意味着地方

政府在接受中央政府的转移资金配置后，东部区域的地方政府的财政收入边际区域之间均等化水平在 2005 年后的改善程度较为明显，财政收入能力区域之间非均衡程度得到改善，同时 IEE′ 指标呈现明显的收敛特征，收敛水平趋向于 0。第二，地方政府在接受中央政府的转移资金配置后，中部区域的地方政府的财政收入边际区域之间均等化水平 IEM′ 指标的均值水平为 0.021%，这种测算结果高于 0 临界值水平，这说明了地方政府在接受中央政府的转移资金配置后，中部区域的地方政府的财政收入边际区域之间均等化水平整体上处于稳步下降的阶段，财政收入能力区域之间非均衡程度没有得到改善。具体到不同的时间段而言，IEM′ 指标在 2005 年前的均值为 0.035%，但是 IEM′ 指标在 2005 年后均值水平逐渐下降到 0.007%，IEM′ 指标在 2005 年前和 2005 年后的下降降幅为 81.2%，这意味着地方政府在接受中央政府的转移资金配置后，中部区域的地方政府的财政收入边际区域之间均等化水平在 2005 年后略有改善，财政收入能力区域之间非均衡程度得到部分改善，同时 IEM′ 指标呈现明显的收敛特征，收敛水平趋向于 0。第三，地方政府在接受中央政府的转移资金配置后，西部区域的地方政府的财政收入边际区域之间均等化水平 IEW′ 指标的均值水平为 0.03%，这种测算结果高于 0 临界值水平，这说明地方政府在接受中央政府的转移资金配置后，西部区域的地方政府的财政收入边际区域之间均等化水平整体上处于稳步下降的阶段，财政收入能力区域之间非均衡程度没有得到改善。具体到不同的时间段而言，IEW′ 指标在 2005 年前的均值为 0.049%，但是 IEW′ 指标在 2005 年后均值水平逐渐下降到 0.012%，IEW′ 指标在 2005 年前和 2005 年后的下降降幅为 76.5%，这意味着地方政府在接受中央政府的转移资金配置后，西部区域的地方政府的财政收入边际区域之间均等化水平在 2005 年后的略有改善，财政收入能力区域之间非均衡程度得到部分改善，同时 IEW′ 指标呈现明显的收敛特征，收敛水平趋向于 0。

最后我们观察的是中央政府对地方政府实施转移支付资金配置前后财政收入的边际区域内部均等效应。我们从 IEMAX 数值分析可以看出，IEMAX 指标的均值水平为 −0.005%，这种测算结果低于 0 临界值水平，这说明了地方政府在接受中央政府的转移资金配置后，不同区域的地方政府的财政收入边际区域内部均等化水平整体上处于稳步提高的阶段，财政收入能力区域内部非均衡程度得到改善。具体到不同的时间段而言，地方政府在接受中央政府的转移资金配置后，不同区域的地方政府的财政收入边际区域内部均等化水平 IEMAX 指标在 2005 年前的均值为 0.012%，但是 IEMAX 指标在 2005 年后均值水平逐渐下降到 0.0013%，IEMAX 指标在 2005 年前和 2005 年后的下降降幅为 88.4%，这意味着地方政府在接受中央政府的转移资金配置后，不同区域的地方政府的财政收入边际区域内部均等化水平在 2005 年后的改善程度较为明显，财政收入能力区域内部非均衡程度得到改善，同时 IEMAX 指标呈现明显的收敛特征，收敛水平趋向于 0。如果我们从不同的区域指标来看，地方政府在接受中央政府的转移资金配置后，东部、中部、西部区域的地方政府的财政收入边际区域内部均等化水平呈现出不同的变化情况：第一，地方政府在接受中央政府的转移资金配置后，东部区域的地方政府的财政收入边际区域内部均等化水平 IEMAXE 指标的均值水平为 −0.29446%，这种测算结果低于 0 临界值水平，这说明了地方政府在接受中央政府的转移资金配置后，东部区域的地方政府的财政收入边际区域内部均等化水平整体上处于稳步提高的阶段，财政收入能力区域内部非均衡程度得到改善。具体到不同的时间段而言，IEMAXE 指标在 2005 年前的均值为 0.5056%，但是 IEMAXE 指标在 2005 年后均值水平逐渐下降到 0.08331%，IEMAXE 指标在 2005 年前和 2005 年后的下降降幅为 83.52%，这意味着地方政府在接受中央政府的转移资金配置后，东部区域的地方政府的财政收入边际区域内部均等化水平在 2005 年后的改善程度较为明显，财政收入能力区域内部非均衡程度得到改善，同时 IEMAXE 指标呈现明显的收敛特征，收敛水平趋向于 0。第二，地方政府在接受中央政府的转移资金配置后，中部区域的地方政府的财政收入边际区域内部均等化水平 IEMAXM 指标的均值水平为 0.123838%，这种测算结果高于 0 临界值水平，这说明了地方政府在接受中央政府的转移资金配置后，中部区域的地方政府的财政收入边际区域内部均等化水平整体上处于稳步下降的阶段，财政收入能力区域内部非均衡程度没有得到改善。具体到不同的时间段而言，IEMAXM 指标在 2005 年前的均值为 0.226538%，但是 IEMAXM 指标在 2005 年后均值水平逐渐下降到 0.021138%，IEMAXM 指标在 2005 年前和 2005 年后的下降降幅为 90.67%，这意味着地方政府在接受中央政府的转移资金配置后，中部区域的地方政府的财政收入边际区域内部均等化水平在 2005 年后略有改善，财政收入能力区域内部非均衡程度得到部分改善，同时 IEMAXM 指标呈现明显的收敛特征，收敛水平趋向于 0。第三，地方政府在接受中央政府的转移资金配置后，西部区域的地方政府的财政收入边际区域内部均等化水平 IRMAXW 指标的均值水平为 0.164738%，这种测算结果低于 0 临界值水平，这说明了地方政府在接受中央政府的转移资金配置后，西部区域的地方政府的财政收入边际区域内部均等化水平整体上处于稳步下降的阶段，财政收入能力区域内部非均衡程度没有得到改善。具体到不同的时间段而言，IEMAXW 指标在 2005 年前的均值为 0.266088%，但是 IEMAXW 指标在 2005 年后均值水平逐渐下降到 0.063388%，IEMAXW 指标在在 2005 年前和 2005 年后的下降降幅为 76.18%，这意味着地方政府在接受中央政府的转移资金配置后，西部区域的地方政府的财政收入边际区域内部均等化水平在 2005 年后略有改善，财政收入能力区域内部非均衡程度得到部分改善，同时 IEMAXW 指标呈现明显的收敛特征，收敛水平趋向于 0。

第七章

公共物品有效供给的优化路径选择

　　上一章通过时间序列泰尔指数构建科学的测算体系分析现行转移支付对不同区域之间、城乡之间各级政府财政能力的均等化效应及其收敛性特征，结果发现：第一，现行转移支付对不同区域之间、城乡之间各级政府财政能力的均等化效应逐渐趋弱，对不同区域之间、城乡之间各级政府财政支出的均等化效应也呈现出同样的特征，两者表出现较为相似的收敛性特征。之所以出现这样的测算结果，主要的原因在于：现行的转移支付制度在制度设计方面，不但缺乏对不同区域之间、城乡之间各级政府财政能力差异的考量，同时也缺乏对不同区域之间、城乡之间各级政府公共物品供给成本约束的考量。第二，现行转移支付对不同区域之间、城乡之间各级政府财政能力的均等化效应较为明显，但现行转移支付对不同区域之间、城乡之间各级政府财政支出的均等化效应未能达到预期目标，这种测算结果的主要原因在于：转移支付的均等性侧重于不同区域之间、城乡之间各级政府财政能力的均衡效应，缺乏对不同区域之间、城乡之间各级政府公共物品支出需求和成本约束的深入分析。显而易见的是，上级政府对下级政府的转移支付制度设计，需要考虑不同区域之间、城乡之间各级政府公共物品支出需求的不同标准，同时更要考虑不同区域之间、城乡之间各级政府财政收入能力的不同标准，这种趋势应该作为深化财税体制改革进程中完善均等化转移支付制度的改革重点。在笔者看来，书的研究目的是要建立一个关于潜在财政能力和公共物品供给可及性的完整分析体系，在这个理论体系中，如何提高公共物品供给过程的可及性是我们要解决的核心问题。因此，在界定公共物品供给可及性所涉及的基本概念的基础上，我们的研究选择建立均等化视角下公共物品供给可及性的理论模型为切入点，为进一步的分析打下基础。依据我们的研究思路，各级政府的潜在财政能力是制约公共物品供给的客观因素，所以对各级政府潜在财政能力进行分析是不可或缺的。在这里，我们要交代潜在财政能力的真实含义、影响潜在财政能力的因素、潜在财政能力的测算方法、潜在财政能力不均等程度的测算方法以及潜在财政能力与公共物品供给之间的作用机理。在完成客观因素分析后，我们选择同时考虑城乡和区域二维均等的双变量泰尔指数作为分析工具，分别从公共教育、医疗卫生、社会保险、基本社会服务四个方面，来分析各级政府潜在财政能力对城乡和区域之间各项公共服务供给边际可及性的影响。在这部分的分析中，我们将提供公共教育、医疗卫生、社会保险、基本社会服务各项公共服务供给边际可及性的测算方法。接下来，我们对公共服务均等化的实施效果从时间维度进行分析，重点研究每个区域内部公共服务不均等程度动态变化的主要趋势。在这一章里面，我们研究的内容包括公共服务均等化战略的提出、公共服务均等化水平测量工具、公共服务均等化水平的测量结果以及推进公共服务均等化的战略思考。在此基础上，我们对现行转移支付的基本原理、制度设计、国际经验、均等效应进行深入研究，在时间序列泰尔指数的基础上构建科学严谨的测算体系，测算转移支付制度对不同区域之间、城乡之间各级政府的财力均衡效应与收敛性进行实证分析。在本书最后一章，我们在对研究得到的基础性结论进行系统性归纳的基础上，提出各级政府如何在潜在财政能力的标准下，如何去实现不同区域之间、城乡之间各级政府公共服务的均衡有效供给。我们在对研究得到的基础性结论进行系统性归纳的基础上，提出各级政府如何在潜在财政能力的标准下，如何去实现不同区域之间、城乡之间各级政府公共服务的均衡有效供给，以及如何去提高各级政府的提供公共物品的可及性问题，主要思路可以概括为：第一，增强落后地区基层政府提供公共物品能力；第二，按照潜在财政能力标准测算各级政府的财政能力；第三，重点考虑区域成本约束测算公共物品支出需求；第四，推进省以下地方政府财政体制改革；第五，强调居民享受公共服务的权利平等和机会均等。根据上述思路，提高潜在财力标准下的公共物品供给的边际可及性的政策建议，主要包括：提高地方政府特别是边远地区基层政府的财政自给能力，建立均等化的财政转移支付制度有效均衡地方政府的财政能力，减少省以下地方政府的财政级次乃至行政级次，强化中央政府和地方政府的财政预算约束，建立多元化的公共物品有效供给策略。

第一节　研究的基本结论

通过前面章节的分析，我们可以得到以下结论：

第一，本书建立了一个多级政府系统，对中央政府和地方政府、地方政府之间不同经济行为的假定进行详尽的论述，证明了公共物品最优供给如何在满足居民的情况下得以实现，并采用相互替代弹性的方法，分析当公共物品分别为完全替代品、替代品、互补品、完全互补品的情况下，地方性和中央性政府公共物品最优供给的融资模式。通过本书的研究认为，当地方政府之间、中央政府与地方政府之间达到完全竞争的状态，居民在所有商品上所花费的支出水平达到了最小；当中央政府与地方政府之间、地方政府之间的竞争程度越小，居民在所有商品所花费的支出，大于政府完全竞争条件下的支出水平。因此，居民支出函数的大小，与政府的竞争程度呈正比的关系。如果居民将不同层次政府提供的公共物品视为完全互补品，政府在提供公共物品，必须完全采取中央、地方两级政府同时配套的方式进行提供，才能满足居民的需求；如果居民将公共物品视为完全替代品，既可以采取由中央政府提供的模式，也可以采取由地方政府提供的模式，均可以满足居民的需求。但是，这两种情况为极端的情况，在现实经济中往往较难实现。

第二，如果居民将不同层次政府提供的公共物品视为互补品，搭配起来共同消费，以提高自身的满意程度。相应地，为了满足居民的偏好，这种类型公共物品的供给，必须由中央、地方政府配套地提供。可以说，这种类型的公共物品，覆盖范围涉及不同辖区，往往具有全国性的战略意义。中央政府应该负责不同辖区间的统筹安排；地方政府在中央政府的统筹安排下，根据各地的实际情况进行配套的提供。若是由地方政府进行提供，由于地方政府出自于本辖区利益的考虑，其提供的公共物品往往只覆盖到本辖区范围内，无法辐射到全国范围，往往不能实现全国性的战略意义。基于上述考虑，在公共物品的融资方式上，居民更容易接受以中央政府征税为主、地方政府征税为辅的征税形式。相应地，当中央、地方政府配套地提供互补品的公共物品时，为了满足居民的偏好，应该采取以中央供给为主、地方供给为辅的方式。

第三，如果居民将不同层次政府提供的公共物品视为替代品，均不会影响自身满意程度的提高。相应地，为了满足居民的偏好，可以采取由中央政府提供的模式，也可以采取由地方政府提供的模式。在这种情况下，地方政府能够结合当地经济的实际情况，因地制宜地采取不同的供给模式进行提供。这种类型的公共物品，覆盖范围仅仅涉及本地辖区之内，对于当地经济的发展具有重要的意义。若是由中央政府进行提供，由于中央政府所供给的公共物品往往具有全国性的统筹意义，所以不能针对当地经济的实际情况进行配套提供，不能有针对性地促进当地经济的发展。基于上述考虑，在公共物品的融资方式上，居民更容易接受以地方政府征税为主、中央政府征税为辅的征税形式。相应地，当中央、地方政府提供替代品的公共物品时，应该采取以地方供给为主、中央供给为辅的方式进行提供。

第四，作为政府合法性和稳固性的根基所在，政府财政能力的核心功能，应该是集中体现在财政资源的汲取能力，以及地方政府对地方性公共物如何实现有效供给方面。地方政府的财政汲取能力，所代表政府财力的集中过程和结果，但具体到财力转化为支出的有效性，这在财政能力汲取环节，是较难实现的。应该指出的是，如果地方政府所提供的公共物品，如果不能有效地满足辖区内居民的公共需求，必将削弱地方政府公共物品供给可及性，同时降低地方政府财力转化的有效性。在经济发展水平和税收制度大致相同的情况下，地方政府拥有了相似的潜在财力，但实际财力却往往大不相同。一方面，实际征税努力水平较高的地方政府，拥有实际财力一般而言比较高；另一方面，实际征税努力水平较低的地方政府，拥有的实际财政能力相对而言比较低。

第五，在地方政府无法保证公共物品供给的前提下，中央政府对地方政府实施均等化转移支付，如果按照实际财力标准确定转移支付资金规模，可能出现的结果是：实际征税努力程度较高的地方政府，反而得到了规模比较低的转移支付资金，这种结果不符合均等化财政转移支付制度的设计理念。如果我们按照实际财政能力去确定中央政府对地方政府的转移支付资金配置，很可能会造成地方政府在公共物品的供给上，过度依赖于上级政府的转移支付资金，而不是通过发展本地经济提供地方政府的财政能力，这会在很大程度上降低地方政府的征税努力程度，从而造成地方性公共物品供给过程的"逆向激励"问题。从地方政府各类公共物品供给的可及性效益看，各类公共物品的可及效益有所不同：公共教育和医疗卫生的可及性整体而言相对较高，而社会保险以及社会服务的可及性相对较低。可以指出的是，各级地方政府的财政能力差距对各类公共物品供给过程的可及性将产生重要的影响，可以作为下一阶段提高公共物品可及性所要关注的关键要点之一。公共物品支出需求和公共服务提供成本在概念上存在一定的重合，而公共物品支出需求和公共服务提供成本在不同区域之间存在的差异性可能不同地区地方政府的政府偏好所造成的，或者是由于不同地方政府在政绩考核机制下的不同策略行为以及这些行为所导致的非效率性所造成的。

第六，近些年来中国公共服务均等化水平处于稳步提高阶段，而在 2005 年以后公共服务的均等化水平改善程度特别明显，这在很大程度上可以说明地方政府近年来的公共服务均等化战略取得了较大程度的突破。之所以取得这样的政策效果，最为主要的原因无非是近年来中央政府对地方政府公共服务方面的政策倾斜，这不但有助于缓解地方政府在公共服务供给过程的财力缺口问题，中央政府也可以通过提高政府的财政能力来促进公共服务的有效供给。公共服务总体均等化水平在各个区域维度的表现有所不同：公共服务总体不均等程度在东部区域显著下降，东部总体均等化水平得到明显改善，但中、西部区域公共服务的总体不均等仍然较高。可以说，各级地方政府由于在公共服务投入方面的成本存在一定的差异，而这种差异更多地取决于各级地方政府的资源禀赋，这将成为公共服务供给数量和质量最为重要的制约因素，必须对此引起足够的重视。

第七，从公共服务均等化程度的构成来说，公共服务在区域之间的均等化水平改善较为明显，但公共服务在区域内部的不均等程度仍然较高。应该指出的是，各级政府经济发展水平是实现辖区内公共服务均等化的客观约束条件之一，而中国长期以来东、中、西部区域内部经济发展水平的巨大差异决定了实现公共服务的均等化是一个循序渐进的过程。另外，公共服务均等化水平在区域之间和区域内部的表现较为接近：公共服务区域之间和区域内部不均等程度在东部区域同时表现出下降趋势，特别在 2005 年后两者的下降趋势更为明显，但在中、西部区域公共服务不均等却同时呈现出上升趋势。基于此，公共服务均等化程度的实施要更加注重中、西部区域的公共服务不均等问题，将公共服务资源更多地倾向于中、西部边远落后地区。

第八，如何从国家层面提出不同区域之间、城乡之间各级政府提供公共服务的均等化标准，比如在公共服务的有效服务半径、基础场地设施、人均财政资源、财政人员编制、服务种类标准、财政经费投入等方面都要制定应该的标准，统一按照标准提供居民享用的公共服务，不因为居民居住区域的不同而有所不同，这主要是由于：不同区域之间、城乡之间各级政府公共服务的均等化，所要注重的是公民享用公共服务过程的机会均等与权利平等，而不再仅仅表现为"一刀切"模式的财政资源平均配置，所强调的居民在公共服务的效果均等标准更具有现实意义。

第九，在分析不同区域之间、城乡之间各级政府提供公共服务的财政支出需求方面，不同区域之间、城乡之间公共服务投入要素的成本约束应该是重点考察的因素之一，适当增加对幅员辽阔、人口稀少、边远落后地区地方政府的财政支持力度，使得居民无论位居何地均等享用到标准化、均等化的公共服务，提升居民整体的幸福感指数与整个社会的福利水平。中央政府通过转移支付加大对基层政府的财政扶持，使基层政府拥有足够的财力来履行公共物品供给，逐渐缩小公共服务在城乡区域之间的供给差距。通过这种制度安排，使得各级地方政府的居民无论居住在何地，都能够享受到大致一致的公共服务，从而在机会均等方面去实现各级地方政府居民福利水平的均等。

第十，转移支付在均衡地方政府财政收入方面的边际均等效应逐渐趋弱，呈现出明显收敛的特征，这是由于：不同区域之间、城乡之间各级政府的财力差距问题是公共服务均等化的客观制约因素，如何在保持经济稳定增长的前提下通过完善各级政府间的财政分权体制，增加不同区域之间、城乡之间各级政府在提供公共服务过程的财政能力，重点解决各级政府在不同区域之间、不同城乡内部的公共服务联合供给问题，实现不同区域之间、城乡之间各级政府公共服务的均等化战略。转移支付在均衡地方政府公共物品供给的边际均等效应同样趋弱，且呈现出收敛性特征，具体原因为：相等的财政能力未必能够带来同等水平的公共物品供给，公共物品投入的要素成本对公共服务的产出数量将起到重要的影响。应该指出的是，现行转移支付的制度设计缺少对公共物品供给成本因素的考虑，这将导致转移支付均衡地方政府公共物品供给方面出现边际效应递减的现象，这应作为全面深化财税体制改革下一步的重要政策导向。

第十一，要继续推动更多的财政资源向经济落后地区尤其是农村地区倾斜，增加对老少边穷地区和城乡结合部的公共财政投入力度，增强不同区域之间、城乡之间各级政府提供均等化公共服务的财政能力，在财政能力均等化方面要重点解决区域内部、城乡内部公共服务非均衡性逐渐扩大的趋势，还需要对区域之间、城乡之间公共服务的非均衡供给给予重视，从制度上保障不同区域之间、城乡之间各级政府提供统一标准的公共服务。第五，针对不同区域之间、城乡之间各级政府的财政能力标准，需要按照潜在财政能力的标准设计出符合财政能力标准的、有利于公共服务均等化战略顺利实施的财政激励机制，有利于上级政府按照下级政府的实际财政努力程度进行合理的公共财政资源配置，通过这种模式来提高不同区域之间、城乡之间各级政府的财政努力水平。

第二节　实现公共物品有效供给的路径选择

根据本书得到的基本结论，我们将实现公共物品有效供给的路径选择的主要思路概括如下：第一，如何从国家层面提出不同区域之间、城乡之间各级政府提供公共服务的均等化标准，统一按照标准提供居民享用的公共服务，不因为居民居住区域的不同而有所不同，这主要是由于不同区域之间、城乡之间各级政府公共服务的均等化，所要注重的是公民享用公共服务过程的机会均等与权利平等。第二，在分析不同区域之间、城乡之间各级政府提供公共服务的财政支出需求方面，不同区域之间、城乡之间公共服务投入要素的成本约束应该是重点考察的因素之一，适当增加对幅员辽阔、人口稀少、边远落后地区地方政府的财政支持力度，使得居民无论位居何地均等享用到标准化、均等化的公共服务，提升居民整体的幸福感指数与整个社会的福利水平。第三，不同区域之间、城乡之间各级政府的财力差距问题是公共服务均等化的客观制约因素，如何在保持经济稳定增长的前提下通过完善各级政府间的财政分权体制，增加不同区域之间、城乡之间各级政府在提供公共服务过程的财政能力，重点解决各级政府在不同区域之间、不同城乡内部的公共服务联合供给问题，实现不同区域之间、城乡之间各级政府公共服务的均等化战略。第四，要继续推动更多的财政资源向经济落后地区尤其是农村地区倾斜，增加对老少边穷地区和城乡结合部的公共财政投入力度，增强不同区域之间、城乡之间各级政府提供均等化公共服务的财政能力，在财政能力均等化方面要重点解决区域内部、城乡内部公共服务非均衡性逐渐扩大的趋势，还需要对区域之间、城乡之间公共服务的非均衡供给给予重视，从制度上保障不同区域之间、城乡之间各级政府提供统一标准的公共服务。第五，针对不同区域之间、城乡之间各级政府的财政能力标准，需要按照潜在财政能力的标准设计出符合财政能力标准的、有利于公共服务均等化战略顺利实施的财政激励机制，有利于上级政府按照下级政府的实际财政努力程度进行合理的公共财政资源配置，通过这种模式来提高不同区域之间、城乡之间各级政府的财政努力水平。第六，增强落后地区基层政府提供公共物品能力。要继续增加对区域内部经济落后地区尤其是农村的财政投入力度，增强各级政府尤其是经济落后地区提供公共物品能力，形成公共服务均等享受、公共服务均衡发展同步推进的一体化格局。第七，按照潜在财政能力标准测算各级政府的财政能力。通过测算各级政府潜在财政能力，形成公平的、符合财政均等化理念的财政激励机制，使得中央政府的转移支付资金能按照地方政府的实际财政努力程度进行有效配置，以促进地方政府努力提高自身的财政能力水平。

根据上述思路，提高潜在财力标准下的公共物品供给的边际可及性的政策建议，主要包括：

一、提高基层政府的财政自给能力

在现有的财政体制下，基层政府的自有财力普遍不足，越是经济落后地区越是如此。从全国范围来看，县级政府收入主要依赖与上级政府分成的收入，缺乏主体税种的支撑，而基层政府的运转高度依赖上级政府的财政转移支付。过度的财政转移支付依赖会降低基层政府发展本地经济的积极性，也会减少税收努力程度，进而拒绝履行公共服务的职能。因此，提高基层政府财政自给能力是必要的，在某种程度上也是财政自治的要求。应该指出的是，"营改增"改革以前，以营业税为主的税收作为基层政府的主体税种，但伴随着"营改增"的全面推开，现行地方税体系将会受到严重冲击。一旦"营改增"全面完成，地方税不但失去了主体税种，而且自有收入来源也将锐减，因而如何重构适合当前形势下的地方税收体制，特别在重新选择主体税种方面，自然成为一件迫在眉睫的事情。在这样的社会背景下，财产税的开征契合当前地方税改革的主题，能为地方政府提供较为可观的财政收入，用于改善本辖区范围内地方政府的财政能力，有利于地方政府去提高自身的财政努力程度。正是在这样的背景下，十八届三中全会报告提出，深化税收制度改革，完善地方税体系，并将加快财产税立法并适时推进改革，作为财政体制改革的重要内容。一直以来，世界许多国家的财产税收制度设计都深受财政联邦制理论的影响，而财政联邦制理论产生于财政联邦制下的财政分权理论。在中国特殊的分税制财政体制下，完全按照财政联邦制来构建财产税制度是否合适？这个问题不能不引起我们的思考。财产税改革涉及经济、社会、政治、法律等诸多领域，在当前深化财税体制改革背景下推动房产税的试点工作，需要有一个符合中国分税制财政体制环境的理论来支撑，而不是完全照搬产生于不同体制环境的理论来指导房产税的试点工作，需对改革的基本思路进行顶层设计，并对具体问题制定相应对策。就当前来说，理顺财产税改革的目的，选择合适的改革时机，降低财政风险，在不增加普通居民税收负担的情况下，适时推广向普通居民开征财产税。基于上述考虑，推进房产税管理体制改革，具体政策建议如下：其一，从国际经验来看，房产税改革需要一个从建立到完善的过程，因此选择房产税开征时机尤为重要，一方面要与开征前准备条件相结合，在预期管理、价值评估、试点工作、管理基础等方面均要落实到位，另一方面又要结合社会经济发展的基本态势，防止房价大幅下跌对经济产生系统性风险，防止引发市场波动乃至经济波动。其二，厘清各种类型房产与土地产权的关系，如城市拆迁改造的回迁房、小产权房以及政策福利保障房等，因地制宜地采取合理办法，根据产权残缺房产的特点，使部分产权的房产向全部产权过渡，加快房地产产权规范化改革，明确土地使用权期满后延续方法，采取措施保障民众财产权利，取得社会大众对房产税的支持。其三，要对估价对象进行周期性评估，评估时必须考虑时间和成本，引进新的批量评估技术，形成一套科学房地产估价方法，联合公安、税务、银行、房屋主管部门等有关部门，完善房屋持有情况数据库，建立统一信息查询系统，确保房产税的顺利征收。其四，建立透明、公开的财政预算执行体系，将所征收的房产税税收收入，切实用于廉租房、保障房建设，满足低收入阶层对住房的需求，充分发挥社会舆论、群众监督的作用，确保运作过程的公开与透明，保证房产税改革的顺利推行。

二、减少政府财政级次乃至行政级次

从目前的改革试点看，可在减少政府财政级次的基础上，因地制宜地减少政府行政级次，主要分为三个步骤：第一个步骤是目前各省的强县扩权的改革试点，即省主要对试点县的财政进行直管，直管主要干部，并适当下放经济管理权，但仍维持市对县的行政领导地位。第二个步骤应当是市和县分治，相互不再是上下级关系，市的职能要有增有减，县的职能要合理扩充。第三个步骤是市的改革，扩大市辖区范围，临近镇乡或县可改为市辖区，合理调整精简机构和人员。应该指出的是，撤销传统意义上管县的地级市，市县分置，省直管县，应作为下一步财政体制改革的主要方向。要解决乡镇的经济困境，仅仅是撤并乡镇，我们认为解决不了问题。从现实情况看，乡镇一级的缩减，不能一概而论，不能搞"一刀切"，应该根据实际情况因地制宜，我们认为有两个改革方向：第一，对大多数乡镇的总的大的方向是撤销乡镇这一级政府，改乡镇政府为县级政府的派出机构。我国自古以来,乡镇这个层级多是县的派出机构,民国时期、新中国成立初期为县政府派出的区(镇)公所,单纯承担行政管理职能。直到"大跃进"建立"人民公社"(就是我们现在的乡镇级政府),乡镇才成了一个相对独立的地方政权机构。[①] 进一步从第二章对乡镇债务的分析来看,很多乡镇负债累累,有些甚至已经"破产"。因此,很多乡镇政府转变为县级政府的派出机构的条件已初步成熟。这方面,也可借鉴我国台湾地区和香港特区的经验,台湾有县政府派出的"镇公所",香港有分区派出的"乡公所",人员精简,效率很高。因此,从可操作的角度考虑,在撤并乡镇的基础上,对经济实力强劲、发展腹地广阔、人口规模较大的乡镇,设立"县辖区"或"县辖市",和第一种模式的乡公所或镇公所或办事处平级,但赋予一定的相当于县级的经济社会发展的权限,也就是我们说的"实化",而不像乡镇公所只负责完成县级政府委托的基层农村的公共管理事务。这方面有我国台湾地区的经验可以借鉴。台湾"县辖市"就是一个大镇,与乡镇公所平级,但规模更大。鉴于"县辖区"或"县辖市"与乡镇公所权限的不同,"县辖区"或"县辖市"有自己独立的机构设置,而不像乡镇公所完全由县级政府派出而没有独立的机构设置。机构设置可以借鉴乡镇机构改革已经取得一定成效的湖北省。允许这种模式的存在,也是对经济发展有成就的乡镇的最好的激励。当然,为了达到更好的激励效果,还可以针对经济发展水平、财力水平、社会发展水平、人口规模、辖区面积等设定一定的标准,达到标准就可以升格为县级政府。

三、强化地方政府的财政预算约束

在我国,各级政府都存在着预算软约束问题,而且越是行政级次低的政府,预算约束不断趋弱。为解决日益严重的土地财政和基层债务问题,在完善财政体制的同时,强化预算约束同样是必要的,具体措施如下:第一,基层政府全部收入都纳入预算,不允许有游离于预算之外的收入,使当地居民能够全面了解基层政府的收入盘子。对地方基层政府来说,没有纳入预算的最大一块收入是土地出让金收入,据有关部门统计这笔收入可以占到地方财政的40%以上,在有些地方甚至超过60%。如果这笔资金长期不进入预算,所谓的地方政府预算便形同虚设。第二,基层政府的财政收支要严格按照预算的规定执行,在财政收入方面,要严格按照税法规定组织收入,防止预算大规模超收行为的发生;在财政支出方面,严格按照预算规定的支出项目和规模进行,杜绝支出的随意性,同时为

---

① 农村税费改革以来,随着乡镇教育和治安等方面的职能上划县级政府,占乡镇政府支出大半的乡镇教师工资由县级政府统一发放后,乡镇政府的内容就更"虚"了,确实已经称不上一级财政。

保证支出的合理性，必须加强基层民主建设，使广大居民能够参与公共物品的供给决策。第三，进一步增强预算的透明度，真正使政府的收支行为纳入当地老百姓的监督视野。第四，为保证预算能够被彻底执行，上级政府要建立科学的政绩考核体系。对于那些无视当地经济社会发展的现状、任意违背预算规定的官员进行严格的行政问责。鉴于基层债务问题的严重性，需要认真统计调查辖区内已形成的乡村债务，核实债务数量，通过实地调研摸清边远落后地区历史遗留下来的工资垫付等问题所形成的基层政府债务，上级政府要对这种情况给予不同范围和性质的补助①。进一步而言，从规范政府行为入手控制债务增量，利用多种手段去约束乡村干部的不规范行为，从制度完善的方面去强化乡村基层政府的财政预算约束。②

四、建立多元化的公共物品供给策略

在财政紧约束条件下如何实现公共物品的有效供给？按照本书的研究思路，要想缓解目前公共物品供给的危机，应该实行多元化的公共物品供给策略。所谓多元化的公共物品供给策略是指，强调政府在公共物品供给中居于核心地位前提下，各级政府各司其职，同时尽可能地吸引社会力量参与公共物品的供给。多元化的策略不同于以往公共物品供给过度依赖基层政府的模式，具体内容包括：第一，供给主体的多元化。长期以来，公共物品的供给主体一直是比较单一的，地方政府实行的是以基层政府为主导的公共物品供给模式，不但上级政府在公共物品供给中存在不作为的问题，而且忽略了市场和第三部门的作用。可以预见的是，"营改增"改革后，地方政府也将面临较大的财政压力，这对于地方政府如何去提供公共物品提出了新的挑战。为了从制度上摆脱基层政府在提供公共服务过程中的财力困境，实现在公共物品供给过程中的多元化供给模式，应该是提高

---

① 政府间的相互负债，可以在一定范围内进行核销。对于农户拖欠税费由财政借款代缴而形成的负债，无能力还款的困难户，经基层组织确认后，对其债务实行减免政策；一次性还款有困难的农户，可以采取分期偿还的办法；有偿还能力但拒不还款的农户，可以对其采取诉讼程序，依法清欠。由政府担保的历年贷款所形成的债务（包括世行贷款），既要坚持"谁受益、谁还贷"的原则，同时政府也要勇于承担属于自己的责任，维护政府的诚信。

② 按照市场经济条件下公共财政的要求，政府行为应该严格限定在"市场失灵"的领域，提供公共物品是政府的职责所在。因此，乡镇政府不应直接参与投资兴办企业的行为，禁止乡镇政府为建设性项目贷款，杜绝政府为企业担保贷款，凡是违反规定擅自借贷款或担保而发生的新增债务，按照"谁借款、谁还款"的原则处理。在自上而下的行政决策体制长期存在的情况下，上级政府应减少所谓的"升级"和"达标"活动；树立科学的政绩观，当前应把化解乡镇债务和杜绝新增不良债务作为干部政绩考核的重要内容。强化预算约束，提高财政资金的使用效果，坚决杜绝铺张浪费行为。对于乡村干部而言，除了需要强化财政支出的法律法规约束理财者外，还要形成对离任者进行离任审计，追究当事人的法律责任，杜绝此类债务的再发生。

公共服务有效供给的一种制度安排。从政府内部职能分工的角度来说，各级政府必须充分履行本级政府在公共物品供给中应承担的职责；从目前的实际情况来看，上级政府应在公共物品供给中发挥更大的作用，这不仅是基层政府所面临的财政困境使然，也是由公共物品的特性决定的。从整个社会的角度来说，应充分发挥市场和第三部门在公共物品供给中的作用，为社会力量进入到公共物品供给领域创造有利条件。当然，公共物品的特性决定了政府必须在公共物品供给中居于主导地位，社会力量介入应该是一种有益的补充，不能因为财政压力而过分倚重社会力量。第二，筹资方式多元化。公共物品在供给主体方面的多元化特征，决定了地方政府在公共物品融资方式方面的多元化倾向。结合目前的财政体制来看，可供地方政府选择的公共物品融资方式主要包括征收税收、通过上级政府转移支付安排、采取政府购买模式等。

第三节　实现公共物品有效供给的制度保障

显而易见的是，实现公共物品的有效供给，要坚持民生优先、共建共享的原则，注重机会均等，保障基本民生，从解决人民最关系最直接最现实的利益问题入手，构建布局合理、功能完善、满足人民群众需求的基本公共服务体系，提高公共服务共建能力和共享水平，加快各项民生事业的改革和发展步伐，不断完善惠民政策，重点推进民生工程，全力落实民生实事，着力构建广覆盖、多层次的民生保障网络。基于此，实现公共物品有效供给的制度保障，可以归纳为以下几个方面：

第一，深化体制机制改革，全面激发公共服务领域市场主体活力。一是争取公共服务体制机制改革的先行先试。积极探索在扩大对外开放、降低市场准入、完善税收征管制度、优化行政审批、创新市场监管模式、推进行业标准化、加强知识产权保护等方面进行改革，在公共服务关键领域和薄弱环节进行管理体制改革、机制创新，探索突破制约公共服务发展体制机制瓶颈，形成有利于公共服务发展的制度环境。二是构建公共服务多元化发展格局。打破行业和部门垄断，拓展社会资本公共服务发展空间，激发公共服务活力。建立公开透明的市场准入标准，合理设置牌照、资质、标准等准入门槛。适当放宽持股比例、投资人资格、业务范围和经营场所等方面要求，推动各类市场主体参与公共服务发展。深化垄断行业、公用事业和社会事业改革，推动非基本公共服务市场化改革。三是营造符合国际惯例的投资贸易环境，争取率先试点开放更多公共服务领域。参照国际惯例，对境内企业海外投资和外资企业投资公共服务项目给予项目审批、外汇管理、出入境等方面的政策便利。

第二，加大政策扶持力度，以资金扶持、税费减免等优惠政策优化公共服务发展环境。一是切实落实公共服务发展相关政策。加快贯彻落实已出台的公共服务发展相关政策，抓紧指定、细化相关配套措施和实施细则。探索公共服务发展相关政策，在公共服务平台建设、市场准入、融资担保、税收优惠、人才引进等方面给予重点倾斜。对于符合土地利用总体规划、城镇建设规划、国家产业政策和供地政策的公共服务重大项目，优先纳入土地供应计划，及时安排建设用地指标。二是创新政府财政扶持方式。[①] 加大政府购买服务力度，将信息管理、研究咨询、业务培训、会议服务、投资促进、检验检测等各类服务纳入政府采购范围。三是建立多元化的投融资机制。充分运用市场机制，引导和鼓励金融机构对公共服务重点项目给予融资支持，拓宽公共服务企业融资渠道。在放大政府资金引导作用的同时，推动股权投资和创业投资基金加大对公共服务的投资力度。

第三，健全人才保障和激励机制，加快推动公共服务领域人才培养引进。一是完善人才保障与激励机制。建立健全人才保障和激励机制，制定实施吸引和稳定人才的优惠政策，优化人才环境，积极吸引具有国内外影响、行业权威、善于经营的高素质紧缺人才，并给予子女教育、医疗保险等优惠政策。二是实施人才集聚工程。建立与高等院校、科研院所、实训中心及各类社会机构的合作机制，针对行业龙头企业的创业者、高级管理者、技术骨干制定多层次培训计划，培养符合公共服务发展方向的专业人才。设立紧缺急需人才引进绿色通道，加强对公共服务高素质人才，特别是物流、信息、金融、保险及各类中介服务等方面的公共服务骨干人才的引进。三是强化岗位职业培训。逐步引进国外先进理念、技术和管理方法以及国际通用的职业资格制度，建立健全公共服务职业资格标准体系，重点吸引跨国公司、国内外著名培训组织建立培训机构，推进职业资格证书制度和培训、考核市场化，不断提高从业人员的业务水平。

第四，加强公共服务平台支撑，增强公共服务资源配置和集聚辐射功能。一是加强各类公共服务平台建设。以购买、授权、委托等多种形式鼓励加快建设一批公共服务平台。探索建立信息网络服务平台，开展电子政务和商务服务，通过发布一系列的法规政策信息、市场供求信息、最新科研成果、投融资项目和产权交易合作等网上各类项目服务。大力发展技术评估、产权交易、成果转化等中介机构，构建技术转移服务平台，促进创新成果转化。二是加快中介服务机构和行业协会的发展。加快行业协会、商会、大专院校、科研机构以及信息服务、科技咨询等中介服务机构发展，支持中介服务机构在产业政策咨询、行业信息共享、教育培训、资产评估、技术支撑、投资指南、法律指导、宣传推介、合作交流等

---

① 完善公共服务发展引导资金，综合运用资本金注入、融资担保、无偿资助、贷款贴息和奖励等多种方式，增加对人才培养、研发设计、技术引进、国际市场开拓等方面的"软投入"。在战略性新兴产业发展专项资金中安排资金，实施高技术公共服务专项工程。

方面发挥更大的作用。

第五，构建公平市场环境，努力营造市场化、国际化、法治化的营商环境。一是深入推进公共服务标准化建设。推进公共服务重点领域采用或参照国际标准，参与或主导研制公共服务重点领域国家标准、行业标准，推动公共服务地方标准研制与实施，主动承担国际、国家公共服务领域标准化技术委员会秘书处工作。深入推进区域服务标准化试点，引导企业开展服务标准化示范试点建设、规范服务流程和服务内容。二是完善社会诚信体系建设。以守信受益、失信惩戒制度为核心，建立涵盖行政、市场、社会奖惩在内的联合奖惩机制，完善覆盖企业及从业人员日常行为诚信记录的联合征信体系，强化诚信记录查询和信用服务应用，推动公共服务企业实施诚信品牌战略，加强信用风险控制管理。三是加大知识产权保护力度，尽可能地支持中介机构拓展知识产权服务。

第六，完善政府管理服务，不断增强公共服务发展软实力和巧实力。一是建立健全公共服务工作协调机制，发挥公共服务发展改革工作领导小组作用，统筹协调公共服务发展中的跨区域、跨领域和跨部门重大问题。健全促进公共服务各领域发展的领导小组、协调推进小组或联席会议制度，协调解决公共服务相关领域发展中的主要问题。各行业主管部门负责制定各领域发展规划和年度工作计划，研究制定相关行业政策。各区域成立相应协调推进机构，落实配套政策，推进各类公共服务集聚区和重大项目建设。二是转变政府管理服务方式。加大政务信息公开力度，推动政务信息交换共享、业务协同办理。建立与国际惯例接轨的企业登记管理制度。三是完善统计测评指标体系。加强公共服务各行业的部门统计工作，建立与国际惯例相适应、符合产业发展新趋势的公共服务统计指标体系，加强对设计产业、科技创新服务、电子商务、专业服务和节能环保等新兴领域的统计指标研究及相关统计工作，完善生产性公共服务统计。建立服务质量测评体系，在金融、物流、商贸、旅游、医疗卫生、社区服务等重点领域，重点推进公共服务满意度评价试点。

进而言之，实现公共教育、医疗卫生、就业创业、社会保障、养老服务、社会救助等公共物品有效供给的制度保障，主要归纳如下：

第一，实现公共教育有效供给的制度保障。培育教育发展新优势，加大财政投入确保教育优先发展，提升区域教育现代化水平，继续深化学区制改革。推动教育均衡优质发展，推动学前教育公益普惠规范发展。鼓励引导社会力量和资金，提供充足多元的学前教育资源。推进义务教育现代化标准化发展。进一步提高规范化幼儿园和普惠性幼儿园的比例，引入办学适度竞争机制，以招投标等形式吸引社会优质品牌承办公建配套幼教机构，扩大学前教育优质学位规模。以教改和课改为主要依托，提升课堂教学效率和质量，减轻学生过重的课业负担。推动义务教育特色现代化学校建设，以特色发展提升学校办学品位。推动优秀传统文化进校园，打造具有特色的综合实践课程体系，实现义务教育优质均衡发展。通过学校特色品牌建设有效扩大优质学位的覆盖率，满足人民群众日益增长的需求，全面推进义务教育阶段标准化学校创建。推进普通高中特色课程建设，引导普通高中建设自主选择、分层学习、中外融合的课程体系，促进普通高中优质特色多元发展。推进"走班制"教学，创新"导师制"、"学分制"等机制，建立跨学校、跨学段选课机制，建立对学生学业及职业生涯规划发展指导机制。推进高中学校精品建设，在继续加大推进国家级示范性高中的改、扩建工程力度，进一步提升高中教学质量的同时指导、推进高中开展特色课程建设。推动职业高中优质融通内涵发展。优化职业高中的现代教育结构，完善中职与高职的专业衔接机制。深化"职普融通"、"工学结合"和"国际衔接"等发展模式。构建产教融合、行业合作、校企合作的新机制，促进职业高中与总部经济企业招聘相互衔接。落实教师企业实践制度，加强"双师型"队伍建设。推进特殊教育延伸融合纵深发展。深化特殊教育向学前和中职两头延伸的发展。为随班就读孩子提供个性化的特殊教育服务，为特殊孩子提供优质教育资源。努力提升教育国际化水平，培育学校的国际化特色和区域教育国际化品牌，有条件地引进国外优质教育资源，开发国际融合课程。推动民办教育规范优质特色发展，明确各职能部门的管理职责权限，建立部门联动、联合执法、布点规划、财政扶持、师资保障、对口帮扶、风险防范和督导评估等一系列管理机制，激发民办教育的发展活力，保障和促进民办教育的规范、优质、特色发展。积极探索民办教育领域多方位发展的体制机制，严格办学主体准入制度，提高办学资质年审标准，加大整改、撤销等程序的执行效力，引导办学以品牌求效益的良性竞争格局。促进灵活开放终身发展社区教育，整合现有资源，挖潜新的社区教育资源，推动学习型城区的建设，引导全民树立终身学习理念。通过调整结构、升级改造和资源重组，最大限度地优化和利用教育资源，提高教育质量和办学效益，实现教育均衡、优质、有特色地发展。积极贯彻《教育部关于加强家庭教育工作的指导意见》，大力推进家庭教育学院建设，通过课程体系建设，创新家庭教育载体，激发广大家长关注家庭教育热情。通过专家引领、课题带动促进教育教学质量提升。

第二，实现医疗卫生有效供给的制度保障。推进医药卫生体制改革，完善人才培养机制，推进基本医疗卫生服务均等化，发展医疗卫生事业，努力破解"看病难、看病贵"等体制机制问题，按照保基本、强基层、建机制的要求，健全社区卫生服务体系，使广大群众公平共享医疗卫生事业改革发展的成果。统筹规划医疗卫生资源，规划政府办医院、疾控中心、专业公共卫生机构及基层医疗卫生机构，以及个体诊所、门诊部等基层医疗卫生机构设置。有序有效下沉优质医疗资源，形成医疗卫生机构分工协作机制，提升基层医疗卫生机构诊疗量占总诊疗量比例。鼓励多元化办医模式，优化社会办医发展环境，探索政府与社会资本通过品牌特许、业务和技术合作、公建民营、民办公助等合作形式发展社会办医。推进医师多点执业，实行医师区域注册制度和多点执业备案制度，支持公立医院医师到社会办医疗机构执业。通过整合不同等级的公立医疗机构资源，推动建立畅通的双向转诊工作机制，加快推进社区首诊、双向转诊服务，逐步形成"小病在社区、康复回社区"的就医模式。提升社区医疗卫生服务水平，制定区域医疗联合体建设方案，建立健全基层首诊、急慢分治、上下联动的分级诊疗模式，加强医疗卫生监督工作。推行家庭医生式服务，提升社区家庭病床服务水平。加强社区人才培养，开展全科规范化培训。推进全员人口信息、电子健康档案和电子病历三大数据库及相关业务系统建设，强化信息安全防护体系，利用信息化手段提高卫生计生服务效率和水平。提升公共卫生服务能力。加强不同区域之间疾病预防控制、健康教育、精神卫生、妇幼保健、计划生育、职业卫生、口腔卫生、卫生监督等公共卫生机构建设工作。健全卫生应急物资储备制度，推进突发公共卫生事件应急体制、机制建设，提升突发重大传染病疫情、群体性不明原因疾病、重大食品安全事故和职业中毒以及其他严重影响公众健康的事件的应急处置能力。积极应对二孩政策变化，实施国务院《中国儿童发展纲要》和《中国妇女发展纲要》，实施新一轮母婴安康行动计划，推进出生缺陷干预工程，着力降低人口出生缺陷发生率，从出生环节提高人口质量。加强基层中医药先进单位建设，全面推广中医药适宜技术。完善中医预防保健服务体系，实施"治未病"健康工程。开展中医药健康大讲堂活动，加强中医药人才培养，做好中医住院医师规范化培训和中医全科医师规范化培训。深化医药卫生体制改革，实施社区卫生服务机构标准化建设，构建完善区域医疗联合体，推行全科医生契约式服务，推行政府购买服务；深化公立医院改革，加强以人才、技术、重点专科为核心的医疗能力建设，建立现代医院管理制度和科学补偿机制；强化公共卫生服务能力，提升疾控和卫生应急处置水平。创新完善医疗服务体系。严格实施卫生事业发展规划，优化医疗资源空间布局；探索开展"医养结合"服务，创新养老服务模式；突破社会资本"办医"，吸引社会资本举办以先进技术、优质服务、先进管理为特征的高端医院和特色专科医院，适度引入优质外资医疗品牌。加大医疗系统人才培养。通过实行杰出人才、名中医、社区首席责任医师等评选机制，加大培养和引进高层次人才，强化基层医疗卫生机构全科医师培育。促进人口均衡发展。在不同区域之间贯彻落实计划生育基本国策，优化区域之间的人口结构，引导人口合理布局，积极应对人口老龄化；开展计生困难家庭帮扶行动；优化整合卫生计生服务资源，开展青春健康、优生促进、妇幼保健、避孕节育、托老关爱等卫生计生优质服务。

第三，实现就业创业有效供给的制度保障。实施就业优先战略，从产业发展规划和综合政策等宏观层面予以统筹考虑，重点聚焦公共服务、传统餐饮业、商贸业及家庭公共服务等第三产业。结合经济结构调整和产业升级的需要，配套出台扩大稳定和扩大就业的政策措施，继续保持经济增长与就业规模持续扩大的协同性，最大限度地创造新的就业机会，改善劳动力就业结构，提高就业弹性和就业容量，有效减轻结构性失业压力。加快出台落实发展家庭服务业促进就业的政策，解决服务业为主体的经济结构和社区家庭服务需求快速发展的市场问题。完善再就业扶持政策，加大对就业困难群体扶持力度。加强公益性岗位开发与管理工作，托底安置需政府帮扶就业困难人员。建立健全就业政策跟踪评价机制。统筹现有的区、街、社区、网格四维零距离公共就业服务体系，进一步发挥网格信息研判失业动态和就业形势的优势，建立完善的就业信息监测平台，跟踪评判就业政策的社会效果，主动调整和及早谋划做好失业人员的就业促进工作。加强就业创业扶持力度。统筹利用各类资源，合理调整区就业专项资金的支出结构，出台一批针对性强、可操作性高、能充分发挥就业专项资金帮扶实效的就业、创业促进政策，积极推进创业带动就业长效发展。进一步优化创业服务体系。发挥不同区域之间创业服务指导中心的帮扶作用，推进区域内部的创业后续服务。把创业担保贷款、创业促进政策、创业培训、创业后续跟踪及建设创业基地等职能有机地结合起来，构建"创业培训、创业政策、创业基地、创业服务"的工作格局，强化创业服务，提升创业创新能力。推进劳动力就业服务市场化运作，把解决劳动力就业作为民生工程的首要事务，发挥市场机制的决定性作用，结合政府职能，大力发展劳动力就业服务市场，引导就业服务机构进入社区，并根据就业情况对劳动力就业服务机构进行扶持。鼓励社会力量参与劳动力就业服务市场建设，形成覆盖全区的就业服务网络。各级单位公开人员就业招聘信息。加强对劳动力就业服务市场的监管，规范企业招聘行为、职业中介活动。健全劳动就业培训体系，探索创新职业技能培训管理方式，提升培训质量。大力开展技能培训，实现培训与就业无缝对接。进一步深化职业指导，合理有效运用财政专项资金；充分了解用工单位和劳动者的培训意愿，引导培训机构完善"订单式"和"定向式"的培训模式；逐步完善统筹城乡的就业培训制度。严格落实执行劳动力技能晋升培训政策，特别是为"双转移"人员和农民工提供更多免费的职业指导和技能培训。推进公办、民办职业培训机构的规范化管理。加强对辖区内公办、民办职业培训学校的管理。完善民办职业培训学校的审批、备案工作制度，逐步提升区级职业技能培训服务能力，结合我区经济、社会发展对技能人才的需求，整合各类资源，逐步提升培训层次，大力开展高技能人才培训，以培养更多产业急需的技能人才。

第四，实现社会保障有效供给的制度保障。探索建立责任明确的社保扩面机制，推动各项社会保险由政策全覆盖向对象全覆盖转变。完善医疗救助体系，加强医疗救助与基本医疗保险、大病保险衔接，实现低保、低收入困难人员社会化医疗保障全覆盖。确立以公共租赁住房为主要保障方式的新型住房保障制度，优先保障优抚对象、低保低收入等困难群体居住需求。健全现代社会救助体系，完善区、街、社区三级慈善服务网络，推动社会捐赠与居民需求有效对接。实施精准扶贫、精准脱贫，加强对城区内部贫困家庭的帮扶，落实省市下达的扶贫开发"双到"任务。推进社会保险"服务下沉、管理上移"工作，选取部分风险系数小、操作简单的业务进一步下沉到街道办理方便群众办事，提供技术支持、人员培训、专业指导等配套措施，建立专人跟踪、反馈、解决、上报机制，构建业务规范、办事便捷的社会保险经办服务体系。继续完善社会救助体系。完善对低保低收入群体分类救助、物价补贴、节日慰问等综合生活救助政策。加强医疗救助与基本医疗保险、大病保险衔接，健全困难群众医疗救助、其他人员医疗救助和补充医疗救助的多层次医疗救助体系。对遭遇急难群众开启"绿色救助"通道，加强自然灾害应急救助、救灾物资储备等救灾制度建设，探索社会力量参与防灾、减灾、救灾模式，加强灾害信息员、救灾志愿者队伍建设。以保障和改善民生福祉为重点，积极实施民生幸福工程，着力完善覆盖城乡、全民共享普惠的社会保障体系。突出"托底线、救急难"的工作重点，进一步规范社会救助政策，完善救助体系，提高救助标准，降低救助门槛，加大救助资金投入，促进社会救助事业的发展。全面落实国家、省、市社会保险政策。深化养老保险扩面工作，保障老年人基本生活待遇。构建新型医疗保险服务管理体系，满足不同社会群体的多层次医疗保障需求，进一步完善参保人"门诊特定项目"和"指定慢性病"门诊政策优惠项目。提升工伤保险服务水平，保障职工工伤权益。充分发挥失业保险基金作用，增强预防失业和促进就业功能。落实生育保险政策，保障生育保险待遇。完善救助保护立体化网络。动态调整救助保护标准，稳定困难家庭生活水平，创新流浪乞讨人员救助办法，全面推进救助服务管理规范化、标准化建设，发动社会力量参与救助服务，积极开展流浪未成年人心理测试、心理辅导和行为矫治。稳步扩大法律援助覆盖人群，健全法律援助组织网络，健全教育资助制度，优化自然灾害救助和临时救助制度。

第五，实现养老服务有效供给的制度保障。适应人口老龄化新形势，促进老龄战略规划体系。认真贯彻执行国务院办公厅《社会养老服务体系建设规划（2011～2015年）》的有关政策和精神，落实相关配套政策。严格执行居家养老服务机构设立条件，规范居家养老机构的准入、管理和退出机制，促进居家养老机构规范化管理。落实社区居家养老服务资金，贯彻落实支持居家养老服务的优惠政策，严格监管资金使用情况，加大对居家养老服务机构的扶持力度。制定和落实居家养老人才政策，对从业人员素质和技能作出标准规定。加强居家养老服务设施建设。继续完善和提升现有居家养老服务设施项目。创新形式和手段，整合各方资源，活化老旧设施和土地。鼓励和倡导多种主体承接社区居家养老服务，整合家庭综合服务中心、社会福利机构、专业性社会组织等人、财、物资源。加快养老机构建设统筹力度，合理配置资源。优化居家养老服务体系建设。完善"1＋N"服务平台建设，形成"一个总部、若干分部"的居家养老服务格局，实现"到户式"养老服务广覆盖，在六类困难长者中免费推广"综合养老服务券"。推行网格化医疗助老，建立医疗卫生网格服务点，根据网格内65岁以上居民的健康情况台账，定期、定员为有需求长者提供医疗保健、健康指导、心理慰藉等"一对一"个性化服务。积极创新社区养老模式和手段，引进社会专业养老机构，发挥企业的积极性和灵活性，为老年人提供心理需求、文体活动、组织社工为老人长期提供情感慰藉等专业服务。进一步优化长者综合服务中心、长者日托中心、街道家庭综合服务中心、社区卫生服务中心、社区老年病床"五位一体"的社区养老服务架构，进一步完善适度普惠型社会养老服务体系。保障社区养老资源结构健全、配置到位，鼓励和引导老年人自主选择养老服务，通过服务需求自主流动实现资源合理配置。街道依托家庭综合服务中心、星光老年之家、长者日托中心等资源建立社区养老服务部，负责实施社区居家养老服务，实现社区养老服务全覆盖。加强社区养老服务信息化、数字化、网络化建设。优化申请、评估和服务流程，保障符合政府购买社区养老服务条件的对象能够切实享受到相应的服务，加强更新和核实对象信息，及时发现符合资格但未享受服务的对象，防范未符合资格的对象滥用公共资源。完善政府购买社区居家养老服务申请流程，居委会、街道居家养老服务机构和街道民政部门协同配合，加强社区宣传、优先处理、加快处理申请。制定和落实服务项目提供标准，确保资源得到合理和充分利用。对特殊情况的申请者，区民政局应使用好酌情处理的权限，过程公平、公正、公开。加强对社区居家养老服务机构的监督和考核，对社区居家养老服务机构的服务水平进行评估考核，保证政府购买社区居家养老服务经费和工作经费、资助经费的合理合规合法使用。除了加大对高龄老人的补助金投入，更要在有关养老相关资源方面加大投入力度。合理界定和严格执行养老服务设施用地范围、用途和年期的规定。督促落实养老服务业发展政策，优化养老服务产业发展环境。进一步探索多元化投融资模式，发展多层次、多样化的养老服务。①完善公办养老机构轮候制度，优先照顾"三无"、"失独"等有特殊需求的老年人，保障好特殊保障通道、优先轮候通道和普通轮候通道，鼓励使用在线申请。

---

① 切实推广政府购买养老服务，逐渐引进和培育民办养老机构，逐步扩大购买范围，充分考虑小微企业发展现状，为其参与购买服务创造投融资条件。推进"互联网＋"行动，将信息技术、人工智能和互联网改思维与居家养老服务机制建设相融合，对传统养老服务进行改造升级。实施适当政策和财政倾斜，鼓励民办机构经营养老服务。依法履行职责，坚持放管结合，切实加强对养老服务业发展的事前调研、事中督查和事后监督，加强与各部门合作，形成整体监管合力。完善守信激励、失信惩戒机制，依法纠正和查处违法违规特别是对侵犯老年人合法权益的行为。

科学制定服务质量标准和机构管理规范，严格执行从业人员准入标准，建立定期考核机制。实现社会救助有效供给的制度保障，遵循公开、公平、公正、及时的原则，坚持社会救助制度"托底线、救急难、可持续"，全面落实救助体系，促进救助服务社会化。根据经济社会发展水平和物价变动，及时调整最低生活保障标准。严格执行国家、省、市和区人民政府规定的最低生活保障家庭收入状况、财产状况的认定办法，及时更新最低生活保障家庭的人口状况、收入状况和财产状况。严格执行国家、省、市和区人民政府对特困人员的认定办法和供养标准，并根据经济社会发展水平和物价水平及时进行调整。理顺和完善最低生活保障的申请程序、调查程序和审批程序，提高相关部门办事效率，切实做到"救急难"。加强监督和核查，杜绝骗取低保金的违法行为，建立化解急难问题的"绿色通道"。

第六，实现政府购买服务有效供给的制度保障。健全社区公共服务管理平台，发挥政府主导作用的同时，鼓励和支持不同区域之间的社会多方参与，继续探索区域之间完善政府购买公共服务机制，着力撬动社会资源投入购买服务，在家庭综合服务中心提供综合型社区问题介入和居民问题解决服务的基础上，拓展失独家庭援助、临终关怀、散居孤儿辅导等深度服务领域，促进公共服务更加人性化、专业化。支持社会力量承接政府职能转移，健全政府购买服务资金管理，强化政府购买服务绩效管理。建立门类齐全、层次多样、作用明显、社会认可的具有承接政府职能转移和购买服务资质的社会组织目录库。进一步健全基层综合服务管理平台，发挥政府主导作用的同时，鼓励和支持社会多方参与，加强社工人才队伍建设，开展专项培训和社工文化沙龙，促进横向交流，提升专业服务技能。以探索完善政府购买服务标准建设、评估监管、拨款机制为重点，以服务人员队伍专业化建设为目标，建立起"政府承担，定项委托，合同管理，评估兑现"的政府购买公共服务机制，通过向非营利性社会组织购买家庭服务、老年人服务、青少年服务、社区矫正服务、就业培训服务等，为社区居民提供更专业，更精细的社区服务。依托区、街、社区服务中心现有资源，鼓励多元参与，建成三级社会组织孵化基地，为社会组织提供活动场地、项目策划、管理咨询、组织评估、资源协调、后勤管理等全方位的支持。培育承接政府购买服务的社会组织、社区社会组织和"草根"类公益性社会组织。通过为社会组织提供各类主题培训，加强社会组织之间的交流合作，助力社会组织治理水平和服务能力的提升；通过加强资源整合，开展公益创投、项目创益、公益服务超市等方式，搭建更多平台，支持社会组织发展。成立区社会组织发展专项资金，充分利用市社会组织资金投放资源，联动区财政配套资金，多渠道吸纳社会资本参与社会组织建设。继续实行"政府承担、定项委托、合同管理、评估兑现"的政府购买公共服务机制，在社区服务中心设立政府购买服务工作平台。将成立全区性统筹购买服务的机构，推动社会服务的购买规划，标准和具体实施进程，促进职能转移。

参 考 文 献

中文参考文献

[1] 曾红颖：《我国公共服务均等化标准体系及转移支付效果评价》，载《经济研究》2012 年第 6 期。

[2] 胡祖铨、黄夏岚、刘怡：《中央对地方转移支付与地方征税努力》，载《经济学（季刊）》2013 年第 4 期。

[3] 宋小宁、陈斌、梁若冰：《一般性转移支付：能否促进公共服务供给?》，载《数量经济技术经济研究》2012 年第 7 期。

[4] 李丹、刘小川：《政府间财政转移支付对民族扶贫县财政支出行为影响的实证研究》，载《财经研究》2014 年第 1 期。

[5] 赵玉红：《财政转移支付调节居民收入差距的对策》，载《经济纵横》2013 年第 9 期。

[6] 吴俊培、陈思霞：《税收和政府转移支付的经济稳定效应分析》，载《税务研究》2013 年第 7 期。

[7] 解垩：《市场力量、转移支付与收入不平等》，载《财贸研究》2013 年第 6 期。

[8] 孙德超：《推进公共服务均等化的直接途径》，载《东北师大学报（哲学社会科学版）》2013 年第 4 期。

[9] 胡祖铨：《我国中央对地方转移支付制度研究》，载《地方财政研究》2013 年第 10 期。

[10] 周业安、冯兴元、赵坚毅：《地方政府竞争与市场秩序的重构》，载《中国社会科学》2004 年第 1 期。

[11] 丁菊红、邓可斌：《政府偏好、公共品供给与转型中的财政分权》，载《经济研究》2008 年第 7 期。

[12] 赵农、刘小鲁：《区位性因素与公共品的最优供给》，载《经济研究》2008 年第 10 期。

[13] 王玮：《成本分担视阈下的公共服务均等化改革》，载《财贸经济》2012 年第 9 期。

[14] 迟福林：《推进基本公共服务均等化》，载高培勇：《中国财政经济理

论前沿》，中国社会科学文献出版社 2008 年版。

［15］贾康、白景明：《县乡财政解困与财政体制创新》，载《经济研究》2002 年第 2 期。

［16］林万龙：《经济发展水平制约下的城乡公共产品统筹供给：理论分析及其现实意义》，载《中国农村经济观察》2005 年第 2 期。

［17］高培勇：《让财政均等化融入城乡发展进程》，载《光明日报》2002 年 1 月 24 日。

［18］贾康、孙洁：《农村公共产品与服务提供机制的研究》，载《管理世界》2006 年第 12 期。

［19］祁毓：《城乡基本公共服务均等化现状及政策建议：基于政府偏好和农户需求视角》，载《地方财政研究》2010 年第 7 期。

［20］汤学兵：《论中国区际基本公共服务均等化的路径选择和保障机制》，载《财贸经济》2009 年第 7 期。

［21］孙得超：《推进基本公共服务均等化的直接途径：规范转移支付的结构和办法》，载《东北师大学报（哲学社会科学版)》2013 年第 4 期。

［22］龚金保：《需求层次理论与公共服务均等化的实现顺序》，载《财政研究》2007 年第 10 期。

［23］吕炜、王伟同：《发展失衡、政府责任与公共服务》，载《中国社会科学》2008 年第 4 期。

［24］郑浩生、查建平：《我国财政转移支付制度失效及改革探析——基于公共服务均等化的视角》，载《西南交通大学学报》2012 年第 9 期。

［25］王守坤：《中国转移支付体制的公共服务均等化效应：分布演进与计量检验》，载《经济经纬》2012 年第 4 期。

［26］刘大帅、甘行琼：《公共服务均等化的转移支付模式选择——基于人口流动的视角》，载《中南财经政法大学学报》2013 年第 4 期。

［27］陈思霞、田丹：《均衡性转移支付与公共服务供给效率——基于中国地市一级的经验证据》，载《华中农业大学学报》2013 年第 3 期。

［28］贾晓俊：《促进公共服务均等化的均衡性转移支付改革方案设计》，载《财政研究》2011 年第 6 期。

［29］冯海波、陈旭佳：《公共医疗卫生支出财政均等化水平的实证考察——以广东省为样本的双变量泰尔指数分析》，载《财贸经济》2009 年第 11 期。

［30］尹恒、朱虹：《县级财政生产性支出偏向研究》，载《中国社会科学》2011 年第 1 期。

［31］傅勇、张晏：《中国式分权与财政支出结构偏向：为增长而竞争的代

价》，载《管理世界》2007 年第 3 期。

［32］平新乔、白洁：《中国财政分权与地方公共品的供给》，载《财贸经济》2006 年第 2 期。

［33］乔宝云、范剑勇、冯兴元：《中国的财政分权与小学义务教育》，载《中国社会科学》2005 年第 6 期。

［34］吕炜、王伟同：《政府服务性支出缘何不足？——基于服务性支出体制性障碍的研究》，载《经济社会体制比较》2010 年第 1 期。

［35］方元子：《均等化视角下的地区间公共服务提供成本》，载《北京工商大学学报（社会科学版）》2014 年第 2 期。

［36］陈旭佳、冯海波：《政府转移支付能力与公共物品供给》，载《当代经济研究》2014 年第 10 期。

［37］王祖强、郑剑锋、包浩斌：《转移支付制度的公共服务均等化绩效研究》，载《西部论坛》2009 年第 11 期。

［38］陈旭佳：《中国转移支付的财政均等化效应研究》，载《广东财经大学学报》2014 年第 3 期。

［39］陈旭佳：《均等化视角下公共物品供给的可及性研究——基于"委托—代理"理论的分析框架》，载《广东社会科学》2015 年第 3 期。

［40］安体富：《关于房产税改革的若干问题探讨——基于重庆、上海房产税试点的启示》，载《经济研究参考》2012 年第 45 期。

［41］陈旭佳：《主体功能区建设中财政支出的资源环境偏向研究》，载《中国人口·资源与环境》2015 年第 11 期。

［42］陈旭佳：《均等化视阈下中国区域间公共服务资源均衡配置研究》，载《当代经济管理》2016 年第 3 期。

［43］范子英、刘甲炎：《为买房而储蓄——兼论房产税改革的收入分配效应》，载《管理世界》2015 年第 5 期。

［44］黄潇：《房产税调节收入分配的机理、条件与改革方向》，载《西部论坛》2014 年第 1 期。

［45］贾康：《房地产税的作用、机理及改革方向、路径、要领的探讨》，载《北京工商大学学报：社会科学版》2012 年第 3 期。

［46］贾康：《再谈房产税的作用及改革方向与路径、要领》，载《国家行政学院学报》2013 年第 4 期。

［47］蒋震、高培勇：《渐进式推进个人房产税改革》，载《宏观经济研究》2014 年第 6 期。

［48］况伟大、朱勇、刘江涛：《房产税对房价的影响：来自 OECD 国家的证据》，载《财贸经济》2012 年第 5 期。

［49］任强：《房产税：美国实践与借鉴》，载《财政研究》2015 年第 1 期。

［50］徐滇庆：《房产税》，机械工业出版社 2013 年版。

［51］编写组：《中共中央关于制定国民经济和社会发展第十一个五年规划的建议辅导读本》，人民出版社 2005 年版。

［52］陈昌盛、蔡跃洲：《中国政府公共服务：体制变迁与综合评价》，中国社会出版社 2007 年版。

［53］高培勇：《让财政均等化融入城乡协调发展》，载《光明日报》2006 年 1 月 24 日。

［54］中国（海南）改革发展研究院：《基本公共服务与中国人类发展》，中国经济出版社 2008 年版。

［55］中国（海南）改革发展研究院：《基本公共服务体制变迁与制度创新——惠及 13 亿人的基本公共服务》，载《财贸经济》2009 年第 2 期。

［56］中国（海南）改革发展研究院：《加快推进基本公共服务均等化（12 条建议)》，载《经济研究参考》2008 年第 3 期。

［57］安体富、任强：《中国公共服务均等化水平指标体系的构建—基于地区差别的量化分析》，载《财贸经济》2008 年第 6 期。

［58］安体富、任强：《公共服务均等化：理论、问题与对策》，载《财贸经济》2007 年第 8 期。

［59］安体富：《完善公共财政制度，逐步实现公共服务均等化》，载《东北师大学报》2007 年第 3 期。

［60］安体富：《中国转移支付制度：现状、问题、改革建议》，载《财政研究》2007 年第 1 期。

［61］迟福林：《改革发展新时期的基本公共服务：民生之路——惠及 13 亿人的基本公共服务》，中国经济出版社 2008 年版。

［62］吕炜、王伟同：《我国基本公共服务提供均等化问题研究——基于公共需求与政府能力视角的分析》，载《财政研究》2008 年第 5 期。

［63］吕炜、赵佳佳：《财政分权对基本公共服务供给的体制性约束研究》，载《财政研究》2009 年第 10 期。

［64］王伟同：《城市化进程与城乡基本公共服务均等化》，载《财贸经济》2009 年第 2 期。

［65］贾康：《推动我国主体功能区协调发展的财税政策》，载《经济学动态》2009 年第 7 期。

［66］贾康：《公共服务的均等化应积极推进，但不能急于求成》，载《审计与理财》2007 年 8 期。

［67］马国贤：《基本公共服务均等化的公共财政政策研究》，载《财政研

究》2007 年第 10 期。

[68] 马国贤：《论基本公共服务均等化与预算政策：中国财政经济理论前沿》，中国社会科学文献出版社 2008 年版。

[69] 郭庆旺、贾俊雪：《中央财政转移支付与地方公共服务提供》，载《世界经济》2008 年第 9 期。

[70] 乔宝云、范剑勇、彭骥鸣：《政府间转移支付与地方财政努力》，载《管理世界》2006 年第 3 期。

[71] 王雍君：《中国的财政均等化与转移支付体制改革》，载《中央财经大学学报》2006 年第 9 期。

[72] 张雷宝：《公共基础设施服务均等化的理论辨析与实证考察》，载《财贸经济》2009 年第 2 期。

[73] 中国财政学会"公共服务均等化问题研究"课题组：《公共服务均等化问题研究》，载《经济研究参考》2007 年第 58 期。

[74] 王国华、温来成：《基本公共服务标准化：政府统筹城乡发展的一种可行性选择》，载《财贸经济》2008 年第 3 期。

[75] 朱柏铭：《从性价比角度看"基本公共服务均等化"》，载《财贸经济》2008 年第 10 期。

[76] 孙开：《财政转移支付手段整合与分配方式优化研究》，载《财贸经济》2009 年第 7 期。

[77] 尹恒、康琳琳、王丽娟：《政府间转移支付的财力均等化效应》，载《管理世界》2007 年第 1 期。

[78] 王晓洁：《中国公共卫生支出均等化水平的实证分析——基于地区差别的量化分析》，载《财贸经济》2009 年第 2 期。

[79] 曹俊文、罗良清：《转移支付的财政均等化效果实证分析》，载《统计研究》2006 年第 1 期。

[80] 谷成：《完善中国政府间转移支付的路径选择》，载《经济学家》2009 年第 6 期。

[81] 江新昶：《转移支付、地区发展差距与经济增长——基于面板数据的实证检验》，载《财贸经济》2007 年第 6 期。

[82] 李华：《城乡公共物品供给均等化与转移支付制度的完善》，载《财政研究》2005 年第 11 期。

[83] 刘尚希：《逐步实现基本公共服务均等化的路径选择》，载《中国财政》2007 年第 3 期。

[84] 贝利：《地方政府经济学：理论与实践》，北京大学出版社 2005 年版。

[85] 邓国胜、肖明超：《群众评议政府绩效：理论、方法与实践》，北京大

学出版社 2006 年版。

[86] 科诺里、曼洛：《公共部门经济学》，中国财政出版社 2003 年版。

[87] 李军鹏：《公共服务型政府》，北京大学出版社 2004 年版。

[88] 楼继伟：《完善转移支付制度，推进基本公共服务均等化》，载《中国财政》2006 年第 3 期。

[89] 宋洪远：《中国乡村财政与公共管理研究》，中国财政经济出版社 2004 年版。

[90] 世界银行：《2009 年世界发展报告——重塑世界经济地理》，清华大学出版社 2009 年版。

[91] 王一鸣：《中国区域经济政策研究中国区域经济政策研究》，中国计划出版社 1998 年版。

[92] 胡德仁、武根启：《公平与效率：财政转移支付的政策取向》，载《中国财政》2007 年第 7 期。

[93] 蒋洪：《中国省级财政透明度评估报告》，载《世纪经济报道》2009 年 3 月 7 日。

[94] 李静毅：《基本公共服务均等化理论依据及其在我国的实现途径》，载《财政研究》2009 年第 1 期。

[95] 甘肃省财政科学研究所课题组：《推进基本公共服务均等化的财政政策研究》，载《财政研究》2008 年第 9 期。

[96] 李建平、李敏榕、高燕京：《中国省城经济综合竞争力发展报告 (2005～2006)》，社会科学文献出版社 2007 年版。

[97] 袁卫、彭非：《中国经济发展报告 2006》，中国人民大学出版社 2007 年版。

[98] 黄小平、方齐云：《中国财政对医疗卫生支持的区域差异》，载《财政研究》2008 年第 4 期。

[99] 财政部国库司、预算司：《全国地市县财政统计资料》，中国财政经济出版社 1997～2015 年版。

[100] 冯秀华、郑永福：《规范化财政转移支付制度的分析与设计》，载《中国财政》1999 年第 9 期。

[101] 国家统计局编：《中国县（市）社会经济统计摘要》，中国统计出版社 1997～2015 年版。

[102] 国家统计局城市社会经济调查总队编：《中国城市统计年鉴》，中国统计出版社 1997～2015 年版。

[103] 李文星：《关于地方政府财政能力的几个基本理论问题》，载《南亚研究季刊》2000 年第 4 期。

[104] 李文星、蒋瑛：《地方政府财政能力的理论构建》，载《南开经济研究》2002 年第 2 期。

[105] 刘黎明：《财政转移支付的博弈分析》，中国财政经济出版社 2000 年版。

[106] 刘溶沧、焦国华：《地区间财政能力差异与转移支付制度创新》，载《财贸经济》2002 年第 6 期。

[107] 马骏：《中央向地方的财政转移支付——一个均等化公式和模拟结果》，载《经济研究》1997 年第 3 期。

[108] 吴湘玲、邓晓婴：《我国地方政府财政能力的地区非均衡性分析》，载《统计与决策》2006 年第 8 期。

[109] 辛波：《政府间财政能力配置问题研究》，中国经济出版社 2005 年版。

[110] 杨之刚：《财政分权理论与基层公共财政改革》，经济科学出版社 2006 年版。

[111] 张伦伦：《我国地区间财政努力度差异研究》，载《财经问题研究》2006 年第 5 期。

[112] 曾军平：《政府间转移支付制度的财政平衡效应研究》，载《经济研究》2000 年第 6 期。

[113] 朱玲：《转移支付的效率与水平》，载《管理世界》1997 年第 3 期。

[114] 张恒龙、陈宪：《政府间转移支付对地方财政努力与财政均等的影响》，载《经济科学》2007 年第 1 期。

[115] 尹恒、朱虹：《中国县级地区财力缺口与转移支付的均等性》，载《管理世界》2009 年第 4 期。

[116] 尹恒、王丽娟、康琳琳：《中国县级政府间财力差距：1993～2003 年》，载《统计研究》2007 年第 11 期。

[117] 刘亮：《中国地区间财力差异的度量及分解》，载《经济体制改革》2006 年第 2 期。

[118] 倪红日、洪婷：《我国财力性转移支付制度的实施与完善》，载《改革》2005 年第 12 期。

[119] 葛乃旭：《重建我国政府间转移支付制度的构想》，载《财贸经济》2005 年第 1 期。

[120] 黄解宇、常云昆：《对西部地区转移支付的均等化模型分析》，载《财经科学》2005 年第 8 期。

[121] 陈旭佳、冯海波：《刺激消费的财税政策选择》，载《涉外税务》2009 年第 1 期。

[122] 冯海波、陈旭佳：《主体功能区建设与均等化财政转移支付——以广

东为样本的研究》，载《华中师范大学学报（人文社会科学版）》2011 年第 3 期。

[123] 冯海波、刘勇政：《多重目标制约下的中国房产税改革》，载《财贸经济》2011 年第 6 期。

[124] 胡德仁、刘亮：《中国地区间财力差异及分解》，载《湖北经济学院学报》2007 年第 1 期。

[125] 江庆：《省际间财力差距的地区分解和结构分解》，载《统计研究》2009 年第 6 期。

[126] 田发：《财政转移支付的横向财力均等化效应分析》，载《财贸研究》2010 年第 4 期。

[127] 陶勇：《政府间财力分配与中国地方财政能力的差异》，载《税务研究》2010 年第 4 期。

[128] 尹恒、王文斌、沈拓彬：《中国县级地区财力差距及其影响因素研究》，载《北京师范大学学报（社会科学版）》2010 年第 11 期。

[129] 卢洪友、智莲：《中国地方政府财政能力的检验与评价——基于因子分析法的省际数据比较》，载《财经问题研究》2009 年第 5 期。

[130] 王绍光、胡鞍钢：《中国国家能力报告》，辽宁人民出版社 1993 年版。

[131] 刘汉屏：《论积极财政政策时效》，载《财政研究》2002 年第 1 期。

[132] 谷成：《财政均等化：理论分析与政策引申》，载《经济理论与经济管理》2007 年第 10 期。

[133] 周黎安：《晋升博弈中的政府官员的激励与合作》，载《经济研究》2004 年第 6 期。

[134] 黄佩华：《中国：国家发展与地方财政》，中信出版社 2003 年版。

[135] 田发、周琛影：《基层财政解困：一个财政体制变迁的分析框架》，载《经济学家》2007 年第 1 期。

[136] 高培勇：《公共财政：概念界说与演变脉络》，载《经济研究》2008 年第 12 期。

[137] 理查德·M·伯德、罗伯特·D·埃贝尔、克里斯蒂·I·沃利克：《财政分权：从命令经济到市场经济》，中央编译出版社 2001 年版。

[138] 张通、许宏才、张宏安：《德国政府间财政转移支付制度考察报告》，载《财政研究》1997 年第 3 期。

[139] 李晓茜：《加拿大的均等化转移支付》，载《中国财政》2002 年第 11 期。

[140] 李克平：《澳大利亚财政转移支付制度》，载《经济社会体制比较》1996 年第 3 期。

[141] 张启春：《区域公共服务均等化与政府间转移支付》，载《华中师范大学学报（人文社会科学版）》2009 年第 1 期。

[142] 冯海波：《委托—代理关系视角下的农村公共物品供给》，载《财经科学》2005 年第 3 期。

[143] 陈旭佳、冯海波：《借鉴国际经验完善我国财产税税权分配》，载《涉外税务》2011 年第 11 期。

[144] 陈旭佳：《广东省消费支出、资本收入、劳动收入实际有效税负税收弹性系数测算》，载《南方金融》2009 年第 3 期。

[145] 陈旭佳：《宏观税负与经济增长关系的实证研究》，载《商业时代》2009 年第 27 期。

[146] 陈旭佳：《广东省税收收入与经济增长的实证研究》，载《特区经济》2009 年第 4 期。

[147] 陈旭佳：《广东省消费支出、资本、劳动收入的有效税率测算》，载《商场现代化》2007 年第 30 期。

[148] 陈旭佳：《分级财政体制下我国各项有效税率测算》，载《商业时代》2008 年第 8 期。

[149] 陈旭佳：《广东省宏观税负与经济增长的实证分析研究》，暨南大学2008 年硕士论文。

[150] 汤玉刚、赵大平：《论政府供给偏好的短期决定：政治均衡与经济效率》，载《经济研究》2007 年第 1 期。

[151] 王伟同：《财政能力与横向公平：两种均等化模式关系辨析——简论中国公共服务均等化实现路径选择》，载《经济社会体制比较》2012 年第 11 期。

[152] 张晓波、樊胜根、张林秀、黄季：《中国农村基层治理与公共物品提供》，载《经济学》（季刊）2003 年第 4 期。

[153] 吴亚卓：《我国城乡公共品供给的一个理论模型及政策建议》，载《财政研究》2008 年第 11 期。

[154] 刘佐：《地方税制度的改革》，载《财政研究》2006 年第 9 期。

[155] 吕冰洋：《零售税的开征与分税制的改革》，载《财贸经济》2013 年第 10 期。

[156] 李香菊：《转轨时期中央与地方税权治理机制的国际借鉴研究》，载《当代经济科学》2002 年第 6 期。

[157] 朱大旗：《分税制财政体制下中国地方税权问题的研究》，载《安徽大学法律评论》2007 年第 2 期。

[158] 程瑶：《地方政府房地产税收依赖的国际比较与借鉴》，载《财政研究》2012 年第 11 期。

[159] 李晖、荣耀康：《以资源税和房地产税为地方税主体税种的可行性探析》，载《中央财经大学学报》2010 年第 10 期。

［160］李子彬：《中国中小企业 2011 蓝皮书》，中国发展出版社 2011 年版。

［161］高凌江、夏杰长：《中小企业发展的税费环境分析及对策建议》，载《税务与经济》2012 年第 5 期。

［162］杨春玲：《从浙江省中小企业发展现状看税收政策取向》，载《税务研究》2009 年第 8 期。

［163］周天勇：《供养规模、税费负担对创业、企业和就业的影响》，载《经济研究参考》2009 年第 57 期。

［164］孙永正：《中小企业发展环境满意度实证分析——以上海、苏州、温州、无锡、常州五市为例》，载《学术交流》2007 年第 12 期。

［165］邓珩：《中小企业收益分配问题研究》，载《数量经济技术经济研究》2003 年第 7 期。

［166］刘畅：《新时期我国中小企业税费政策分析及对策思考》，载《经济问题探索》2012 年第 8 期。

［167］郑思齐、任荣荣、符育明：《中国城市移民的区位质量需求与公共服务消费》，载《广东社会科学》2012 年第 3 期。

［168］冯海波：《农民负担问题与农村公共物品供给》，经济科学出版社 2012 年版。

［169］陈旭佳：《中国财政均等化转移支付制度研究》，中国社会科学出版社 2014 年版。

［170］王晓洁：《中国基本公共文化服务地区间均等化水平实证分析》，载《财政研究》2012 年第 3 期。

［171］张桂琳：《论我国公共文化服务均等化的基本原则》，载《中国政法大学学报》2009 年第 5 期。

［172］方堃、冷向明：《包容性视角下公共文化服务均等化研究》，载《江西社会科学》2013 年第 1 期。

［173］马雪松：《回应需求与有效供给：基本公共文化服务体系建设的制度分析》，载《湖北社会科学》2013 年第 10 期。

［174］曹爱军：《基层公共文化服务均等化：制度变迁与协同》，载《天府新论》2009 年第 4 期。

［175］谭志雄、张阳阳：《财政分权与环境污染关系实证研究》，载《中国人口·资源与环境》2015 年第 4 期。

［176］罗比良：《分税制、财政压力与政府"土地财政"偏好》，载《学术研究》2010 年第 10 期。

［177］刘成奎、王朝才：《城乡基本公共服务均等化指标体系研究》，载《财政研究》2011 年第 8 期。

[178] 冯海波：《计划型税收收入增长机制的形成机理及其影响》，载《税务研究》2009 年第 10 期。

[179] 冯海波：《国家发展战略、自主创新与税制建设》，载《税务研究》，2007 年第 1 期。

[180] 冯海波：《后农业税时代的乡村债务问题》，载《财经科学》2006 年第 5 期。

[181] 冯海波：《利用税收手段促进循环经济发展》，载《税务研究》2005 年第 9 期。

[182] 沈满洪，谢慧明：《公共物品问题及其解决思路——公共物品理论文献综述》，载《浙江大学学报（人文社会科学版)》2009 年第 6 期。

[183] 贺雪峰，罗兴佐：《论农村公共物品供给中的均衡》，载《经济学家》2006 年第 1 期。

[184] 张林秀、罗仁福、刘承芳、Scott Rozelle：《中国农村社区公共物品投资的决定因素分析》，载《经济研究》2005 年第 11 期。

[185] 李秉龙、张立承、曹暕：《中国贫困地区县乡财政不平衡对农村公共物品供给影响程度研究》，载《中国农村观察》2003 年第 1 期。

[186] 臧旭恒、曲创：《从客观属性到宪政决策——论"公共物品"概念的发展与演变》，载《山东大学学报（人文社会科学版)》2003 年第 2 期。

[187] 向静林、张翔：《创新型公共物品生产与组织形式选择——以温州民间借贷服务中心为例》，载《社会学研究》2014 年第 5 期。

[188] 朱京安、宋阳：《国际社会应对气候变化失败的制度原因初探——以全球公共物品为视角》，载《苏州大学学报（哲学社会科学版)》2015 年第 2 期。

[189] 王廷惠：《公共物品边界的变化与公共物品的私人供给》，载《华中师范大学学报（人文社会科学版)》2007 年第 3 期。

[190] 王雪梅：《社区公共物品与社区治理——论城市社区"四轮驱动、一辕协调"的治理结构》，载《北京行政学院学报》2005 年第 4 期。

[191] 马纾：《公共物品理论视野下的社区矫正——一种法经济学的分析》，载《甘肃社会科学》2005 年第 3 期。

[192] 刘佳、吴建南、吴佳顺：《省直管县改革对县域公共物品供给的影响——基于河北省 136 县（市）面板数据的实证分析》，载《经济社会体制比较》2012 年第 1 期。

[193] 陈潭、刘建义：《集体行动、利益博弈与村庄公共物品供给——岳村公共物品供给困境及其实践逻辑》，载《公共管理学报》2010 年第 3 期。

[194] 李伯华、刘传明、曾菊新：《基于公共物品理论的农村饮水安全问题研究——以江汉平原为例》，载《农业经济问题》2007 年第 4 期。

［195］陈永安、张舒宜：《外溢性地方公共物品的有效供给：政府合作社制度——地方政府间博弈的一个林达尔均衡》，载《云南行政学院学报》2005年第4期。

［196］斯蒂格利茨：《经济学》，中国人民大学出版社2000年版。

［197］王名：《中国社团改革：从政府选择到社会选择》，社会科学文献出版社2001年版。

［198］谢蕾：《西方非营利组织理论的新进展》，载《国家行政学院学报》2002年第1期。

［199］贾明德、雷晓康：《市场机制与公共物品的提供模式》，载《上海经济》2002年第9期。

［200］E. S. 萨瓦斯：《民营化与公私部门的伙伴关系》，中国人民大学出版社2002年版。

［201］金红磊、王守宽：《公共物品提供主体的多元化——兼谈政府职能的让渡与拓展》，载《浙江工商大学学报》2005年第6期。

［202］刘宏：《试论公共产品的多元供给机制》，载《陕西教育学院学报》2006年第8期。

［203］周文：《论公共产品的私人供给》，载《经济众说》2006年第10期。

［204］刘溶沧、赵志耘：《财政学论纲》，经济科学出版社1998年版。

［205］夏杰长：《经济发展与财税对策》，中国城市出版社2002年版。

［206］郭庆旺、赵志耘：《财政理论与实践》，经济科学出版社年版1999年版。

［207］苏明：《财政理论与财政政策》，经济科学出版社2003年版。

［208］戴国晨：《积极财政政策与宏观经济调控》，人民出版社2003年版。

［209］刘溶沧、赵志耘：《中国财政理论前沿（3）》，社会科学文献出版社2003年版。

［210］高培勇：《中国财政理论前沿（4）》，社会科学文献出版社2005年版。

［211］李芝倩：《资本、劳动收入、消费支出的有效税率测算》，载《税务研究》2006年第4期。

［212］刘溶沧、马拴友：《论税收与经济增长——对中国劳动、资本和消费征税的效应分析》，载《中国社会科学》2002年第1期。

［213］刘初旺：《我国消费、劳动和资本有效税率估计及其国际比较》，载《财经论丛》2004年第4期。

［214］马拴友、于红霞：载《地方税与区域经济增长的实证分析——论西部大开发的税收政策取向》，《管理世界》2003年第5期。

［215］安体富、任强：《中国公共服务均等化水平指标体系的构建》，载

《财贸经济》2008 年第 6 期。

[216] 安体富：《如何看待近几年我国税收的超常增长和减税的问题》，载《税务研究》2002 年第 8 期。

[217] 冯海波：《计划型税收收入增长机制的形成机理及其影响》，载《税务研究》2009 年第 10 期。

[218] 冯海波：《委托—代理关系视角下的农村公共物品的供给》，载《财经科学》2005 年第 3 期。

[219] 刘明勋、邓可斌：《基于统计分析的房地产税收体系优化研究》，载《暨南学报（哲社版)》2012 年第 4 期。

[220] 刘明勋、林国斌：《改革现行县乡财政体制构筑县乡公共财政框架》，载《广东财经职业学院学报》2009 年第 3 期。

[221] 刘明勋、邓可斌：《基于统计分析的房地产税收体系优化研究》，载《暨南学报（哲社版)》2012 年第 4 期。

[222] 广东省省情研究中心：《关于云浮市农村乡镇政权运作的调查与思考》，调研报告 2011 年。

[223] 余显才：《税收超常增长的再认识》，载《财贸经济》2005 年第 8 期。

[224] 郑文敏：《税收计划与依法治税的关系》，载《税务研究》2005 年第 5 期。

[225] 匡小平、何灵：《税收计划：扬弃还是保留——兼论我国税收的超经济增长》，载《经济体制改革》2006 年第 1 期。

[226] 杨兴云、陈安庆、曹丹：《乡镇债务成中国经济深水炸弹广东一地欠债需还 400 年》，载《经济观察报》2011 年 11 月 11 日。

[227] 李秀林：《广东雷州乡镇政府负债 3 亿镇长书记年关躲债》，载《南方农村报》2009 年 5 月 26 日。

[228] 王小明：《东莞部分镇街濒临破产镇领导称不救等收尸》，载《中国经营报》2012 年 8 月 25 日。

[229] 王国华、温来成：《基本公共服务标准化：政府统筹城乡发展的一种可行性选择》，载《中国财政经济理论前沿（5）》，中国社会科学文献出版社 2008 年版。

[230] 孙潭镇、朱钢：《我国乡镇制度外财政分析》，载《经济研究》1993 年第 9 期。

[231] 周业安：《县乡财政支出管理体制改革的理论与对策》，载《管理世界》2000 年第 5 期。

[232] 吴理财：《农村税费改革对乡镇财政的影响及后果》，载《比较》2002 年第 4 期。

[233] 贾康、白景明：《县乡财政解困及财政体制创新》，载《经济研究》

2002 年第 2 期。

[234] 贾康、刘尚希：《怎样看待税收的增长和减税的主张——从另一个角度的理论分析与思考》，载《管理世界》2002 年第 7 期。

[235] 贾康：《推动我国主体功能区协调发展的财税政策》，载《经济学动态》2009 年第 7 期。

[236] 高培勇：《国债运行机制研究》，商务印书馆 1995 年版。

[237] 高培勇：《中国税收持续高增长之谜》，载《经济研究》2006 年第 12 期。

[238] 高培勇：《把脉当前的中国财政走势》，载《财贸经济》2007 年第 4 期。

[239] 樊纲：《论公共收支的新规范——我国乡镇"非规范收入"若干个案的研究与思考》，载《经济研究》1995 年第 6 期。

[240] 邓玲、杜黎明：《主体功能区建设的区域协调功能研究》，载《经济学家》2006 年第 4 期。

[241] 张孝德：《建立与主体功能区相适应的区域开发模式》，载《国家行政学院学报》2007 年第 6 期。

[242] 徐阳光：《地方财政自主的法治保障》，载《法学家》2009 年第 2 期。

[243] 周业安：《县乡级财政支出管理体制改革的理论与对策》，载《管理世界》2000 年第 5 期。

[244] 周飞舟、赵阳：《剖析农村公共财政：乡镇财政的困境和成因——对中西部地区乡镇财政的案例研究》，载《中国农村观察》2003 年第 4 期。

[245] 周志坤：《省管县专家认为可分三步走》，南方日报 2009 年 2 月 12 日。

[246] 黄佩华、王桂娟：《费改税：中国预算外资金和政府间财政关系改革》，载《经济社会体制比较》2000 年第 6 期。

[247] 吴理财：《村民自治与国家重建》，载《经济社会体制比较》2002 年第 4 期。

[248] 吴丽华、李国生：《财政预算报告背后的奥妙－行政性支出比例减少存疑》，《华夏时报》2012 年 3 月 16 日。

[249] 马国贤：《基本公共服务均等化的财政政策研究》，载《财政研究》2007 年第 10 期。

[250] 王晓洁：《中国公共卫生支出均等化水平的实证分析》，载《财贸经济》2009 年第 2 期。

[251] 王伟同：《城市化进程与城乡基本公共服务均等化》，载《财贸经济》2009 年第 2 期。

[252] 王双正、要雯：《构建与主体功能区建设相协调的财政转移支付制度

研究》，载《中央财经大学学报》2007 年第 8 期。

[253] 张启春：《区域基本公共服务均等化与政府转移支付制度设计》，载《华中师范大学学报（人文社会科学版）》2009 年第 1 期。

[254] 谢京华：《论主体功能区与财政转移支付的完善》，载《地方财政研究》2008 年第 2 期。

[255] 埃莉诺·奥斯特罗姆、拉里·施罗德和苏珊·温：《制度激励与可持续发展》，上海三联书店 2000 年版。

[256] 迈克尔·迈金尼斯：《多中心治道与发展》，上海三联书店 2000 年版。

[257] 桑贾伊·普拉丹：《公共支出分析的基本方法》，中国财政经济出版社 2000 年版。

[258] 王传纶、高培勇：《当代西方财政经济理论》，商务印书馆 2002 年版。

[259] 高培勇：《当前若干重大税收问题的分析》，载《税务研究》2008 年第 11 期。

[260] 王伟同：《城市化进程与城乡基本公共服务均等化》，载《财贸经济》2009 年第 2 期。

[261] 尹成远：《中国人身保费收入的实证分析与预测》，载《保险研究》2008 年第 1 期。

[262] 邓玲、杜黎明：《主体功能区建设的区域协调功能研究》，载《经济学家》2006 年第 4 期。

[263] 张孝德：《建立与主体功能区相适应的区域开发模式》，载《国家行政学院学报》2007 年第 6 期。

[264] 编写组：《中共中央关于制定国民经济和社会发展第十一个五年规划的建议辅导读本》，人民出版社 2005 年版。

[265] 谢京华：《论主体功能区与财政转移支付的完善》，载《地方财政研究》2008 年第 2 期。

[266] 王双正、要雯：《构建与主体功能区建设相协调的财政转移支付制度研究》，载《中央财经大学学报》2007 年第 8 期。

[267] 贾康：《推动我国主体功能区协调发展的财税政策》，载《经济学动态》2009 年第 7 期。

[268] 王元京、刘立峰：《如何实施主体功能区基本公共服务均等化政策》，载《宏观经济管理》2008 年第 1 期。

[269] 田发、周武星：《经济治理能力指标体系的构建及测算——基于公共财政的视角》，载《西安财经学院学报》2016 年第 3 期。

[270] 胡鞍钢、张新、高宇宁：《国有企业：保障国家财政能力的重要基础》，载《国家行政学院学报》2016 年第 5 期。

[271] 陈都、陈志勇：《中国地方政府财政汲取能力影响因素的实证研究——基于 2003~2013 年省级面板数据的实证分析》，载《湖北社会科学》2016 年第 3 期。

[272] 刘书明：《西部欠发达地区地方政府公共服务财政保障能力分析与评价——基于甘肃省 2012 年数据的实证研究》，载《地方财政研究》2015 年第 4 期。

[273] 张俊伟：《建立现代财政体制的路径研究——以人大的监督与激发机制、制度重构与能力建设并行为视角》，载《重庆理工大学学报（社会科学）》2014 年第 11 期。

[274] 刘书明：《西北民族地区县级政府公共服务财政保障能力的困境与对策——以甘肃省临夏回族自治州为例》，载《西北人口》2014 年第 9 期。

[275] 杨诚：《县域公共体育服务绩效现状与提升对策——基于西部 20 个区（市）县的数据分析》，载《现代商贸工业》2016 年第 3 期。

[276] 赵艳荣、徐校平、杨清、邱银伟、叶驰宇：《国家基本公共卫生服务抽样考核 I 型和 II 型错误概率估算》，载《浙江预防医学》2016 年第 4 期。

[277] 顾朝林：《中国城镇化中的"放权"和"地方化"——兼论县辖镇级市的政府组织架构和公共服务设施配置》，载《城市与环境研究》2015 年第 9 期。

[278] 关旭静、唐雪峰、吴先萍、王梅引、梁锦铭、张靖静、梅榕、蒋秀文、张帮荣：《四川基本公共卫生服务项目实施效果的影响研究》，载《预防医学情报杂志》2015 年第 12 期。

[279] 罗军涛、罗艺欣：《农村居民基本公共卫生服务利用情况及影响因素分析——以江西省婺源县、芦溪县和修水县农村居民调查为例》，载《江西广播电视大学学报》2015 年第 12 期。

[280] 王小合、钱宇、张萌、顾亚明、黄仙红、汪胜、张亮：《省级财政转移支付对全民基本医疗保险筹资均等化效应分析》，载《中国卫生经济》2016 年第 4 期。

[281] 杨永淼、宋丽丽、赵伟：《地方政府转移支付对县际间财力差距变化影响的实证研究——基于山东省 2000~2013 年数据的分析》，载《山东农业大学学报（社会科学版）》2016 年第 3 期。

[282] 雷根强、黄晓虹、席鹏辉：《转移支付对城乡收入差距的影响——基于我国中西部县域数据的模糊断点回归分析》，载《财贸经济》2015 年第 12 期。

[283] 王朝才、赵光、吕旺实、李豫平、郭晓风、高玮、张晓云、李欣、景婉博、陈世杰、谭明达、周利光、豆晓荣、沈东明、郑阳、缑小平、朱起进、侯嘉丽、袁海龙：《财政专项转移支付资金的清理、整合和规范性研究》，载《经济研究参考》2015 年第 8 期。

[284] 戴平生、陈壮：《我国转移支付的地方财力均等化效应——基于水平

公平与垂直公平分解的实证研究》，载《统计研究》2015年第5期。

［285］胡洪曙、亢寿伟：《政府间转移支付的公共服务均等化效果研究——一个空间溢出效应的分析框架》，载《经济管理》2015年第10期。

［286］财政部驻北京专员办课题组、王宁宁、李海峰、王利媛：《专员办转型背景下转移支付资金监管模式重构》，载《财政监督》2014年第1期。

［287］李国平、刘倩、张文彬：《国家重点生态功能区转移支付与县域生态环境质量——基于陕西省县级数据的实证研究》，载《西安交通大学学报（社会科学版）》2014年第3期。

［288］马骁、宋媛：《反思中国横向财政转移支付制度的构建——基于公共选择和制度变迁的理论与实践分析》，载《中央财经大学学报》2014年第5期。

［289］田侃、亢寿伟：《转移支付、财政分权对公共服务供给的影响——基于公共服务分布和区域差异的视角》，载《财贸经济》2013年第4期。

［290］卢洪友、田丹：《转移支付与省际基本公共卫生服务绩效——基于"投入—产出—受益"三维框架的实证研究》，载《湖北经济学院学报》2013年第3期。

［291］审计署贸易审计局课题组、虞伟萍、汪春贵、张玉竹：《中央财政专项转移支付资金分配审计的思考——基于2011年内贸发展专项资金分配审计的探索》，载《审计研究》2013年第1期。

［292］储德银、赵飞：《财政分权、政府转移支付与农村贫困——基于预算内外和收支双重维度的门槛效应分析》，载《财经研究》2013年第9期。

［293］湖南省财政科学研究所课题组：《新型农村合作医疗的均等化财政转移支付规模测算——以湖南省数据为例》，载《财政研究》2013年第5期。

［294］杨中文、刘虹利、许新宜、王红瑞、刘和鑫：《水生态补偿财政转移支付制度设计》，载《北京师范大学学报（自然科学版）》2013年第4期。

［295］张超：《中央转移支付对民族省区地方财政努力的激励效果研究——以新疆维吾尔自治区为例》，载《税收经济研究》2012年第2期。

［296］赵桂芝、寇铁军：《我国政府间转移支付制度均等化效应测度与评价——基于横向财力失衡的多维视角分析》，载《经济理论与经济管理》2012年第6期。

［297］贾俊雪、高立、秦聪：《政府间财政转移支付、激励效应与地方税收收入体系》，载《经济理论与经济管理》2012年第6期。

英文参考文献

［1］Werner J, 2008：Fiscal Equalisation among the States in Germany, Woking Paper, Institute of Local Public Finance.

［2］Martínez and Barrios, 2013：Fiscal Equalisation Schemes and Sub-central Government Borrowing, Woking Paper, Instituto Valenciano de Investigaciones Económicas,

S. A.

[3] Searle, 2004: Revenue Sharing, Natural Resources and Fiscal Equalization, Working Paper, Andrew Young School of Policy Studies, Georgia State University.

[4] Smart, M. , 2005: Some Notes on Equalization Reform, Working Paper, Department of Economics, University of Toronto.

[5] Besley, T. and I. Jewitt. , 1991: Decentralizing Public Good Supply, Econometrica, Vol. 159, No. 6.

[6] Ferruccio Ponzano, 2005: Optimal Provision of Public Goods under Imperfect Intergovernmental Competition, Department of Public Policy and Public Choice – POLIS Working paper, No. 50.

[7] Hayek, F. A. , 1948: Individualism and Economic Order. Chicago: University of Chicago Press.

[8] Oates and Wallace E. , 1972: Fiscal Federalism. New York: Harcourt Brace Jovanovich.

[9] Stigler, G. J. , 1957: Perfect Competition, Historically Contemplated, J. P. E. .

[10] Tiebout, C. , 1956: A Pure of Local Expenditures, Journal of Political Economy, Vol. 64, No. 5.

[11] Tresch, R. W. , 1981: Public Finance, Georgeton, Ont: Irwin-Dorsey.

[12] Steven J. D. and Magnus H. , 1999: Explaining National Differences in the Size and Industry Distribution of Employment, Small Business Economics, Vol. 12, No. 1.

[13] Iraj H. , 2001. Financial and Institutional Barriers to SME Growth in Albania: Results of an Enterprise survey, Economic Policy in Transitional Economies, Vol. 11, No. 3.

[14] Yanmei Z. , Xinhua W. and Mike W. P. , 2011: Institution-Based Barriers to Innovation in SMEs in China. Asia Pacific Journal of Management, Vol. 29, No. 4.

[15] Chang W. N. and Dina M. R. , 2007: Effects of Tax Reforms on SMEs' Investment Decisions under the Particular Consideration of Inflation. Small Business Economics, Vol. 29, No. 1.

[16] Hofman, B. , and S. Guerra. , 2007: Ensuring Inter – Regional Equity and Poverty Reduction. In Martinez – Vazquez, J. , and B. Searle, eds. , Fiscal Equalization: Challenge in the Design of Intergovernmental Transfers, New York. Springer Science Business Media.

[17] Hill, H. , 2000: Intra – Country Regional Disparities. Paper Present at the Second Asian Development Forum, No. 6.

［18］Hofman, B. and Kadjatmiko, 2006: Evaluating fiscal equalization in Indonesia. The World Bank Policy Research Working Paper Series, No. 5.

［19］Christos, K. and Miguel, L., 2007: Imperfect Competition, Indirect Tax Harmonization and Public Goods. International Tax and Public Finance, Vol. 14, No. 2.

［20］Robert, D. and Klaas, S., 2008: Local Public Good Provision, Municipal Consolidation, and National Transfers, Regional Science and Urban Economics, Vol. 38, No. 2.

［21］James, E. and Will, M., 2011: Costs of Taxation and Benefits of Public Goods with Multiple Taxes and Goods, Journal of Public Economic Theory, Vol. 13, No. 2.

［22］Minghong, Y. and Yuanyang, T., 2010: Transfer Payments from the Central Government to the Local Governments and the Local Government's Efforts on Taxation: Taking China as an Example, Ecological Economy, Vol. 6, No. 3.

［23］Étienne, G. and Sudhir, A., 1983: Inequality and Poverty in Malaysia: Measurement and Decomposition, Tiers – Monde, Vol. 24, No. 95.

［24］H Zimmermann, 1989: Fiscal Equalization between States in West Germany, Environment and Planning C: Government and Policy, Vol. 7, No. 4.

［25］Smart, M., 2004: Equalization and Stabilization, Canadian Public Policy, Vol. 30, No. 2.

［26］Arrow and Kurz, 1970: Public Investment, the Rate of Return, and Optimal Fiscal Policy, Maryland: Johns Hopkins University Press.

［27］Turnovsky and Fisher, 1995: The Composition of Government Expenditure and its Consequences for Macroeconomic Performance, Journal of Economic Dynamics and Control, Vol. 19.

［28］Qian, Y. and G. Roland, 1998: Federalism and the Soft Budget Constraint, American Economic Review, Vol. 88, No. 5.

［29］Heine K., 2006: Interjurisdictional Competition and the Allocation of Constitutional Rights: A Research Note, International Review of Law and Economics, Vol. 26, No. 1.

［30］Bert, H. and Susana, C., 2007: Ensuring Inter – Regional Equity and Poverty Reduction, JORGE M., BOB S. Fiscal Equalization: Challenge in the Design of Intergovernmental Transfers, New York. Springer Science Business Media.

［31］Btaid, M., 2013: State and Local Tax Competition in a Spatial Model with Sales Taxes and Residential Property Taxes, Journal of Urban Economics, Vol. 75, No. 1.

［32］Hafield, J., 2013: Revenue Decentralization, the Local Income Tax Deduction and the Provision of Public Goods, National Tax Journal, Vol. 66, No. 1.

[33] Alice, M. R. , 1987: Economics and the Political Process, The American Economic Review, Vol 77, No. 1.

[34] Anthony, S. and James, F. , 1985: Transfer Sensitive Inequality Measure, The Review of Economic Studies, Vol 54, No. 3.

[35] Anthony, S. and James, F. , 1991: Subgroup Consistent Poverty Indices, Econometrica, Vol. 59, No. 3.

[36] Buchanan, 1950: Federalism and Fiscal Equity, American Economic Review, Vol. 40, No. 4.

[37] Buchanan, 1952: Central Grants and Resource Allocation, Journal of Political Economy, Vol. 60.

[38] Bob Searle, 2002: Federal Fiscal Relations in Australia, Paper Present at International Centre for Economic Research.

[39] Dahlby, B. and Wilson, L. S. , 1994: Fiscal Capacity, Tax Effort and Optimal Equalization Grants, The Canadian Journal of Economics, Vol. 27, No. 3.

[40] Dennis, T. Y. , 2000: Education and Allocative Efficiency: Household Income Growth during Rural Reforms in Rural China, Journal of Development Economics, Vol. 74, No. 1.

[41] Elinor, O. , Larry, S. and Susan, W. , 1993: Institutional Incentives and Sustainable Development: Infrastructure Policies in Perspective, Boulder: Westview Press.

[42] Grand, J. L. , 1982: The Strategy of Equality: Redistuibutition and the Social Services, Allen and Uniwin Press.

[43] Jeffrey, D. P. and Sophia, L. , 2007: Fiscal Capacity Equalization and Economic Efficiency: The Case of Australia, Springer Science Business Media.

[44] Jeffrey, D. P. and Sophia, L. , 2004: Fiscal Equalisation in Australia: Proposals for an Efficiency – Based System, Economic Papers, Vol. 23, No. 2.

[45] Kam, K. and Dennis, P. , 2007: Non – Hierarchical Bivariate Decomposition of Theil Indexes, Centre for Efficiency and Productivity Analysis, Working Paper, No. 03.

[46] Lily, L. T. , 2007: Solidary Groups, Informal Accountability, and Local Public Goods Provision in rural China, American Political Science Review, Vol. 101, No. 2.

[47] Musgrave, R. A. , 1959: The Theory of Public Finance, McGraw – Hill.

[48] Nico, H. , Xiaobin, B. , Rui, L. , Kaiyu, L. and Shuyi, F. , 2009: Soil and Water conservation investment and rural development in China, China Economic Review, Vol 20, No. 2.

[49] Barkley, P. W., 1974: Public Goods in Rural Area: Problem, Policy and Population, American Journal of Agricultural Economics, Vol. 56, No. 5.

[50] Philip, H. B. and Albert, P., 2002: Education and Poverty in Rural China, Economics of Education Review, Vol. 21, No. 6.

[51] Renfu, L., Linxiu, Z., Jikun, H. and Scott, R., 2007: Election, Fiscal Reform and Public Goods Provision in Rural China, Journal of Comparative Economics, Vol. 35, No. 3.

[52] Ronald, J. H., Cindy, B., Richard, H. and Richard, S., 1993: Measuring Revenue Capacity and Effort of County Governments, Public Administration Review, Vol. 53, No. 3.

[53] Xiaobo, Z. and Shenggen, F., 2000: Public Investment and Regional Inequality in Rural China, EPTD Discussion paper, No. 71.

[54] Pedro, C., and James K. G., 2000: Constructing Long and Dense Time - Series of Inequality Using the Theil Index, Eastern Economic Journal, Vol. 26, No. 1.

[55] Audun, L., 2015: A Structural Approach for Analyzing Fiscal Equalization. International Tax and Public Finance, Vol. 22, No. 3.

[56] Boadway, R., 2004: The Theory and Practice of Equalization, CESifo Economics Studies, Vol. 50.

[57] Bergstrom, C., and R. Goodman, 1973: Private Demands for Public Goods. American Economic Review, Vol. 63, No. 3.

[58] Kotsogiannis, C. and Schwager, R., 2008: Accountability and Fiscal Equalization, Journal of Public Economics, Vol. 92, No. 12.

[59] Manvel, A., 1971: Difference in Fiscal Capacity and Effort: Their Significance for a Federal Revenue - Sharing System, National Taxation Journal, Vol. 24, No. 2.

[60] Kincaid, J., 1989: Fiscal Capacity and Tax Effort of the American States: Trends and Issues, Public Budgeting and Finance, Vol. 9, No. 3.

[61] Gross, J., 1995: Heterogeneity of Preferences for Local Public Goods: The Case of Private Expenditure on Public Education, Journal of Public Economics, Vol. 77, No. 1.

[62] Preston, P., 2003: Public Education or Vouchers? The Importance of Heterogeneous Preferences, The Economic Record, Vol. 9, No. Special Issue.

[63] Liberati, P., and A. Sacchi, 2013: Tax Decentralization and Local Government Size, Public Choice, Vol. 157, No. 1.

后　　记

本书是我近年来从事公共经济学研究成果的一个总结。

本人的学术研究起步于 2008 年考入暨南大学经济学院财税系攻读博士学位。攻读博士时期间接受了系统的经济学理论与研究方法的训练，参与了《后农业税时代农村基层财政运行机制研究——以广东为例》（广东省"十一五"社科规划项目，省部级）、《基层政府财政能力异质性偏好与农村公共物品供给机制》（教育部人文社会科学规划项目，省部级）等课题研究。由于本人的学术兴趣和学术专长主要集中在公共经济学领域，而公共服务均等化问题在当时成为整个社会关注的焦点，最终选择以均等化视野下的转移支付制度为研究对象，从事博士论文的写作，2012 年 6 月通过博士论文答辩。博士论文选题不仅奠定了我日后的研究基础、研究领域和研究方向，也让我找到了经济学理论和我国经济发展实践相结合的切入点，能够以经济学独特的宏观视角，辅之以数量经济学的研究手段，对公共服务均等化为典型的公共经济领域问题进行深入的分析、解读和研判，研究成果既具有扎实的理论功底做支撑，也能为各级政府决策提供有益借鉴与启示。

博士毕业以后，2013 年进入广州市社会科学院，从事科研工作至今，2015 年晋升为经济学副研究员，同年有幸被评为中共广州市委宣传部 2015 年度羊城青年文化英才、第四届广州市宣传思想文化战线第二层次优秀人才称号。本人近年学术研究主要围绕着公共服务均等化和公共物品供给展开，在这一领域不断深耕。主持国家社科基金青年项目和广州市社科规划课题两项课题，在《中国人口·资源与环境》《财贸经济》《华中师范大学学报（人文社会科学版）》《广东社会科学》《当代经济研究》《广东财经大学学报》《当代经济管理》等学术期刊上发表学术论文多篇，部分成果发表在国内高水平权威期刊，公开发表论文多次被有关研究机构收录，论文引用率位于同期发表论文被引次数前列。在从事学术工作的同时，作为广州市政府"十三五"规划纲要和建议起草小组成员，参与编制《广州市国民经济与社会发展第十三个五年规划规划纲要》，以及《关于制定全市国民经济和社会发展第十三个五年规划的建议》工作，履行自己应尽的社会职责。此外，本人在对广州市经济社会发展存在的问题进行学术思考的基础上，先后主持或参与广州市社科院决策咨询课题研究，研究成果上报广州市市委市政府有关领导，获得时任广州市委市政府主要领导陈建华、李贻伟、方璇、陈如桂等领导批示累计多项。

在这里，我要借这本书的出版感谢我的老师、同事和亲人。

首先要衷心感谢的是我的导师刘昆老师。刘昆老师多年来对我的学习和研究都非常严格，并给予了悉心的指导，使我受益匪浅。虽然刘昆老师已调任财政部工作，但是多年来从刘昆老师身上我学到严谨的作风、求实的态度，这都成为我不断前行的动力和标杆。

感谢暨南大学财税系的於鼎丞老师和王明珠老师。於鼎丞老师的睿智、对知识孜孜不倦的追求、对教育科学研究的热爱、严谨的治学态度让我学到了如何做事，您在生活中的幽默、宽容、豁达教会了我如何做人。值此书完成之际，诚挚地祝愿於鼎丞老师和王明珠老师身体健康，阖家幸福！

感谢暨南大学财税系的冯海波老师。冯海波老师严谨的治学精神，精益求精的工作作风，深深地感染和激励着我。从我开始从事学术研究至今，冯海波老师都始终给予我细心的指导和不懈的支持。多年来，冯海波老师不仅在学业上给我以精心指导，同时还在思想、生活上给我以无微不至的关怀。一路走来，从冯海波老师身上我收获无数，却无以回报，在此谨向冯海波老师致以诚挚的谢意和崇高的敬意

感谢广州市社会科学院经济研究所的张强副所长。他勤勉的工作态度教导了我踏实工作的作风，令我受益终生。在生活上，他更是平易近人，亲人般无微不至的关怀。可以说无论是我在工作上的进步还是个人的成长，都离不开张强副所长的关怀。

感谢广州市社会科学院经济研究所的郭艳华所长。郭艳华所长以其渊博的学识、严谨的科研态度、求实的工作作风和敏捷的思维给我留下了深刻的印象，再一次感谢郭艳华所长对我的亲切关怀和悉心指导。

感谢广州市社会科学院经济研究所卢晓媚研究员、阮晓波副研究员、周晓津研究员、江彩霞副研究员、刘晓斌副研究员、陈翠兰和邱志军，感谢他们在我工作和生活方面给予的帮助。

感谢上海财经大学公共经济与管理学院田志伟老师的支持与帮助，同时也感谢上海财经大学公共政策与治理研究院对本书出版给予的资助，在此表示由衷的感谢和敬意。

感谢我的父母，给予我生命并竭尽全力给予了我接受教育的机会，养育之恩没齿难忘。感谢我的妹妹，感谢妹妹给予我的所有关心和帮助。感谢我的爱人黄子媚，在生活上的关怀和精神上的鼓励是我工作的动力。

再次对所有关心、帮助我的人说一声"谢谢"。

陈旭佳

2017 年 9 月

于广州市社科院